住房公积金研究 第九辑

（下 卷）

《住房公积金研究》编写组 编

山西出版传媒集团
山西经济出版社

研 究 支 持	天津天财房地产研究中心
编 辑 单 位	天津天财房地产研究中心住房公积金研究编辑部
顾　　　　问	刘志峰　姚运德　皋玉凤　胡安东　王　毅　吴　铁 薛建刚
编委会主任单位	天津市住房公积金管理中心
编委会副主任 （按姓氏笔画排序）	尹久亮　刘方定　李　侃　李海成　陈正义　谷俊青 汪为民　邹　雷　罗景华　卓安军　周云东　潘霞云
总　　　　编	谷俊青
副　总　　编	王继成　吕景春　王春敏

全国住房公积金管理机构光荣榜

住房和城乡建设部、财政部、中国人民银行印发的《全国住房公积金2024年年度报告》披露：2024年，全行业共获得地市级以上文明单位（行业、窗口）110个，青年文明号65个，五一劳动奖章（劳动模范）8个，工人先锋号16个，三八红旗手（巾帼文明岗）44个，先进集体和个人745个，其他荣誉称号851个。2025年2月28日，全国妇联在北京举行"三八"国际妇女节暨表彰大会，全行业中获全国巾帼文明岗2个；2025年5月23日，中央宣传思想文化工作领导小组发布第七届全国文明单位，全行业中获奖单位14个。

全国巾帼文明岗

深圳市住房公积金管理中心公共服务部
云浮市住房公积金管理中心

第七届全国文明单位

苏州市住房公积金管理中心	盐城市住房公积金管理中心
温州市住房公积金管理中心	赣州市住房公积金管理中心
沧州市住房公积金管理中心	内蒙古自治区住房资金中心
济宁市住房公积金管理中心	株洲市住房公积金管理中心
滁州市住房公积金管理中心	广州市住房公积金管理中心
湛江市住房公积金管理中心	黔东南州住房公积金管理中心
德阳市住房公积金管理中心	铜川市住房公积金管理中心

淄博市住房公积金管理中心

创新融合机制　保障住房公积金事业高质量发展

淄博中心在全市政务服务窗口文明礼仪展演中荣获一等奖

淄博中心组织开展"不忘初心跟党走·喜迎党的二十大"环湖健步走活动

淄博中心服务大厅

淄博中心标准化、规范化、精细化服务环境

淄博中心为群众提供暖心服务

淄博中心联合受托银行到民间扮玩艺术汇演现场宣传公积金制度

淄博中心召开灵活就业人员"积金赋能"交流座谈会

淄博中心"数字五全"模式场景图

淄博中心获评山东省数据开放创新应用实验室

衢州市住房公积金管理中心

连续八年被评为浙江省住房公积金考核优秀单位

领导坐班

窗口服务

互看互学互比

技能大赛

宣传扩面

主题党日活动

序 言

住房问题关乎民生福祉，住房公积金制度作为中国特色住房保障体系的重要组成部分，在推动住有所居、促进社会公平中发挥着关键作用。《住房公积金研究第九辑（上、下卷）》立足新时代使命，聚焦制度创新与实践探索，全景式展现全国多地住房公积金管理中心的经验成果，从党建引领到服务提升，从风险防控到管理创新，勾勒出住房公积金事业高质量发展的多元图景。

本辑以"扬州公积金数字化案例在'2025数字中国创新大赛·智能科技赛道'总决赛中获奖"开篇，以"全国巾帼文明岗""第七届全国文明单位"为标杆，彰显各市住房公积金管理中心的责任担当。深圳市住房公积金管理中心、云浮市住房公积金管理中心以"巾帼文明岗"为平台，通过精细化服务展现巾帼力量，推动公共服务提质增效；苏州市等14家住房公积金管理中心荣获"第七届全国文明单位"，以高效管理、惠民实践和文明创建树立行业典范。这些荣誉既是对一线工作者辛勤付出的肯定，也是对全行业践行社会责任、深化为民初心的激励，为制度发展注入强劲动能。

坚持党的领导是住房公积金事业行稳致远的根本保障。保定专题展现保定市住房公积金管理中心坚持党建带团建，开创群团工作新局面，聚焦"优、惠、通、快"，打出"服务暖心"组合拳，创建"奋进公积金"品牌；淄博专题展现淄博市住房公积金管理中心创新融合机制，保障全市住房公积金事业高质量发展，聚力打造安全性、流动性、收益性相统一的资金管理"淄博模式"。

面对新经济下灵活就业群体的住房保障诉求，多地试点工作成效显著。通过住建部住房公积金监管司在淄博市召开的灵活就业人员参加住房公积金制度试点工作推进会可以了解到，各试点城市通过政策创新与系统对接，打破传统建制束缚，探索灵活就业人员参与住房公积金制度的新模式。试点既增强了制度包容性，也为全国推广积累了经验，但如何平衡灵活性与规范性，实现"应建尽建、应缴尽缴"，仍需在深化改革的进程中持续破题。

数字化转型与服务创新是提升群众获得感的关键。扬州"五心同连"、淄博"五色服务"、张掖"购房贷款一件事"等实践以智能化重塑服务流程；泸州、吴忠等地通过精细化管理打造"暖心服务"品牌，印证了唯有以人民需求为导向，打破数据壁垒、优化服务供给，才能让住房公积金制度真正成为"惠民安居"的坚实后盾。

在制度建设中，各地突出风险防范，突出与时俱进。北京住房公积金贷款突破了万亿元的同时，织密了风险防控网；天津优化了贷款流程，并强化了行政执法能力；盐城完善非公企业梯度分类机制，并精准推进，从法规建设到技术防控多管齐下；衢州以"六项行动"构建高质量发展模式；长沙探索老龄化趋势下的制度转型；岳阳聚焦职工权益信访化解。还有住宅专项维修资金使用风险、个贷逾期催收等议题的探讨，进一步凸显了"稳中求进"的治理逻辑。政策工具箱的持续丰富为制度注入新活力；零基预算、信用体系建设等前沿探索则展现了管理科学化与治理现代化的深度融合。

当前，住房公积金制度正处于深化改革的关键期，既要应对房地产市场波动、人口结构变化等外部挑战，也需破解覆盖不均衡、服务碎片化等内生问题。本辑以理论与实践结合，为行业提供可鉴方案，更呼吁各界凝聚共识，以更大魄力推动制度向"普惠化、数字化、法治化"迈进。期待本辑成果能激发更多思考与实践，助力住房公积金制度在新时代书写更加温暖的民生答卷。

《住房公积金研究》编辑部
2025年6月

目　录

（上　卷）

特　稿

全国政务服务领域唯一

扬州公积金数字化案例在"2025数字中国创新大赛·智能科技赛道"总决赛中获奖 ……… 2

第一部分　全国巾帼文明岗

深圳：柔肩担纲　巾帼建功

　　——深圳市住房公积金管理中心公共服务部荣获"全国巾帼文明岗"称号 ………… 6

云浮：务实创新促发展　文明高效树形象

　　——云浮市住房公积金管理中心归集管理科创"全国巾帼文明岗" ………………… 8

第二部分　第七届全国文明单位

苏州：镌刻文明筑梦奋进笔迹　书写乐居苏城民生答卷 ……………………………… 12

盐城：点墨添彩绘就安居图景　积金为民共育文明之花 ……………………………… 18

温州：市县联动　打造住房公积金助力共同富裕温州样板 …………………………… 22

赣州：党建引领铸文明　惠民服务树标杆 ……………………………………………… 26

沧州：廿载奋斗结硕果　乘风破浪更扬帆 ·· 30
内蒙古：党建引领凝聚合力　惠民暖心服务大众 ·· 35
济宁：以党建促内驱 以文化聚人心 让精神文明之花绚烂绽放 ························· 37
株洲：构建文明新高地　描绘服务新画卷 ·· 40
滁州：创建全国文明单位　着力提升服务质效 ·· 44
广州：认真落实服务提升三年行动　持续深化精神文明建设 ·························· 46
湛江：干部职工齐努力　文明创建结硕果 ·· 53
黔东南州：将文明创建贯穿于工作全程 ··· 55
德阳："金心"赤诚传递民生温度　凝心聚力擦亮文明底色 ····························· 58
铜川：凝心聚力树服务品牌　奋勇争先创文明单位 ····································· 61

第三部分　党建引领

保定：高质量党建强基铸魂　引领业务实现新突破
——"奋进公积金"党建品牌三年创建成果总览 ································· 70
漯河：从"学"出发　探寻住房公积金系统落实中央八项规定精神新路径 ············ 76
滨州：党建引领　提质增效
——滨州市住房公积金管理中心持续高质量发展取得显著成效 ············· 79
荆门：牢记初心使命　勇担时代重任　为人民住有所居贡献住房公积金力量 ······· 82
扬州："五心同连"让党建品牌更加生动 ·· 86

第四部分　制度建设

北京：关于修订《北京市实施〈住房公积金管理条例〉若干规定》的法治化建议报告 ········ 90
北京：以高质量规章修订　推动首都住房公积金事业改革发展 ······················· 99

北京：以民为本　不忘初心　发挥住房公积金制度优势 ········· 104
天津：《住房公积金服务标准》解读 ········· 110
天津：强化住房公积金行政执法
　　　——天津市住房公积金管理中心的创新举措与显著成效 ········· 114
成都：持续释放政策红利　发挥制度惠民效能 ········· 124
长沙：人口老龄化趋势下住房公积金制度该何去何从 ········· 128
雄安：坚持租购并举　坚持服务疏解　全力推动雄安新区住房公积金事业高质量发展 ········· 135
盐城：非公企业住房公积金扩面梯度分类与精准推进 ········· 141

第五部分　主任论坛

云南：优化住房公积金使用政策　助力房地产市场止跌回稳 ········· 146
河南：怎样当好一把手 ········· 149
常州：为灵活就业人员安居实现共同富裕提供改革创新经验 ········· 152
保定：创新工作机制　开辟发展新路径
　　　——"主任办公会暨每月一题"工作机制 ········· 158
淄博："五色"服务　倾情为民
　　　——淄博市住房公积金管理中心坚持以行动践初心以服务促发展的探索实践 ········· 161
衢州：实施争先创优"六项行动"　构筑住房公积金高质量发展衢州模式 ········· 166
芜湖：助力优化营商环境　打造"公积金＋金融"惠企便民服务新模式 ········· 173
阿克苏：深化改革创新　增强发展动力　促进房地产市场止跌回稳 ········· 176
吴忠：精耕细作　实干争先　全力推动住房公积金事业高质量发展 ········· 182

（下　卷）

第六部分　灵缴试点

灵活就业人员参加住房公积金制度试点工作推进会在淄博市召开 …………………………… 188

淄博：推动灵缴试点工作落地落实 ………………………………………………………………… 190

重庆：灵缴试点及对接使用全国统一信息系统做法与成效 …………………………………… 194

济南：灵缴试点工作探索与实践 …………………………………………………………………… 199

青岛：灵缴试点工作取得阶段性成效 ……………………………………………………………… 203

枣庄：建立"1234"机制　协同联动　助力灵活就业人员榴枣安居 ………………………… 208

烟台：对灵缴试点工作进行全面规范 ……………………………………………………………… 210

日照：发挥优势　积极探索　扎实推进灵缴试点工作 ………………………………………… 213

德州：吸引更多灵活就业人员参加住房公积金制度 …………………………………………… 216

第七部分　服务提升

北京：住房公积金贷款总额突破1万亿元

——《北京住房公积金2024年年度报告》出炉 …………………………………………… 220

天津：落实高效办成一件事　优化住房公积金贷款业务流程 ………………………………… 222

山东：优化管理提效能　惠民利企助安居　山东省住房公积金服务水平实现新提升 ……… 226

杭州：高效协同　住房公积金贷款购房服务再升级 …………………………………………… 229

通辽：创新"421"工作机制　全力提升服务质效

——通辽市住房公积金中心业务大厅荣获住建部"表现突出集体"殊荣 ……………… 232

邯郸：全国首创公积金"数字柜台"系统　退休提取业务边聊边办 ………………………… 235

扬州：数智驱动"一件"集成　全程在线"双零"至臻
　　——扬州试点推进国务院贷款购房"一件事"全程在线办实践探索 ………………… 237

扬州：数启未来　至臻服务
　　——扬州"智慧公积金"平台开启数字化发展新篇章 ……………………………… 241

泸州：龙马潭区管理部连续六年获评"年度优质服务窗口单位" …………………………… 245

张掖：住房公积金购房贷款"一件事"新体验 ………………………………………………… 248

吴忠：奏响"五部曲"　打好惠民服务"民生牌" …………………………………………… 250

第八部分　风险防控

北京：构建住房公积金贷款风险防控体系 …………………………………………………… 256

北京：织密风险防控网　共筑协同责任堤
　　——关于住房公积金管理中心风险防控和内部控制体系建设的思考 ……………… 262

北京：浅谈北京市住宅专项维修资金支取使用风险防控 …………………………………… 270

第九部分　探索争鸣

北京：零基预算驱动住房公积金管理效能提升
　　——基于北京住房公积金管理中心的实践探索与制度优化 ………………………… 276

岳阳：职工住房公积金权益信访诉求解决途径探析 ………………………………………… 284

荆门：住房公积金个贷逾期催收工作实践与体会 …………………………………………… 288

韶关：追缴追讨住房公积金的难点与建议 …………………………………………………… 292

酒泉：加强信用体系建设　打造高水平信用住房公积金 …………………………………… 296

吉安：如何看待住房公积金增值收益率 ……………………………………………………… 299

衢州：灵活就业人员参加住房公积金制度的实践与思考（缴存篇） ……………………… 302

第十部分　保定专题

党建扬帆　支部向前 ·· 308
党建创建中的管理部风采 ··· 319
坚持党建带团建　开创群团工作新局面
　　——群团组织典型案例 ·· 328
聚焦"优、惠、通、快"　打出"服务暖心"组合拳
　　——"服务暖心"品牌创建典型案例 ·· 331
以"工作用心"为笔　绘就党建引领新画卷 ·· 336
携手京津冀　共筑发展梦
　　——京津冀协同发展典型案例 ··· 340

第十一部分　淄博专题

坚持党建引领　创新融合机制　保障全市住房公积金事业高质量发展 ··················· 344
切实履责担当　管理提质增效
　　——聚力打造安全性、流动性、收益性相统一的资金管理"淄博模式" ············ 348
创建"五极五优"品牌　提升"至臻至善"品质 ·· 356
创新建立"数字五全"模式　打造智慧公积金服务样板 ···································· 360

第六部分

灵缴试点

编者按 4月9日，住房和城乡建设部住房公积金监管司在淄博市召开了灵活就业人员参加住房公积金制度试点工作推进会。会上，淄博、重庆两市代表发言，5个省区市住房城乡建设厅及36个试点城市的住房公积金管理中心负责同志参加了会议（详见淄博市住房公积金管理中心的报道）。截至目前，山东省已有7个城市入选灵活就业人员参加住房公积金制度国家试点，数量为全国之最。在此，不仅将在推进会上作大会交流的淄博、重庆经验分享给大家，而且将山东省济南、青岛、枣庄、烟台、日照、德州等试点城市的做法与大家共享，以进一步推动灵活就业人员参加住房公积金制度试点工作。

灵活就业人员参加住房公积金制度试点工作推进会在淄博市召开

淄博市住房公积金管理中心

4月9日,灵活就业人员参加住房公积金制度试点工作推进会在淄博市召开。住房和城乡建设部住房公积金监管司司长杨佳燕出席会议并讲话,一级巡视员斯淙曜主持;省住房城乡建设厅党组书记任海涛,市委副书记、市长赵庆文致辞;市领导沙向东、宗志坚参加。

杨佳燕指出,2024年以来,灵活就业人员参加住房公积金制度试点范围稳步扩大,住房公积金制度红利更加可感可及,在助力提振消费、促进就业、城市更新和新型城镇化发展方面发挥了积极作用。

杨佳燕强调,推进灵活就业人员参加住房公积金制度试点,是在发展中保障和改善民生、推进中国式现代化的具体体现,是适应人口形势和结构变化、推进高质量发展的重要内容,是满足人民美好生活需要、实现共同富裕的内在要求。要持续深化对试点工作的认识,高质量推进试点工作,结合新形势新任务新要求,不断升级顶层设计,强化数智赋能,深化专题成果转化。各省厅要发挥好承上启下的纽带作用,加强对城市中心的指导,加快推进省级平台建设,推动省内灵活就业人员缴存互认、业务互通、服务协同。各试点城市要深化探索,不断优化试点政策、丰富试点配套政策,做好配套信息系统升级改造,加强部门间信息共享与协作,开展专题成果试用,提升服务温度与效能,推动住房公积金公共服务更加均等、普惠和便捷。

任海涛指出，山东省高度重视灵活就业人员参加住房公积金制度试点工作，在住房城乡建设部住房公积金监管司的关心支持下，七市成功获批试点，非试点城市也全部推出灵活就业人员缴存政策。今后将认真贯彻落实本次会议精神，学习借鉴兄弟省区市的好经验、好做法，大力推进试点工作，以实用优惠的政策、便捷高效的服务，为促进灵活就业和新就业形态劳动者安居稳业贡献力量。

赵庆文代表市委、市政府对来宾表示欢迎和感谢。他说，今年以来，淄博市认真落实国家、省部署要求，扎实开展试点工作，建立健全政策体系，推出一系列暖心举措，住房公积金公共服务的吸引力、可及性明显提升。今后将以此次会议为契机，加强与各试点城市的学习交流，创新思路举措、提升工作质效，推动试点工作在淄博走深走实、取得更大成效。

会上，山东省住房城乡建设厅，淄博市、重庆市住房公积金管理中心先后作交流发言。浙江、山东等5个省区市住房城乡建设厅及36个试点城市住房公积金管理中心有关负责同志参加会议。

推动灵缴试点工作落地落实

淄博市住房公积金管理中心

自获批灵活就业人员参加住房公积金制度试点以来，淄博市住房公积金管理中心（以下简称"淄博中心"）抢抓政策机遇、主动担当作为，推动试点工作不断落地落实。试点工作自2025年1月1日实施以来，全市新增灵活就业人员开户37996人，实缴28563人，实缴率75.17%，新增缴存资金1070.51万元。

一、秉持"三个理念"，科学拟定试点工作思路

根据《淄博市灵活就业人员参加住房公积金制度试点实施方案》，淄博中心在制度上求创新，突出市场化思维，秉持"公益储金产品""以缴促贷"和"多缴多得、长缴多贷"理念，将住房公积金从单一住房保障政策升级为灵活就业人员的"住房+理财+消费"的综合性"灵缴宝"。

一是秉持"公益储金产品"理念，充分激发主动缴存意愿。实行基准利率+动态补贴相结合的方式计算缴存收益，可根据试点进度情况动态调整缴存补贴，目前在现行1.5%的基准利率基础上，叠加20%—50%的动态补贴（暂按30%执行），年化收益提高至1.95%，高于当前商业银行三年期定期存款利率（1.9%），高于支付宝余额宝、微信零钱通年化收益率。通过动态调控缴存需求，推广期高补贴吸引参与，成熟期评估优化，提升资金支出绩效。连续缴存满2个月或累计缴存满3个月，即可全周期领取缴存补贴，未办理住房公积金贷款的，不限频次、金额提取，办理住房公积金贷款且无逾期记录的，暂按住房公积金存款利率的10%（即0.15%）给予补贴。灵活就业人员根据自身收入情况，自主选择缴存金额与频次，适配其收入周期不固定的特征。

二是秉持"以缴促贷"理念，充分激发住房储金意愿。贯彻落实"投资于人"的政策导向，将传统的以支持职工住房贷款为目的的"以贷促缴"理念转变为吸引职工缴存的"以缴促贷"理

念,通过吸引灵活就业人员开户建缴,激发缴存人将零钱储存转变为购房储金的意愿,提高住房消费能力。将住房公积金缴存与个人信用深度挂钩,让缴存记录成为可识别、可量化的信用资产,降低银行放贷顾虑,通过与受托银行合作,为灵活就业人员提供利率优惠、专属信贷等多项金融支持,提供组合金融服务。

三是秉持"多缴多得、长缴多贷"理念,充分激发长期稳定缴存行为。建立灵活就业人员住房公积金贷款额度与缴存余额、连续缴存时长等因素挂钩的存贷机制,贷款条件动态反映个体缴存努力程度,通过引入缴存稳定性指标(连续缴存月数)加计计算贷款额度,缴存时间满6个月未满12个月的,存贷系数为0.7;缴存时间满12个月未满18个月的,存贷系数为0.8;缴存时间满18个月未满24个月的,存贷系数为0.9;缴存时间满24个月及以上的,存贷系数为1。

二、注重"三个精准",力求惠及更多群体

充分运用网络、报纸、电视等各类平台开展精准化宣传,为试点实施营造良好氛围。

一是精准宣传,扩大知晓率。制作"一分钟"系列短视频,涵盖政策介绍、业务办理等各个方面,投放短视频平台,同步在中心微信公众号宣传,实现宣传广泛触达,覆盖年轻灵活就业群体;在"爱山东"APP开设"灵活就业公积金专区",简化开户、缴存、提取等业务流程,降低操作门槛;利用区县政务中心、各受托银行网点LED显示屏,滚动宣传灵活就业人员参加住房公积金制度,提升灵活就业人员对住房公积金制度的认知度和参与度。

二是精准推广,增强吸引力。争取各区县政府、乡镇政府、街道办事处等部门单位支持,开展进大集、进商超、进景区、进社区、进银行等"五进"宣传活动,举办专场宣讲100余次,发放宣传材料3万余份,现场提供政策咨询和开户指导,将政策靶向推达目标人群;在八大局市场试点灵活就业人员一站式服务点,与街道社区、受托银行三方联动,将工作做到灵活就业人员聚集的第一线,形成"人人都知道、户户都愿讲、个个都愿缴"的社会氛围。深入对接烟草销售、美容美发等行业,召开行业座谈会,系统解读政策与行业适配路径;为经营商户送政策上门,面对面宣讲答疑,手把手开户缴存,实现商户政策知晓率、开户率"双提升";配套微信服务群实时响应,提供7×24小时服务。

三是精准覆盖,提高缴存率。打造"五极五优"服务样板,推广"服务即宣传,宣传促服务"工作模式,充分发挥受托银行网点密集的优势,在受托银行营业网点设立"公积金专窗",形成辐射全城、功能完备、运行高效的15分钟便民服务圈,提供"政策+金融"一站式服务;联

合受托银行开展业务解读会、培训班，银行客户经理化身"公积金宣传员"，政策精准滴灌至每一名个体工商户、自由职业者。

三、聚焦"三个群体"，强化制度保障力度

通过聚焦"三个群体"，畅通灵活就业人员自愿缴存使用住房公积金渠道，为广大灵活就业人员提供安居淄博新思路，提高灵活就业人员"来淄博、在淄博、爱淄博"的吸引力。

一是聚焦青年人安居支持。支持享受淄博市生活补贴灵活就业的青年人才，将生活补贴纳入住房公积金缴存账户合并计算贷款额度。灵活就业缴存的新市民、青年人租赁住房的，可按实际房租支出提取。对购买人才公寓的灵活就业缴存人员给予同等购房优惠支持。引导创业青年参加住房公积金制度，提高个人信用资信，为"青春创业"赋能加码。

二是聚焦新型职业农民安居乐业。结合不同县域的农业发展特色，推出"一链一策"安居支持计划，精准对接新型职业农民的购房需求，将高青黑牛、沂源苹果等特色农产品产业链从业人员纳入制度覆盖范围。种植、养殖户等新型职业农民可根据种植淡旺季、养殖周期灵活选择缴存时间和金额，积累的住房公积金既可享受缴存补贴和低息住房贷款优惠，又能灵活使用支持生产经营。

三是聚焦黄河滩区居民安居迁建。结合黄河重大国家战略，支持黄河滩区居民迁建项目涉及的灵活就业缴存人在拆迁安置期间需要租房的，可按实际房租支出提取；需要补缴购房款差价的，符合条件的可办理住房公积金提取和贷款。支持老旧小区、棚户区、城中村改造提升。上述项目中涉及的灵活就业缴存人员，符合条件的可办理提取和贷款。

四、下一步工作

当前，试点工作启动时间较短，缴存体量较小，规模效应尚不明显。下一步，淄博中心将更加主动融入国家发展大局，以试点为契机，不断拓宽受益群体、积极推进机制创新、持续深化数字化发展，在服务地方经济发展中发挥住房公积金作用。

一是制度创新消除"不愿缴"堵点。一方面，坚持把灵活就业人员参加试点工作作为中心工作的重中之重，充分发挥部门协同作用，围绕特色产业和重点农业，集中力量做好宣传覆盖工作。另一方面，进一步研究优化政策适配性，组织专题研讨和问卷调查，查找政策供给与现实需求之间的差距，不断迭代完善缴存使用政策，提升制度的公平性和普惠性，以均衡覆盖助力共同

富裕。

二是数智赋能化解"不会缴"痛点。以缴存人的需求为导向,加快提升信息化水平,优化线上办理流程,使线上流程更加"好用""易用"。根据灵活就业人员住房公积金缴存情况、贷款履约情况等数据生成专属二维码,凭码可享多项生活消费"无感服务"。

三是风险防控破解"不敢贷"痛点。今年下半年,淄博市灵缴人员将陆续符合住房公积金贷款资格,淄博中心提前谋划,运用大数据、人工智能等手段,构建多维风控体系(如针对不同人群分层防控、引入互联网行为数据等),兼顾灵活性与安全性,既避免过度风控导致"拒贷率高",又能有效防范贷款风险。

灵缴试点及对接使用全国统一信息系统做法与成效

张化友　重庆市住房公积金管理中心党组成员、副主任

在住建部住房公积金监管司精心指导下，重庆市深入贯彻落实国家"加强灵活就业和新就业形态劳动者权益保障"要求，于2021年8月全面启动灵活就业人员缴存试点工作，按照"建立新机制、设计新产品、覆盖新群体"的工作思路，积极探索助力灵活就业群体住有所居和共同富裕。近四年来，重庆市住房公积金管理中心（以下简称"重庆中心"）紧紧围绕住建工作大局和试点工作部署，结合重庆市房地产市场发展形势和群众住房需求变化，持续优化迭代改革举措，推动受益群体不断扩大。截至目前，全市灵活就业人员累计开户41.2万人，缴存金额10.4亿元，支持缴存人提取贷款9.6亿元，试点成效获评重庆市第一届改革创新奖，被中央电视台、《中国青年报》等媒体报道。

一、坚持服务大局，多跨协同助力试点高位推进

积极服务经济社会发展，依托地方整合资源，推动试点工作落实落地。一是主动融入改革大局。争取市委、市政府支持，推动试点纳入全市重大改革项目统筹推进，纳入市政府及相关市级部门印发的12项文件内容，积极助力青年型城市建设、人才留渝来渝就业创业、个体工商户高质量发展、新型城镇化发展等重点改革。在缴存人中，新就业形态劳动者占比超20%，个体经营

者占比超50%，中低收入缴存人占比超63%，新市民、青年人缴存金额占比达87%。试点成效被评为重庆市社会民生领域改革第一批典型案例，多次获得市委、市政府主要领导高度肯定。二是强化部门协同推进。成立市政府牵总、10个市级部门共同参与的工作专班，推动缴存补贴、个税减免、租房优惠等支持政策落地。积极协调区县政府，推动将试点纳入地方重点工作。充分利用人社、团委等部门的灵活就业人员信息，开展大数据分析，查找潜在群体，推进精准扩面。重庆市近60%缴存人选择按月或一次性等方式长期稳定缴存，新开户实缴率提高至80%以上，2024年新开户实缴人数同比增长40%以上。三是深化政银民生合作。以公开招投标方式科学选择受托银行，建立受托银行进入退出机制，充分发挥普惠金融优势，为缴存人提供"低利率、免抵押"消费贷款等金融增值服务，持续扩大受益群体、拓展服务半径。构建宣传矩阵，利用银行点多面广线长优势，综合运用直播访谈、平台交流、座谈走访等方式，提升宣传质效，扩大惠民政策影响力。四是借助"外脑"赋能创新。联合北京大学、合作银行等10多家单位，开展线下"一对一"走访、线上"广覆盖"调研，充分摸清灵活就业人员群体特征和住房需求，推动完善顶层设计；开展灵活就业人员住房公积金制度、信息系统建设等基础性研究，形成机制建设、系统建设、风险防控等10多项成果，为制度和系统标准化建设提供理论参考和技术支撑，相关研究成果获评重庆市第九届发展研究奖，被住建部《城乡建设》期刊刊载。

二、践行民生为大，机制创新推动制度公平普惠

聚焦灵活就业人员群体特征，构建"存取灵活、精算平衡、动态调整"的缴存使用新机制，实现"愿缴能缴"。一是实行低门槛广覆盖。放宽参与年龄至16周岁，不设户籍、收入等准入限制，拓展覆盖范围至个体工商户、农村进城务工人员、返乡置业人员、"三新"领域人员以及八大群体等，助力实现共同富裕。二是设计惠民服务产品。以"市场化+政策性"设计理念，推出3款公共服务产品，支持按月缴、一次缴和自由缴，缴存人可自由选择缴存方式、缴存金额和缴存期限；给予缴存补贴，提高资金收益率至2.1%，引导灵活就业人员多缴长存。支持灵活提取，购房前可提取用于家庭消费、支付房租，减轻生活负担；购房后可提取冲还贷款本息，减轻还贷压力。三是建立精算挂钩机制。借鉴中德储蓄银行经验，创新运用资金日均余额和收益现金价值"双指标"，综合评价灵活就业人员缴存资金贡献度。依托资金贡献度，建立精算化存贷挂钩机制，合理匹配贷款额度、缴存补贴等权益，促进灵活就业人员缴存权利和义务相对等，维护制度公平。四是持续优化试点政策。采取参数化设计，围绕群众需求，通过调整缴存时长和金额、存

贷倍数、补贴标准等政策参数，实现产品适时更新迭代，促进梯次释放贷款需求，更好发挥逆周期调节作用。近年来，重庆市先后3次升级试点政策：一方面，推动缴存"缩期减压"，将主导产品最低缴存期限由24个月缩短至12个月，不断降低缴存金额上限，减轻缴存压力；另一方面，推进贷款"提额降负"，将主导产品存贷比由13倍提高至20倍，贷款额度由个人50万元提高至80万元，夫妻提高至120万元，多子女家庭夫妻最高可贷160万元，降低第二套住房首付比例至20%，同时支持灵活就业人员"商转公"贷款，减轻利息支出压力。政策调整后，新开户人数、贷款发放笔数较去年同期分别增长79.6%和33.6%。

三、融入国家战略，跨域合作助力全国统一大市场建设

依托双城经济圈建设，发挥"双核"引领，协同成都推进灵活就业人员试点，相关做法获评"十大成渝地区协同发展创新案例"。一是共谋统筹推进。推动试点纳入川渝两省市《推进川渝公共服务一体化深化便捷生活行动事项》，协同开展调查研究、政策宣传、人员培训，推动成渝两地超50万名灵活就业人员参加试点。二是共商政策趋同。探索推进成渝试点政策协同，实现成渝间灵活就业人员参与资格、提取条件、互认互贷等政策趋同，助力灵活就业人员跨域住房消费。2023年，重庆市已率先为成都灵活就业人员发放首笔公积金异地贷款。三是共搭转移机制。会同成都探索构建跨业态、跨地域的权益转移接续机制，支持缴存权益在灵活与在职、本地与外地间同步转移、有效衔接，支持灵活就业人员自由流动。目前，累计约有600名异地缴存人转入重庆参与试点。四是共享试点红利。依托高竹新区川渝公积金服务专区，拓展试点政策适用范围，支持广安灵活就业人员同标准参与重庆试点、来渝购房安居，助力探索行政区与经济区适度分离改革。五是共建服务品牌。积极打造"小金·成渝通"服务品牌，与成都共同推进灵活就业人员跨域服务标准化建设，着力打造川渝协同服务样板。

四、聚力标准建设，数字赋能打造优质高效服务

近年来，重庆中心按照监管司统一部署，积极参与试点数据标准编制、业务上线公共服务平台、应用征信信息防范风险、接入住房资金管理系统等创新工作，助力推进服务标准化建设。一是规范统一试点数据标准。认真落实监管司试点数据上报方案要求，逐步规范完善重庆市试点业务数据。在此基础上，会同各试点城市中心，牵头编制灵活就业人员基础数据标准，对业务明细、政策信息、缴存使用协议等数据项进行全面梳理和规范。同时，采取边编制边规范的方式，

再次梳理完善重庆市试点业务数据。二是率先接入公共服务平台。重庆中心积极参与公共服务平台灵活就业人员业务统一受理工作，考虑试点城市政策差异，提出"及时响应、快速迭代"的参数化政策引擎建设方案，支持调整系统配置，实现业务差异性兼容，适应需求变化。共同分析平台与重庆市灵活缴存系统的差异性，明确"便利性、兼容性、拓展性、安全性"四大接入原则，完善架构设计。实施三步开发，逐步开发上线信息查询、缴提贷、贷后管理等业务，提高项目成功率。实施5轮测试，先后开展自测自纠、模拟测试、用户测试、安全测试和版本验证，确保接入质量。开启白名单验证，在系统上线后选取真实用户试用，按照"先试用、后推广"思路，确保系统稳定运行。2024年3月，重庆市试点21个业务模块全部接入服务平台，为灵活就业人员打造了"一站式、全方位"服务渠道，打破地域限制，实现全国灵活就业人员业务统一受理，逐步探索推进政策标准化与服务标准化。上线一年来，30余万名用户登录使用公共服务平台灵活就业人员业务功能，全市新开户15.7万人，实缴12.7万人，同比分别增长43%和58%。三是积极应用征信信息。2018年，重庆中心接入人民银行征信系统，2021年，切换至二代征信系统后，实现征信信息嵌入业务办理流程。按照业务驱动原则，在个贷受理环节协查获取解读住房贷款次数、贷款状态、逾期情况等信用信息，根据系统参数预设的征信审核条件，自动审核个人征信报告，返回审核结果和具体理由，真正实现"数据可用不可见"，既保障个人征信报告安全使用，又提高了贷款审批时效。同时，制定了个人信用信息基础数据库管理办法、网络与信息安全管理办法、网络信息安全应急处置预案等管理制度，确保征信工作安全、有序、高效开展。目前，我市共受理贷款981笔，其中因征信不良拒绝贷款3笔，有效防范贷款资金风险。四是推动住房资金管理系统落地实施。重庆中心积极参与接入全国保障性住房资金管理系统试点工作，支持灵活就业人员购买保障性住房。2024年9月上线公租房转售功能，11月启用资金监管核心功能，2025年3月新增保障房轮候库管理功能。出台《重庆市保障性住房资金监管办法》及配套监管协议，确保规范运行。依托全国系统，实现对建设资金、销售资金、物业专项维修资金三大类资金的全生命周期监管；打造"多跨协同"业务推进模式，服务购房群众、开发企业、监管银行和政府部门4类主体；整合轮候库管理、项目管理、申购交易、开发贷款、资金监管五大核心功能，实现了"让数据多跑路、让群众少跑腿"的一网通办、一网统管目标。经过近一年的试点运行，取得显著成效，累计监管项目建设资金10亿元，规范使用资金6.7亿元，有力保障14个新建配售型保障性住房项目和8个公租房转售项目的顺利实施，做到了专款专用、封闭运行，有效防范了资金挪用风险。

下一步，重庆中心将在住建部住房公积金监管司指导下，深入贯彻落实本次会议要求，持续优化灵活就业人员缴存使用机制，推动政策更加灵活惠民，不断扩大制度受益群体。同时，进一步做好住房资金监管系统试点工作，不断优化系统功能，持续完善监管机制，及时总结试点经验，探索推广运用到商品房预售资金等涉房资金监管，在推动构建房地产发展新模式中更好地发挥住房公积金的作用。

灵缴试点工作探索与实践

济南住房公积金中心

随着经济的不断发展和就业形式的日益多样化,济南住房公积金中心(以下简称"济南中心")在为灵活就业人员建立住房公积金试点(以下简称"灵缴试点")方面进行了积极的探索和实践,取得了显著的成效。自2023年5月24日开展灵缴试点工作以来,累计实缴人数28188人,实缴金额6136.71万元;提取12622人次,提取金额1863.08万元;贷款1273笔,发放贷款金额1.72亿元。

一、精准定位与需求分析

在灵缴试点政策制定过程中,通过问卷调查、数据分析等方式,准确把握灵活就业人员的群体特点和需求。同时邀请灵活就业人员代表参与住房公积金政策的制定和实施过程,听取他们的意见和建议,提高政策的科学性和民主性。不同行业的灵活就业人员,其收入稳定性、购房意愿和能力等方面是存在差异的,所以在政策设计上也要满足各类人群的需求。

二、政策灵活性与适应性

(一)推进政策差别化落实,扩大制度吸引力

1.放宽缴存门槛,实现灵活就业人员愿缴尽缴

济南充分借鉴第一批试点城市的先进经验,降低了缴存准入门槛,针对灵活就业人员群体,

不设户籍地、户籍性质、社保年限、个人收入等限制，凡是年满16周岁且未达法定退休年龄，在济南以个体经营、非全日制、新业态等方式灵活就业，具有完全民事行为能力或视为完全民事行为能力的各类人员均可缴纳住房公积金，实现"愿建尽建、愿缴能缴"。

2. 优化缴存规定，月缴存金额灵活随时调

打破缴存基数是月缴存额的计算基础这一常规政策，在灵活就业人员缴存制度里取消了缴存基数和缴存比例的概念，灵活就业人员开户只需确定月汇缴额即可缴存，使缴存人易理解、易操作，并且针对灵活就业人员收入相对不稳定的情况，取消了一年调整一次住房公积金月缴存额的规定，可随时调整月缴存额，无需审核，即刻生效，赋予缴存人更多的自主选择权。

3. 支持灵活退出，降低经济负担

充分尊重自愿缴存、灵活退出的意愿，对未发生住房公积金贷款或住房公积金贷款已结清的，灵活就业人员可依照规定申请一次性销户提取以灵活就业者身份缴存的全部余额。这种自主权让灵活就业人员在参与住房公积金制度时没有后顾之忧，能够更加放心地根据自身情况进行决策。

4. 兑现缴存补贴，提升缴存吸引力

济南市灵活就业人员自个人住房公积金账户设立之日起，缴存余额执行现行住房公积金存储利率（1.5%），对缴存月数满12个月、存储时间满12个月的资金部分，给予最高1%的缴存补贴，每年结息日缴存补贴计入灵活就业者个人住房公积金账户。2024年6月底，为1421名灵活就业缴存人发放缴存补贴4.7万元。

（二）探索配套支持政策，增加试点吸引力

1. 创新惠民政策，聚焦高校应届毕业生

灵活试点工作成功开展后，济南中心结合济南人才政策，联合财政、教育、社保等部门出台《支持高校毕业生"青春聚济 筑梦泉城"实施办法》（以下简称《实施办法》），让刚走出校门的应届大学毕业生住有所居、心有所安，受到了广泛欢迎。

该《实施办法》在推进灵活就业人员参加住房公积金制度、助力高校毕业生在济安居方面有三大创新之处：一是创新拓宽扶持范围，根据《实施办法》，政策扶持重点不局限于大学本科，把高职院校、技工院校毕业生纳入进来，为城市发展聚集人才和人力资源；二是精准实施政策补贴，为符合条件的留济高校应届毕业生发放住房公积金缴存补贴（首次缴存补贴300元/人，留济缴存补贴1200元/人）；三是提升安居支持力度，享受首次缴存补贴，毕业五年内在济南市购买

首套普通自住住房，符合住房公积金贷款条件且住房公积金贷款借款人均无住房公积金贷款使用记录的，单笔贷款可在实际可贷金额基础上增加最高20万元的贷款支持。

2023年度已向14883名缴存人发放首次缴存补贴446.49万元，向14593名缴存人发放留济缴存补贴1751.16万元。

2.广泛开展合作，多渠道支持租购并举

济南中心与市住建局强化平台共享，通过"易租宜居"平台汇聚大量优质房源，将灵活就业人员纳入平台服务范围，使灵活就业人员与在职职工一样享有在线优惠选房租房的资格。依托"易租宜居"平台，灵活就业人员可以使用住房公积金直接支付房租，简化了租房提取流程，减轻了他们的租房经济压力，有助于他们在济南更好地安居宜居。

三、服务创新与信息化建设

为适应灵活就业人员需求，济南中心统筹提升数字化服务效能，加快推进系统建设进程，打造灵活就业人员专属精准服务产品。一是提升业务办理体验。打造灵活就业人员"全生命周期"服务，实现灵活就业人员开户、缴存、退出全流程"零材料"即时办结。二是拓展线上业务渠道。在住房公积金综合服务平台渠道，包括济南住房公积金官网、"爱山东"APP、微信公众号等渠道基础上，拓展至银行线上渠道，提供更加多元化、个性化服务，真正实现网上办、掌上办、指尖办。三是提升智能服务能力。设置灵活就业人员缴存住房公积金服务专区，建立住房公积金智能问答平台，多渠道统筹开展业务宣传和问题解答。

四、宣传推广与社会参与

（一）创新工作方法，分类推进精准扩面行动

一是精准定位目标群体。以新业态从业人员、新就业人员等群体为重点，加强与美团、滴滴、保险机构代理人等灵活用工密集企业合作，宣传推广济南市灵活就业人员住房公积金业务。利用各种媒体及"春风行动""工会大篷车""走进高校"等系列活动进行政策宣传，增加灵活就业人员对政策的了解，提高参与度。二是精准推进缴存扩面。针对不同群体参保的实际情况，分类施策，协调推进。对灵活就业自愿缴存群体，加大可享受低利率住房公积金贷款和获得缴存补贴等政策宣传力度；对应届毕业生，利用毕业季宣传住房公积金缴存补贴政策和贷款额度支持，增强其主动参缴意识；对务农村民宣传住房公积金保障政策，让村民享有与城镇居民同等的住房公积金权益，从旁观者变成参与者。三是精准制定金融服务。协同受委托银行推出多项配套增值服务，具体涵盖新市民租房贷、安居贷等优惠融资产品，全方位满足客户多样化金融需求，吸引灵活就业人员参加住房公积金缴存。

（二）建立完善的扩面考核机制，激发受委托银行积极性

制定《济南住房公积金中心受委托银行灵活就业人员住房公积金归集业务考核办法》，并根据试点开展效果适时调整，动态监督、定期评审考核受委托银行灵活就业工作开展情况，激励先进、督导后进，通过考核引领实现灵活就业扩面工作有效推进，提高银行扩面积极性，努力营造"你追我赶"的良好氛围。例如，工商银行开展了"夏种秋收"新市民新财富主题服务营销活动，全行参与，全员营销，树立"全行一盘棋"的大局意识，充分发挥各专业资源禀赋，以客户为中心，以产品服务为载体，以新市民服务和财富管理为主线，整合相关资源，实现全面综合拓户。通过三端联动，针对个体商户、普惠客户开展政策宣导和账户开立缴存，获取优质缴存客户。强化内部考核，纳入主营业务考核和管理干部履职问责内容，并将试点工作开展情况作为评价班子和相关负责人履职能力和责任担当的重要依据。

五、监督管理与风险防控

济南中心利用稽核工具、5E监管系统加大对灵活就业账户的监督管理。灵活就业人员在济开设灵活专户时，核查该缴存人在外地住房公积金中心账户设立情况，防止一人存在多个正常的个人账户。

为控制住房公积金贷款风险源头，将住房公积金贷款信息纳入人民银行征信系统，实现信用资源共享。重视贷款指标审核，包括月还款额占家庭收入的比例、其他负债比例、借款人年龄、婚姻状况等。贷款抵押落实到位后实现放款，预售商品房以所购现房做抵押，待房产（预）抵押登记完毕，签订借款收据后，发放住房公积金贷款。

在灵缴试点开展过程中，济南中心不断探索、创新，积累了宝贵经验，同时也清楚地认识到，住房公积金灵缴试点工作也面临扩面难题、使用风险等，需要不断完善政策措施，为广大灵活就业人员提供更加健全、便捷的住房保障服务。

灵缴试点工作取得阶段性成效

青岛市住房公积金管理中心

青岛市住房公积金制度始建于1992年。2002年，按照国务院有关要求和《住房公积金管理条例》规定，青岛建立了住房公积金管理委员会决策制度，组建了青岛市住房公积金管理中心。2003年8月，完成对各区、市原有住房公积金管理机构的上划合并，实现了全辖区统一决策、统一管理、统一制度、统一核算。目前内设9个机关处室，在七区三市设立11个管理处营业大厅，核定编制238人，现有在编人员221人，派遣制工作人员118人。

近年来，青岛市住房公积金管理中心在住建部、省住建厅的大力支持和市委、市政府的坚强领导下，坚持"服务大局、保障民生、推动发展"的工作导向，聚焦"惠民、便民、利民"的目标定位，强化业务发展，深化改革创新，优化服务体系，各项业务保持了良好发展态势。截至2025年3月底，全市累计收缴住房公积金3572.51亿元，为职工提取2484.89亿元，发放贷款1549.63亿元，实现增值收益159.57亿元、城市廉租住房（公共租赁住房）建设补充资金130.9亿元，在保障群众安居、支持城市建设、助推经济发展方面发挥了积极作用。

一、灵活就业人员缴存试点工作推进情况

青岛市自2023年10月启动灵活就业人员参加住房公积金制度试点工作。在市委、市政府的正确领导和住建部、省住建厅的大力支持下，我们灵活运用政策工具，积极探索、深化改革，建立起具有青岛特色的政策保障体系，积累了一系列推广经验。截至2025年3月底，全市共有7.5

万名灵活就业人员开设住房公积金账户、实缴6.5万人，累计缴存金额1.8亿元，累计开户人数、实缴人数、实缴率等指标均位居第二批试点城市首位，试点工作取得了阶段性成效。

（一）创新政策设计，增强缴存积极性

试点聚焦灵活就业群体需求，打好政策优惠组合拳，让更多灵活就业人员愿意缴、能受益。一是保障人群更加广泛。将非全日制、个体经营、新业态等方式灵活就业的人员全部纳入自愿缴存范围，不设置户籍、社保缴存等准入门槛，扩大制度普惠面。二是缴存机制更加灵活。缴存额度和频率可按规定自主确定、随时调整；无住房公积金贷款的可随时申请退出并全额提取；打通灵活就业与单位职工的缴存转换通道，支持无缝衔接、申贷接续，最大限度保障随心缴、随时退、安心贷。三是政策优惠更加多样。针对来青高校毕业生，支持其将住房补贴、租赁补贴等纳入住房公积金账户、参与贷款计算。同时还配套了缴存补贴、贷款额度上浮、纳税扣除、租房提取等优惠支持措施，让制度红利惠及更多灵活就业群体。

（二）创新服务模式，打造数字化办事新体验

试点兼顾服务标准化要求和灵活就业人员个性化需要，积极创新服务方式、提升服务质效。一是打造"一网通办"服务。积极推进数据共享、丰富线上功能、拓宽服务渠道，为灵活就业人员提供了"全覆盖、全流程、全在线"的"一网通办"服务。通过推行"数字钱包""一卡通"等，提供便捷的金融服务，进一步增强缴费便捷性。二是首创打造"住房公积金支付"体系，将住房公积金升级为缴存人的住房消费钱包，支持实时划转住房公积金用于付首付、还房贷、交房租，通过与租赁企业系统直联，推动房租智能化直付，为缴存人争取减免押金、降低房租等优惠，目前已覆盖19个租赁住房项目的7600余套房源，提高缴存人的住房消费能力。

（三）创新宣传路径，点面结合扩大制度影响力

通过打造全方位、立体化的宣传格局，多措并举加大宣传推广力度，推动试点政策"直达快享"。一是扩大宣传广度。聚合广播电视、报刊网络等媒体平台，联动地铁站点、地标楼宇大屏等社会资源，全时段、大流量播发政策宣传信息。邀请相关领域专家召开政策说明会，进行解剖性解读，把政策文件说透彻、讲明白。制作"秒懂公积金"系列短视频，通过情景演绎、图文案例、MG（动态图形）动画等方式生动讲解政策优惠，让群众喜欢看、有共鸣，营造浓厚的舆论氛围。二是提升送达精度。对灵活就业群体进行精确定位、精细分类，主动走进创业园区、电商基地、商贸城等灵活就业人员聚集区，联合多部门开展进高校、进社区、进广场、进商圈、进企业活动，面对面讲解政策，点对点答疑解惑，引导灵活就业人员积极参缴，确保试点政策精准送

达受众群体。三是加大推广力度。广泛联动合作银行资源,以考核调动扩面积极性,大力营销推广,将服务触角延伸到银行柜台,方便灵活就业人员就近办理住房公积金业务。积极联动区(市)政府,由分管区(市)长召开专项部署会,顶格推进试点工作,将试点任务分解到各镇(街),层层压实扩面责任,定期通报开户情况,充分发挥基层网格化管理优势,推动试点工作走深走实。四是联动平台资源。依托个体私营协会、商会、烟草专卖等行业现有平台,举办多场直播宣讲会;积极对接西海岸新经济平台、滴滴运营公司等,借助平台网站、微信群等定向推送试点政策,充分发挥好平台辐射作用,畅通灵活就业人员服务渠道。

二、"投资于人"政策实施情况

在缴存方面,首次参缴的灵活就业人员可享受0.5%的缴存补贴,年利率达到2%。截至2025年3月底,累计补贴金额近30万元,有效提高了灵活就业人员的参缴意愿。通过补贴吸引和政策集中宣传,青岛灵活就业人员缴存规模快速扩大,新增开户实缴人数累计14个月位居第一批试点城市首位。缴存人中主要以本地户籍人员为主,占比达78.5%,40岁以下占比51.5%,试点政策对本地年轻群体吸引力更大。

在购房方面,多轮次提高贷款额度,实施了多子女家庭、高品质住宅、绿色住宅、商品房现房贷款额度上浮政策,针对连续缴存满两年的灵活就业人员,在最高限额内额外给予10%的上浮优惠,政策叠加后最高可贷150万元;通过优化房屋套数认定标准、降低首付款比例、扩大首付款提取范围等措施,进一步提高灵活就业人员购房能力。截至2025年3月底,共为灵活就业人员发放贷款466笔2.8亿元,贷款期内可为灵活就业人员节约利息支出1300多万元,切实减轻了住房经济负担。其中,用于购买首套住房的占90.8%,用于购买120平方米以内住房的占71%,在保障刚性住房需求的同时,改善性住房需求也在一定程度上得到满足。青岛灵活就业人员平均单笔贷款额度为59.2万元,其中有29笔享受额度上浮优惠,贷款额达到97.3万元,额度提升了64.3%,为灵活就业群体购房置业提供更多保障。

在租房方面,青岛市租房提取政策支持市场租赁住房"定额、限额提取"、住房保障群体及多子女家庭租房"应提尽提"、新市民及青年人租房"实缴实提",且申贷时一年内的租房提取金额还可纳入贷款额度计算,对各类群体租房和"租购衔接"的需求做到了全覆盖。随着试点的深入开展,灵活就业人员租房提取量快速增长,2025年一季度租房提取人数环比增长67.4%。由于灵活就业人员整体缴存水平低、缴存时间短,住房公积金账户累积余额较少,人均租房提取金额远低于单位职工（一季度灵活就业人员人均租房提取金额为1681元，单位职工为9796元）。

三、试点推进存在的问题

（一）缴存缺乏持续性

截至2025年3月底，青岛灵活就业人员正常账户数为2.5万个，仅占全部实缴人数的38.5%，有61.5%的灵活就业人员在缴存一定时间后选择退出制度。主要原因：一是灵活就业人员缴存的主要目的是获取低息贷款，与商业银行住房贷款相比，目前住房公积金贷款利率优势不明显，二套房甚至出现了利率倒挂的情形；二是2%的年利率高于银行定期存款，但与投资理财需求相比，收益不具有明显优势，缴存补贴优惠对暂时没有购房需求的灵活就业人员吸引力不足；三是受当前经济形势影响，灵活就业人员收入预期普遍转弱，一定程度上影响了缴存的持续性及稳定性。

（二）贷后管理风险较高

中低收入群体是参与缴存试点的主力军，实缴灵活就业人员中月均缴存额500元以下的占81.3%，收入偏低且极不稳定，贷后更容易产生违约逾期问题。截至2025年3月底，有20笔灵活就业人员贷款出现贷后停缴的情况，相对灵活的就业形式也增加了贷后催缴管理的难度。

四、下一步工作

（一）加大推广力度

采取"点、线、面"结合的宣传推广模式，在继续做好"点对点"精准化政策辅导的基础上，与快递、外卖、网约车等行业的主管部门、协会及平台公司加强对接，抓好灵活就业群体集聚行业的"线"，依托平台资源提高推广成效；同时，发动街道、社区等基层组织力量，运用好承办银行地推营销模式，扩大宣传推广面，让住房公积金制度惠及更多灵活就业人员。

（二）探索政策集成

积极对接团市委、财政、人社、住建、审批服务等部门，加大部门间协同力度，探索将试点政策与青岛市人才政策、促消费政策相衔接，充分发挥政策叠加效应，增强试点吸引力。

（三）提升服务水平

以灵活就业标准化建设为契机，全面梳理业务事项，简化业务办理条件及办理流程，实现线下线上业务协同发展、地方平台与全国平台同一标准，持续推进政务服务标准化和规范化建设。依托全国住房公积金公共服务平台，不断提升政务服务便利化、智能化水平，为灵活就业人员提供更加便捷、高效的线上办事体验。

(四) 加强风险防控

根据资金收付情况，定期进行流动性风险分析和预测，实现自愿缴存与强制缴存资金池统筹使用管理。对灵活就业人员贷后停缴、逾期还款等风险行为加强监控，及时采取催缴、催收手段，利用好缴存账户作为贷款还款账户的措施，降低贷后停缴风险，保障住房公积金资金安全。

建立"1234"机制 协同联动 助力灵活就业人员榴枣安居

枣庄市住房公积金管理中心

枣庄市住房公积金管理中心（以下简称"中心"）将灵活就业人员参加住房公积金制度试点作为保障和改善民生的重要抓手，通过建立"1234"机制，以试点"小切口"服务"榴枣归乡"工程、青年发展友好型城市建设等重大战略，协同联动推进试点工作迅速落地见效。截至2025年6月底，全市已有9477名灵活就业人员开户缴存。

一、"一个统领"把方向，筑牢制度试点压舱石

一是高位部署强引领。2024年11月，枣庄市成功获批国家灵活就业人员参加住房公积金制度试点城市，市委、市政府高度重视，将其写入2025年市委全委会和市政府工作报告，列为2025年惠民实事项目和市委深改委年度工作要点。二是精心谋划优政策。立足"6+3"现代产业体系等城市特色，制定工作方案，印发试点管理办法和实施细则，创新建立缴存范围、方式、身份转换、提取使用"四灵活"机制，形成了政策"大礼包"，打造了民生"强磁场"。

二、"双向联动"聚合力，构建协同推进一盘棋

一是部门联动聚力。采取专班式推进，建立了由市政府领导为召集人，财政、人社等14个

部门提供系列跨部门配套政策的"政府统筹、部门协同"试点工作机制，打造了集"贷款政策同权、多重补贴增益、信用积分赋能、服务发展战略、产业精准对接"于一体的"五利好"政策体系。二是服务联动推进。将试点工作纳入对受委托银行考核范围，制定考核方案，层层压实责任。围绕石榴、马铃薯和机床等特色产业灵活就业人员，开展政策集中宣讲，有效提升了其对住房公积金政策的认知度与参与度。

三、"三个坚持"强根基，绘就服务提质新图景

一是坚持服务便民化。深化与受委托银行合作，利用其网点、柜台优势延伸服务触角，实现"开户、缴存、提取、变更"全流程"掌办"。二是坚持宣传精准化。在全省率先举办住房公积金促消费"宣传季"启动仪式，在政务服务大厅创新召开移动式新闻发布会，在全市开展进大集、进商超等"十进"活动335场次，发放宣传资料超10万份，央视和地方媒体专题报道，政策认可度持续升温。三是坚持管理规范化。多部门共享数据核验信息，查防"一人多户"，6个月无业务账户自动销户。设置自主缴存与协议托收模式，实现资金统一存管。将灵缴人员纳入信用体系，实行分级分类管理，并配套出台激励措施，有效提升其参缴积极性与诚信履约主动性。

四、"四个到位"促保障，夯实试点落地硬支撑

一是调研指导到位。市政府分管领导亲自谋划研究，中心多次开展实地调研，广泛了解难点堵点，因地制宜、因人施策，制定解决方案，建立定期通报推进机制，切实将调研成果转化为实际成效。二是政策落实到位。灵活就业人员开设公积金账户，给予200元首次开户补贴，在国家规定利率基础上结计利息后再给予0.5%缴存补贴，针对应届毕业大学生、退役军人等群体制定专属优惠措施，住房公积金制度红利普惠可及。三是机制保障到位。线上线下分别增设住房公积金贷款"一件事"专区专窗，打造联办应用场景，实现住房公积金贷款"一套材料、一次告知、一表申请"。四是风险管控到位。在全省率先实现用户设置、复核授权、模型审批等征信查询全流程风险管理，征信查询和审核由"人工审"变为"自动验"，为灵缴人员贷款购房提供征信保障。

对灵缴试点工作进行全面规范

烟台市住房公积金管理中心

一、出台相关配套文件

2024年11月，根据《住房和城乡建设部关于同意开展灵活就业人员参加住房公积金制度试点的函》（建金函〔2024〕106号），烟台市成为试点城市。为了将试点工作落地落实，烟台市住房公积金管理中心（以下简称"中心"）制定了《烟台市灵活就业人员参加住房公积金制度试点方案》《烟台市灵活就业人员参加住房公积金制度试点实施细则》《烟台市灵活就业人员参加住房公积金制度试点工作推进方案》和《烟台市灵活就业人员参加住房公积金制度试点管理办法》，对烟台市灵活就业人员参加住房公积金制度试点工作进行全面规范。

二、集中开展政策宣传

制作灵活就业人员参加住房公积金制度宣传折页、宣传视频、宣传看板等宣传素材，统一下发至市中心各机构，确保宣传显实效。线上渠道方面，在住房公积金官方网站、微信公众号等平台发布灵活就业人员参加住房公积金制度网上办事流程。线下渠道方面，主动对接市住建局、人社局、工商联等单位，在高品质住宅团购会、新春招聘会、灵活就业推进会、民营企业座谈会等平台进行政策宣讲；在县市区政务服务中心"开门红"宣传活动、高品质住宅展示交易会会场、非遗新春大集、蓬莱渔灯节主会场、房地产楼盘项目、商超、影院、公园、早市及社区设置宣传专区，通过开展形式多样的政策宣传活动，将灵活就业人员参加住房公积金制度开户流程、高额补贴及"一区两链"制度等政策红利"面对面"送至群众手中。

政策宣传量身定制、靶向施策。紧扣各类灵活就业群众关注焦点，以需定讲。以长岛综合实验区、黄金精深加工和现代物流产业链"一区两链"为重点，在涉及县市区内，针对滴滴司机、外卖小哥等从事现代物流工作的灵活就业人员，侧重宣传无门槛缴存、享受低息贷款；针对渔民群众详细介绍灵活就业人员自愿缴存及补贴政策；针对个体工商户从业者，侧重宣传个税减免、银行增值服务；针对求职人员，侧重宣讲租房提取、购房贷款等政策，提升宣传的针对性和实效性。

三、全面培训强化服务

2月17日—21日，在中心及14个分支机构范围内召开培训研讨会议，对灵活就业人员参加住房公积金制度中的参缴方式、退出及身份转换、提取及贷款等政策进行集中培训，就相关问题进行讨论交流，全面提升工作人员对灵活就业人员参缴相关业务的掌握程度。

四、聚焦扩面提升影响力

3月6日，组织14家分支机构及16家合作银行召开了缴存扩面推进会议，对2024年灵活就业人员参加住房公积金制度工作进行了全面总结，分析了当前面临的工作形势，明确了下一步工作重点，并对2025年灵活就业人员参加住房公积金制度试点工作进行了任务分解。

3月27日，中心领导参加省住房和城乡建设厅举办的灵活就业人员参加住房公积金制度试点工作新闻通气会，详细解读烟台市灵活就业人员参加住房公积金制度试点有关政策，欢迎更多灵活就业人员通过参加住房公积金制度实现稳业安居。

4月9日，参加全国灵活就业人员参加住房公积金制度标准化推进会议，全面提升烟台市灵活就业人员参加住房公积金制度试点工作影响力。

五、推进年度重点工作

以长岛综合实验区、黄金精深加工和现代物流产业链"一区两链"为重点，加快推进灵活就业人员参加住房公积金试点工作制度的宣传普及，由"一区两链"涉及的各县市区分别制定工作推进方案，近期将陆续召开灵活就业人员参加住房公积金制度现场推进会，积极引导"一区两链"涉及群体缴存使用住房公积金，全力拓展灵活就业人员参加住房公积金制度的覆盖面，提高扩面的精准性和有效性。

发挥优势　积极探索
扎实推进灵缴试点工作

日照市住房公积金管理中心

自灵活就业人员参加住房公积金制度试点工作开展以来，日照市紧紧围绕试点工作目标，充分发挥自身优势，积极探索创新，通过政策集成、强化宣传、数智赋能、考核激励等多方面举措，扎实推进试点工作落地落实，取得了显著成效，形成了具有日照特色的试点工作模式。

截至2025年3月底，自试点以来新增灵活就业人员开户2748人，其中已缴存1356人，累计缴存资金116.35万元。

一、"三个坚持"，融入经济社会发展大局

坚持高位谋划部署，推动试点工作融入全市经济社会发展大局。试点工作写入《中共日照市委关于贯彻落实党的二十届三中全会精神进一步全面深化改革、推进中国式现代化日照实践的意见》，纳入了日照市委深改委工作重点，2025年为民办实事项目，并写入政府工作报告。

坚持政策叠加发力，推动试点工作融入全市住房发展大局。试点工作由日照市政府统筹协调，紧盯全市房地产市场发展新形势和购房新模式，创新政策，叠加集成，多部门协同发力，充分释放惠民政策的"乘数效应"，增强灵活就业人员参加住房公积金制度的吸引力。一方面，我们降低制度缴存门槛，取消社保缴纳的限制，进一步扩大了缴存范围。并对连续正常缴存住房公

积金满6个月未办理住房公积金贷款的，给予0.5%的缴存补贴。另一方面，市住建部门对符合条件的灵活就业人员，推出公租房减免50%押金优惠待遇，以及保障性租赁住房、配售型保障性住房等相关优惠政策；市人社部门负责提供灵活就业人员的技能培训、创业支持、税费减免、就业服务等全方位的支持；税务部门负责个人所得税税前扣除；住房公积金业务受托银行根据灵活就业人员的行业特征，探索推出惠民专属信贷产品等。

坚持挖掘地域优势，融入全市产业发展大局。在推进试点过程中，我们积极融入本地产业发展大局，紧盯全市产业链中灵活就业人员群体，重点引导现代海洋产业、文旅产业、一村一品等产业链从业人员参加住房公积金制度，实现了产业稳定发展和灵缴工作落地落实的双赢。

二、强化宣传，提高政策知晓度

日照市充分认识到宣传工作在试点工作中的重要性，针对灵活就业人员的特点，创新宣传方式，拓宽宣传渠道，开展全方位、立体式的宣传活动，确保政策"入户入心""普及普惠"。

线上，精心制作政策"一图读懂"，以简洁直观的形式展示政策要点，方便灵活就业人员快速了解政策内容。同时，发布"热点问答"，针对灵活就业人员关心的常见问题进行详细解答，提高政策解读的针对性和实用性。线下，开展"促消费"宣传季系列活动，组织"六进"活动和政策宣讲活动30余场，深入重点产业链及零工市场，将政策送到群众身边。通过多角度深入解读、多渠道共同发力、多部门协同参与，形成了浓厚的宣传氛围，有效扩大了政策影响力，为试点工作顺利推进奠定了坚实基础。

三、数智赋能，优化提升服务体验

日照市积极探索数字化赋能服务升级，着力优化灵活就业人员业务办理流程，提升服务体验。开发完善线上开户功能，实现灵活就业人员业务办理"指尖办"。优化手机住房公积金APP网办功能，全面接入全国住房公积金公共服务平台，灵活就业人员仅凭身份证、银行卡即可在线上平台完成开户，轻松办理住房公积金缴存、提取等业务。同时，在日照市住房公积金管理中心官方网站、手机APP上设置"灵活就业人员专区"模块，为灵活就业人员提供便捷的办理和查阅渠道，进一步提升了服务的便捷性和高效性，让灵活就业人员切实感受到数字化服务带来的便利。

四、考核激励，扎实保障试点落实

为确保在试点期内顺利完成灵活就业人员开户建缴任务，日照市采用考核督促的方式，扎实推进试点工作的扩面归集。年初确定灵活就业人员开户建缴考核任务，分管理部月度量化分解，按照时间节点有序推进灵活就业人员扩面缴存工作。强化金银协同，充分激活合作银行资源优势，制定归集业务考评办法，将灵活就业人员扩面纳入受托银行考评内容，通过考核有效调动受托银行扩面积极性。同时，采用"定期存款奖励"的方式，为受托银行在短时间内迅速宣传、落实建缴提供实质性支持，进一步激发了银行参与试点工作的热情，有力保障了试点工作的顺利推进。

五、试点工作成效与展望

通过一系列扎实有效的举措，日照市灵活就业人员参加住房公积金制度试点工作取得了显著成效。政策知晓度不断提高，服务体验持续优化，开户建缴工作稳步推进，试点工作呈现出良好的发展态势。

在试点工作推进过程中，日照市充分发挥自身特色，探索出了一条适合本地实际的工作路径。未来，日照市将继续深化试点工作，进一步完善政策体系，优化服务流程，加强宣传推广，持续扩大灵活就业人员参加住房公积金制度的覆盖面和影响力，为灵活就业人员提供更加优质、便捷、高效的服务，助力试点工作取得更大突破，为全国灵活就业人员参加住房公积金制度贡献更多的"日照经验"。

吸引更多灵活就业人员参加住房公积金制度

德州市住房公积金管理中心

近年来，随着经济社会的发展，个体工商户、自由职业者、非全日制等灵活就业人员不断增多，成为城市就业的重要群体。党中央、国务院高度关注灵活就业人员的住房保障问题，2024年底召开的中央经济工作会议提出要"加大保障和改善民生力度""加强灵活就业和新就业形态劳动者权益保障"。为解决灵活就业人员的住房问题，住房和城乡建设部开展了灵活就业人员参加住房公积金制度试点。

德州市于2024年11月正式获批成为全国第三批试点城市。2025年1月10日，市政府办公室印发了《德州市灵活就业人员参加住房公积金制度试点方案》。1月21日，市住房公积金管理委员会办公室和市住房公积金管理中心分别印发了配套政策文件，正式启动试点工作。

试点政策的主要内容：一是支持灵活缴存和使用。灵活就业人员参加住房公积金制度，没有户籍、社保等条件限制，只要在法定就业年龄范围内，个人信用良好就可以开户缴存；根据不同职业类型和收入情况，可以自主选择缴存频次和方式，在没有住房公积金贷款或贷款已结清的情况下，可以灵活提取使用或者退出缴存。二是实施补贴政策。试点实施期内，首次在德州市开户缴存的灵活就业人员，在完成首次缴存后，给予每人300元的开户补贴；对连续稳定缴存的，按新增缴存金额的一定比例给予缴存补贴，鼓励灵活就业人员"多缴多得，长缴长得"。三是租购并举保障住房需求。在租房上,支持灵活就业缴存人按月、按季、按年提取住房公积金支付房租,申请贷款时,前一年内的租房提取金额纳入账户余额计算可贷额度;符合条件的缴存人可承租本市公租房或享受住房租赁补贴。在购房上,灵活就业人员申请住房公积金贷款时,申请条件、最高贷款额度、贷款利率、贷款年限等参照在职职工执行。四是赋能产业发展,助力城市更新。支持现代农业、交通物流、文化旅游和教育等特色产业链从业人员参加住房公积金制度;支持城中村和危旧房改造项目的被征迁居民、农村居民以灵活就业人员身份自主缴存住房公积金;支持按照"以旧换新"等政策购买自住住房办理住房公积金提取或贷款,助力新型城镇化发展。五是强化政策配套集成。一方面,鼓励金融机构向灵活就业缴存人提供多样化、个性化金融服务和信贷支持,如提高贷款授信额度、给予贷款利率优惠等。另一方面,符合相关条件的灵活就业缴存人,可享受个人创业担保贷款及贴息和一次性创业补贴;缴存人加入工会等群团组织的,还可享受有关部门提供的困难帮扶、健康保障、就业培训等服务。

下一步,我们将不断创新优惠政策、完善服务举措,吸引更多灵活就业人员参加住房公积金制度,促进德州市经济社会高质量发展。

第七部分
服务提升

住房公积金贷款总额突破 1 万亿元

——《北京住房公积金 2024 年年度报告》出炉

北京住房公积金管理中心

北京住房公积金管理中心于 2025 年 3 月 31 日发布《北京住房公积金 2024 年年度报告》（以下简称《报告》）。《报告》显示，2024 年，北京住房公积金管理中心在加大住房公积金贷款发放、促进住房消费提取、提升住房公积金管理服务水平方面持续发力。截至 2024 年底，北京地区缴存总额接近 3 万亿元，提取总额突破 2 万亿元，贷款总额突破 1 万亿元，同比增长率提升明显。

通过《报告》可以看出，2024 年北京住房公积金管理中心业务发展呈现"各项业务总体运行平稳，主要指标稳健上扬"的特点，通过"供给端提质+制度端创新"的组合拳深耕重点业务，为首都经济发展和社会稳定繁荣持续发挥保障作用。

一、缴存规模持续攀升，惠及更多缴存职工

统计显示，2024 年北京地区新开户单位 32454 家，实缴单位 510563 家，净增单位（实缴）36004 家，同比增长 7.6%；缴存额 3261.56 亿元，同比增长 3.4%。

住房公积金提取方面，2024 年北京住房公积金管理中心共支持 566.99 万名缴存人提取住房公积金 2631.25 亿元，同比分别增长 4.1%、3.0%。全年住房消费提取占提取总额的八成以上，同比增加 3.4 个百分点。

二、个贷规模稳步扩大，助力实现"安居梦"

北京住房公积金管理中心持续优化住房公积金贷款政策，充分保障职工住房资金需求。2024年，北京地区共发放个人住房公积金贷款75972笔、675.17亿元，住房公积金贷款发放额和撬动的商业银行贷款占市场贷款发放总额的60%。

2024年，北京地区个人住房公积金贷款单笔平均发放额再创新高，笔均额度高达88.84万元/笔，同比增加14%。购买首套住房占比85.6%；购买90—144（含）平方米和144平方米以上改善性住房贷款需求同比增速12.2%、23.8%，更好地支持了职工刚性和改善性住房需求。通过申请住房公积金个人住房贷款，购房职工减少利息支出约77.60亿元。

2024年，北京住房公积金管理中心积极探索和创新工作举措，包括为雄安新区疏解职工贷款购房提供高品质服务保障；下调住房公积金贷款利率、最低首付款比例，首套房最低首付款比例不低于20%，五环内外二套房最低首付款比例分别不低于35%、30%；调整多子女家庭贷款政策，京籍多子女家庭购买二套住房执行首套住房政策且可贷款额度最高上浮40万元；优化改造后老旧小区贷款期限核定标准，贷款期限延长十到二十年；印发《关于住房公积金支持北京市建筑绿色发展的实施办法》，对于个人使用住房公积金贷款购买装配式建筑、二星级及以上绿色建筑、超低能耗建筑的，给予最高上浮40万元的贷款额度支持；扩大提质增效试点，推出"网点受理、当日办结""网上申请、上门签约""委托代办、无需跑动"服务模式，放款时间从1个月以上缩短至10个工作日左右等。住房保障效能显著增强，住房贡献率跃升至88.8%，同比增长1.6个百分点。

落实高效办成一件事
优化住房公积金贷款业务流程

王芳　天津市住房公积金管理中心

2024年7月，国务院办公厅将住房公积金个人住房贷款购房纳入"高效办成一件事"重点事项清单，围绕进一步提升群众获得感提出明确要求。住房公积金个人住房贷款是面向住房公积金缴存人的一项公共服务事项，智慧便捷是基本要求。与此同时，由于贷款涉及较大数额的资金，业务流程的安全性也至关重要。多年来，各地住房公积金管理部门根据地方实际，不断优化贷款业务流程，兼顾效率与安全，持续提高贷款业务服务水平和风险防控能力。为落实"高效办成一件事"要求，进一步提升管理服务质效，天津市住房公积金管理中心积极协同住房交易、不动产登记等部门，实现住房公积金个人住房贷款融入住房交易场景，打造贷款购房"无焦虑"贴心服务。

一、准确定位流程优化方向

一是充分理解"高效办成一件事"的内涵，将贷款购房涉及的若干事项进行系统整合。"住房公积金个人住房贷款购房一件事"不仅仅是基于信息共享对贷款业务自身的优化升级，而且是对购房全流程的整体再造设计。在传统的贷款购房流程中，需要经过"签订协议""办理贷款""过户抵押"3个步骤，交易双方应分别向住房交易、贷款银行和不动产登记3个部门申请办理相应手续。由于每个步骤均需要一定的办理时长且有严格的先后顺序,因此全流程必然存在用时长、跑路多的问题,业务办理过程中的购房信息等需要重复提供、重复审核。"一件事"模式设计的核心是将贷款业务与住房交易、不动产登记等相关场景进行融合,各业务流程由"串联"变为"并联",实现贷款购房各环节"申请一次办理、数据集中采集、流程一体运行"集约作业。

二是落实"办事成本最小化"的要求,将贷款受理场所定位于住房交易现场。实现群众最多跑一趟或者一趟不用跑,就必须考虑群众在哪里办理住房贷款最方便?缴存人到住房公积金管理部门的营业厅或者受托银行办理贷款,必然使得购房流程与贷款流程割裂;线上办理虽然解决了跑路的问题,但贷款业务对于个人而言属于极为低频的业务,且涉及还款方式选择、后续提取住房公积金等诸多专业问题,缴存人难以自主独立完成贷款业务。

三是增强群众获得感和幸福感,最大限度打消不确定性导致的焦虑感。购房和贷款不是频发业务,特别是二手房交易过程中,买卖双方大多缺乏专业性,在正式办理交易手续之前需要反复咨询贷款额度、税费等关键要素。但是由于没有正式启动业务流程,信息获取不全面,容易出现估算数据不准确等问题。这就导致签订购房合同后不能按照预期办理贷款等手续,买方面临违约风险,买卖双方在整个过程中往往处于焦虑状态。因此将贷款额度确定环节进行前置,改变原有先签购房合同再办贷款的业务顺序,可以消除贷款不确定性的焦虑。

二、协同设计流程优化模式

一是通过"一组数据、一套流程"完成贷款购房全流程。买卖双方在住房交易平台上填报身份信息、住房交易意向信息,住房公积金贷款业务承办银行补充贷款申请受理信息。住房交易、公积金贷款、不动产登记各自选取需要的信息进行业务审核,同样的信息无需反复提供。各环节办理相关业务后,系统自动将结果信息上传添加,后续业务可直接采用,而不需要买卖双方提供上一环节办理结果的资料或信息。同时,各部门将办事流程拆分并与相关业务环节进行重新组合,对于信息源相同的业务审核环节进行并联处理,同时完成,减少中间等候时间,形成环节更少、用时更短的集成作业模式。

二是通过"贷款前置、预审定额"实现贷款购房无焦虑。将贷款申请受理和审核前置到购房合同签订前,买卖双方达成交易意向后,住房公积金贷款业务系统根据购房意向信息即时自动进行贷款审核,确定贷款额度。贷款额度确定后,住房交易系统为买方出具缴款通知书,明确购房款金额、首付款金额;贷款银行即时与借款人签订借款合同。购房人按照缴款计划进行首付款的准备和缴纳，与此同时住房公积金管理中心贷款审核部门通过系统上传的各项资料和信息进行贷款审核，由于大部分为经过联网验证的信息，单笔业务的审核时间控制在15分钟以内。

购房人缴纳首付款后，买卖双方可在住房交易平台上确认住房交易信息，系统自动生成购房合同并进行网签备案，同时将网签合同信息通知贷款业务系统，获取信息后贷款系统自动完成审批，确定的贷款额度自动生效。为了保障预审额度的时效性，要求买卖双方需在贷款额度确定后的15天内完成购房合同的签订及备案手续。

三是通过"两个同时、一个联动"落实贷款购房一体化。交易意向达成同时办理贷款申请审核、购房合同签订同时自动完成贷款审批，"两个同时"将贷款业务与住房交易环节进行融合，使得无需为贷款业务另行选择时间和地点办理手续。同时，由于实行了贷款前置，将原本处于购房合同签订与不动产登记之间的贷款审核时长前移到正式签约之前，这就为签订购房合同后直接办理不动产登记创造了条件，可实现房屋交易过户的"绿波通行"。

在不动产登记业务办理完成后，实行贷款发放与抵押登记的"无人为干预联动"。即不动产登记部门将抵押登记办结的信息推送给住房公积金管理中心，中心即时触发贷款发放指令，第一时间将款项拨付承办银行并完成贷款发放（见图1）。

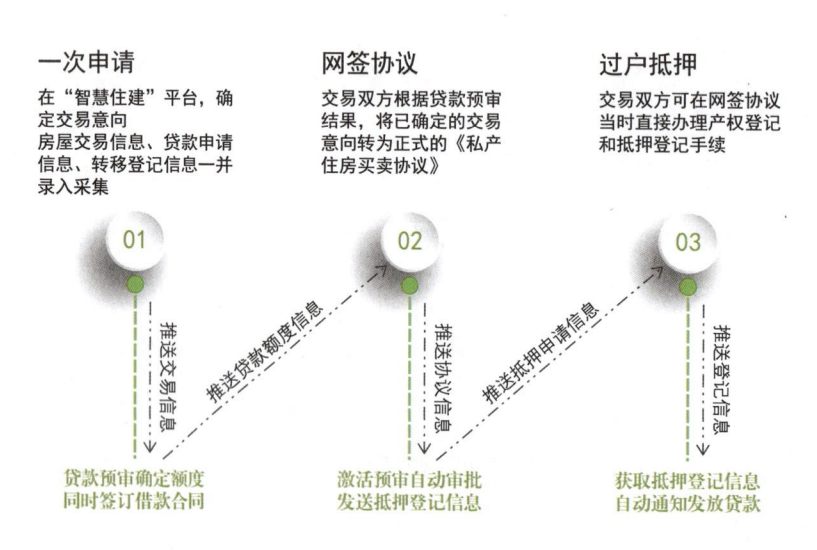

图1 "住房公积金个人住房贷款购房一件事"业务流程示意图

三、推进共享流程优化成果

一是现场服务确保一件事一次办。住房公积金贷款业务承办银行工作人员进驻商品房售楼处、中介机构、不动产交易大厅等住房交易现场，在住房交易意向达成时同步完成贷款申请的受理、初审、提交中心业务系统自动审核以及借款合同签订手续。购房人无需在购房合同签订后再另行向银行申请办理贷款手续。为提升贷款购房的良好体验，相关部门联合成立"住房公积金个人住房贷款购房"服务点，为广大购房人提供更加便捷的服务。

二是统筹兼顾业务运行安全与效率。按照"一件事"模式使用住房公积金贷款购买住房，从购房意向达成到贷款发放的购房全流程，最快3个工作日即可完成；而需要买卖双方一站式办理的合同签订、贷款确认、不动产登记等手续，最快只需要1个小时即可办结。全部办理过程中，各部门使用统一流程和同一组数据信息，使得业务安全性进一步提高。特别是抵押登记与贷款发放的联动，保证了每一笔贷款的抵押落实到位，有利于防控贷款风险。

三是为业务创新发展提供更多空间。将住房公积金业务与住房交易场景紧密结合，除实现贷款购房"一件事"外，还可以为住房消费提取等业务提供更好的流程优化条件，有利于创新推出更多的住房公积金数字化、智能化服务。

优化管理提效能　惠民利企助安居
山东省住房公积金服务水平实现新提升

王访儒　崔荣杰　吴艳艳　丁均伟　山东省住房和城乡建设厅

住房公积金面向千家万户、服务住有所居，是住建领域精神文明建设的重要阵地。山东省把住房公积金服务提升作为践行以人民为中心发展思想的关键举措，在住房和城乡建设部的有力指导下，以开展"惠民公积金、服务暖人心"服务提升三年行动为统领，突出"三个坚持"，聚焦3项重点持续发力，行业服务水平实现新提升。截至2024年底，全省住房公积金累计缴存2361万人，缴存总额1.83万亿元，提取1.18万亿元，发放住房公积金个人住房贷款9640亿元，为915万户家庭解决了住房问题。全省5个城市住房公积金中心（以下简称"中心"）管理部获评全国星级服务岗，2个集体、10名个人被部办公厅评为三年行动表现突出集体和个人，总数全国最多。在全国率先实现设区城市中心省级文明单位全覆盖，济宁中心入选第七届全国文明单位拟命名名单。

一、坚持党建引领，奏响为民服务"主旋律"

始终把党的政治建设放在首位，旗帜鲜明讲政治为精神文明建设找准航标、瞄准靶心，发挥基层党组织的战斗堡垒作用，激发为民办实事、优服务的内生动力，以高质量党建引领服务水平提升。一是强化组织保障。将住房公积金服务提升列入厅党组重要议事日程，写入全省住建工作要点，作为领导班子包市帮扶的重点内容，对各城市中心开展了全覆盖督导调研。巩固提升主题教育成效，在泰安市举办"学党史、守党纪、走好新时代长征路"党建共建活动，引导党员干部守纪律、当标杆、作表率。二是提高队伍素质。深入开展"惠民公积金、服务暖人心"服务提升三年行动，每年评选推广100个优秀案例。组织行业"大练兵、大比武"，2024年培训干部职工500余人次，在威海市举办了首届住房公积金服务技能竞赛，年底开展成果晾晒展评，形成了"比学赶帮超"的浓厚氛围。三是扛牢行业责任。按照住房公积金监管司要求，山东省与新疆兵团开展"结对子"，建立党建共建、驻点交流等"六个一"工作机制，形成了管理服务互促共进的良好局面。承担住房公积金行业文明创建、信用管理等4项全国课题研究，代拟了文明评价指引及指标体系，为行业精神文明建设提供了山东方案。四是打造服务品牌。利用官网、公众号和各类媒体平台宣传惠企便民举措，打造具有地方特色的住房公积金服务品牌，涌现出"公积金泉城办""淄助齐家"等一批城市品牌。今年以来，开展住房公积金促消费"宣传季"活动，制作"1+16"政策长图和《宜居有道 安家无忧》视频短片，举办活动600多场，打通了政策落地的"最后一公里"。近期，央视《新闻直播间》、山东新闻联播、大众网等密集宣传报道山东省住房公积金政策，获得社会各界和群众点赞。

二、坚持租购并举，绘就政策惠民"同心圆"

文明创建、服务提升，必须树立群众观点、贯彻群众路线、顺应群众意愿开展工作。山东省住房和城乡建设厅坚守为缴存群众解决基本住房需求的初心使命，去年以来全省4次调整优化住房公积金政策，出台了一批力度大、举措实、含金量高的惠民政策，为服务群众住有所居作出了积极贡献。一是回应群众期待，深度优化贷款政策。指导各地提高贷款额度、降低首付比例，在全国率先全面上浮"好房子"及现房销售项目、多子女家庭贷款额度，全面推广"商转公"、"带押过户"、异地贷款、提取支付首付等政策。2025年一季度，全省发放住房公积金贷款188.5亿元，同比增长40%，支持3.8万户家庭购房安居。二是坚持租购并举，着力减轻租房负担。建立更加顺畅的租房提取机制，推进租房提取"一件事"集成办，定额租房提取实现零材料、秒批秒办。2024年全省租房提取住房公积金86亿元，同比增长33%。租房服务新模式入选中国（山东）自贸区制度创新成果，入围全省22个省直机关基层党组织"献良策"典型案例。三是狠抓缴存扩面，扩大制度受益范围。加快推进灵活就业人员参加住房公积金制度，7个城市入选国家试点、数量全国最多。2024年，全省灵活就业人员新增缴存12.1万人、8.2亿元，同比分别增长92%、46%；

累计支持3.3万户灵活就业家庭解决了住房问题。

三、坚持改革创新，打造数字赋能"强引擎"

深化文明创建，必须与时俱进、改革创新。山东省住房城乡和建设厅坚持以住房公积金数字化发展为引擎，扎实推进省级数据共享和业务协同，服务标准化、规范化、便利化水平不断提升。一是服务标准化实现突破。在全国率先推行住房公积金政务服务事项无差别受理、同标准办理，优化完善40个事项基本目录和实施清单，24个事项在省政务服务网、"爱山东"APP实现通办，有效提升了群众办理便捷度。近期又有11个灵活缴存专属事项实现办理要素全省统一。二是"高效办成一件事"成效显著。2024年企业信息变更等6个配合参与的"一件事"任务圆满完成，其中企业注销"一件事"入选国务院做法清单。牵头推进住房公积金贷款购房"一件事"试点，已办理贷款购房业务1.59万笔、71亿元。三是数据质量大幅跃升。探索数据质量管理新机制，优选8个城市开展数据质量提升省级试点。全省数据质量评估平均得分92分，比去年初提高25.4分，百分城市达到7个、占全国一半。四是数据利用能力明显增强。利用"数字黄河链"建设省级数据共享平台，率先与部"公积金链"跨链融合，接入26类数据资源，实现数据共享5352万次，山东住房公积金"数字黄河链"入选中央网信办区块链创新应用十大优秀案例。整省对接全国住房公积金公共服务平台灵活就业人员业务模块，2025年4月9日住房公积金监管司在淄博召开现场会推广山东经验。

下一步，山东省住房和城乡建设厅将坚持以人民为中心的发展思想，组织开展住房公积金缴存扩面、资金使用、管理服务等"五上"行动，以行业精神文明创建奋力推动全省住建工作"走在前、挑大梁"！

高效协同
住房公积金贷款购房服务再升级

王烁　方鹏　杭州住房公积金管理中心

2025年以来,杭州住房公积金管理中心(以下简称"中心")贯彻落实党中央、国务院关于"高效办成一件事"的决策部署,研究制定《杭州市"住房公积金贷款购房高效办成一件事"实施方案》,目前已实现"住房公积金贷款购房高效办成一件事"改革落地,这是中心继牵头建设"浙里办—惠你购房"数字化服务场景后,在打造杭州个人住房贷款购房全生命周期生态链上又一次服务改革的再深化。"住房公积金贷款购房高效办成一件事",以线下"只进一门"、线上"一网通办"为目标,通过重塑业务流程、深化要素重组、强化数字赋能等,持续迭代升级贷款购房政务服务,从"一件事、一次办"到"一类事、高效办",实现办事流程最优化、办事材料最简化、办事成本最小化。

前期,杭州作为省建设厅指定的试点城市,圆满完成"一件事"试点工作。截至4月底,中心通过"一件事联办事项"完成的业务办件量占全省完成办件量的比例达到85%以上,贷款发放额比去年同期增长了25%,有效助力杭州市房地产市场止跌回稳,并在全省住房公积金管理培训班上就"高效办成一件事"作经验交流。

一、多措并举，业务模式再创新

一是前置贷款服务，实现"一次办"。创新Pad移动端贷款受理模式，将住房公积金贷款的线下申请受理前置到购房现场，同步开展一次性面签及收件，在购房交易网签同时提前完成贷款申请受理、借款合同面签、不动产登记申请，将各项跨部门业务整合为"一次申请、一套材料、一网通办"。

二是推动线上办理，实现"一网办"。依托浙江政务服务网，应用电子签章、人脸识别、云视频面签等新技术，将住房公积金贷款申请、房地产交易税费申报、不动产转移登记等业务全流程纳入线上办理，通过系统直连，实现部门间业务办理结果信息"秒推送""实时达"，以事项联办减少重复审核环节，职工足不出户即可完成贷款、缴税、过户等相关业务。

三是加强数字赋能，实现"零录入"。打通住房公积金管理中心与住建、公安、民政、自然资源、人民银行等部门系统，实现跨部门、跨层级电子证照和数据共享，将共享数据自动导入住房公积金贷款业务系统，可实现贷款受理审批、借款合同登记、担保登记等环节共216个字段100%自动录入，避免工作人员手工录入情形，降低操作工作量及业务差错率。

二、抓出成效，服务群众更贴心

一是高效办理省时间。通过流程优化和跨部门协同，进一步压缩贷款业务办理时间，提高审批效率，缩短办理周期，打造从贷款申请到放款的快速通道。截至4月底，从贷款受理到完成抵押设立的平均时间（自然日，含客户自行缴税和过户时间）为商品房5.48天，二手房7.63天，比上年同期分别缩短40%和17%，其中涉及住房公积金贷款受理、审批、放款的时间合计在1个工作日以内，部分贷款已实现"当日办结"，贷款业务办理时间大幅缩短，缴存职工满意度和获得感显著增强。

二是集成办理少跑腿。依托浙江政务服务网"一网通办"和服务前置的要求，住房公积金个人住房贷款购房相关事项已由以往的"线下办、多窗口、多次跑"向现在的"线上办、一窗口、一次办"转变，将房屋交易合同网签备案、贷款申请合同面签、房地产交易税费申报和不动产抵押登记4个办事事项融合为一站式集成办理，切实提升群众办事效率。

三是便捷办理更省心。依托数据共享和系统对接，购房合同、婚姻、户籍、征信等信息均已共享获取，业务系统根据共享数据进行录入和贷款审批，目前除贷款申请表、征信查询授权书等个别材料外，缴存职工原则上不再需要另行提供材料，减免申报材料12项，基本实现"零材料"

要求，方便了办事群众。

三、规范业务，风控管理更放心

一是降低前端录入操作风险。以往住房公积金系统通过手工录入借款人基本信息、贷款申请信息、房屋信息和账户信息等，自动录入返显的字段较少，导致存在一定的业务差错率。根据历史业务统计分析，因手工录入产生的业务差错占到所有业务检查发现问题的50%左右。实现贷款"零录入"，有效提高了前端录入环节的效率和准确性，降低了操作风险。

二是提高复核检查工作效率。以往贷款申请信息录入完成后，在审核、审批和后督环节对每笔贷款所有的申请材料均需复核检查，平均每次检查耗时近20分钟。共享数据自动录入后，每一道复核环节均可对前一环节修改过的数据进行有针对性的检查，大大提升了工作效率。

三是提升内部审计针对性。由于住房公积金贷款档案资料种类多样、数据繁巨，以往开展内部审计及稽核监督等工作中，需关注排查的风险点较多，影响审计效率。提高系统数据共享、导入电子合同电子证照后，可通过数据源头追踪，对有关风险点进行批量核查，同时使用OCR自动识别技术排查电子影像档案的完整性和准确性，提升了审计工作效率，强化了中心业务安全。

创新"421"工作机制 全力提升服务质效

——通辽市住房公积金中心业务大厅荣获住建部"表现突出集体"殊荣

通辽市住房公积金中心

"来,您点头看一下这里就行。"近日,通辽市住房公积金中心工作人员到市民张丽佳家中,帮助其办理偿还商贷提取业务。"我腿脚不方便,公积金中心的孩子们一大早特意来家里帮我办,真是太贴心了。"提起公积金服务工作,张丽佳赞不绝口。

"群众不方便,那我们就为他们创造方便。"通辽市住房公积金中心工作人员张啸宇说。正是源于这份坚定和用心,通辽市住房公积金中心业务大厅被住房和城乡建设部办公厅通报表扬为"惠民公积金、服务暖人心"全国住房公积金服务提升三年行动2024年度表现突出集体。从小小的办事窗口到群众安心、信赖的"民生之窗",通辽市住房公积金中心精心打造"微笑公积金"服务品牌,通过创新"421"工作机制,走出了一条"惠民""暖心"的服务之路。

一、便民利民"4个办理",打造高效服务模式

"特色办理"彰显人文关怀。通过组建"微笑公积金先锋队",推出"上门服务、延时服务、预约服务、容缺受理"等一系列特色服务举措,实现"午间延时办、早晚弹性办、周六预约办"。上门服务150余次、延时服务累计超300小时、日均百余件的业务量……一组组数字背后,是通辽市住房公积金中心工作人员始终如一的服务和坚守。

"全面办理"提升办事效率。将业务大厅窗口全部升级为综合服务窗口，全面梳理整合业务，打破业务壁垒，统一业务受理标准与操作规范。群众在办理缴存、提取、贷款等业务时，可在同一窗口有序衔接、高效办理，真正实现了公积金全流程业务"一窗受理"，大大节省了群众的时间和精力。

"延伸办理"拓展服务半径。深化"金银"合作，携手受委托银行建设6家"公积金便民服务旗舰店"，与信用合作联社共建1个"住房公积金延伸服务网点"，开通多种渠道办理住房公积金缴存、提取、贷款等全量业务。为群众提供了"多点办、就近办、一次办"的优质服务，在内蒙古自治区各盟市住房公积金中心中率先打造主城区"10分钟服务圈"，让群众在家门口就能享受到便捷的公积金服务。

"暖心办理"塑造服务形象。积极开展窗口标准化建设，通过集中培训和业务考核，构建全方位、动态化的服务提升管理机制；定期开展培训强化业务能力，通过案例分析、经验分享等方式促进职工之间的交流互鉴。同时，严格规范文明用语和服务礼仪，要求职工微笑服务、耐心倾听、精准解答，以专业形象与热忱态度服务群众，赢得了群众的广泛好评。

二、服务品质"2个提升"，推动效能再上台阶

提升服务品质方面，依托服务"好差评"管理系统，形成窗口服务、便民服务热线全面服务评价体系。同时，全方位精细化梳理和优化服务标准与服务流程，提升公积金服务标准化、规范化、便利化水平。2024年度社会满意度为97.30%，充分体现了办事群众对通辽市住房公积金中心服务的高度认可。

提升办事效能方面，充分利用"互联网+"技术，持续优化公积金服务事项办事流程，满足缴存人异地办事需求。聚焦已开通的线上业务，通过数字赋能，重新优化办理流程，部分提取业务实现"申请零材料、审批智能化、资金秒到账"，让群众办事更加便捷高效。

三、焕新体验"1个优化"，搭建线上沟通桥梁

为优化沟通渠道，通辽市住房公积金中心积极顺应新媒体发展趋势，精心策划并开通了"通辽市住房公积金"官方抖音账号与微信视频号，定期开展政策解答直播，线上答复缴存人业务办理疑问，成功搭建连接公积金服务与广大群众的线上沟通桥梁。在业务办理高峰期，直播在线人数高达3万余人，为推动公积金服务的高效化、便捷化发挥了重要作用。

从"指尖"到"心间",从"数据流"到"民生暖",通辽市住房公积金中心在"惠民公积金、服务暖人心"服务提升行动中,以一系列创新举措和优质服务,赢得了群众的信赖和赞誉。

"这份荣誉是无数次用心服务凝结的民心勋章。"通辽市住房公积金中心主任谷清海表示,"下一步,我们将准确把握住房公积金发展的新形势,以群众需求为导向持续推进公积金制度扩面,进一步优化政策支持刚性和改善性住房需求,强化监管守住资金安全防线,以数字赋能打造智慧住房公积金,提升公积金服务品质,助力缴存人实现安居宜居梦,为通辽市经济社会高质量发展注入强劲的住房公积金动能。"

全国首创公积金"数字柜台"系统
退休提取业务边聊边办

任加佳 谢鹏飞 邯郸市住房公积金管理中心

近日,邯郸市住房公积金管理中心正式上线"数字柜台"系统,在全国率先实现住房公积金退休提取业务边聊边办,办事职工通过邯郸公积金官网、微信公众号即可体验"数字柜台"服务,彻底打破传统服务的固定APP限制,解决退休职工不会使用智能手机下载使用APP的难题。邯郸住房公积金从一厅式办理到全部业务网上办,再到"数字柜台"智能办理,从原来的一看就能懂、一点就能办,到现在边聊边办,真正实现"群众说什么,系统办什么"的智能服务转型。

亮点一:无需下载APP,免安装"一站式"办理

突破以往所有业务只能在邯郸住房公积金APP办理的壁垒,用户无需安装专属APP即可办理业务,完美解决了"固定软件依赖"问题。同时,"数字柜台"系统集成刷脸认证、电子签名、材料线上核验等功能,实现"零材料提交、零窗口排队、零跑腿办理"的"一站式"智能办理。

亮点二:AI客服"邯小金",24小时业务办理"不打烊"

通过引入人工智能、大数据分析、云计算、大模型等前沿技术,打造AI客服"邯小金",提供7×24小时在线"智能导办+主动帮办"服务,不仅能实时推送政策、解答咨询、引导操作,

还能运用AI技术主动帮办业务。通过语音、视频、文字多种交互方式，实现住房公积金业务的边聊边办，职工在咨询业务的同时就可以直接办理业务。此外，"邯小金"能精准识别职工需求，针对老年人和异地职工，特别开通帮办绿色通道，真正实现"服务零距离"。

亮点三：业务办理"提速超80%"，群众满意度100%

试运行首周，"数字柜台"已受理咨询2475笔，问题解答率达82%；AI办理的离退休提取业务，单笔耗时从15分钟缩短至3分钟，办理时长缩减80%，群众满意度达100%。

邯郸市住房公积金管理中心此次转型升级是落实"数字政府"建设的重要举措，今年上半年将完成"数字柜台"在住建部小程序、冀时办、微信和支付宝的城市服务以及银行APP的多渠道全覆盖，实现贷款类提取、租房提取、失业类提取、贷款申请等48项高频业务边聊边办，未来将持续优化"指尖上的民生服务"，推动住房公积金业务从"能办"向"好办、智办"的跨越，为全国住房公积金数字化转型提供"邯郸经验"。

数智驱动"一件"集成
全程在线"双零"至臻

——扬州试点推进国务院贷款购房"一件事"全程在线办实践探索

扬州市住房公积金管理中心

为贯彻《国务院关于进一步优化政务服务提升行政效能推动"高效办成一件事"的指导意见》（国发〔2024〕3号）和《江苏省高效办成住房公积金个人住房贷款购房"一件事"实施方案》（苏建金管〔2024〕136号）工作部署，扬州市住房公积金管理中心（以下简称"扬州中心"）首创贷款"一件事"线上集成服务平台，构建"数据直联+模型决策"双引擎，实现申贷、审批、抵押、放款全流程数字化闭环，推动贷款办理"线上办、一部门、零次跑"，全流程实现"零材料提交""零部门跑动"，业务平均办理时间由15天缩短至最快1小时以内。扬州中心贷款"一件事"线上集成服务平台成功入选住建部"数字住建"全国典型案例集，打造了"无纸申报、智能审批、在线抵押、即时放款"的"一件事"服务新典范。

一、强化组织保障，重塑业务流程

2024年省住房和城乡建设厅明确扬州为江苏省住房公积金个人住房贷款购房"一件事"唯一试点城市。为保证试点工作质量，扬州中心联合市数据局、住建局、自规局、人民银行、卫健委等部门，以数据共享和跨部门业务协同为切入点，共同开展需求研讨，重新梳理整合贷款"一件事"所涉及的房屋交易合同网签备案、预告登记、个人身份信息核验、婚姻信息核验、征信信息查询、贷款审批、合同面签、抵押登记、贷款资金发放等业务，秉持流程最优、材料最简、时间最短的原则，分析业务堵点难点，制定线上业务流程和配套政策，为住房公积金贷款"一次不用跑、全程不见面"打下坚实基础。

二、数据赋能驱动，"一件事"全程在线办

扬州中心通过构建全面的数据共享体系、建立高效的跨部门联办机制、打造便捷的智能应用平台三大创新举措，有效破解住房公积金贷款办理过程中存在的"材料多、往返跑、流程长"等突出问题，高标准完成了国务院关于贷款"一件事"一次集成办理、全程线上办理、智能便捷办理的工作要求。

（一）构建数据共享体系，实现"零材料"

建立健全跨部门数据共享机制。依托部、省、市三级政务数据共享平台，扬州中心与住建、不动产、民政、卫健、人民银行等超过10个部门实现数据互联互通，达成住房公积金贷款业务所需第三方数据的全覆盖。同时，牵头编制全国首个住房公积金与商业银行省级数据共享标准——《江苏省住房公积金与商业银行个人住房贷款数据共享交换标准》，并成功推动与超过20家商业银行实现了商业贷款数据的全面共享。

创新打造全链式智能核验体系。积极构建"数据直联+证照核验"双引擎，实现身份证明、婚姻状况、购房信息、人行征信等各类政务数据及电子证照的自动调取，全流程无需提交（拍照上传）任何办件材料，开创"无感核验、无形认证"的智慧政务新实践，赋予了住房公积金贷款业务"零材料"办理模式的全新内涵，极大地提升了办事效率和用户体验。

数字技术保证"零材料"业务法律效力。按照国家"电子档案"管理要求，建设完善的数据留痕系统，在贷款业务办理流程中对关键节点和跨部门共享的数据进行留痕管理，并将这些数据实时接入电子档案系统进行存证，为全行业创造性地解决了线上"零材料提交""纯数据驱动"业务模式所面临的安全性和法律有效性难题。

（二）建立跨部门协同机制，实现"零跑动"

打造"公积金+不动产""四全"服务。全面推动住房公积金业务系统与不动产抵押登记系统的无缝对接，打造住房公积金贷款"一件事"涉及不动产事项的业务全覆盖、流程全在线、服务全大市、材料全取消的"四全"服务体系。实现与住房公积金贷款相关的预购预抵押、预告登记、存量房转移抵押、组合登记注销抵押登记等全流程、全场景、全线上联办，成功打通贷款

"一件事"全程在线办最关键环节。

建立多部门业务协同联办机制。联合住建、自规、税务、商业银行等部门，构建数据互通、流程互认、材料互信体系，打通业务系统壁垒，实现业务自动流转与全程联办，将多环节办事流程精简为"一张表单、一次申请"。

(三) 打造便捷智能应用，实现"减时间"

开通简便高效的线上服务平台。利用双录视频、时间戳、生物识别等先进数字技术，建设贷款"一件事"视频面签服务平台。支持贷款申请、面签、抵押担保等全流程掌上办，极大地提升了贷款服务的便捷性和高效性。积极推动电子印章、电子签名等先进技术在贷款申请表、贷款合同、抵押合同等关键业务资料上的深度应用，确保每份材料都具备真实性、有效性和可溯源性，为线上贷款业务的顺利开展提供坚实的技术和法律保障。

探索人工智能技术应用。初步引入大模型技术参与住房公积金贷款审批，利用征信报告和跨部门共享数据，通过智能算法对申请人是否符合贷款条件进行精准判定，智能研算贷款申请人可贷额度，以更加规范化、标准化和便利化的智能审批代替人工审批，推动办理效率、风控能力、客户体验"三提升"。

三、"极简、极便、极速""一件事"成效彰显

贷款"一件事"线上集成服务的开通，突破时间和空间的限制，推动贷款办理由原来的"线下办、多部门、往返跑"转变为"线上办、一部门、零次跑"，实现住房公积金贷款申请"极简"、办理"极便"、审批"极速"，真正做到"一次不用跑、全程不见面"。

业务集成融合，打造便民服务新体验。打破住房公积金系统与不动产抵押、税费缴纳、人行征信等系统的业务隔离，将发票核验、交易合同备案、不动产抵押登记、人行征信核验等相关事项全部纳入联办范围，实现住房公积金贷款"一次申请、一个部门、全部办结"。

流程再造优化，塑造贴心服务新模式。累计取消购房合同、征信报告等纸质证明超20项，减少贷款申请表、担保抵押协议等纸质申请材料超10项。秉持数据驱动原则，贷款申请人往返住房公积金、自规、商业银行等部门由5次降为0次，有效解决贷款业务材料多、往返跑等问题。同时，完全依赖数据驱动的业务流程，彻底杜绝了假材料、假证件、假证明等情况，保障了业务、资金的安全。

部门高效联动，开启极速服务新篇章。依托跨部门协办机制，全程通过"数据流转"代替

"要件流转",贷款担保、不动产抵押登记以及税款缴纳等流程无需重复申报,贷款初审、抵押出证等环节实现智能化办理,一笔贷款从申请、审批、担保、抵押、放款全流程平均办理时间由过去的15天缩短至最快1小时以内,实现"极速办结"的服务目标。

全程在线办理,彰显数字服务新力量。贷款"一件事"线上集成服务平台推动公积金贷款业务实现全面数字化转型,将原本需要贷款申请人(夫妻双方)线下办理的贷款申请、合同面签、抵押登记等一系列烦琐流程全部迁移至线上平台"零材料"一站办结,真正做到了让数据多跑路、群众少跑腿。

数启未来 至臻服务

——扬州"智慧公积金"平台开启数字化发展新篇章

扬州市住房公积金管理中心

近年来，扬州市住房公积金管理中心（以下简称"中心"）深入贯彻落实住房和城乡建设部关于住房公积金数字化发展的工作部署，以省深化"智慧公积金"试点建设为契机，创新构建"数智驱动、场景赋能"的住房公积金数字化发展体系。通过聚焦住房公积金管理服务中的痛点难点问题，以数据要素为核心驱动力，系统推进业务流程优化、管理模式重构和服务方式创新，显著提升缴存职工的满意度和获得感，成功探索出一条具有扬州特色的"智慧公积金"数字化转型发展路径。

一、坚持数字赋能，全力构建三大体系

（一）构建全面可用的数据资源体系

双轮驱动构建全面数据集。以"减存量、控增量"为原则开展数据质量攻坚行动，通过建立数据全生命周期质量管控机制，全面提升基础数据的规范性、完整性和准确性；在此基础上，构建融合语音客服、文本咨询、系统日志及线上交互行为等多源异构数据采集体系，形成覆盖业务流、服务流、系统流的数据资源体系。通过质量管控与资源汇聚双轮驱动，构建"数据治理—资源整合—价值挖掘"的闭环管理机制，为智慧公积金建设提供全维度数据支撑。

安全共享构建数据应用集。围绕深化数据资源共享与安全保障,构建跨层级、跨部门的数据共享体系,实现与近40个部门超过30类数据的实时共享,实现公积金业务所需第三方数据全覆盖。在数据应用方面,依法有序推动公积金数据资源的多维度共享,有效支撑便民利企服务创新,同步强化全流程安全保障,建立基于业务驱动的共享数据授权管理系统,实施从数据采集到应用的全生命周期监控,通过动态掌握数据接入、流量及资源使用情况,构建起覆盖身份鉴别、授权管理、风险防控的立体化安全防护体系,确保数据共享与安全治理协同推进。

(二)构建智能快捷的便民服务体系

"四零"服务重塑线上办事新标杆。创新打造"四零"线上服务体系,通过构建网厅、微信等多端协同的线上服务平台,推行7×24小时"不打烊"服务,实现群众办事"零跑腿、零见面";通过将共享数据融入业务流程,加以科学的逻辑判断,构建"系统校验为主、人工复核为辅"的审核闭环,保障线上业务"零材料、零等待"办理。

智慧多元打造立体服务新格局。构建多场景智慧化服务矩阵,打造"厅内智能终端+移动服务终端+政银合作终端+乡村微终端"四位一体服务网络。线下服务大厅部署智能导办机器人、自助服务一体机等智能终端集群,实现业务无人化受理、智能预审;借助便携式移动终端(PAD)创新研发"移动柜员"系统,推动住房公积金服务进社区、到家门;深化政银合作,利用银行网点将公积金服务集成至银行终端,实现高频业务"一站式"办理;建成"乡镇微服务站",配备远程视频帮办系统,实现业务"不出镇即时办"。

数智融合驱动场景服务新生态。引入大模型技术,打造AI智能客服系统,建立动态更新的智能知识库,实现政策咨询、业务指引的实时精准响应;创新搭建灵活就业者信用评估模型,实现开户环节风险前置与"零材料"实时办理双突破;引入智能决策算法,建立AI服务质检系统,运用语音识别和语义分析技术建立服务质量自动评估机制,显著提升服务标准化水平;建设基于全流程服务数据的智能分析平台,持续捕捉业务堵点并动态优化流程,形成"智能感知—精准施策—效能提升"的闭环管理机制。

(三)构建高效规范的管理运行体系

建设档案管理新范式。为加速推进无纸化进程,构建智能化电子档案管理系统,深度融合数字证书、时间戳等技术手段,确保电子档案生成、流转、存储全链条具备司法效力等同性。在住房公积金行业首创"数据留痕系统",破解"零材料"业务场景下档案溯源难、认定难等管理难题。创新实现"档案稽核",利用OCR技术基于档案内容对业务合规性进行稽核审计,打造集可信存证、智能检索、风险预警于一体的档案全生命周期管理体系，为数字化转型提供基础性数据支撑。

构建数字化运营新范式。建立覆盖业务服务、资金管理、系统保障的数字化运行体系，增强运营管理的科学性、预判性、主动性。建设智慧数据驾驶舱平台，通过可视化面板实现业务办理实时监测、资金流向动态追踪及风险阈值智能预警，为管理决策提供全景式数据支撑。同步构建覆盖信息流、业务流、资金流的全链路运维监控体系，部署自动化监控节点，推动传统人工运维向智能化、自动化转型。创新建立用户体验跟踪系统，采用全流程埋点追踪技术捕获用户行为数据，精准识别职工在整个业务流程中的痛点。通过三大系统的有机联动，打造全链路智能管理体系赋能科学决策与体验升级。

构筑全周期风控新范式。依托大数据构建覆盖资金流动、业务合规、数据安全等关键环节的80+智能风控规则矩阵，通过智能规则引擎实现人员资质、资金流向、业务操作、服务流程等全维度智能审计。探索将智能风控体系深度嵌入业务流程和系统底层，构建"事前智能预警—事中实时拦截—事后应急溯源"的全链条防控机制，实现可疑交易毫秒级响应与风险事件自动化处置，推动办理效率、风控能力、客户体验"三提升"，打造安全与效率并重的智慧公积金风控管理新标杆。

二、秉持匠心引领，"智慧公积金"成效显著

"智慧公积金"项目的建设促使中心管理方式、服务模式向着数字化、智能化、场景化方向大步迈进，"科技赋能、数字赋智"格局基本形成。

（一）数据要素驱动"无感智办"服务新样本

依托数据要素重塑业务生态，通过跨部门数据协同推动公积金服务由"职工跑腿"向"数据流转"演进，累计调用各类共享数据超1000万次。通过智能审核规则引擎将各类业务原有近百项审核要件精简至10余项，购房、离职、还商贷等高频提取业务全部实现"零材料"办理，推动业务由"人工审"向系统"自动秒级审"转变。

（二）数智赋能打造"秒批秒办"服务新模式

以"大数据+互联网"深度融合为抓手，实现服务事项互联网渠道"应上尽上"，个人高频业务全面实现"指尖办、实时结"。目前中心近95%的业务实现在线办结，微信公众号完成实人认证的职工超过66万名，办结各类个人业务超过150万笔，其中提取业务超120万笔，提取金额

超150亿元，占同期提取业务的90%，在缴职工互联网业务使用率超过95%，个人提取业务平均40秒极速办结。

（三）智能应用助推"可靠高效"服务新效能

以数字技术深度赋能服务全链条，通过智能化场景应用与风险防控体系双向发力，推动管理服务效能持续跃升。创新打造AI智能应答体系，构建覆盖12329热线、微信公众号的全媒体智能应答矩阵，累计提供超过800万次咨询服务，有效缓解人工座席的运营负荷和成本压力。同步深化数字人民币应用生态，数字人民币累计交易额近3亿元，创新推出灵活就业人员线上开户通道，累计超2万名灵活就业人员在线自助开户。风控系统累计触发各类风险规则近50项，实时预警并制止了多起利用假材料骗提骗贷公积金的行为。

《中国建设报》《城乡建设》等媒体多次专题报道中心数字化建设成果，多项创新举措入选住建部可复制推广清单。"智慧公积金"项目入选住建部"数字住建"全国典型案例集，"江苏美丽宜居城市试点项目"荣获2023数字江苏建设优秀实践成果、2024"大运河杯"数据开发应用创新大赛数字政府赛道一等奖等多项荣誉。

龙马潭区管理部连续六年获评"年度优质服务窗口单位"

邹菊芬　泸州市住房公积金管理中心

2024年，泸州市住房公积金管理中心龙马潭区管理部（以下简称"管理部"）凭借高效的服务质量、创新的工作机制和较高的群众满意度，被龙马潭区行政审批局评选为"年度优质服务窗口单位"，这是管理部自2017年正式入驻龙马潭区政务中心以来，连续六年获得此荣誉。

一、立足服务民生，优化服务流程提质效

管理部始终聚焦群众办事难点、堵点问题，持续优化服务流程，提升服务效能。管理部大厅设有5个"综合窗口"，年均受理业务量超8万件，服务覆盖全区3万余名职工，历年累计向5537户职工家庭共发放住房贷款183069.60万元，为满足龙马潭区房地产市场刚性需求、改善居住条件作出了积极的贡献。通过推行"一窗受理""最多跑一次，甚至零跑路""还贷按月签约"等改革举措，大幅压缩办理时限，针对"租房提取、离职提取"等高频业务，精简"租房合同、离职证明"等办事材料，通过共享"民政、不动产、银行"等部门数据、"跨省通办""亮码可办"等平台，实现让数据多跑路，群众少跑腿，切实提升了群众办事的便捷度和满意度。

二、聚焦群众需求，创新服务模式显温度

2024年，一面面绣着"严谨高效办实事、尽职尽责暖人心""办事高效、热情周到""严谨尽责效率高、心系企业服务好"的锦旗陆续被服务企业送到窗口大厅，一封封洋溢着群众幸福感的表扬信从"12345政务服务热线"传递而来，这是企业和群众对管理部高效、专业服务的高度肯定，也是管理部"温情"服务的具体体现。

近年来，管理部始终把群众满意作为工作的出发点和落脚点，积极探索创新服务模式，不断拓展服务渠道，用"暖心服务"提升群众办事体验。开设"领导带班"特色窗口，实行"周五领导带班制"，由管理部负责人亲自到窗口陪同职工办理住房公积金业务，月均领导"陪跑"办件量超50件；提供"容缺"受理，解决职工"急难"问题150余件；特别针对老年人等特殊群体，落实专人提供"一对一"帮办代办服务，耐心解答疑问，手把手指导操作，年均"帮办代办"业务量5000余件，让特殊群体办事"零障碍"。针对企业群众"上班时间没空办、下班时间没处办"的问题，工作人员主动靠前服务，通过现场耐心指导、电话详细引导等方式，促使辖区内650余个正常缴存单位网厅签约率接近100%，单位业务网办率高达98%，个人提取业务网办率已达64.68%。管理部大力宣传推广"网厅办、微信指尖办"等便民举措，实现职工"足不出户"，即可通过互联网办理住房公积金业务，并且耐心细致地讲解操作流程，确保群众听得懂、学得会、用得好，切实解决群众办事难题，让政务服务更有温度。

三、强化职工培训，锻造专业队伍树标杆

管理部将队伍建设与业务工作深度融合，以打造高素质专业化政务服务队伍为目标，持续强化职工培训，着力提升服务能力和水平。通过定期开展业务知识培训、窗口服务形象培训等活动，不断提升工作人员的业务素质和服务水平。2024年，管理部5名工作人员成功考取了行政办事员证，确保以更专业的形象展现住房公积金服务风貌。同时，管理部借助政务中心的"明星员工"评选，营造比学赶超的浓厚氛围，激发全体职工的工作热情，打造了一支政治素质过硬、业务能力精湛、服务意识强的"零违纪、零违法"的政务服务队伍，为提升政务服务水平提供了坚强保障。

四、协同联动破难题，助力区域发展见实效

管理部积极加强与相关部门的沟通协调，建立健全联动机制，形成工作合力，共同破解窗口

服务工作中的难点问题。2024年，管理部为持续打通社区街道聘用人员扩面工作的"最后一公里"，让更多人群享受到住房公积金的普惠性，多次主动和区财政部门、各镇政府、社区相关负责人，进行座谈和实地走访宣传。截至目前，辖区内80个村社区、10个街道共752人已成功在管理部开户并正常缴存住房公积金。同时，管理部紧紧围绕区政府"高效办成一件事"重点工作，主动作为、靠前服务，为优化营商环境、推动区域经济社会高质量发展贡献力量。

荣誉既是肯定，更是鞭策。我们的服务是有限的，人民群众的期望是无限的。下一步，管理部将以此荣誉为契机，不忘初心、砥砺前行，持续求新求变、延伸服务触角，继续以更加饱满的工作激情、更高效的办事效率凝聚和带领管理部全体职工，持续发挥业务先锋模范带头作用，强化服务水平，全力打造高效服务窗口，更好地为广大住房公积金缴存职工服务。

住房公积金购房贷款"一件事"新体验

张掖市住房公积金管理中心

张掖市住房公积金管理中心（以下简称"中心"）持续优化2024年度两批重点事项服务，加快落实2025年度涉及住房公积金事项清单任务，切实按照住房公积金购房贷款"一件事"集成化办理要求，强化与省级平台对接，实现申报入口统一，充分利用数据要素促进新质生产力发展，通过统筹推进跨部门事项集成联办，实现了"一张表单、一次申请"的高效联办服务，提升了张掖政务服务新质效。

一、瞄准协调配合的靶心，画好思想同心圆

一是组队伍。建立跨部门协调机制，在省监管部门的指导下，中心会同市住建局、市自然资源局等10个部门，组建住房公积金购房贷款"一件事"事项清单梳理工作专班，各部门积极与省级业务对口部门汇报沟通，明确各自职责，制定工作计划，紧密配合、强化协同、一体推进，形成了思想上同频共振、行动上群策群力的坚实堤坝。二是建机制。中心牵头，各相关部门配合，逐项梳理，编制完成了住房公积金购房贷款"一件事"事项操作指南和业务流程图，并同步在甘肃政务服务网发布。各部门单位积极与省级对口部门单位沟通对接，推进住房公积金购房贷款"一件事"关联业务系统整合，完成了系统对接、数据共享和系统测试等工作，建立了良好的联系协调工作机制。三是强管理。实行住房公积金购房贷款"一件事"工作周报告制度，各责任部门根据工作职责明确具体技术人员和业务人员，及时解决工作推进中事项梳理、流程再造、系统对接、数据共享等方面的问题，通过跨部门高效协同配合，高质量完成了住房公积金购房贷款"一件事"工作任务。

二、瞄准数据共享的靶心，织密服务一张网

一是积极推进信息共享。中心多次召开协调联席会，已将数字房产业务平台服务延伸至住房公积金购房贷款"一件事"综合窗口，实现征信查询嵌入业务流程、借款合同完全电子化、电子印章、电子签名和电子档案等技术在住房公积金购房贷款"一件事"业务场景的全部应用，办事群众在住房公积金服务大厅即可一站式完成存量房合同网签备案、房屋信息查询核验、不动产抵押登记、住房公积金贷款发放的全流程，大大减少了跑路次数，缩短了办结时间。二是优化流程精简材料。围绕全省"一件事"方案中12项申报材料名称和市直21件重点事项，梳理完善了纸质和电子要件材料的收取、留存、归档和入库等事项，充分应用电子档案系统功能，精简材料共计10余项。三是服务意识显著提升。全力推行6项事项"高效办成"，多措并举做好"接诉即办"，充分发挥住房公积金服务热线作用，妥善解决各类渠道的群众咨询、求助，全年共回复各类咨询421件，按期签收率和答复率均达100%，好评率为100%，主动服务、精准服务的良好风气显著提升，住房公积金业务发展更加务实、高效。

三、瞄准先立后破的靶心，建立工作新模式

一是探索工作新路子。积极借鉴发达城市和兄弟市州中心住房公积金购房贷款"一件事"的好经验、好做法，进一步完善住房公积金业务系统的用户界面，使其更加简洁直观，方便用户操作。根据数据共享进度和深度，结合AI技术在住房公积金服务场景的应用，采用智能预填和自动填充功能，减少不必要的信息填写步骤，能够通过信息共享获取准确完整的数据或有电子证照的，不再要求提供纸质材料，减少群众办事纸质资料提交和往返多部门重复提交。二是优化整合政策支撑力。提高贷款额度和月还款额与月收入比，延长贷款年限，降低保障性住房首付比例，规范贷款资金的划转账户，支持灵活就业人员、多子女家庭改善性住房需求，支持异地贷款、"商转公"、"带押过户"等，为满足缴存人多样化资金需求提供了政策支撑。三是打造行业的新标杆。聚焦做好住房公积金购房贷款"一件事"的政策解读、舆论引导和服务，加强政务服务大厅工作人员分层分级业务培训，做到准确解答用户的问题，高效处理业务申请，保持良好服务态度，力求打造住房公积金行业队伍的新标杆、新形象。

奏响"五部曲"
打好惠民服务"民生牌"

吴风芳　王辉　吴忠市住房公积金管理中心

近年来，吴忠市住房公积金管理中心（以下简称"吴忠中心"）坚持以习近平新时代中国特色社会主义思想为指导，深入贯彻党的二十大和二十届一、二、三中全会精神，全面落实习近平总书记考察宁夏重要讲话指示批示精神，将"惠民公积金、服务暖人心"全国住房公积金系统服务提升三年（2022—2024年）行动贯穿工作全过程，以铸牢中华民族共同体意识为主线，坚持以人民为中心的发展思想，树立"规范、高效、务实、为民"服务宗旨，不断深化"放管服"改革，优化营商环境，立足"小窗口"服务"大民生"，采取更多惠民生、暖民心举措，全面推动住房公积金服务标准化、规范化、便利化，持续提升人民群众获得感、幸福感、安全感。

精心统筹谋划，唱响高位推进"前奏曲"。吴忠中心坚持把"惠民公积金、服务暖人心"服务提升三年行动作为提升能力作风建设的一场"大考"，提高政治站位，强化责任担当，对照方案要求做好"必答题"，全面落实"三个第一"。第一时间迅速启动，第一时间成立领导小组、组建办公室；第一时间研究部署，制定三年行动"1+3"工作方案，全面落实"清单制+责任制"，明确推进"路线图""时间表""任务书"；第一时间吹响动员号，全面启动"惠民公积金、服务暖人心"服务提升三年行动，确保公积金惠民便民利民服务见效见质、落地落实。

强化政治担当，唱响党建引领"主题曲"。一是坚持理论武装。坚持把学习贯彻习近平新时代中国特色社会主义思想作为首要政治任务，严格落实"第一议题"制度，拧紧思想政治建设"总开关"，拨好"理论弦"，铸牢思想之魂，把握政治方向，打造一支忠诚干净担当的高素质专业化公积金队伍，深刻领悟"两个确立"的决定性意义，增强"四个意识"、坚定"四个自信"、做到"两个维护"。二是打响品牌建设。认真落实党建工作主体责任，严格落实"三会一课"、主题党日等制度，着力打造政治功能强、支部班子强、党员队伍强、作用发挥强的"四强"党支部。全面创建政治型、服务型、实干型、文明型、廉洁型的"五型"模范机关。深化"住房公积金·圆您安居梦"党建服务品牌，擦亮"惠民公积金、服务暖人心"行业品牌，打响"双品牌"，做到"一把钥匙开一把锁"，用"小品牌"引领服务"大提升"。三是筑牢基层堡垒。牢固树立"一个支部就是一座堡垒，一名党员就是一面旗帜"的理念，打造精品党建阵地建设，加强党员教育管理，积极开展寻找"最美公积金人""我为群众办实事""立足岗位作贡献"等实践活动，提升服务形象。充分用好"六种学习形式"，广泛开展"五个一微宣讲"、业务大讲堂、岗位大练兵、演讲比赛、红色教育、专题培训等各类创先争优活动，实现党员干部政治能力和专业能力"双提升"。深入开展学习贯彻习近平新时代中国特色社会主义思想主题教育，扎实推进党纪学习教育，确保教育活动走深走实。全面推动党建工作与队伍建设、窗口服务、业务发展深度融合，同向同行。2022年被评为创建"让党中央放心、让人民群众满意"模范机关达标单位；2023年党支部被评定为"五星级"基层党组织；2024年被提名为自治区第十三批"民族团结进步示范单位"。

突出凝心聚力，唱响民生福祉"和谐曲"。一是精准施策、提质增效。始终坚持把归集扩面作为衡量成绩的硬指标常抓不懈，力争将更多的群众纳入住房公积金制度保障范围，围绕"巩固存量、扩大增量"的总思路，聚焦"四个精准"，多措并举盘活"存量"、激活"增量"、做大"体量"，不断做大做优做强归集"蛋糕"。加大政策宣传力度，每年集中开展"政策宣传月"活动，采取"线上推送+线下推介"融合宣传的方式，拓展宣传层面。利用制作宣传手册、发放特色宣传品、微信公众号、微视频、录制政策公开讲、公交车身广告等形式，增强宣传实效，扩大影响率、普及率和推广率。按照"摸清底数、明确目标"的工作要求，主动开展"送政策上门、送服务上门"的"六进"服务宣讲活动达20多场次，重点深入太阳山工业园区、金积工业园区等多家非公有制企业调研摸排，建立台账管理，实施分类跟踪，精耕细作、精准发力，全面推行"高效办成一件事"服务，实现企业缴存"一件事"高效办理，提升服务满意度。在全市范围内送达《致全市企业负责人和职工的公开信》《住房公积金催建通知书》共计5000份，制定"一企一策",变"被动缴"为"主动缴",积极鼓励灵活就业人员、新市民等群体自愿建制,实现"应缴尽缴""应建尽建"。二是守正创新、服务大局。根据国务院、自治区、吴忠市"稳经济、保增长、促发展"工作要求,按照因城施策、稳步推进的原则,出台《关于优化住房公积金租赁住房提取政策的通知》《关于进一步优化住房公积金使用政策的若干措施》《吴忠市关于促进房地产市场平稳健康运行的若干措施》等惠民政策,打好政策使用"组合拳",共建互嵌式服务新格局,将贷款最高额度分别提高到60万元和80万元(多孩家庭分别提高到100万元和110万元),提高租房提取额度和频次,推行组合贷款、先提后贷、一人购房全家帮、提取支付首付款、"商转公"直转、贷前提取等新政策,用好政策工具箱,释放政策"红利",更好地满足缴存职工住房多样化消费新需求,实现"安居宜居"住房梦。同时,修订完善提取、贷款管理办法和规程。三年来,全市共向4435户缴存职工家庭发放个人住房贷款19.74亿元,逾期率0.13‰,低于全国、全区平均水平。全市各类提取使用公积金40.38亿元,实现"应贷尽贷""应提尽提"。三是数字赋能、高效便捷。持续拓宽"网上办""掌上办"服务功能,将"不见面、马上办、亮码办"引向深入,完善门户网站、网上业务大厅、12329服务热线、微信公众号、手机APP等综合服务平台,实现服务提档升级。目前,31项业务实现"网上办""掌上办"等线上服务,13项业务实现"跨省通办",11项业务实现"区内通办",32项业务实现"全市通办",网办率达到75.61%。全面推进贷款"高效办成一件事",9项服务纳入政务服务统一平台。电子档案管理信息系统和人民银行征信信息共享工作全面上线运行。全面打造升级版"数字公积金"转型发展,根据住房和城乡建设部《关于加快住房公积金数字化发展的指导意见》,制定数字化发展三年行动实施方案,成立数据治理工作专班,加快推进业务系统升级改造、数据质量提升、加强数据治理、场景应用等数字化发展,通过数据赋能,构建住房公积金服务"大格局",推进业务流程优化、模式创新和履职能力提升,让更多高频服务事项更加好办易办快办。2次接受了住建部住房公积金数字化发展第28指导组现场服务指导。在"护网行动"网络与数据安全实战攻防对抗演习中排全区前列,获得全市第一名的佳绩。2022年红寺堡分中心荣获"全国跨省通办优秀服务窗口"。

聚焦主责主业,唱响为民服务"幸福曲"。一是服务管理标准化。坚持"让权力在阳光下运行,让事项在满意中办结",打造"六公开一监督"政务管理体系,实行"一站式"服务。按照政务服务工作标准要求,出台《吴忠市住房公积金管理中心政务服务制度》等5项制度,实行首问负责、限时办结、服务承诺、预约服务等"一线工作法",全面规范提升政务服务水平。有效运用好电子化稽查工具、全国监管服务平台,加强内部稽核审计监管,加大信用体系建设,形成体验评估等长效机制，筑牢"人防+技防"风险防控体系。二是下沉服务便利化。坚持以便民利民为导向，全面推行"一网通办六进服务"新模式，通过"窗口下沉、服务升级"，高频服务向社区、乡镇、企业、银行基层延伸，实现惠民利民新体验，打造"15分钟便民服务圈"，真正满足"不出家门掌上办、走出家门就近办"的服务需求。三是工作流程规范化。打造"线上+线下""前台+后台"全方位政务服务模式，实现"一门、一窗、一网、一号"服务。全面落实"三减一优"工作，精简要件13项。认真梳理41项"四级四同"政务服务项目。持续推进"一件事一次办""周末不打烊""零填单""好差评"等高效便捷服务。积极推行"文明窗口""石榴籽""服务之星"等细胞创建活动，营造了良好的创先争优氛围，提升服务群众满意度和幸福指数。三年来，全辖各窗口工作人员被当地政务服务中心评选为服务之星、服务标兵等共计38人次，各窗口被评选为"创新窗口""红旗窗口"共计5次。2023年盐池分中心被评为"全国星级服务岗"。

高扬思想旗帜，唱响精神文明"交响曲"。一是提升文明创建意识。坚持把精神文明建设贯穿服务全过程，着重在"六个提升"标准上下实功、谋实效、出实招，主动将铸牢中华民族共同体意识融入服务工作全过程，从每名窗口服务人员自身做起，从身边的小事做起，践行社会主义核心价值观，加强机关文化建设，倡导做文明人、说文明话、办文明事，打造"文明窗口"，推动文明新风深入人心，让创建更加"有力度"。二是改善美化服务环境。加强窗口"软硬件"建设，投入经费对服务大厅进行升级改造，美化服务环境，创建更高水准的服务阵地，升级后的服务大厅环境焕然一新，优化设置前台受理区、办事等候区、自助服务区等六大功能性区域，新配备电脑、打印机、高拍仪、复印机、饮水机等人性化服务设施，开辟了志愿者服务驿站、母婴室等便民服务设施，增强服务设施功能性，让服务更加"有温度"。三是提升文明服务满意度。将文明行业创建标准与"惠民公积金、服务暖人心"服务提升三年行动各项要求紧密结合，把规范化标准化建设作为创建基础，推动服务大厅作风再转变、服务水平再提升，以点带面提升文明行业创建质量和服务水平，深入开展"政府开放日""互观互学、互评互检促提升"等活动，群众对服务大厅的满意度不断提升，让惠民更加"有深度"。

服务只有起点，没有终点，永远在路上。吴忠市住房公积金管理中心将巩固拓展"惠民公积金、服务暖人心"全国住房公积金系统服务提升三年行动成果，持续深化"放管服"改革，以营商环境之"优"，谋高质量发展之"进"，全力打造"贴心、暖心、舒心、放心、安心"的营商环境，做到让党中央放心、让人民群众满意。

第八部分
风险防控

构建住房公积金贷款风险防控体系

白璐　北京住房公积金管理中心住房公积金贷款管理处

金融安全是国家安全的重要组成部分,防止发生系统性金融风险是金融工作的关键。习近平总书记在中央金融工作会议上指出,坚持把防控风险作为金融工作的永恒主题,对风险早识别、早预警、早暴露、早处置,健全具有硬约束的金融风险早期纠正机制。

住房公积金业务包括缴存、提取、贷款三大类,其中防控贷款风险是住房公积金业务的重中之重。从住建部到北京市政府,都非常重视住房公积金贷款风险防控,每年住建部都要公布逾期率最高的城市,并进行业务督导,北京市政府也非常关注住房公积金贷款风险防范措施。

随着房地产市场的不断发展,住房公积金贷款数量飞速增长,北京住房公积金管理中心(以下简称"中心")自1994年4月发放第一笔住房公积金贷款以来,截至2024年底,已累计发放159万笔,金额1万亿元,余额5110亿元,对满足城镇居民住房需求、繁荣住房消费市场发挥着越来越重要的作用。但我们必须看到,随着贷款发放笔数和金额的不断增加,风险发生的概率也随之扩大。住房公积金贷款作为政策性金融业务,以早识别、早预警、早发现、早处置的"四早"精神为指导思想,切实加强风险的监测预警,强化对住房领域热点问题、突出问题和潜在风险的分析识别,敏锐发现、及时报告、妥善处置各类风险。

一、贷款主要风险

(一) 三个"不掌握"

一是不掌握抵押登记情况，对于长期未能办理抵押登记的房屋不能及时了解贷款是否做到"应抵尽抵"；二是不掌握贷款逾期催收情况，目前逾期贷款催收由资产管理机构负责，住房公积金管理中心无法了解逾期贷款是否做到"应催尽催""应诉尽诉"；三是不掌握贷后项目或房屋情况，可能发生贷款项目出现风险后无法按计划交付房屋，无法如期办理产权证，或者贷款房屋发生拆迁等情况，住房公积金管理中心不能第一时间掌握。

(二) 三个"不健全"

一是贷款风险防控体系不健全，贯穿贷前、贷中、贷后的风险防控体系尚未建立；二是贷款风险防控指标不健全，目前中心风险指标主要是贷款逾期率，指标单一，没有建立整体风险防控指标体系；三是贷款风险数据库不健全，风险管理依托于资产管理机构，贷后数据主要集中在资产管理机构，部分在合作银行，尚未集中管理，同时，贷款项目库功能单一，只能用来查看是否封顶。

二、贷款风险防控措施

中心构建"以风险防控为导向、以机控人查为手段"的风险治理体系，建立起与业务发展相适应的风险防控机制，为住房公积金贷款业务发展提供坚实保障。具体方式包括：一是练"内功"，做好贷前"三防"，即防范制度风险，防范业务操作风险，防范廉政风险。二是练"外功"，做好贷中"三审"，审核"人"的真实性，审核"房"的真实性，审核"交易"的合规性。三是练"眼功"，做好贷后"三查"，即查"业务"，查"指标"，查"考核"。

(一) 贷前"三防"

1.防范制度风险

主要是防范制度不健全、依据不充分、决策不恰当等引发的制度风险。防范措施有：一是建立贷款风险防控制度，将贷款风险进行全面梳理，根据贷款前期、贷款后期不同风险情况，制定贷款风险防控措施；二是建立政策调整应急处理预案，对贷款政策调整进行风险评估，就可能引发的舆情提前做好应急预案。

2.防范业务操作风险

主要是防止工作人员因业务不精通、工作疏忽等导致适用政策不正确、录入信息不完整等风险。防范措施有：一是每年定期进行贷款风险防控培训，就贷款政策、业务操作、风险防控措施等进行培训；二是查找业务风险点，及时下发各贷款经办部门，规范业务操作。

3.防范廉政风险

主要是防范工作人员内外勾结、利益输送的风险。一是加强贷款从业人员廉政风险警示教育；二是制定并执行贷款回避原则，对亲属购房申请贷款的，中心员工必须全程回避。

(二) 贷中"三审"

1.审核"人"的真实性

一是充分利用信息化手段，通过电子证照、信息共享等方式，识别材料真伪，从政数局调取借款人的身份证、户口本、婚姻关系等材料，防范借款人提供虚假材料；二是贷款申请审核依托标准化审核系统，自动判断是否符合贷款申请条件，系统自动计算贷款额度、贷款年限、认定首二套房标准等贷款审核要素，最大程度减少人为因素；三是在签订借款合同时，使用人脸识别技术，确保借款人本人办理面签手续；四是审核职工连续缴住房公积金的情况，确定职工的还款能力和稳定性。

2.审核"房"的真实性

一是对于已经网签的新房项目，要查验房屋封顶，封顶后方可受理贷款；二是对于未网签的贷款项目，需要贷款经办部门现场查验项目进度，查看项目证照；三是对于二手房房屋评估，纯住房公积金贷款评估费由中心负担，组合贷款评估费由商业银行承担，通过第三方机构评估数据进行价值认定，能够更好地防范价格虚高套取高额贷款的风险。

3.审核"交易"的合规性

一是通过数据互联方式对借款人提交信息进行核实，如调取北京市住建委网签信息对所购房屋的交易真实性进行核实；二是对于符合抵押权预告登记条件要求的期房，逐笔落实，并由开发商或担保公司承担阶段性保证；三是二手房贷款统一政策规定，抵押登记完成后放款。

(三) 贷后"三查"

1.查"业务"

一是检查贷款部门、合作银行、合作机构工作人员是否按照中心政策和操作流程办理业务，确保业务的合规性；二是通过"人防+机控"识别风险，检查贷款部门审核贷款额度、期限、首付款比例、住房套数等关键项，确保业务的准确性；三是检查工作人员受理材料的齐备性。

2.查"指标"

建立完善贷款风险指标预警体系,一是借款人风险指标,通过住房公积金缴存、收入变化情况提前进行预警;二是房屋风险指标,通过抵押登记和抵押权预告登记办理情况,及时发现未能做到"应抵尽抵"房屋风险;三是逾期风险指标,及时催收逾期贷款,做到应催尽催、应诉尽诉,化解贷款风险;四是风险备付和资金流动性指标,确保业务持续开展。

3.查"考核"

一是在现有基础上,完善贷款风险考核机制,对银行增加抵押登记率等考核指标,对担保公司增加贷款不良率考核等指标;二是对银行、担保公司增加突发事件处理的考核机制,做到及时解决问题;三是增加拨备覆盖率等风险考核指标,对中心整体风险进行评估。

三、构建贷款风险防控体系

下一步需要做好贷款风险防控的"脑功",做到"三健全",即健全贷款风险数据库、健全风险预警指标、健全风险考核机制,构建贯穿贷前"三防"、贷中"三审"、贷后"三查"的风险防控体系。

(一)健全贷款风险数据库

1.健全借款人数据库

目前借款人贷前数据较多,但是贷后数据不足,要建立借款人申请贷款和还款全周期数据库,包含收入变化情况、缴存变化情况等内容。

2.健全贷款项目数据库

对项目的封顶、开发进展、交付等环节进行跟踪,做到识别风险项目,对列入黑名单的项目或者住建部门认定的风险项目,需要自动识别并给经办人员提示。风险项目采用双保证+抵押的方式:开发商阶段性保证+担保公司阶段性保证+房屋抵押。建立贷款项目数据库,包含抵押登记情况、抵押权预告登记情况、项目逾期情况、项目进展等。

3.健全抵押登记数据库

落实抵押登记是防范贷款风险的重要手段,要将商业银行组合贷款抵押登记数据、资产管理机构住房公积金贷款抵押登记数据,汇总到住房公积金管理中心,集中管理,实时掌握抵押登记情况。

4.健全逾期数据库

对于贷款逾期数据，中心要集中管理，与资产管理机构实时共享逾期催收进度，并能实时监控，建立逾期统一数据库，包含逾期情况、不良贷款情况、损失情况等内容。

(二) 健全风险预警指标

中心通过多种技术手段对贷款进行系统化智能监测，通过各项风险指标，提早发现和判别风险来源、风险范围、风险程度和风险走势，并发出相应的风险警示信号。

1.借款人指标

收入变化率=借款人申请贷款时收入÷当前收入情况×100%

缴存合规率=借款人放款后实际缴存月数÷应缴存月数×100%

2.住房指标

房屋抵押登记率：中心抵押登记率、项目抵押登记率、中心和银行的抵押登记率

期房抵押权预告登记率：中心抵押权预告登记率、项目抵押权预告登记率、中心和银行的抵押权预告登记率

房屋抵押物价值变化率=抵押物贷款时评估值÷该小区近三个月平均评估值×100%

3.逾期指标

逾期率=逾期1期及以上（含1期）的贷款余额÷未还清贷款余额×100%；

不良贷款率=逾期3期以上（不含3期）的贷款余额÷未还清贷款余额×100%；

贷款损失率=出现坏账损失的贷款余额÷未还清贷款余额×100%。

逾期时间：设置30天/60天/90天/180天逾期阈值，触发不同级别预警。

4.风险备付指标

拨备覆盖率=风险准备金÷不良贷款余额×100%

5.资金流动性指标

个贷率=住房公积金个人贷款余额÷住房公积金余额×100%

资金运用率=（住房公积金个人贷款余额+项目贷款余额+国债余额）÷住房公积金余额×100%

(三) 健全风险考核机制

1.对贷款部门进行风险考核

一是从内部挖潜，可以从业务投诉量、数据错误率、政策准确性、档案完整性、计划完成率

等多角度进行考核；二是将考核成绩与各部门绩效、评选优秀等挂钩，奖优罚劣，对发现新风险点的部门或员工，进行奖励，提高工作人员防控风险的积极性。

2.对银行进行风险考核

在现有考核基础上，完善风险防控考核内容，比如增加组合贷款抵押登记完成率、抵押登记完成时限、银行对开发商检查情况等指标。

3.完善资产管理机构风险考核

对现有担保机构的逾期率、不良贷款率、抵押登记完成率指标进行完善，增加不良贷款起诉率等考核指标。

4.对房产评估机构进行风险考核

就评估机构的服务质量、评估时限、评估错误情况等内容进行考核，并扣减评估费用。

总之，中心按照习近平总书记提出的"早识别、早预警、早发现、早处置"要求，"图之于未萌，虑之于未有"，加强贷款风险防控，树立全面风险防控、全员风险管理的理念，做好"内功""外功""眼功""脑功"，构建"三防三审三查"的贷款风险防控体系，力争做到"贷款排查全覆盖，风险防控无死角"，为北京住房公积金制度发展保驾护航。

织密风险防控网　共筑协同责任堤

——关于住房公积金管理中心风险防控和内部控制体系建设的思考

王钰珂　北京住房公积金管理中心风险防控处（审计处）

一、下好先手棋，打好主动仗

"下好先手棋，打好主动仗"，这是习近平总书记关于防范化解重大风险的重要论述。党的十八大以来，面对日趋复杂的外部环境和我国发展面临的新问题、新挑战，总书记以强烈的忧患意识和使命担当，深入思考了如何防范化解风险挑战的一系列重大理论和实践问题。

2012年11月15日，习近平总书记在党的十八届一中全会上强调："我们一定要居安思危，增强忧患意识、风险意识、责任意识，有效防范各种潜在风险。"2013年12月10日，习近平总书记在中央经济工作会议上强调："坚持底线思维，凡事要从坏处准备，努力争取最好结果，做到有备无患。"2015年10月29日，习近平总书记在党的十八届五中全会第二次全体会议中强调："我们必须把防风险摆在突出位置，图之于未萌，虑之于未有。"2019年1月21日，习近平总书记在省部级主要领导干部坚持底线思维着力防范化解重大风险专题研讨班开班式上强调："既要高度警惕'黑天鹅'事件，也要防范'灰犀牛'事件；既要有防范风险的先手，也要有应对和化解风险挑战的高招；既要打好防范和抵御风险的有准备之战，也要打好化险为夷、转危为机的战略主动战。"2021年7月1日，习近平总书记在庆祝中国共产党成立100周年大会上强调："新的征程上，我们必须增强忧患意识，始终居安思危，贯彻总体国家安全观，统筹发展和安全，统筹中华民族伟大复兴战略全局和世界百年未有之大变局，深刻认识我国社会主要矛盾变化带来的新特征新要求，深刻认识错综复杂的国际环境带来的新矛盾新挑战，敢于斗争，善于斗争，逢山开道，遇水架桥，勇于战胜一切风险挑战！"2023年5月23日，习近平总书记在二十届中央审计委员会第一次会议中强调："要立足经济监督定位，聚焦主责主业，更好发挥审计在推进党的自我革命中的独特作用。"2024年1月16日，习近平总书记在省部级主要领导干部推动金融高质量发展专题研讨班开班式上强调："要着力防范化解金融风险特别是系统性风险；必须增强忧患意识，做好风险防控，增强金融体系韧性。"2025年1月10日，习近平总书记在全国审计工作会议中提到："着力构建集中统一、全面覆盖、权威高效的审计监督体系，不断提高审计监督质效，以高质量审计监督护航经济社会高质量发展，为以中国式现代化全面推进强国建设、民族复兴伟业作出新的贡献。"

习近平总书记的一系列重要论述，强调了坚持底线思维，增强忧患意识，提高防控能力，着力防范化解重大风险，为我们做好住房公积金管理中心（以下简称"中心"）风险防控工作提供了根本遵循和行动指南，指引我们在面对复杂多变的内外部环境时，时刻保持清醒头脑，以高度的责任感和使命感，将风险防控工作贯穿于中心发展的全过程、各环节。

二、明确"三道防线"，压实责任担当

中心管理着来自广大住房公积金缴存人和企事业单位的数千亿资金，百姓关注、社会关心、政府关切，守住安全底线、严密防控风险，事关安全稳定大局，是中心工作的重中之重。

风险防控处（审计处）作为中心风险防控工作主责部门，深度参与了中心各项风险防控工作。在风险防控处（审计处）有3个词经常被提到，那就是"风控、内控、内审"。虽然只有一字之差，但却是3个不同的概念。做好风险防控工作，首先应当正确认识和区分三者的内涵。

（一）厘清概念边界，明晰内涵差异

根据《行政事业单位内部控制规范（试行）》（财会〔2012〕21号），风险防控是指单位通过识别、分析、评估可能影响其目标实现的不确定性因素，并采取相应措施将风险控制在可承受范围内的过程。其核心是通过建立风险管理机制，预防、降低或转移风险，确保业务活动合法合规、资产安全和使用有效、财务信息真实完整。内部控制是单位为实现控制目标，通过制定制度、实施措施和执行程序，对经济活动的风险进行防范和管控的动态过程。目标包括合理保证单位经济活动合法合规、资产安全和使用有效、财务信息真实完整，有效防范舞弊和预防腐败，提

高公共服务的效率和效果。根据《审计署关于内部审计工作的规定》（审计署令第11号），内部审计是单位内部独立、客观的监督和评价活动，通过审查和评价业务活动、内部控制和风险管理的适当性、有效性，促进单位完善治理、实现目标。

从概念上讲，风险防控更为宏观，是从单位整体层面评估风险状况。其中又分为可控风险与不可控风险，或称之为系统风险和非系统风险。对于不可控风险，通常可以采用风险转移、风险接受等方式应对；对于可控风险，通常通过内部控制手段应对。所以，内部控制本质上是单位通过日常管理手段降低风险的行为，是比风险防控更小的概念。内部控制和风险管理的执行效果如何，就需要通过审计来检查，审计是对内控执行效果的独立评估。审计检查所发现的问题又指导于内控制度的建设和风险管理手段的完善（见图1）。

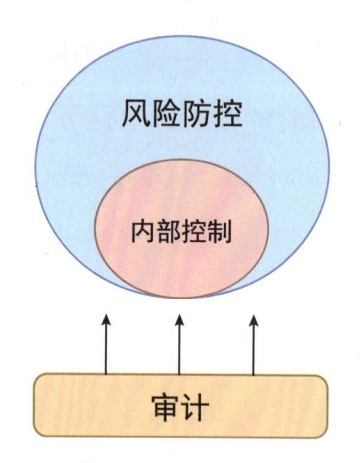

图1　风控、内控、审计的概念

（二）着眼联动效能，探究关系纽带

虽然三者在内涵上存在显著的区别，但在实际工作中却是密不可分的。

风险防控涉及单位治理和管理体系的设计，处于战略层级。内部控制涉及制度的设计与执行，处于管理层级。内部审计评估业务和内控执行情况，服务于风险管理和内部控制的需要，处于职能层级。

三者在作用发挥上存在联动性。风险防控从战略角度出发，为内部审计和内部控制提供指引，明确重点和方向。内部控制通过提供控制机制，强化风险管理体系和执行，确保风险管理目标得以实现，也为审计工作提供依据。内部审计则以审计发现问题为依托，为进一步优化内部控制和风险管理手段提供客观依据。

问题整改工作则贯穿风险管理工作始终。对风险评估问题、审计发现问题、内控自评问题，在规定时间内完成整改，是"后半篇文章"的要义。问题整改直接关系审计工作的完整性、内控工作的有效性和风险管理工作的系统性（见图2）。

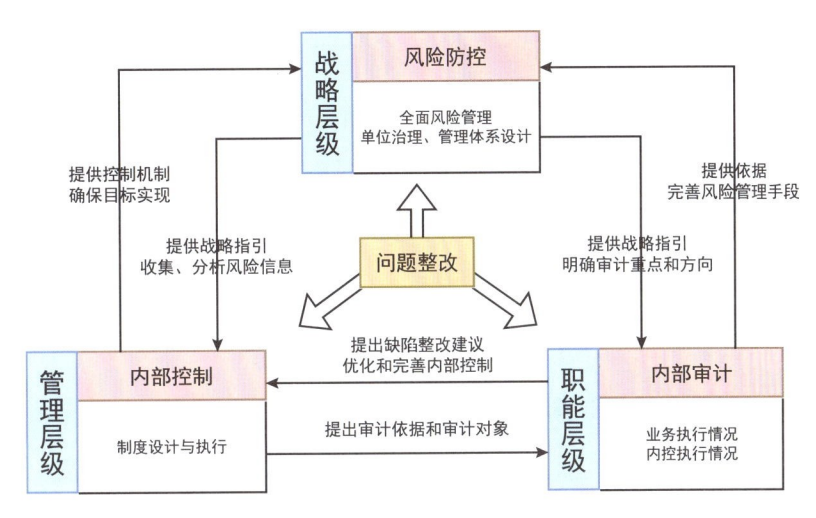

图2 风控、内控、内审关系图

（三）构建权责架构，推进部门协同

通过明确风控、内控、内审的关系，结合住房公积金实际，本文初步描绘了风险管理权责架构图（见图3）。

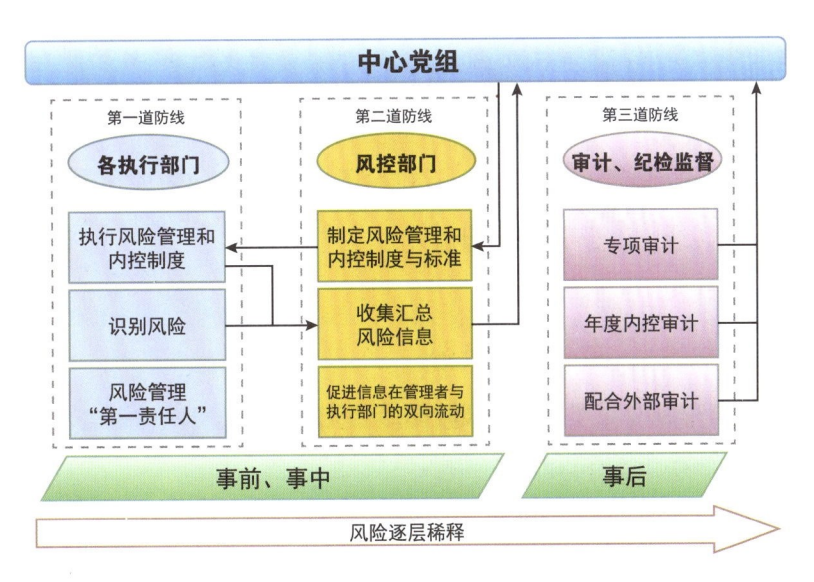

图3 风险管理权责架构图

实际工作中，风险最初来源于各项决策与操作，比如合同签订和执行、资产购置和处置、贷款审批、资金存储等。相比其他部门，各执行部门更了解自身业务特点、业务需求和潜在风险所在，是风险管理的"第一责任人"，各部门应充分认识风险防控的重要意义，对照梳理各自业务和管理领域的风险点，切实落实各项防控措施和内控制度。

风控部门是风险管理职能部门，作为风险管理和内控制度制定者，从风险管理专业角度，设计制度框架、内控体系、风险预警与监控等。与各执行部门的区别在于，风控部门关注风险全局，而非单一业务。同时风控部门也承担了独立的第三方角色，为中心党组提供风险管理咨询与跨部门协调。

综上所述，各执行部门与风控部门多参与事前和事中风险管理。

审计监督的目的在于以独立的身份，检查风险管理、内部控制相关制度是否完善、合理，是否依据制度有效执行。典型的审计项目，如中心内部控制和风险管理审计，就内控设计、制度执行、合同管理、资产管理、收支管理、项目管理等方面开展，查漏补缺。同时，内审部门还会配合外部审计、巡视开展各项工作。内审和外审的关系就如同家庭医生和权威专家会诊的关系：内审定期为家庭成员进行健康检查，熟悉家里每个人的身体状况，能及时发现一些小问题并给出日常调理建议；外审针对中心某方面管理进行全面评估，依据严格标准给出专业且具有公信力的诊断。所以在内部检查发现问题的时候，应当及时整改，治已病、防未病，避免外部检查时发现大问题。

根据上面的论述，可以发现审计所处的时点是事后，对于管理层来说，是业务稳健合规执行的保障；对于风险管理来说，可能是未雨绸缪，也可能是及时止损。

在理顺职责的基础上，可以明确中心风险防控的"三道防线"，即职能处室和管理部为第一道防线，风险管理和内部控制为第二道防线，前两道防线处于事前防控和事中管控阶段；内部审计和纪检监督为第三道防线，处于事后监督阶段。

三、筑牢"三道防线"，深化协同共治

（一）事前防控：筑牢制度堤坝，下好风险防范"先手棋"

1.各执行部门筑牢"第一道防线"

各职能处室和管理部负责部门职责范围内的日常风险管理、完善本部门风险管理制度，全面梳理工作中的风险点，绘制业务内部控制流程图等。中心业务归口部门负责业务条线的风险防控

工作；管理部（贷款中心）等一线业务办理部门负责随时关注业务办理过程中发生的问题，排查记录风险隐患；各单位负责各自管理服务领域内的风险防控工作，及时总结分析风险变动情况，及时建立健全相关制度规范，完善业务流程。

2.风控部门当好"体系建筑师"

风控部门应不断健全风险防控制度体系，推进工作规范化、标准化建设。全面梳理风险点和风险等级，统筹防范"三类风险"（业务风险、管理运行风险、廉政风险），以"一单一库一册"（风险管理清单、风险案例数据库、风险防控手册）为抓手，进一步做好风险管理清单和风险案例数据库的动态更新，逐步实现风险防控全业务、全流程、全覆盖。构建完善的制度体系，打牢风险防控基础，使中心风险防控工作有章可循、有规可依。

（二）事中防控：优化内控建设，打好风险防范"组合拳"

1.优化内控体系建设，落实廉政风险防控要求

内部控制既是行政事业单位一项重要管理活动，又是一项重要的制度安排，是行政事业单位治理的基石。内部控制在方向、思路、内容、方法上与中纪委积极推动的廉政风险防控机制建设基本一致，内控实际上是廉政风险防控的组成部分，是从单位内部经济活动风险管控这一角度出发落实廉政风险防控的要求。根据《行政事业单位内部控制规范（试行）》要求，内部控制包括单位层面的内部控制和业务层面的内部控制，单位应当单独设置内部控制职能部门或者确定内部控制牵头部门，负责组织协调内部控制工作，应当建立健全预算编制、审批、执行、决算与评价等预算内部管理制度。

中心目前的内控体系建设较为完善，通过风险防控手册、风险案例数据库、风险管理清单明确各业务事项中的风险点，通过《合同管理办法》《预算管理办法》等10余项内部管理制度规范各项业务办理流程。但是在部分方面还存在不足，如单位层面的业务流程内容不准确、风险管理清单不全面，缺少收入管理制度、票据管理制度等；业务层面的资产管理不规范、合同执行不严格、预算执行率低等。后续应进一步完善中心相关制度，加强执行管理和人员培训，通过不相容岗位相分离、内部授权审批控制、归口管理、预算控制、财产保护控制、会计控制、单据控制、信息内部公开等手段强化内部控制。

2.建立日常查控体系，实现全方位立体式排查

开展多时段、多手段、多渠道的日常风险排查工作。多时段指随机选取排查时间段，重点排查增量数据。多手段指要综合利用梳理流程、数据比对、抽样调查、电子稽查等方法，明察暗访

和随机抽查等手段相结合。多渠道指积极借鉴审计署等外部审计经验，内部和外部相结合，线上和线下相结合，联合会计师事务所等外部力量，使风险防控工作起到预防保护的积极作用，切实减少问题、防控风险。

3.加快数智化转型，不断强化风险"技防"

随着信息技术的发展，特别是机器学习和人工智能技术的兴起，大数据技术在审计领域的应用越来越广泛。数智化转型使得内部审计能够更高效地利用现代信息技术，提高审计工作的质量和效率。

中心目前的风险防控信息化建设程度较低，内控信息系统功能还不完善，应加快推进合同管理、采购管理等模块内部控制信息化系统建设，逐步将内部控制流程嵌入单位信息系统，并根据业务系统改造情况及时升级，确保各项业务能够得到有效监控，减少或消除人为操纵因素，保护信息安全。同时，积极探索人工智能在住房公积金领域的应用场景。比如，利用DeepSeek-R1（深度求索-R1）的智能审计系统，结合档案OCR识别，对档案的要件、要素、要义进行推理和判断；构建风险预警模型，将风险防控转化为具体系统控制参数，设置风险防控指标，避免人为干预，实现系统评判、自动预警，为全面风险防控提供有效途径；智能审计系统自动识别和处理审计数据，减少人工审核工作量，提高审计准确性和效率，促进审计流程优化与效率提升。

（三）事后防控：强化审计倒逼，做好整改提升"后半篇文章"

1.聚焦审计监督全覆盖

坚持审计无禁区。广度上要消除监督盲区，要做到应审尽审；优化配置审计资源，积极探索融合式、嵌入式等审计模式，利用好社会审计力量。精度上要选准审计重点，聚焦中心领导部署要求，聚焦中心发展战略和重大举措，聚焦需要解决的关键问题，选取重点领域、重点单位、重点人员实施监督，以重点监督带动全面监督。深度上要揭示重大突出问题，围绕高质量发展，结合中心在经济社会发展中的职能定位，着力揭示事关经济社会全局、事关长远发展、事关人民群众根本利益的问题和风险。

2.狠抓审计整改和成果运用

牢固树立"审计是手段，整改才是目的"的观念，切实做好审计整改"下半篇文章"，突出成果运用，提升整改质效，推动标本兼治。发挥巡查巡视、纪检监察、审计监督和业务检查作用，充分利用国家及北京市等上级部门的巡查巡视、派驻纪检组的监督检查、审计部门的审计检查结果，对于指出的问题，中心纪检、审计等部门应会同业务部门主动进行风险排查和评估，及时整改，完善制度。夯实被审计单位整改主体责任，压实业务主管部门监督管理责任，强化内部审计督促检查责任，制定问题清单、责任清单、整改清单，形成环环相扣、层层推进的内部审计整改工作链条，抓实各项督促整改措施。强化内部审计结果运用和追责问责，将审计结果及整改情况及时反馈给单位内部纪检监察和组织人事等部门，纳入领导干部述责、述廉和部门年度考核评价体系。构建"审计—整改—规范—提高"的工作闭环，建立健全审计整改长效机制，扎实推动审计成果转化为治理效能，不断提升各项工作质量。

四、结语

风险防控没有完成时，只有进行时。让我们以"时时放心不下"的责任感，筑牢"三道防线"，织密风险防控网，共筑协同责任堤，为住房公积金事业的各项工作高质量发展保驾护航！

浅谈北京市住宅专项维修资金支取使用风险防控

于洪波　北京住房公积金管理中心住房资金管理处

为贯彻党中央深入开展学习贯彻习近平新时代中国特色社会主义思想主题教育、大兴调查研究的决策部署，持续推进住宅专项维修资金（以下简称"维修资金"）全面深化管理改革，本文从北京市现状出发，找出维修资金支取使用过程中存在的风险，结合其他省市经验，分析研判防范手段，进一步完善办事流程，提高管理效能，在事前、事中、事后全方位做好风险防控工作，以确保资金安全运转，切实保护群众利益。

一、维修资金支取使用基本情况

（一）资金支取规模

伴随北京市城镇住房制度改革，维修资金及其前身"住房基金"从1992年开始已建立运行三十余年。多年来，随着城市化水平的不断提高，房地产市场蓬勃发展，维修资金体量持续扩大。近十年，维修资金余额年均增长6.25%，至2024年底已达830.53亿元。2024年全年归集34.74亿元，为近十年最高。

与此同时，建筑年限的增加使城镇住宅陆续进入维修多发期，维修资金支取量随之攀升。近十年，维修资金支取金额年均增长5.84%。2024年全年支取12.36亿元，同比增长17.05%，创历史新高。

（二）基本支取流程

根据《北京市住宅专项维修资金管理办法》（京建物〔2009〕836号）（以下简称《管理办法》），维修资金基本支取流程如下。

划转至业主大会银行专户前：

（1）物业服务企业等申请主体提出使用建议，经业主表决通过后，组织实施使用方案并持有关材料向区住建房管部门申请列支维修资金；

（2）区住建房管部门审核同意后，通知市住房资金管理中心（以下简称"市资金中心"）区属管理部划转资金；

（3）市资金中心区属管理部按批准金额将资金一次性拨付至指定单位银行账户。

屋面防水损坏造成渗漏等6种危及房屋使用安全的紧急情况下，可不经业主表决，直接由区住建房管部门审核。

划转至业主大会银行专户后：

在原流程基础上由业主委员会（以下简称"业委会"）负责审核，报区住建房管部门备案，由业主大会开户银行划转资金。

（三）支取监管情况

依据《管理办法》，维修资金的支取监管主要依靠区住建房管部门或业委会对使用方案进行审核，其他相关要求概括如下：

（1）第二十八条要求"鼓励业主聘请专业工程造价咨询机构及工程监理机构对工程预算进行评估及对工程进行监理"。

（2）第二十九条要求紧急情况下"工程完工后，物业服务企业、业主委员会（未成立业主大会的，可以由社区居委会召集业主代表）应当组织有关单位验收，并出具工程验收报告"。

（3）第三十六条、第三十七条、第三十八条要求市资金中心、专户管理银行和业主大会开户银行分别向各区人民政府、公有住房售房单位、业主和业委会定期公布维修资金使用相关情况；还规定"业主、公有住房售房单位对公布的情况有异议的，可以要求复核"。

二、存在的问题

（一）支取监管机制不健全

目前，北京市维修资金支取监管主要集中在事前审查。《管理办法》未明确规定拨付后资金的监管职能及责任部门，仅建议（措辞为"鼓励""应当"）业主、业委会等通过第三方机构审价、监理、验收等方式自主实施事中、事后监管。

由于缺乏制度依据，拨付后资金实际脱离政府主管部门监管。而业主和业委会由于组织难度大、专业水平低、监管成本高等原因，监督能力十分有限。存在项目延期、资金滞留挪用、施工企业无资质、工程质量不合格以及项目结余资金在物业公司结存等风险问题。

（二）紧急支取过多，限制业主权利

2024年维修资金紧急支取5.09亿元，占全年维修支取总金额的41.18%，有6个行政区占比接近或超过50%，最高的超过70%。维修资金在紧急情况下可不经业主表决直接支取使用，其初衷是保障房屋正常使用和业主人身财产安全，但紧急支取比例过高在客观上限制了业主行使共同决策的权利，容易引致业主对物业服务企业和主管部门的不信任。

（三）业委会自管欠缺配套支撑

《管理办法》规定，经业主大会决议，业委会可将本物业管理区域的维修资金划转到业主大会银行专户自管。实际发现，由于政策支撑不足、监管机制缺失，自管业委会普遍存在成员水平参差、组织形式松散等问题，还有部分业委会已实际灭失或因成员辞职无法正常履职。

截至目前，已有187个小区的31.08亿元维修资金划转至业主大会银行专户自管，除12个小区的1.96亿元陆续划回市资金中心外，仍有90%以上的划转资金未划回，存在失管和流失风险。

三、加强风险防控的建议

（一）实行分批拨付、两次审价

经了解，天津市规定属地街道（乡镇政府）与区住建房管部门共同参与损坏情况确认、施工方案审查以及工程预算审核等步骤，并通过召开联席会议协调处理矛盾纠纷；深圳市采用分批拨付，规定首期款项不超过项目预算的60%，由业委会组织项目竣工验收（可委托第三方机构），验收合格后划拨尾款；蚌埠市规定支取金额超过10万元的项目必须通过招投标确定施工单位，并进行两次审价；武汉市、沧州市均实行第三方监管模式，由专户管理银行负责建立第三方服务机构库并承担相关费用。

基于北京市既有流程，有如下建议：一是加强事前审核。发挥属地管理优势，在提出使用建议阶段，由属地街道（乡镇政府）对维修项目合理性等出具审查结果，并报区住建房管部门备案。二是补齐事中、事后监管。实行两次拨付，规定首付金额不超过项目总价的50%，根据验收结果拨付尾款。三是完善监督审查手段。明确第三方审价制度，进行预、结算两次审价，招标选择承担审价费用的专户管理银行，并建立审计机构名录，定期考核服务质量。四是实行分级审核。市资金中心办理资金拨付时，按照金额从低到高，增加主管处室、分管领导和中心主要负责人复审层级。五是优化表决方式。实现业主在线表决，推行多事一议，使业主共同决策过程高效透明。

（二）结余收益统筹用于紧急维修

调研发现，天津市将维修资金结余收益存入专户，建立应急解危专项资金，集中用于本物业管理区域内的紧急维修，规定由业主、业委会直接或委托物业服务企业向区住建房管部门申请支取，并在专户余额不足时从受益业主维修资金账户中核减补充。同时，由于天津市商品住宅按照购房款总额的2%—2.5%（开发商1%—1.5%、业主1%）交存维修资金，存在高价小区专户余额充足、运转良好而低价小区利用率较低的情况。

2024年，北京市维修资金紧急支取5.09亿元，同年形成结余收益12.23亿元，整体具备覆盖紧急支取的条件。但由于商品住宅交存标准与建筑面积、规划层数挂钩，小区余额差异不大。如将2024年结余收益平均到全市10062个小区，每个小区仅能分得12万元。

结合实际，有如下建议：一是将小区结余收益存入专户，由属地街道（乡镇政府）和区住建房管部门审核，用于本物业管理区域的紧急维修。二是物业管理区域内维修资金已足额归集的小区，在专户余额不足时可提出透支申请，由属地街道（乡镇政府）和区住建房管部门审核，拨付后在受益维修资金账户登记欠款金额。透支之日起两年内未补齐欠款的，从受益维修资金账户余额中扣划至小区结余收益专户。三是第三方预算审价，网上公示申请及拨付明细，接受业主监督。

上述机制的优势：不动用维修资金账户余额，使用结余收益进行紧急维修，符合业主保值企稳心理；通过统筹分配实现共济互助，盘活沉淀余额，强化资金效能，提升"存在感"；足额归集可透支使用，培养自觉交存意识，形成良性循环，助力补建续筹；从资金来源和申请途径上明确区分紧急支取和普通支取，规避业主共同决策权利受限的风险。

（三）加强业委会管理，回收失管资金

威海市以"管事先管人"为主导思想，推行"红色物业"，要求在物业管理协会、物业服务

企业及业委会成立党组织，规定业委会党员比例不低于60%并将党组织议事前置写入业主大会议事规则，形成了社区、业主、物业、行业协会四方党组织平等交流、融合共治的局面。

从北京市实际情况看，业委会自管模式尚不成熟，需要从机制创新、政策支撑、人才培养、舆论引导等方面从长计议，当务之急是控制资金失管和流失风险。建议如下：一是加强党建引领。推动业委会成立党支部，逐步建立各方党组织议事前置机制。二是建立评审机制。由属地街道（乡镇政府）和区住建房管部门每年对辖区内自管业委会的履职能力和人员组成等情况进行联合评审，暂停评审不合格业委会的自管资格，由属地街道（乡镇政府）代管，连续三年不合格将自管资金划回市资金中心专户。三是严格划转审核。规定维修资金自管的小区必须满足：已成立业主大会；物业管理区域内维修资金已足额归集；业主共同决定制定本小区维修资金续筹细则；公共收益存入维修资金账户；业委会依法履职并不存在违法违规行为。四是划回失管资金。业委会无法正常履职的，由属地街道（乡镇政府）出面代管，经区住建房管部门审批，将自管资金划回市资金中心专户，并建立长效机制。五是统一业务记账。将划转后资金相关业务并入市资金中心业务系统，统一由市资金中心记账。六是规范开户银行管理。建立业主大会开户银行名单和考核体系。

四、结语

北京市城镇住宅存量大、年代久，维修资金的支取使用直接影响到住宅寿命和使用体验、关系到人民群众的切身利益。作为管理者，必须不断增强风险意识、总结实践经验、加强理论学习、保持交流创新，才能做到防患未然，确保维修资金安全有效，为城市建设和社会发展添能赋力、保驾护航。

第九部分

探索争鸣

零基预算驱动住房公积金管理效能提升

——基于北京住房公积金管理中心的实践探索与制度优化

刘喆　北京住房公积金管理中心

一、引言

党的十八届三中全会指出："财政是国家治理的基础和重要支柱，科学的财税体制是优化资源配置、维护市场统一、促进社会公平、实现国家长治久安的制度保障。"党的二十届三中全会科学谋划了围绕中国式现代化进一步全面深化改革的总体部署，提出了深化财税体制改革的重要任务，包括健全预算制度，加强财政资源和预算统筹，深化零基预算改革等。进入高质量发展时代，我国重新启动零基预算，零基预算涉及如何决定财政资金在各项目间的分配，以提升资源配置效率为目的，更加注重预算的控制功能和绩效管理功能。

传统的增量预算在北京住房公积金管理中心（以下简称"中心"）预算管理中导致项目固化、预算执行进度与时间进度不匹配、财政资金使用效益不高等问题。中心近三年通过持续探索，以推进零基预算改革为突破口，革新财政理财思路和管理理念，尝试零基预算管理方式和编制方法，有力提升了财政资金的配置效率和使用效益。零基预算的施行，不仅有力推进中心各项工作高质量发展，实现项目"增量"与"存量"的统筹，也探索、尝试跨部门的资源配置统筹。通过拓展零基预算在住房保障领域的应用研究，为使用财政资金提供公共服务部门提供可复制的"北京经验"。

二、我国零基预算地方实践和改革成效

20世纪90年代,为适应经济体制改革与财政管理现代化的需要,我国引入零基预算理念,旨在打破传统"基数+增长"的预算分配模式,优化财政资源配置。安徽、河南、浙江、湖南等地率先开展试点探索,在提升预算科学性和资金使用效率方面取得初步成效。然而,受制于制度环境、技术条件及执行能力等因素,零基预算在实践过程中也暴露出编制成本高、执行难度大、评价标准不统一等问题,其推广与应用面临诸多挑战。

(一)安徽省制定重点任务保障清单

安徽省零基预算改革目标是深化零基预算改革,在制定政策精准性、科学性上下功夫,在完善决策机制、科学审慎出台新增政策、强化预算刚性约束、加强预算绩效管理上做实做深。

安徽省突破传统行政壁垒,直击改革关键环节和痛点难点,坚持制度先行,建立1+4+1的改革制度体系,即1个工作方案、4个工作指南、1个工作机制,阐释改什么、为什么改、怎么改、改成什么效果等核心问题,全面集成重塑1+N支出政策体系,即省政府出台促进经济的30条政策,部门据此制定实施细则。区分轻重缓急,按照党委和政府定任务、部门谋项目、财政筹资金的模式创新编制重点任务保障清单。明确事项名称、保障对象、保障内容、保障标准、保障方式、保障期限、支出责任等。通过零基预算改革,安徽省革新了传统行政思维观念——从做事先要钱,到先谋事再排钱;从护盘子守基数,到应保尽保、应省尽省。增强了政府部门合力,实现了从画地为牢、各自为战到强化部门间协同合作,从财政资金单打独斗到政府引导基金、担保、贴息等市场化手段。

(二)浙江省建立预算分级保障制度

浙江省零基预算改革目标是夯实零基预算基础性工作。主要是对支出标准中存在空白和缺陷的方面进行弥补或者重新测算,稳步推进零基预算信息公开制度。从现在预决算结果公开,稳步推进预算申报流程、测算依据、审批过程公开。

浙江省聚焦党委、政府重大决策部署,全面梳理项目支出预算,部门预算项目均以零为基点编制,取消了"基数+增长"的预算编制模式。全面梳理财政收支政策,按照财政资金性质,梳理项目,明确各个项目对应的政策期限。建立动态调整机制,根据当年的新形势新要求,对支出政策做年度调整,落实到年度预算中,强化规划对年度预算约束。进一步优化支出结构,在合理保障各预算单位履职需要的基础上,大力压减党政机关行政经费、一般性支出、严控"三公"经费、会议费、培训费、差旅费和委托业务费。健全过紧日子长效机制,出台省级机关过紧日子评

价办法，评价结果与下一年度预算安排挂钩。加强对结转结余资金管理。在人员经费和其他运转类经费不允许结转使用的基础上，公用经费不允许结转使用，结转资金由省财政统一收回进行统筹使用。通过零基预算改革，浙江省取得了阶段性成效，重大政策、重大任务部署和实施得到了有效保障，统筹安排2023—2027年党委、政府中心工作任务大事政策资金5494亿元，预算管理精细化水平达到了新高度。所有预算资金安排都有实际需求导向，都有量化的绩效目标，所有项目成本都透明可追溯，所有预算执行结果，都进行了评价。

（三）珠海市"点线结合"构建"六重滤网"前置审核机制

珠海市零基预算改革的目标是推进项目支出标准建设，每个项目要明确支出范围、适用标准，逐步建立分行业、分领域、分类别，具备灵活性与约束性的项目支出标准体系，建立资金、资产、资源统筹使用绩效评价体系，探索市场项目和公益项目的边界，完善将公共财政资源投入到市场项目后的成本核算。

珠海市以打破基数依赖为出发"点"，全"线"发力，通过"六重滤网"的前置审核机制，把每一分钱都花在刀刃上。"六重滤网"即形成部门预算审核项目前置审核、科室初审、局内交叉审、现场联审、绩效评审、预算汇审。聚焦珠海市产业政策、信息化建设、基本工程建设、农业农村建设、社会保障等重点领域的重要项目，成立工作专班进行专业审核，推动财政资金高效使用。按照项目轻重缓急进行分类排序保障。在预算编制和审核环节做好项目分类，足额保障"三保"、基本公共服务相关项目、民生项目。重点保障市委、市政府重大决策部署项目，对重点保障的项目制定事项清单，排出优先顺序。通过零基预算改革，珠海市持续提升财政资金使用效率、逐步实现预算编制由"结果公开"向"过程公开"的转变、深化绩效预算融合。

综上所述，各地按照零基预算要求编制项目支出预算的方式方法大同小异，基本上是通过项目库的管理方式、以政策定项目、按照轻重缓急制定清单制度、以绩效和评审评价预算项目。但是，已有研究多聚焦政府部门，缺乏在住房公积金领域的实践探索。

三、北京住房公积金管理中心零基预算实践路径

自2021年以来，中心不断探索零基预算改革突破口，革新财务管理理念和业财融合思路，创新预算管理方式和编制方法，聚焦有限的财政资金，办成了多件人民群众可感可及的"大事"，提升了财政资金使用效率，推动中心重点工作高质量发展。

从中心预算编制实践来看，零基预算不存在统一的模板，也不完全"抛弃"增量预算，而是

在不断总结经验的基础上，根据中心重点工作职责加以演化，可以称之为新零基预算。新零基预算到底"新"在哪里？"新"在创新，新零基预算基于历史支出数据和成熟的绩效评价体系，对重要且必要的支出项目进行绩效评估。这种预算框架强调通过自上而下与自下而上相结合的预算编制方法，重新审视和优化因履职需要开展的重点支出项目。具体实施步骤包括：识别"重点工作"并确定绩效评价指标体系；对事业发展类项目等特殊项目的法定义务履职情况、目标实现程度、社会满意度等进行评估；汇总分析结果以识别优缺点，并提出改进建议和替代服务方案。相较于传统零基预算采用的刚性削减机制，本模式创新性地构建了渐进式改良路径。其核心特征体现为对既有延续性支出项目实施结构化效能评估，通过建立动态优化机制，有效遏制预算编制中的路径依赖现象，从而系统性化解因支出惯性导致的财政资源配置效率递减问题，最终实现财政支出可持续性发展目标。

（一）加强顶层设计，坚持一个"聚焦"

中心始终坚持聚焦办大事、要事的财力保障，紧紧围绕核心业务，即住房保障发展的需要编制预算，对于为开展重点工作申报的项目，做到应保必保。深化零基预算是一项具有深远意义的系统工程，必然会对现存的预算框架体系产生影响，中心零基预算工作能够顺利进行，是在中心党组的充分理解和支持下开展的。2023—2025年平均编制项目预算32个、平均预算金额1.49亿元，因业务发展需要申报项目平均27个、平均预算资金1.46亿元，呈增加趋势。根据项目轻重缓急确定优先次序，安排预算项目。一是对于事业发展的项目和业务信息化类项目优先保障，后勤保障的购置类项目排在最后；二是建立动态调整的机制，围绕市委、市政府对住房政策新形势的要求和政策的出台，落实到中心年度预算中。例如，绿色建筑评估项目根据《北京市建筑绿色发展条例》规定，中心对借款人使用贷款购买二星级以上绿色建筑、装配式建筑和超低能耗建筑给予上浮贷款额度的政策支持。中心牵头与市住建委合作，引入评估机构对房屋进行评估，根据评估结果中心给予贷款额度上浮。从立项到批复预算金额，财务部门全程参与，各项目主责部门积极配合，将业财融合贯穿预算编制始终。

（二）融合增量预算，坚持两个"破除"

零基预算的实施并非完全取代基数（增量）预算，而是将其与绩效管理、科学的支出标准等现代预算管理工具有机结合，协同推进。一是破除延续性项目只增不减的思维。在现有存量政策和项目中，基于中心重点工作从开展方向、政策实施、效率效益、公众满意度等方面进行绩效评价，提出节支和优化建议。如，法律文书邮寄项目连续两年申报，首年申报时是根据预算评审金额申报预算金额，首年执行率达到了98.9%，整体上看项目执行良好。但是在第二年申报时，依然从严把关，在测算预算金额时，首先是要求各个住房公积金网点自行申报所需文书邮寄金额，项目主责部门根据全年法律案件个数对各部门申报案件个数、金额、邮寄属于本市还是外省进行审核。在审核的过程中，合理区分哪些是属于整个案件中间环节，属于中间环节的通过电子邮件的方式送达，属于结案送达最终结果的采用邮寄送达，合情合理节约财政资金。二是破除固有的支出结构和支出体系，渐进式推进基本支出的零基预算改革。近几年在"政府机关过紧日子，老百姓过好日子"的背景下，往往通过每年压减一定比例的一般性支出这种简单方法来解决，其刚性支出的性质会在资金总盘子有限的情况下挤压发展空间，或容易引起日常公用经费和项目经费边界不清。日常公用经费属于机构运转支出，范围广且种类繁杂，如办公及印刷费、水电费、邮电费、取暖费、交通费、差旅费、会议费等。这些经费支出标准多年未进行调整，规定标准后按照人头套算，存在不够科学合理的现象，给保运转带来一定的困扰。因此，在综合考虑各部门业务性质、办公差异等基础上，通过比对近三年支出情况以及部门申报理由，测算合理的支出标准，并根据实际支出情况动态调整。如中心印刷费，在项目经费中和公用经费中都有，为了合理厘清边界，我们做了如下划分：对维持机构运行的印刷费严格按照套算标准进行套算，主要用于中心印制信封、公文用纸、各类文书档案封皮、会计档案封面、会计报表封面等，且该项公用经费随着办公自动化的改革，费用呈递减趋势；项目经费中的印刷费是专门用于业务大厅方便办事群众使用的各类业务表证单书，随着网上业务的开展，项目经费中印刷费金额每年都要在专家论证的基础上重新核定，近三年项目经费中的印刷费也在逐年递减。

（三）坚持三个"强化"，夯实零基预算编制基础工作

1.强化三年滚动预算和零基预算互补矫正机制

中心连续三年编制中期滚动预算，滚动预算的重点在于对中心业务发展统筹考虑，筹划未来，为预算资源合理配置拓展空间。零基预算则重点是通过中心设置的行业绩效指标体系对预算支出项目进行合理排序。全面依托一体化系统项目库，建立坚持有保有压，在合理保证单位履职的基础上，严格落实过"紧日子"的思想，逐年压减一般性支出，严控"三公"经费和委托外包业务费。

2.强化项目管理

全面依托预算一体化系统，中心全年开放项目库申报，构建预算项目全生命周期管理，所有类型的预算支出均整合至项目库中管理，对未纳入一体化的项目，一律不准予申报预算。自2021年开始，对"小""碎""散"的项目整合、优化后进行预算申报。市委、市政府住房方面的新政策出台后,涉及住房公积金领域内的事项,党组会专题研究、业务部门落实干什么、怎么干、何时干,财务部门全程参与、融入业务,在落实政策过程中需要财政资金支持开展的项目,第一时间安排事前绩效评估工作,将立项的充分性和必要性、绩效目标的合理性、投入的经济性、项目的社会效益性说明白讲透彻。新项目在预算执行过程中,加强跟踪和监控,按月对预算执行进行挂网、通报、约谈,执行不理想的项目,深挖原因后进行分析,年中核减预算金额,杜绝浪费每一笔财政资金,将有限的财政资金都用在刀刃上。所有新增项目年度执行完成后,全部开展事后评价,将评价结果上党组会通报,评价结果80分以下的项目,下年度重新确定是否继续立项或根据评价意见核减项目中使用效率低下的金额。将项目库管理与绩效管理结合,既可以发挥项目库的基础支撑作用,又可以发挥绩效监督作用,有效避免钱与项目互相等待的问题。

3. 强化"先排事,后要钱"

长久以来,我们习惯于"护盘子""做事先要钱",而较少考虑中心是不是有资金的承受能力,所做的事情是不是属于我们自己的履职范围,甚至将工作完成不好的责任归结于财政资金保障不力。这种观念既造成资金的浪费,也不利于集中财力办大事。自2022年开始,中心革新了传统行政思维观念,在预算管理上突出一个"变"字。由市政府和中心党组定任务,业务部门谋项目,财务处与市财政协调资金。实现了资金跟着项目走、项目跟着政策走。如新政策、新导向下房屋全生命周期管理,需要多部门联动。中心以财政资金为纽带,突破传统行政管理壁垒,强化与住建委、规自委、银行等部门协同合作,形成新住房政策聚焦同一任务、资金投向一个领域、工作聚焦同一目标的合力。这种跨部门合作、聚焦同一工作任务、只申报一个预算项目、高效使用财政资金完成重点工作任务的做法,突出了预算管理上的一个"变"字。

四、全面深化零基预算的政策建议

预算管理的改革没有休止符,永远在路上。结合中心零基预算实践经验,提出以下政策建议。

(一)强化顶层设计,树牢零基预算编制理念

在预算编制过程中,项目主责部门往往不能真正理解零基预算,认为延续性项目没有必要从零开始,局限地认为若对延续性项目实施零基预算还要重新按照新项目的方式管理,重新立项、评估、评审,需要花费大量的时间和精力。我们应冲破观念束缚,消除惯性思维,财务部门也要克服畏难情绪,增强全局意识、提高站位,以更大的格局助推零基预算的实施。除此之外,上级财政部门和预算单位还应该对现有法律法规及支出政策进行梳理、调整，用法律法规引领政策、政策引领项目、项目引领资金，这才是破除惯性思维的本源。

(二) 强化支出标准更新，为零基预算提供支撑和依据

深化零基预算改革亟须构建更为科学规范的支出标准体系与绩效导向的决策依据。现有的支出标准因制定的比较早，与现在的发展不一致，很多预算单位受到支出标准和定额套算的桎梏，在预算编制时会出现公用经费与项目经费边界不清的情况。对公用经费，上级部门应该加强调研，修改支出标准多年未进行调整的经济分类项目。对于项目经费来说，要明确每个项目支出范围、适用标准，逐步建立分行业、分领域、分类别，兼具约束力与灵活性的项目支出标准体系。研究支出体系需要一定的时间和过程，在预算编制过程中，应详细列明资金测算过程，注明所采用的具体标准，对于有明确支出标准的，按照标准执行；没有支出标准的，由上级财政部门会同预算单位协商确定暂时性支出标准，可以参照市场价格、所属行业规定、外地标准进行制定，进行试点试行一年并经协商一致后纳入标准目录。无法确定暂时性支出标准的，暂缓申报预算。建立完善支出标准体系动态调整机制，将支出标准体系作为零基预算的重要支撑。随着支出标准的逐步完善，渐进式推进公开预算编制的测算过程。

(三) 强化预算绩效管理，为零基预算保驾护航

1.零基预算与事前绩效评估的融合

近几年各预算部门更加重视预算事前绩效评估工作，这项工作的开展取得了阶段性胜利。但是，在传统增量预算中往往更关注对新增项目和金额增减变化较大的项目的事前绩效评估，对于存量项目基本上不考虑进行事前绩效评估。零基预算管理，要求我们对存量项目也要开展事前绩效评估，在评估的过程中更侧重将历史绩效评价结果的改进是否到位、绩效实现情况以及成本指标的合理性纳入评估要点。评价后对绩效表现差的项目，采取清理、削减不合理部分或取消预算安排等措施。对新增项目则按照立项的必要性和可行性、投入成本的经济性、绩效目标的合理性、项目的社会效益性进行评估。

2.零基预算与绩效过程监控的融合

在预算执行的过程中，上级部门通常是用预算的执行进度和时间进度的匹配程度作为考核指标，忽略了事中绩效监控。在实际工作中绩效监控的作用发挥得并不理想，形式重于实质。在绩效监控中发现偏离度较高的绩效指标，无法进行调整。现有的预算一体化系统，对绩效监控中发现的问题，也不支持调整，上级部门制定的绩效管理办法，在调整绩效指标方面也没有明确的规

定。深化零基预算管理，既需要绩效和预算执行进度"双监控"的数据积累，通过"双监控"的数据信息为零基预算提供基础支撑，也需要完善现有绩效监控系统，对绩效管理系统进行升级，对项目执行过程中不合理的绩效指标进行调整，通过完善系统辅助深化零基预算管理改革。与此同时，还需要上级财政部门继续完善和修订绩效管理方面的相关制度。

3.零基预算与事后绩效评价的融合

在项目完成后，要对项目的执行情况、绩效目标实现程度、资金支付的合规性进行全面的绩效评价。将绩效评价结果与下年度预算挂钩是对绩效管理结果的应用，在一定程度上，只有很少部门实现了绩效评价结果与下年度预算安排的关联。对大多数单位来说，评价结果与预算安排是弱关联或者没关联的。将项目绩效评价结果深度应用于预算安排中，对于绩效评价结果为差的项目予以终止；评价结果中未真正发挥社会效益的部分资金可以相应减少；评价结果中对于支持方向、方式等存在异议的需要再次进行论证后考虑进行调整。

（四）注重全成本绩效分析，为零基预算提供测算工具

加强对事业发展类项目的全成本分析，在分析的过程中运用多种分析方法，如成本效益法、投入产出法等，更客观地展现项目的经济性。通过对同行业、同领域同类项目的成本分析积累支出标准，并与原支出标准进行比对，为制定新的支出标准提供依据。将成本分析的结果运用到下年度预算编制中，作为下年度项目测算标准。除此之外，应加大对社会关注度高的民生类、教育类、重大投资建设类、信息化类项目的成本分析力度，让成本分析成为深化零基预算管理的有力抓手。

参考文献：

[1]李明雨.深化预算绩效管理改革推动零基预算落地生根——以安徽省池州市为例[J].财政监督，2024（22）：59—63.

[2]浙江省财政厅总预算局.浙江省深化零基预算改革的实践与成效[J].预算管理，2024（11）：51—52.

[3]李燕，陆帆.零基预算国际经验及对我国深化改革的借鉴[J].财政监督，2024（23）：20—26.

[4]江苏省人民政府办公厅.江苏省人民政府关于印发江苏省深化零基预算改革方案的通知：苏政发〔2024〕88号[A].江苏省人民政府公报，2024-10-10.

[5]安徽省财政厅.以全面实施零基预算改革为抓手 实现财政资金效益和政府治理效能双提升[J].财政监督，2024（23）：10—14.

职工住房公积金权益信访诉求解决途径探析

梁霄　黄梓娟　岳阳市住房公积金管理中心

一、职工住房公积金权益信访诉求现状

随着群众维权意识的普遍提升，越来越多的职工针对企业未缴纳或未足额缴纳住房公积金的情况进行维权，维权案例数量上升较快，主要有三个特点。一是目前维权的渠道分为线上投诉和线下投诉。线上投诉即职工通过12329、12345、市长信箱等渠道投诉企业损害职工权益，主要集中在企业未给职工缴纳住房公积金方面；线下投诉即职工自行前往住房公积金业务大厅核查自身往年缴纳的住房公积金情况，投诉主要集中在企业往年未给职工缴纳住房公积金方面。二是维权的时点选择主要为离职、被裁员及转岗后提出诉求主张，少量为在职期间匿名投诉维权，反映了职工在职时的弱势心理和担心。三是维权对象主要是非公经济主体职工，包括劳务派遣人员、短期聘用人员以及改制企业职工。

（一）职工权益信访诉求内容

1. 未缴纳住房公积金

企业未给职工缴纳住房公积金，职工要求住房公积金管理中心责令企业进行补缴。

2. 未及时缴纳住房公积金

企业未及时缴纳住房公积金，职工要求住房公积金管理中心责令企业进行及时缴纳。

3.少缴纳住房公积金

企业按照最低缴存标准为职工缴纳住房公积金或者漏缴住房公积金，职工要求住房公积金管理中心责令企业进行补缴。

（二）职工权益信访诉求形成的原因

1.企业经营压力增大

随着经济增速的放缓，部分企业生产经营困难，无法承担过高的经营成本；部分民企对于住房公积金普遍认识不高，存在抵制思想，认为缴存住房公积金增加了企业的负担，要么不缴，要么少缴。

2.职工维权意识加强

职工法制意识不断增强，能清楚地认识到企业应当按时、足额为自己缴存住房公积金，在自身权益受损时，有依法维护自身权益的权利。

3.政府支持力度不够

地方政府基于"优化营商环境"的考虑等一系列原因，把少交甚至不交住房公积金作为对企业减负、促进地方发展的重要手段。

二、职工投诉信访过程中住房公积金管理中心面临的困境

（一）劳动仲裁方面存在缺位

由于住房公积金建缴制度没有被列入《中华人民共和国社会保险法》《社会保险经办条例》等法律法规纳入社会保险制度范畴，劳动争议仲裁部门或司法机关处理职工和用人单位劳动争议时，涉及住房公积金建缴纠纷的问题，会被排除在劳动争议调解仲裁或司法诉讼范围之外。如临湘管理部遇到的海螺水泥公司的职工，被单位辞退后针对单位未给其缴纳住房公积金进行投诉，劳动仲裁部门直接不受理，将工作推到临湘管理部，由临湘管理部自行解决。

（二）许多住房公积金管理中心未形成完善的调解机制

由于住房公积金管理中心没有建立专业性强的调解机构，只能由管理部的员工临时充当调解人员。如某县农电公司的退休职工，投诉农电公司2000年至2012年未给其缴纳住房公积金，要求补缴，管理部的普通员工只是简单地充当企业与职工之间的传话筒，导致调解效果非常差。

（三）住房公积金管理中心执法力度薄弱

如在岳阳的某湖南科技有限公司的职工，离职后要求企业为其补缴在工作期间应当缴纳的住

房公积金，经核实，该单位由于经营不善的问题并未在住房公积金管理中心开户。根据《住房公积金管理条例》规定，单位为职工缴纳住房公积金是具有强制性的。但由于住房公积金管理中心执法力度薄弱，需要考虑到企业的实际情况，没有办法针对企业进行强制执行。但若不及时处理职工与企业之间的住房公积金纠纷，住房公积金管理中心或将面临诉讼风险，如上海某职工曾就上海市公积金管理中心针对12345投诉不作为的情况向法院提起诉讼。

（四）法院不受理职工关于住房公积金权益的诉讼

一些职工在维权时直接起诉到法院，但法院不予受理。法院认为职工的住房公积金权益应当由住房公积金管理机构行使行政执法职能来保护，这对住房公积金管理部门提出了更高的要求。

三、职工权益信访诉求解决途径

针对目前住房公积金管理中心面临的解决职工权益信访诉求的困境，如何在维护职工权益和助力企业发展之间找寻平衡，解决职工与企业之间的住房公积金纠纷，应当从以下几个方面发力。

（一）源头管理，下好"劳动合同"先手棋

住房公积金管理中心可积极与人社部门进行协调对接，建议将住房公积金缴纳条款写入劳动合同范本。如某市人社局官网上公布的劳动合同文本中规定了社会保险条款（第二十条：甲方应按照国家和地方有关社会保险法律法规和政策规定为乙方缴纳基本养老、基本医疗、失业、工伤、生育保险费用；社会保险费个人缴纳部分，甲方可从乙方工资中代扣代缴），却未提及住房公积金，导致部分用人单位以为住房公积金不属于强制缴交范围，从而未为职工缴纳住房公积金。将住房公积金条款纳入劳动合同范本后，可以扩大对住房公积金制度的宣传，让企业和职工了解到住房公积金制度的"强制性"，在劳动合同签订时就消除未给职工缴纳住房公积金的纠纷隐患。

同时应加强与市监、人社、税务等部门的协同合作，形成监管合力，在企业进行破产清算时，能及时知晓企业情况，协助破产清算的企业，将欠缴住房公积金纳入职工工资序列优先受偿，维护职工住房公积金的合法权益。

（二）主动作为，打好"规范缴交"预防针

住房公积金管理中心应及时与市场监管部门进行沟通对接，了解全市范围内企业设立的情况，及时向新设立和未开设住房公积金账户的企业发送住房公积金缴交函，避免因自身不作为而

面临的诉讼风险。同时，及时向企业发送缴交住房公积金的函也可以有效扩大对住房公积金制度的宣传，让企业和职工更多地了解住房公积金制度，督促企业及时缴交住房公积金，减少纠纷。

（三）调解先行，当好"化解纠纷"润滑剂

在住房公积金管理中心建立专业的信访纠纷调解机制，并与社区和单位联动，为单位和职工创造解决矛盾纠纷的"缓冲地带"，让职工和企业在产生纠纷时，先行协商调解，通过坦诚的沟通形成相互理解、彼此接受的补缴方案，最后通过职工代表大会表决形成处置意见，解决纠纷，最大限度减少社会不稳定因素，减少重复和越级上访。其实在与部分职工交流时，只要单位愿意为职工补缴住房公积金，职工也能充分理解公司的难处，适当降低心理预期，愿意在补缴基数、补缴比例上做出让步，避免矛盾升级，避免形成钉子户。

（四）借力执法，用好"强制执行"金钥匙

《住房公积金管理条例》第三十八条规定："违反本条例的规定，单位逾期不缴或者少缴住房公积金的，由住房公积金管理中心责令限期缴存；逾期仍不缴存的，可以申请人民法院强制执行。"虽然法律规定了住房公积金管理中心的行政处罚权，但一些住房公积金管理中心在实际案例中却极少用到该行政处罚权，导致部分企业觉得住房公积金没有强制性，给维权工作带来了极大的负担。据了解，宜昌住房公积金中心在面对职工投诉信访要求补缴住房公积金时，在对企业限期整改并催告之后，企业仍不履行的，直接申请人民法院进行强制执行，目前宜昌市已经有成功申请法院强制执行案例多起。宜昌住房公积金中心的做法，在面对企业拒不配合的情形时，充分借助法院的力量来破局完成住房公积金的强制缴纳，具有较好的借鉴意义。

住房公积金个贷逾期催收工作实践与体会

王驰　荆门住房公积金中心钟祥办事处

近十年来，荆门住房公积金中心钟祥办事处（以下简称"办事处"）个贷逾期率长期居高不下，且逾期原因复杂，一直制约高质量发展。2023年底，个贷逾期余额高达370.01万元，个贷逾期率2.86‰。其原因主要是：个贷手续不规范、逾期长达十八年、涉嫌骗贷、用于企业经营但目前企业亏损，房地产开发企业伙同个人"一房二卖"套贷、涉嫌经济诈骗等。为此，荆门住房公积金中心连续2次下发逾期催收督办函，要求加大逾期个贷清收力度，同时追责问责。进入2024年，我们冷静分析每笔逾期个贷成因，分类采取委托律师催收、公安经济侦查、法院起诉和执行等清收策略。到今年2月底，个贷逾期余额降到138.71万元，逾期率降至0.91‰，为下一步逾期清零，打下了坚实基础。

回顾一年多的个贷逾期催收的工作实践，主要有以下5点体会。

一、要善算"政治账"

逾期个贷风险问题，攸关缴存人的切身利益，攸关事业高质量发展，攸关国家政策性金融大局稳定，不仅是业务问题，更是政治问题。习近平总书记在省部级主要领导干部推动金融高质量发展专题研讨班开班式上强调，"坚持把防控风险作为金融工作的永恒主题""要着力防范化解金融风险特别是系统性风险"。为了尽快化解逾期个贷风险，办事处党组学以致用，集中学习习近平总书记关于防范化解重大风险的系列重要论述，提高政治站位，统一思想步调，将化解逾期个贷风险纳入2024年度重点工作任务清单，成立逾期个贷清收专班，下达逾期个贷率要下降至1.5‰的"硬指标"。每月初党组集体听取汇报、研究解决堵点问题，以高度的政治自觉，坚决打赢逾期个贷清收攻坚战，以实际行动践行初心使命，确保住房公积金资金安全。

二、要善唱"协奏曲"

面对个贷逾期率居高不下的严峻形势，如何破局？我们认为，不能单打独斗，需要上级的支持、部门的配合，要共同唱好"协奏曲"。2023年底，办事处负责人多次向荆门住房公积金中心和钟祥市政府领导汇报个贷逾期情况，争取支持。2024年初，荆门住房公积金中心主任胡小军同志高度重视逾期个贷清收工作，到办事处专题调研，举旗定向，同时，亲自协调荆门市财政局批准逾期个贷专项清收经费预算20万元；分管主任雷俊同志带领市中心和各处贷款科负责人，住在办事处开展了为期3天的逾期个贷清收摸底工作，逐笔核查逾期个贷档案，逐户上门问询了解，探究逾期根源，制定清收方案。为借他山之石，攻克逾期催收难关，2024年3月，雷俊同志又带领办事处有关人员，冒着零下20多度的严寒，远赴张掖、延边两地学习考察住房公积金管理中心开展"以物抵债"处置抵押房产的方法，我们深受两地启发，在调研的基础上，提请钟祥市政府协调开展收储住房公积金流拍房转保障房工作试点；9月，经办事处反复汇报、多次争取，常务副市长组织政府办、财政局、房产中心、法院执行局和住房公积金中心召开专题会议进行研究，会后印发钟祥市人民政府《专题会议纪要》。到今年2月底，钟祥市财政局已2次拨款到市房产中心，市房产中心按变卖价收储5套住房公积金流拍房转保障房，既化解了逾期个贷本息155.3万元，又降低了保租房收储价格。市法院执行局累计执行20个住房公积金案件，和解结案16件，通过诉讼收回个贷逾期本息237.88万元，执结率80%。

三、要善析"主成因"

逾期清收要像包公办案，只有明察秋毫，才能精准判案。同理，只有真正弄清逾期个贷的成因，才能精准施行清收策略。2024年初，在荆门住房公积金中心调研摸底的基础上，办事处再上门、再核实、再分析，至少又经过3个回合，才全面弄清逾期成因，为有效清收打下深厚基础。其实，逾期个贷率之所以居高不下，主要是存量的历史逾期贷款占比太高，为总量的99%以上，成因也比较复杂，总结有以下4种情形：一是借款人还款能力下降。受疫情、经济环境以及个人经营不善、家庭遭遇变故等因素影响，借款人长期处于负债状态，经济上无力翻盘，也无力还款，占比21%。二是借款人存在骗贷行为。借款人提供伪造异地房产证、真实抵押物，骗取住房公积金贷款挪作他用，实际用款人无力还款时，双方推诿扯皮而致使贷款长期逾期，占比38%。三是开发商伙同个人套贷住房公积金。一方面表现为开发商串通个人，开发商先将房屋以低于市场价全款售卖给个人，再换取个人向住房公积金申请的贷款，所贷资金实际由开发商使用并还款，开发商资金链断裂后导致个人贷款逾期，占比25%；另一方面表现为开发商借用亲朋好友之名套贷住房公积金，并在还款中途擅自将抵押房屋转卖他人，使抵押物陷入"一房二卖"纠纷，占比11%。四是历史原因造成逾期贷款难清收。主要是贷款起步初期，管理混乱，借款人提供虚假证件借名贷款，实际用款人因经济诈骗，入狱后停止还贷等，形成长期逾期，难以化解，占比4%。

四、要善打"清收战"

办事处对逾期个贷分类施策，灵活运用以下4种清收战术。一是针对一般逾期户的"常规战"。对逾期1期的电话提醒、逾期2期的上门问询、逾期3期的发函催收，做到凡逾期必催收，次次有记载、人人有反馈。二是针对重点逾期户的"攻坚战"。将逾期3期及以上借款列为监管对象，重点研判，"一户一策"，进入催收、反馈、再催收、再反馈的循环机制，直到起诉至人民法院。三是针对有一定偿还能力逾期户的"阵地战"。逾期借款人华某以身患乳腺癌、夫妻离异、经济困难为由，逾期长达八年，逾期余额16.83万元。一方面我们将其起诉至人民法院，另一方面我们邀请其面对面协商，重点强调个贷逾期对其个人信用、就医及家庭的影响。2024年5月，华某在自身非常困难的情况下，一次性偿还历年逾期贷款6万元后，与办事处签订补充协议，约定每月偿还2000元，分五年还清贷款本息，目前华某正常履约。四是针对骗贷、套贷的借款户的"歼灭战"。对伪造购房资料骗贷的3人，对"一房二卖"套贷的4人，我们要求强力贷款余额清零，在应诉尽诉、应执尽执基础上，对拒不配合法院执行抵押物，且造成贷款本息损失的，书面告知将移交公安机关侦查追究刑事责任，上述7笔，共183.5万元，全部起诉、判决并申请执行，由于实际使用人均配合法院评估、拍卖资产，目前已结清2笔，余下5笔仍在执行中。

五、要善创"新机制"

在当前房地产市场下行的形势下,住房公积金抵押房产变现难的问题将长期存在,并困扰各地住房公积金管理中心,如何破解?如果按照以往依靠法院拍卖房产的老办法,显然流拍、变现难将成为常态。办事处受张掖、延边等地住房公积金管理中心创新抵押房产处置机制的启发,开展住房公积金流拍房转保障房试点,目前之所以能够取得实实在在的效果,主要得益于荆门住房公积金中心的正确领导,得益于钟祥市委、市政府的大力支持,得益于住房公积金事业与地方中心工作的深度融合这个"大背景"。荆门住房公积金中心出台并实施促进县域住房公积金高质量发展的一系列举措,充分保障办事处人员编制、干部职数、经费预算;充分保障地方住房公积金利益,将属地归集住房公积金存放当地,并按办事处住房公积金余额占全市的权重比例分配廉租住房补充资金给地方财政。2023年办事处在钟祥商业银行存放定期存款高达13亿元,经荆门住房公积金管理委员会批准,分配钟祥财政廉租住房补充资金3993万元。钟祥市委、市政府将住房公积金纳入整体工作谋划,在2024年政府工作报告中明确新增住房公积金缴存人员3000人,常务副市长亲自协调市法院、财政、保障房中心等支持办事处开展住房公积金流拍房产转保障房工作试点。办事处用心用情开展招商引资等地方中心工作。2024年积极推介钟祥城市概况、投资环境和招商政策,外出招商9次,拜访河北太行设备、杭州拓普汽车、石家庄四药集团等8家央企和上市公司,接待客商2批次。目前积极跟进意向企业4家,争取招商落地助力钟祥高质量发展。总之,住房公积金事业和钟祥经济社会发展之间形成了同频共振、良性互动的大好局面,为办事处业务创新营造了良好环境。

追缴追讨住房公积金的难点与建议

刘林　韶关市住房公积金管理中心南雄办事处

一、引言

住房公积金是一项重要的社会保障制度，旨在为职工提供住房资金支持，实现"住有所居、住有宜居"的目标。进入21世纪，住房公积金制度的普及工作进一步加速，各地政府不断推动住房公积金制度的完善和覆盖范围的扩大。近年来，职工法律意识和维权意识越来越强，职工个人投诉企业未缴纳住房公积金的情况越来越多，给住房公积金管理部门的管理和应对提出了新的压力和挑战。本文将重点梳理和分析追缴追讨住房公积金的难点问题和原因，并就此提出相应的对策建议。

二、难点及建议

（一）追缴追讨住房公积金的难点问题

1.证据难取

职工投诉的时候，需要提供相关资料和证明。而职工提供的资料往往不齐全，导致无法认定应缴数额或者与实际出入较大。如2023年，南雄办事处共接到8人投诉，而这8人中，没有1人提交的资料是完整的；2024年接到的投诉中，仅有2人提供的资料比较完整，社保参保证明显示其在企业工作6年，而劳动合同仅有其中1年，提供的工资流水却又是其他年份的。而住房公积金管理部门又没有像其他执法部门一样的较为完善的执法力量和强制手段，缺乏有效的证据收集手段和途径，导致证据难以取得。

2.跨地区管理难

随着城镇化进程的加速，较多劳动者在异地工作，住房公积金的管理和追缴涉及跨地区协调，增加了管理的难度。2024年，南雄办事处接到的其中4次网络问政，职工投诉企业未给其缴纳住房公积金，都来自同一个公司的不同员工，合同签订方为广州某劳务派遣公司，用工方为广东某公司南雄分公司，按照属地管理原则，应该携带相关资料找劳动合同签订的当地住房公积金管理中心处理，对于此类情况，投诉人往往不理解，引发二次网络问政。

3.执行难

一是新形势对执法人员和力量要求更高，追讨追缴的过程漫长而复杂，取证认定存在层层挑战，企业不配合以及投诉人不理解，容易引发投诉。二是如"潘多拉魔盒"打开后，此类投诉处理将会呈倍数激增。

（二）追缴追讨过程中难点问题的原因分析

1.认识上的偏差或侥幸

很多企业只关注《中华人民共和国劳动法》而并不关注《住房公积金管理条例》（以下简称《条例》），再加之一些媒体不准确的解释，如"五险"是法定的，"一金"不是法定的。这种解释狭义地理解了"法"的概念，会起误导作用。这就导致许多企业都出现了认识上的偏差，或者存在侥幸心理，认为即使不缴纳住房公积金也不会被查处。事实上，作为最高国家行政机关国务院发布的"国务院令"虽然不是法律条令，但也是行政法规，同样具备法律效力，有"强制性"的作用。

2.矛与盾的天然对抗

目前，住房公积金缴纳主体近一半是行政、事业、国有企业单位，这些单位通常有较为稳定的资金来源和制度保障。而对于一些私营企业或经济效益不佳的单位，往往会因为资金压力或制度不完善而选择不缴住房公积金，或者只给部分人员缴纳，或者不足额缴纳。笔者在处理投诉过程中发现，较为普遍的情况是基于认知偏差，两家企业都在招操作工，五险都有，有"一金"的薪资3800元，没有"一金"的薪资4000元，而求职者都偏向薪资4000元的。且不论企业这样是否属于"羊毛出在羊身上"的问题，有"一金"的企业往往很难招到人而不得不选择执行没有

"一金"的薪资招工。矛有了，在用工过程中的盾就可以产生了。职工表现不好，或者能力不行，或者不服从管理，职工就会以公司未缴纳住房公积金为由选择投诉。涉及利益就会有冲突，企业为应对此类情况，会采取没收员工合同、变更发放工资方式等行为，且不配合提供相应的资料和证明，甚至极端的会以拒不开门接待等方式对抗投诉处理。对于住房公积金管理部门而言，既要维护职工的权益，又要顾及企业发展情况，给逐步建缴住房公积金一个缓冲的过程，这个波及影响范围应该在一个可控度上。

3.法规执行和监管力度不够

住房公积金行政执法工作难以有效开展。首先，住房公积金管理机构没有被赋予对企业账册、资料的检查权，无法具体掌握企业用工人数、工资、效益等情况，遇到企业不配合时，处于无法取证的尴尬境地。其次，县（市）未建缴企业众多，存在着"法不责众"的问题，甚至存在因执法问题去政府提意见的现象。再次，行政执法涉及"投资软环境"等诸多复杂的问题，开展有一定难度。因为《条例》细则不健全，住房公积金在归集管理方面，缺乏约束机制，没有规定明确的强制措施。尽管《条例》明确规定了单位应当为员工办理住房公积金缴存登记并设立账户，但在实际执行过程中，可能存在监管力度不够或执法不严或执法力量不足的情况，这使得一些企业能够逃避缴纳住房公积金的责任。然而，单位不给员工缴住房公积金是违法行为，根据《条例》第三十七条的规定，"单位不办理住房公积金缴存登记或者不为本单位职工办理住房公积金账户设立手续的，由住房公积金管理中心责令限期办理；逾期不办理的，处1万元以上5万元以下的罚款"。第三十八条规定，"单位逾期不缴或少缴住房公积金的，由住房公积金管理中心责令限期缴存，逾期仍不缴存的，可以申请人民法院强制执行"。但实际情况是，强制措施的手段非常有限，导致执法漫长，需要耗费大量的时间和人力，很难到位。

（三）解决追缴追讨难点问题的对策建议

1.加强法律法规宣传

加大住房公积金相关法律法规的宣传力度，提高企业和个人的法律意识，使其认识到按时足额缴纳住房公积金的重要性。平稳推进强制缴纳住房公积金的进程，在平衡企业与职工利益关系和保就业与保福利之间找到平衡点，把握好度。

2.完善证据收集机制

建立健全的证据收集机制，为追缴追讨提供有力支持。例如，强化与社保部门之间的信息数据联通和共享，建立完善的住房公积金缴纳电子化管理系统，实时监控单位和个人的缴纳情况。

3.强化执行力量和力度

住管部门应加大对拒缴住房公积金行为的处罚力度,提高企业和个人违法成本。同时,加强与相关部门的协作,确保判决能够得到有效执行。有效执行能树立权威,具有很强的震慑作用,为调解职工投诉、达成企业和解提供谈判筹码,以节省追缴过程的时间和人力物力。

4.加大监管力度

加强对企业缴存住房公积金情况的监督和检查,确保单位按时足额缴存住房公积金。对于未按时缴存住房公积金的单位,可通报公示相关信息,以督促单位增强缴存意识。

5.充分发挥外聘律师追缴力量

聘用外包律师团队,逐步探索建立和形成由第三方外聘律师或者其他专业团队深入介入追缴追讨工作的机制。目前的律师服务仅发挥出发律师函的作用,诸多事务没有介入,专业律师团队服务力量没有得到充分发挥。

6.强化法律手段

对于拒不缴存住房公积金的单位,可以通过法律手段进行追缴和处罚。例如,可以向法院申请强制执行,要求单位履行缴存义务,同时,可以将单位的失信行为纳入信用记录,对其进行信用惩戒。

追缴追讨住房公积金是一项重要工作,关系到劳动者的切身利益。通过加强法律法规宣传、完善证据收集机制、强化执行力度、发挥社会监督作用等措施,可以有效解决追缴追讨过程中的难点问题,保障劳动者的合法权益,推动住房公积金制度的完善和高质量发展。

加强信用体系建设
打造高水平信用住房公积金

杨栋　酒泉市住房公积金管理中心阿克塞县分中心

为进一步加快信用体系建设，倡导职工诚实守信，防范贷款资金安全风险，营造互信互利的社会氛围，提高全民族的道德水平，推动社会主义精神文明建设和和谐社会建设，促进社会的文明进步，酒泉市住房公积金管理中心阿克塞县分中心（以下简称"阿克塞县分中心"）完善失信惩戒制度、建立提示性和警示性工作机制，多措并举，促进住房公积金信用体系的建设。

一、逾期攻坚时刻在行动

一是思想高度重视，行动迅速坚决。积极教育引导干部职工清醒认识防范化解逾期贷款工作面临的严峻形势和开展攻坚行动的重要性、必要性，不断增强风险意识和责任意识，做到思想上高度重视，行动上强力推进。按照削减存量、控制增量的工作思路，把降低个贷逾期率的工作任务抓在手上、放在心上、扛在肩上，严格落实《住房公积金个人住房贷款业务规范》《酒泉市贷款管理办法》《逾期贷款管理暂行规定》以及《逾期贷款考核细则》等制度办法，实行责任到人的签字背书管理制度。二是目标明确，重点突出。对个人住房贷款逾期情况开展摸底核实，落实"一笔一策"，建立贷款逾期催收进度台账，特别是将贷款逾期现状、贷款逾期产生及个贷逾期率上升的原因核查清楚、准确分析，并从贷款政策执行、贷款审核把关、贷后管理跟进、贷款逾期催收等方面深入排查，发现问题及时纠正。根据贷款逾期的期限、担保方式、发放金额、首付比例和借款人缴存账户状态、住房公积金缴存基数、职业、在岗状态等建立贷款逾期工作台账，强化贷款逾期管理，做到情况明、底子清。三是管理跟进，措施得力。对贷款存在和潜在的风险进行了认真细致的排查，梳理划分为偿还能力不足、抵押物贬值、法院执行困难、诉讼案件败诉和不可抗力引发5种风险类别，按照正常、关注、次级、可疑和损失5个级别实行分类管理。严格执行"关注1期，严防2期，狠抓3期及以上"的催收策略，因人施策、多措并举、分类把脉、精准施策。对1至2期的，坚持"露头就催"；3期以上的，列为重点监管对象，逐笔分析成因，有针对性地制定清收方案，并严格实行台账式、销号制管理和挂牌督办。四是日程重视，渠道多元。坚持把贷款管理和逾期贷款风险防控工作放在重要工作日程，实行贷款责任终身制，坚持"谁受理谁负责"的原则，出现损失类贷款的，对该笔贷款的受理、审核、审批、发放以及贷后管理等各环节的工作进行再稽核、再检查，发现工作人员存在玩忽职守、徇私舞弊、滥用职权、审核把关不严、手续不齐全、资料不完整等情况，依法依规追究相关责任人的责任。截至目前，阿克塞县分中心贷款逾期率为0。

二、自我风险时刻在防范

为严格守好发展和安全两条底线，防范化解业务操作风险，确保住房公积金安全平稳运行，阿克塞县分中心从规范办理业务和风险识别入手，持续减少业务错办率，准确甄别骗提骗贷事件，全力以赴守好缴存职工"住有所居"钱袋子。一是"常态化"学习，增强业务技能。每周组织一次集中学习，学习内容包括住房公积金业务实施细则及补充通知、市中心工作预警排查及防范措施的工作提示、骗提骗贷的典型案例通报等，通过集中学习、重点研讨、工作交流等形式，不断提高干部职工业务综合素质和风险防范意识，持续提升识别骗提骗贷等风险的敏锐性，以常态化的政治理论和业务知识学习，夯实业务高质量发展基石。二是"标准化"要求，增强管理规范。严格按照标准化、规范化服务要求，对柜面业务实行全过程闭环管理。业务办理前，对资料不齐的做到耐心细致讲解，对资料齐全的做到准确核查；业务办理中，严格执行中心审批制度，初审人员做到录入准确，复审人员做到一一审核；业务办结后，首席代表对当日办结业务进行复查，对错办业务及时纠错、整改。严禁工作人员出现以权谋私、混用工作账号等违规情况，一经发现违规操作，一律进行严肃处理。三是"多元化"运用，增强防控实效。广泛深入宣传住房公积金政策制度，以骗提骗贷住房公积金典型案例进行警示教育，大力开展清除住房公积金"野广告"行动，营造风清气正的政治生态。充分运用业务系统政务查询功能、甘肃省不动产登记服务平台等系统辅助办理业务，强化与住建局、市场监管局、税务局等单位的沟通协作，全面提高材料甄别的全面性、准确性，确保住房公积金安全有序运行。截至目前，阿克塞县分中心未发现住房公积金骗提骗贷行为。

三、自我加强意识永不放松

下一步，阿克塞县分中心将继续宣传信用建设，同时加大逾期催收力度，落实完善各项制度建设，让守信者行遍天下，让失信者寸步难行，确保贷款资金安全。把信用体系建设作为全力防范住房公积金管理运行风险的重要抓手，全面开展住房公积金管理风险隐患排查整治工作。全面排查住房公积金缴存、提取、贷款、机构运行和管理等方面存在的问题，建立排查工作台账，明确分工责任，制定整改措施，加以整改，切实将管理风险隐患排查工作落实到位，进一步防范住房公积金管理运行风险，打造高水平信用住房公积金。

如何看待住房公积金增值收益率

罗胜基 吉安市住房公积金中心

一年一度的住房公积金年度报告（以下简称"年报"）又陆续在各地发布了，从已发布的年报看，各住房公积金管理中心去年在房地产下行压力大、各金融机构贷款利率持续逼近竞争下，仍然向社会交出了满意的答卷，继续保持了稳定的增值收益。

每年完整的年报中有关增值收益情况都会向社会公布，每年的增值收益率也经常被一些不明就里的人质疑太低，就如同"归集余额"总被业外人理解等同于"沉淀资金"一样。

一、住房公积金收益到底是什么水平

要让外界了解住房公积金收益多少的问题，其实也有点复杂。我们先来看看各大金融机构的收益率。2024年四大行年报的资产收益率（净利润÷总资产×100%）是：工商银行0.82%、建设银行0.88%、农业银行0.71%、中国银行0.75%；净利润率（净利润÷营业收入×100%）是：工商银行44.5%、建设银行44.7%、农业银行39.7%、中国银行37.7%。各大金融机构还有净资产收益率，这与住房公积金行业没有可比性，暂不比较。

那住房公积金行业相关数据是多少呢？全国住房公积金年报一般要到6月公布，根据2023年年报数据显示，住房公积金增值收益率为1.49%，增值收益率是增值收益额与月均缴存余额（月均总资产）的比值。如果按照金融机构换算资产收益率为1.32%[（全年增值收益1440.6亿元－实际支出管理费用115.67亿元）/年末归集余额100589.80亿元）]，广东省刚公布的2024年度全省增值收益率为1.56%，经计算其资产收益率为1.42%，都快接近各金融机构的2倍了，令人震惊。经计算全国住房公积金2023年的净利润率是43.73%，也高于四大金融机构平均值，广东省2024年是45.85%，高于四大金融机构数值。

当然，住房公积金两项比值优于四大金融机构，与住房公积金行业工作人员少、管理费用成本低同时免税有一定关系。那与养老基金、年金简单比较会如何呢？

养老保障体系主要分为基本养老保险（第一支柱），企业年金、职业年金（第二支柱），个人养老金（第三支柱）。其中基本养老保险由两个机构分别管理，一个是各地方人社局下属的社保局，其资金由税务代收进专户后由当地社保局作使用计划，地方财政部门根据计划具体操作存定期、买国债或委托投资等；另一个是全国社保基金理事会，全国社会养老基金（战略储备基金）是由国家财政部划拨的资金和各地方社保统筹部分的资金组成的，该资金和年金管理一样均委托专业机构投资增值，外界经常报道的社保基金投资收益率就是该机构的，地方自行管理的社保资金收益情况没有公布过。从网络公开信息查到，国家社保基金长期投资年均收益率为7.36%，企业年金2007年以来投资收益率为6.26%，收益还是不低的，外界也经常拿该收益率与住房公积金增值收益率进行比较，这与各地方社保直接管理运作的社保资金收益率完全不是一回事，国家社保基金与不能投资的住房公积金也没有可比性，但与各地方管理的社保基金是有可比性的。根据《全国社会保险基金理事会基本养老保险基金受托运营2023年度报告》显示：地方养老基金2023年投资收益率为2.42%，这是地方社保统筹资金当年委托投资的收益率，其自行管理的社保资金与住房公积金沉淀资金一样只能存定期、买国债，而住房公积金还可以发放低息住房贷款，即便是低息贷款也远比2023年的定期存款利率高不少，所以如果同口径比较，2023年住房公积金的收益率应是2.99%（支付职工利息1.5%＋增值收益率1.49%），即便在不允许对外投资的情况下，大部分年份住房公积金运作收益大概率远高于地方社保资金收益率，社保、医保、年金和住房公积金管理机构中，也只有住房公积金行业每年是承担职能后还"真金白银"大量上交地方财政的。住房公积金一直是实账计入个人账户，增值收益结余上缴财政用于保障房建设，每年住建部和各住房公积金管理中心公布的年报都翔实列明收入、支出、收益分配等数据，地方社保收益数据中还没有相关数据公开，所以只能用推测数据简单比较。

二、完善住房公积金增值收益信息

住房公积金行业每年向社会公布年报的主要目的是宣传普及住房公积金制度、全面展示住房公积金制度运行成效。各地发布的年报受到普通百姓和专家学者的高度关注，尤其是对沉淀资金、归集余额等数据的关注度更高，也容易产生误读。增值收益率高低也一直被社会有关人士过度解读，甚至歪解，这或许是由于数据公布方式和财务信息分析展示方式过于专业，且没有建立类比性信息。那么各地年报公布增值收益详细内容时能否再进一步完善呢？

比如在财务数据有关增值收益项中扩增公布为：某年，住房公积金增值收益多少亿元，比上年增长百分之多少；支付职工利息1.5%后增值收益（净息差）率百分之多少，资产收益率百分之多少，净利润率百分之多少。

通过以上信息扩增，一是能够让外界特别是财政、金融、证券等行业专业人士了解住房公积金的收益水平，参照行业数据就有可比性，否则社会对住房公积金"增值收益"这个专用名称概念不清，会类似"归集余额"被外界误读为"沉淀资金"一样，产生不必要的负面信息传播。二是明确向社会传递，住房公积金增值收益率是在支付职工账户存款利息后的净息差，不能再拿增值收益率与国家社保、年金投资收益率进行不公平比较。三是借鉴金融机构年报的"资产收益率、净利润率"多少，进一步扩充数据让社会有明确参照样本可比。住房公积金行业虽然不是金融机构，但日常业务与准金融机构有一定的可比性，年报借用金融、财务语言说业务成效是正常的表述。

灵活就业人员参加住房公积金制度的实践与思考（缴存篇）

余卫军　毛胜跃　衢州市住房公积金中心

自2014年起，衢州市开展个体工商户、自由职业者自愿缴存住房公积金制度，虽然积累了5000多户灵活就业缴存户，但一直处于不温不火状态。2022年9月1日起，开展灵活就业人员参加住房公积金制度（以下简称"灵缴"）省级试点之后，通过科学顶层设计、广泛扎实宣传、深化政银合作，灵缴人数有了较快增长，至2024年11月末，全市灵缴账户数46994户，实缴人数31910名（比试点前增长近6倍），占全部实缴人数的比重为10.94%。实施两年来，与兄弟省市住房公积金管理中心、全国第一第二批灵缴试点城市的同行多次深入探讨如何理解、设计、操作灵缴工作，窃以为除了符合住房公积金管理发展自身规律以外，还应该遵循金融规律、经济发展规律，学会换位思考，用更科学、更简洁、更高效的思维来指导开展灵缴改革创新工作，从而达到事半功倍的效果。下面，就灵缴的一些实践心得与业界同仁探讨分享。

一、关于参加住房公积金制度的灵活就业人员如何定义

目前，业内已对灵活就业人员的定义比较统一，一致认为，灵活就业人员指：已满16周岁且未满法定退休年龄，具有完全民事行为能力的个体经营者、非全日制工作人员、新就业形态人员等，包括自由职业者、个体工商户、与网络经济新业态有关的从业人员。这里存在一个问题，灵缴制度若只是针对这些对象，是否有点狭隘。

根据《中共中央关于进一步全面深化改革、推进中国式现代化的决定》提出的目标："聚焦提高人民生活品质，完善收入分配和就业制度，健全社会保障体系，增强基本公共服务均衡性和可及性，推动人的全面发展、全体人民共同富裕取得更为明显的实质性进展"，结合建立灵缴制度的初衷，为充分体现均衡性、可及性和共同富裕，参加住房公积金制度的人是越多越好，或者说住房公积金制度的"光辉"最好能够普照到所有的劳动就业者，让劳动就业者享受不到单位职工的强制缴存制度，那就参加灵活就业人员的自愿缴存制度。根据现行《住房公积金管理条例》规定，若一个非公企业职工，单位没有为他建缴住房公积金，他又不能自愿参加住房公积金制度，那么，他就"两头落空"地被住房公积金制度排除在外了，这就不公平了。由此可见，住房公积金制度的"大门"应向所有劳动就业者敞开。截至2023年底，衢州市常住人口229万人，其中劳动年龄人口约110万人，已开设住房公积金账户的近39万人，意味着有71万人没有开户缴存且可以来建缴住房公积金，说明灵缴扩面的空间很大，这些人就是我们要争取的对象。

我们灵缴的宣传口号应是："目前没有缴存住房公积金的劳动者，可以以灵活就业人员身份自愿缴存住房公积金。"特别要注意一点，灵缴制度不宜到企业开展宣传，因为这与《住房公积金管理条例》第十三条"单位应当向住房公积金管理中心办理住房公积金缴存登记，并为本单位职工办理住房公积金账户设立手续"的要求相冲突。如果职工来问："目前单位没有为我缴存住房公积金，我可不可以自己缴存住房公积金？"作为住房公积金管理中心，当然欢迎职工来建缴住房公积金，因为这意味着该职工认可且愿意参加住房公积金制度，我们有什么理由将其拒之门外呢。但需告诉该职工："您先以灵活就业人员身份自愿缴存住房公积金，等单位建缴之后，再办理变更手续，将身份转为单位缴存职工。"同理，该职工若离职后，一时没有找到新单位或者新单位没有建立住房公积金制度的，可以以灵活就业人员身份继续缴存住房公积金，这样可以连续缴存住房公积金，以符合使用住房公积金的条件。从住房公积金账户管理角度来看，实施灵缴制度有利于缴存人完善缴存身份转换，有助于减少封存账户，提高正常账户实缴率。

总之，可以把灵缴制度看作是对单位职工强缴制度的一种有益补充。通过全面推开灵活就业人员参加住房公积金制度，努力提高灵缴人员占全部实缴数的比重，形成单位强制缴存与灵活自愿缴存并驱而行的"双轨制"良好局面，所有劳动就业者都能参加住房公积金制度并享受到改革红利。因此，目前没有缴存住房公积金的单位职工，应该允许其以灵缴人员身份自愿缴存住房公积金。

二、关于灵活就业人员的缴存方式

按月缴存即可,没有必要搞什么缴存方式多元化。改革创新,并不是什么都必须改,而是能够与现有实际相结合、花尽可能小的改革成本达到改革目标,才是最佳路径。

有一种观点认为"灵活就业人员收入不稳定,所以要适合灵活就业人员,推出缴存套餐、实施不定期的多元化的灵活缴存举措"。其实这些灵活就业人员早就开始按月缴社保费(医保费),已经习惯了按月定额将钱打入社保卡(医保卡)。那么,就在灵活就业人员的社保卡(医保卡)的基础上,再叠加住房公积金功能;在缴社保费(医保费)的基础上,量力而行地再增加一些钱,用于缴存公积金。老百姓更容易接受一些。为此,建议灵缴人员办理开户时,最好用归集银行的社保卡,让他们简单轻松地记住"每月应在几号前,往社保卡存多少钱,这些钱里包括了养老保险费、医疗保险费和住房公积金"。

目前,住房公积金管理系统只认可按月缴存模式,若缴存模式多元化,势必要增加公积金中心年度预算经费改造升级现有住房公积金管理系统,也给缴存统计带来分类不清楚的麻烦。如果是重新开发一整套灵缴管理系统,费用更是庞大,这与当下财政要过紧日子的大趋势是不相吻合的;即使将新建灵缴管理系统作为数字化改造提升项目上报,获得发改、数据、财政等部门批准的可能性也不大,或者申请的经费会大打折扣,影响灵活就业人员的建缴扩面进程推进。

另外,执行按月缴存,通过制度设计还可实现缴存、贷款、还款"一卡通",有效解决"贷后停缴"的矛盾。

三、关于灵活就业人员的缴存补贴

灵活就业人员素质参差不齐,涉及行业广,经济来源少,收入不稳定,风险难识别,相对单位职工来说,是一些"散户",是相对弱势的群体,也是住房公积金政策需要关注、关心的对象。关于缴存补贴要从4个层面来看。

(一)是否应该给予灵缴人员补贴

众所周知,一家企业在招工时,若招工简章上说明薪资待遇为"五险一金"的,比只含"五险"的吸引力大得多,为何?因为多了一项住房公积金,这是单位给予职工的福利。比如,职工个人每月缴1000元住房公积金,单位给予1000元住房公积金配套,这不是相当于单位给予100%的补贴(福利)吗?所以能为职工缴纳住房公积金的企业,一般来说都是效益较好企业,也成为人才投寄简历的首选企业。而灵活就业人员大多数都是没有单位的劳动就业者或者单位没有缴存住房公积金的弱势群体，给予这部分群体微薄的补贴（比如1%），有何不可？这不会严重影响单位职工和灵活就业人员的之间的公平性，反而会增加灵缴人员的获得感和幸福感，充分体现了党中央、国务院提倡的"扩中提低"、实现共同富裕的题中之义。所以，"有补贴"肯定比"没有补贴"合理，更能吸引鼓励灵活就业人员参加住房公积金制度。

从数据分析得知，目前衢州灵缴人员实缴数是32801人，已办理住房公积金贷款的3155人，剩下29646人（占比为90.38%）没有贷款需求。为什么这么多人还要来缴住房公积金呢？正是因为缴存补贴这个制度吸引人，让灵缴人员感觉将钱储存到住房公积金账户里比较实惠，比存到商业银行里回报要高一点。这也很好地解释了一个问题，灵活就业人员为什么要来参加住房公积金制度？如果仅仅是为了贷款而缴，那么根本不需要那么多人来参加住房公积金制度，也不需要先开展灵活就业人员参加住房公积金制度全国试点、继而在全国全面铺开了。因此，我们要改变一个思路，让灵活就业人员不仅仅是为了贷款来缴住房公积金，而更多是为了储蓄来缴住房公积金。这样住房公积金制度覆盖面才会越来越广，资金规模才会越来越大，住房公积金才能发挥更大的保障作用，住房公积金制度才更有生命力和活力。

（二）补贴标准为多少较合适

目前，住房公积金贷款限期大多数集中在五年以上，按年化利率2.85%计；同时住房公积金管理中心要按1.5%的年化存款利率支付利息给缴存人；因此，补贴幅度应控制在两者差值以内，即低于1.35%较合适。目前衢州是按缴存余额的1%给予灵缴人员补贴，属于较高水平，灵缴人员可获得1.5%+1%=2.5%的缴存收益回报，比商业银行定期一年存款利率都高，具有一定的理财效能，对于精打细算过小日子的普通劳动者还是有较大吸引力的。

2023、2024年，衢州市分别为2.8万人、3.1万人，发放了灵活就业人员缴存补贴86.58万元、216.91万元，这与每年增值收益2亿多元相比，占比很低，不会影响住房公积金整体效益。补贴的发放参照存款利息的支付渠道，每年从业务开支中兑付。

（三）有哪些补贴类型

对于灵缴人员的补贴，各地做法不一，有开户补贴的，在开户建缴住房公积金时就给予一定金额的一次性补贴；有缴存满一定限期给予补贴的，但要到销户时才能享受；还有发生住房公积金贷款的，给予贷款利息一定比例的贴息。仁者见仁，智者见智。这主要看，补贴是为了鼓励缴存，还是鼓励使用；还要看补贴是否会造成缴存人之间不公平，会否引发舆情；还要看，兑现补贴时，住房公积金管理系统能否实现线上操作。

(四) 怎样操作才能补贴到位

补贴是好事，但在操作补贴时，不能给住房公积金中心办事人员带来太大的工作负担，也不能给住房公积金管理系统增加较大的改造升级成本。衢州的做法是，每年在6月末住房公积金缴存余额结息时，对补贴一并结算。享受补贴必须满足两个条件：一是"当年度没有转换过缴存身份"，即没有从单位缴存职工转换为灵缴人员，或没有从灵缴人员转换为单位缴存职工，因为住房公积金管理系统很难将转变身份的灵缴人员的单位缴存部分、个人缴存部分剥离开，再算清补贴金额；二是"当年度连续按月缴存的（若是当年度新开户建缴，开户后连续按月缴存的）"，这是为了鼓励灵缴人员遵守《灵活就业人员参加住房公积金制度缴存使用协议》，养成定时定额缴存住房公积金的良好习惯。

衢州的灵缴补贴制度主要是为了鼓励缴存，所以在设计补贴时，只与缴存余额有关，与提取、贷款等行为无关。退一步设想，若灵缴人员发生提取、贷款行为后，必然账户余额所剩不多，相对应的，只会发生一点点微薄的补贴，不必对此斤斤计较。

四、关于灵活就业人员住房公积金账户的开户办理

主要考虑4个方面的要素：

一是年龄。目前未缴纳住房公积金、符合法定就业年龄(16周岁至退休年龄)的劳动就业人员。

二是证件。带身份证、归集银行借记卡（最好是与社保卡一致），不需社保、户籍、信用、居住地等证明。

三是办理渠道。通过当地政务服务中心公积金窗口，或者到受托银行网点通过政务服务平台手机APP自助办理(比如"浙里办")等渠道开立账户，填写《灵活就业人员参加住房公积金制度缴存使用协议》、银行托收协议书。

四是月缴存额。灵缴人员的月缴存额标准与单位缴存职工保持一致，在每年公布的缴存基数×缴存比例的上下限之间，自主决定。每一年度可调整一次月缴存额。如果出现当前月缴存额和公积金中心公布的月缴存额上下限不相符合、或者办理住房公积金贷款后月缴存额与月还款额不相符合，需及时到政务服务中心公积金窗口线下办理调整月缴存额。

从以人为核心的角度出发，办理住房公积金开户越简单、越方便越好。当下，灵活就业人员不用跑很远的路，通过公积金中心或商业银行工作人员手把手教学，就可以用政务服务平台手机APP自助办理住房公积金开户建缴业务。

第十部分

保定专题

党建扬帆　支部向前

保定市住房公积金管理中心

一、第一党支部：以党建为帆　启奋进公积金之航

保定市住房公积金管理中心（以下简称"中心"）第一党支部围绕"奋进公积金"党建品牌创建，深入践行"党建+品牌"理念，充分发挥支部战斗堡垒作用和党员先锋模范作用，为住房公积金事业高质量发展提供了坚强有力的政治保障。

（一）强化思想引领，筑牢信仰根基

一方面，持续深化政治理论学习。支部精心组织党员依托"三会一课"、主题党日、专题研讨等多样形式，深入学习习近平新时代中国特色社会主义思想、党的二十大精神，以及习近平总书记关于住房工作的重要指示批示精神和党章党规党纪。另一方面，将"奋进公积金"党建品牌内涵有机融入日常学习。围绕如何在工作中践行品牌理念展开热烈讨论，促使党员深刻领悟品牌承载的责任与担当，让党建品牌理念真正扎根心底，成为行动的指南。

（二）夯实党建基础，提升工作质效

严格规范党内组织生活。顺利完成支部换届选举，明确支委职责分工，确保工作有序开展。严格执行"三会一课"、组织生活会、民主评议党员等制度，使党组织生活常态化、规范化。不断加强党员队伍管理，密切关注党员的思想动态、工作生活状况，及时为党员排忧解难。

(三)党建与业务融合,服务中心大局

支部所属各部门围绕"奋进公积金"党建品牌创建,协同发力、担当作为。机关党委以党建品牌创建为核心,精心制定详尽的品牌创建方案与工作计划,通过广泛开展党建品牌宣传活动,有效提升全体职工对品牌的认知度与参与度;同时,组织党员干部深入探寻住房公积金业务与党建工作的融合点,推动二者同谋划、同部署、同推进、同考核。机关纪委充分发挥监督执纪职能,对品牌创建全程监督,强化党员干部纪律教育,严肃查处违规违纪行为,通过开展廉政风险排查,为品牌建设营造风清气正的环境。办公室立足本职,全力为党建品牌建设提供后勤保障与综合协调服务,在办公用品采购、会议组织、活动策划等方面精心筹备,确保各项工作顺利开展,加强科室间沟通协调,及时解决品牌创建中的问题。人事科围绕品牌建设加强干部队伍建设,制定科学的人才培养计划,通过业务培训、岗位练兵、交流轮岗等活动,提升党员干部业务能力与综合素质,注重在品牌创建中发掘和培养优秀人才。网络信息科发挥技术优势,持续优化住房公积金业务系统,引入大数据、人工智能等新技术,实现业务线上办理、智能审批,提高业务办理效率与服务质量,同时强化业务数据安全管理,为品牌建设提供坚实技术支撑。通过党建与业务的深度融合,"奋进公积金"党建品牌建设成果斐然。住房公积金业务办理更加便捷高效,服务质量大幅提升,群众满意度显著提高,住房公积金社会形象进一步提升。

此外,积极组织党员开展志愿服务活动,全年开展"学雷锋·献爱心"无偿志愿献血、"帮扶寒门学子"、"孝老敬老帮扶走访慰问"、"圆梦微心愿"等多项活动,充分展现党员良好形象。2024年,党支部书记在"党建领航促发展、踔厉奋发新征程"市直机关党支部书记擂台赛中荣获优秀奖。

二、第二党支部:坚持"四个注重" 创建过硬"四强"党支部

第二党支部紧紧围绕"四强"党支部创建目标,以"围绕中心、强化业务、提升素质、服务基层"为支部特色,不断加强党支部建设。2023年度被市直机关工委评为"五好红旗党支部",2024年度被市直工委评为"四强党支部",连续三年支部书记述职评议考核结果为"好"等次。

(一)提高政治站位,注重理论学习,做到"政治功能强"

第二党支部始终坚持以政治建设为统领,不断增强政治机关意识。一是深化理论武装。始终把学习习近平新时代中国特色社会主义思想作为首要政治任务,综合运用党支部"三会一课"、专题党课(讲座)等形式,多形式开展学习,健全"支部班子示范学、支部党员全体学、集中轮

训重点学"的联动学习模式，推动理论学习走深走实。二是严肃党内政治生活。中心领导班子成员以普通党员身份参加支部组织生活，带头谈体会、讲党课。严格落实谈心谈话制度，以严肃支部组织生活为载体，打造锤炼党性"大熔炉"。三是强化政治引领。扎实开展党的二十届三中全会精神和党规党纪学习教育，进一步严明政治纪律和政治规矩，引导党员干部始终保持高度的政治敏锐性，增强"四个意识"、坚定"四个自信"、做到"两个维护"。

(二) 注重班子建设，提高履职能力，做到"支部班子强"

坚持把建设团结务实的支委会作为开展各项工作的前提，支委团结一心、互相补台，带头加强自身建设，持续增强政治担当和履职本领。一是选优配强支部班子。在中心党组统筹指导下，按照"工作业务相近、人员规模相当"的原则调整优化支部覆盖科室范围，以"围绕中心、强化业务、提升素质、服务基层"为支部特色，增强凝聚力、战斗力。二是加强班子自身建设。支委分工明确、互相协助，形成强有力的工作合力，营造和谐工作氛围。坚持把理论学习作为每次支委会的"必修课"，充分发挥支部书记"头雁"作用，定期开展党务干部培训，提振干事创业"精气神"，锤炼担当作为"真本领"，推动支委练就勇扛重任的"铁肩膀"。三是带头履职尽责。坚决扛起支部党建主体责任，做好组织生活记录和报告，持续推进支部标准化规范化建设。

(三) 注重严管厚爱，带出过硬队伍，做到"党员队伍强"

坚持把政治标准放在首位，重视党员队伍建设，将严管与厚爱有机结合，锻造一支政治过硬、勇于担当、实绩突出的党员队伍。一是创新党员学习教育形式，实行"课代表领学"制，每月由一名党员担任"课代表"，提前"备课"、先学一步，负责支部集体学习领学和协助开展每月主题党日活动，党员主体地位得到体现。二是深化"党建+联建"工作模式，找准党建共建结合点，运用上下联动、工作共建、成果共享等方式开展与合作银行、缴存单位、房地产开发企业等多方面的联建活动8次，党员干部队伍素质、工作水平明显提升。三是开展形式多样的党建活动。通过组织党员开展"学雷锋·献爱心""党员志愿行，圆梦当先锋"等12次主题党日活动，引导党员立足本职服务群众，塑造支部党员队伍良好形象。

(四) 注重工作质效，展现业务优势，做到"作用发挥强"

突出效果导向，发挥党建引领作用，用服务大局的实绩检验"四强"党支部创建成效，引导党员展作为建新功。一是支部党员带头学习贯彻党的二十大、党的二十届三中全会精神中关于加快构建房地产发展新模式的部署要求，积极研究落实国家和省市关于促进房地产市场止跌回稳相关要求，对住房公积金使用政策进行了系统的优化调整，不断健全保障和改善民生制度体系，满足老百姓刚性和改善性住房需求。二是加强资金的规范管理、合理统筹、高效运作，确保了住房公积金资金安全完整、保值增值。三是进一步增强支部全体党员干部廉洁修身的思想自觉，持续推动党风廉政建设实起来、强起来。以严格审批程序、加强内部审计、开展专项检查为抓手，确保住房公积金资金的安全运行。积极与相关部门配合，打击骗提骗贷等涉住房公积金违法违规行为，维护住房公积金制度的严肃性和权威性。

三、第三党支部：强思想引擎 破服务壁垒 创惠民标杆 以"三带头"创新实践引领高质量发展

第三党支部通过打造"带头学习提高，带头宣传引领，带头优质服务"的"三带头"支部党建特色，引领住房公积金事业高质量发展，交出了一份服务提质、民生暖心的优异答卷，切实发挥了住房公积金制度保障群众安居乐业重要作用，生动诠释了党建品牌"奋进、惠民、乐居"的核心价值。

（一）头雁领航，带头学习提高，建强支部理论武装

面对住房公积金政策迭代和群众需求升级，支部以"理论学深一寸、本领练强一分"为目标，构建"三学联动"机制。支委班子化身"领航员"，每月组织政策研讨会剖析新政要点。党小组变身"攻关队"，围绕"商转公""公积金直付首付款""灵活就业缴存"等业务开展"金点子"研讨。党员争当"政策通"，依托"学习强国""微信工作交流群"线上平台打卡学习，形成"读政策、研案例、写心得"的全学习链条。三年来，累计开展专题学习研讨70余场次，党员骨干下沉企业调研100余场次，落实住房公积金新政9项。

（二）先锋开路，带头宣传引领，助推政策精准落地

支部所在部门成立党员宣传队，化身"政策播种机"，在企业园区开设"政策微课堂"，现场演示业务流程。在社区搭建"咨询圆桌会"，手把手教退休职工线上提取。依托融媒体推送"县市动态"等行业信息，视频点赞量突破万次。与银行、房企共建"安居朋友圈"，开展"政策进万家"活动800余场，发放定制版惠民手册4.6万余份，让政策红利如春风化雨，精准服务至缴存单位和职工身边。

（三）服务暖心，带头优质服务，擦亮党建品牌底色

工作中，我们聚焦群众办事堵点难点，党员骨干带头打响服务升级战。一是流程再造"攻坚战"。将业务审批"马拉松"变为"冲刺跑"，推广"容缺受理+承诺制"解决群众"来回跑"

难题。大数据技术的应用，实现了部分业务的智能化审核，缩短了审批周期，让服务不再受时间、空间的限制，让群众办理业务真正"触手可及"。二是数字赋能"阵地战"。依托功能齐全的官方网站、手机APP及微信公众号平台，从信息查询到业务办理，从政策解读到在线咨询，一应俱全，高效便捷，缴存、提取、贷款等38项业务实现了7×24小时线上办理，21项业务实现了"零跑腿""全程网办"，提升群众满意度、获得感。三是暖心服务持久战。持续打造"党员先锋岗""青年先锋号"，开展"今天我当班"轮岗体验，完善"服务好差评"机制，助推服务质效再提升。支部所属高开区管理部荣获2023年度住建部"惠民公积金、服务暖人心"服务提升三年行动表现突出集体、全国住房公积金系统星级服务岗；莲池区管理部荣获2022年度保定市青春友好窗口；竞秀区管理部在全市宣传党的二十大知识竞赛中获得佳绩；市民中心网点获赠多个驻厅单位锦旗，以上4个部门2022—2024年连续三年被评为年度工作优秀部门。作为主城区分支机构，归集总量全市占比51.2%，提取总量全市占比55.3%，贷款总量全市占比56.9%，发挥了中坚力量，取得了亮眼的成绩单。

四、第四党支部：以"服务一流、关爱至上"理念　推动党建高质量发展

第四党支部充分利用"三会一课"、主题党日、志愿服务等活动载体把党建品牌创建活动抓出成效，积极推进党建与业务相融合，全力打造特色党建品牌，奋力开创住房公积金工作新局面。

（一）加强理论学习，提高政治素养

党支部始终将理论学习与思想教育置于工作首位，研读习近平新时代中国特色社会主义思想、党的二十大、党的二十届三中全会精神和省、市领导重要讲话精神，积极撰写心得体会。支部成员分散在6个不同县（市）区，在保证对群众高质量服务的同时坚持党的组织生活不放松，支部精心选择党课内容，定期召开党支部大会、支委会、党员活动日等集中学习，每位党员坚持日常自学，线上线下学习并重，不断加强党员思想建设，推进支部工作高质量开展。

（二）加强品牌建设，挖掘支部潜力

第四党支部所属安国市管理部、望都县管理部分别推出"五必进""五个必学"基层党建工作法，做到在政策理论上先学一步、在党建实践上先干一步、在工作落实上先行一步。同时对标党建任务清单，规范开展"三会一课"，建立支部自查清单，认真组织召开民主生活会，开展批评与自我批评，通过检视问题、谈心谈话等各项工作，剖析思想根源，明确努力方向，以品牌阵

地建设促进基层党建工作，极大地转变了支部党员的工作作风，提升了党支部凝聚力、战斗力。

（三）加强联创联建，提升党建格局

为全面贯彻中心"奋进公积金"党建品牌创建活动，第四、第五党支部结成联创联建单位，相互交流、共同发展。近年来，两支部多次开展联建活动，支委成员之间相互交流学习《支部手册》的填写心得；组织全体党员参观涞源黄土岭战役遗址纪念馆、白求恩柯棣华纪念馆等红色教育基地。通过相互学习，相互借鉴，充分利用各自的党建优势资源，交流了党建工作经验，共同研究解决党建工作中存在的困难和问题，开创党建互联、互助、互动的基层党建工作新格局，为增强党务工作能力，提高基层党组织党建工作水平发挥了重要作用。

（四）以人民为中心，强化公仆意识

支部党员始终把"当先锋、作表率、走在前"的要求展现在工作中，为更好地服务缴存职工，围绕"我为群众办实事"的活动主题，支部党员走进园区，走上街道，现场开展政策宣讲和业务研讨。党员为企业职工现场答疑解惑，宣传住房公积金政策红利，以饱满的精神面貌、热情的服务态度，提升党建品牌新"颜值"；在业务办理过程中，倾听群众呼声，了解群众需求，对不动产信息共享、线上房租提取等群众呼声较高的需求，召开专题研讨会，同时，结合岗位实际，针对可能会影响到缴存职工体验感、业务效率等方面的问题进行交流，党员干部展现出高度的责任感。通过开展"我为群众办实事"专题业务研讨会，真正做到了将党建工作同实际工作相融合，第四党支部全体党员与所在管理部职工对中心党建思路有了更深入的了解，为民服务的宗旨意识和综合业务素质得到进一步提升。

（五）开展志愿服务，发挥模范引领

支部围绕"服务一流、关爱至上"品牌特色，扎实开展党建品牌创建活动，全体党员第一时间到所在社区进行"双报到"，到社区清扫垃圾、到街道清扫积雪、到包联社区看望空巢老人和老党员、到望都县民政事业服务中心开展"学雷锋"志愿服务活动，在"微心愿"圆梦活动中，全体党员踊跃参加，积极捐款，用实际行动奉献爱心，传递温情，用暖心的行动体现公积金人良好形象。

五、第五党支部：党建引领风帆劲　砥砺前行谱新篇

第五党支部创新构建"党建引领+业务融合+服务升级"三位一体工作模式，推动党建、业务、服务深度融合，以高质量党建引领住房公积金事业高质量发展。

(一)"党建+业务",把准政治方向

坚持政治引领。党支部始终把党的政治建设摆在首位,深刻领悟"两个确立"的决定性意义,增强"四个意识"、坚定"四个自信"、做到"两个维护"。坚持用习近平新时代中国特色社会主义思想武装头脑,深入学习贯彻党的二十大、党的二十届三中全会精神,通过"三会一课"、主题党日、专题研讨等形式,引导党员干部不断提高政治判断力、政治领悟力、政治执行力,确保住房公积金业务工作始终沿着正确的政治方向前进。

压实党建责任。严格落实党建工作责任制,支部书记作为支部党建第一责任人,协同满城区、易县、涞水、涞源等四县区管理部负责人切实履行部门党建第一责任人职责,形成党政齐抓共落实的党建工作格局。严格执行中心党建工作年度计划,将党建工作与业务工作同部署、同落实、同检查,共同研究解决党建工作中的重点难点问题,推动党建工作与业务工作深度融合、相互促进。

推动党建与业务融合发展。聚焦住房公积金业务工作中的重点难点问题,充分发挥党建引领作用,积极探索"党建+业务"工作模式。成立县区部门党员攻坚小组,针对住房公积金归集扩面、贷款风险防控、政务热线反映问题等重点工作,组织党员干部带头攻坚克难,推动业务工作取得新突破。在归集扩面工作中,党员干部主动深入企业宣传住房公积金政策,动员企业建立住房公积金制度,取得了良好成效。

(二)"党建+服务",提升服务效能

打造"党建+服务"。以"四心"为目标,打造具有住房公积金特色的服务。通过优化服务流程、简化办事手续、提高服务效率,为缴存职工提供更加便捷、高效、优质的服务。获评"党员先锋岗",党员干部亮身份、亮承诺、亮业绩,主动接受群众监督,发挥示范引领作用,带动全体工作人员提升服务水平。

推进服务标准化落实。对标住房公积金业务办理的各个环节服务标准体系,加强服务窗口建设、完善服务设施、优化服务环境,为缴存职工提供舒适、便捷的办事条件。注重工作人员服务礼仪教育培训,增强工作人员的服务意识和服务能力,做到热情服务、文明服务、规范服务。

开展党员志愿服务活动。充分发挥基层党组织战斗堡垒和党员干部先锋模范作用,以实际行动践行"我为群众办实事"。一是满城区管理部党员志愿者持续投入到满城区创城工作中,对所包联的社区及街道保持常态化的维护及清洁,全力助力满城区创城工作开展。二是积极开展帮扶活动,满城区管理部党员志愿者持续帮扶慰问聋哑老人张来义,定期走访慰问,送去关怀和温

暖，解决困难群众实际问题；易县管理部党员志愿者开展"帮助寒门学子，助推梦想起航"主题党日活动，慰问残疾学童赵明森，为孩子送去书包等学习用品。三是涞源县管理部党员群众志愿者，严冬时节在县域主干道广昌大街开展除冰扫雪行动，为居民出行提供便利。四是涞水管理部党员群众志愿者，经常在管理部周边积极开展环境卫生整治行动，党员群众志愿者清扫便道，清理小广告，清除塑料袋、纸屑、烟头等废弃垃圾，整齐摆放共享单车等。

六、第六党支部：创建支部党建品牌　铸就坚强战斗堡垒

第六党支部以"奋进、惠民、乐居"为目标，以开展"两心服务暖人心"党建品牌建设为抓手，全面加强党的思想、组织、作风、制度和反腐倡廉建设，充分发挥党组织的战斗堡垒作用和党员的先锋模范作用，为进一步推进住房公积金事业健康科学发展提供了坚强的组织保障。

（一）落实"1123348"党建工作部署，创建支部党建品牌

第六党支部围绕中心"1123348"党建工作思路，以党建为引领，开展"两心服务暖人心"活动。"两心服务"，即面对群众提供"用心"服务，针对资金安全提供"放心"服务。努力做到支部党建工作与管理部业务工作目标同向、工作合拍、措施配套。切实把基层党建与住房公积金事业发展一体推进，加快党建与业务工作深度融合、相互促进，努力让党的政治优势、组织优势转化为推动住房公积金事业发展的优势。

落实"党建+学习"，提升党员政治素养。三年来，支部深入开展理论学习，强化政治建设。先后组织学习贯彻习近平新时代中国特色社会主义思想主题教育和党纪学习教育活动。系统学习党的二十大报告、《中国共产党章程》以及习近平总书记重要讲话精神等。重点学习了党的二十大报告中关于住房问题和社会保障问题的有关论述、《习近平著作选读》中有关共同富裕、社会保障、人民至上、群众观点、坚持底线思维等理论文章以及总书记考察涿州灾后重建工作时的重要讲话精神。要求党员将集中学习和自学相结合，做好学习笔记，撰写个人心得体会，在学懂弄通做实上下功夫。通过学习，深刻认识到"两个确立"是时代呼唤、历史选择、民心所向。

落实"党建+联建"，为支部党建品牌创建注入新动力。积极开展"党建+联建"模式，与中心七支部、京津冀中冶名信基础设施建设有限公司支部建立联建关系，定期组织联建活动，联合开展主题党日、志愿服务、文化交流等活动。与七支部共同参观了涿州市毛主席进京纪念馆、高碑店崔中旺村双拥展览馆、涿州博物馆红色主题展览；与京津冀中冶名信基础设施建设有限公司支部共同参观永济秀园小区，重温总书记重要讲话精神。联建支部之间资源共享、优势互补，

实现了双向互动、合作共赢。增强党员之间的沟通与协作，拓宽党员视野，提升党员素质。注重将联建成果转化为实际行动，积极为群众办实事、解难题，赢得了广泛赞誉。通过"党建+联建"，进一步凝聚了人心，激发了活力。

落实"党建+服务"，唱响支部党建品牌。紧紧围绕"1123348"党建总体思路，持续开展"奋进公积金"党建品牌创建工作，做到指定内容一个不少，规定环节一个不落，同时持续深化"四心"服务体系和8个"党建+"。一是在资金安全上下功夫，强化合规管理，细化业务流程，明确岗位责任，做到业务规范开展，资金安全完整。二是在服务暖心上下功夫，坚持人民至上，做好新政策宣讲，严格落实"首问责任制""一次性告知制""限时办结制"等制度规定，持续深入开展"服务提升年"活动，树立人人都是住房公积金形象理念，为群众提供暖心服务。

（二）高质量党建引领高质量发展，促进高水平服务

党建引领，资金安全得以提升。2022年以来，六支部党员所在管理部强化合规管理，细化业务流程，明确岗位责任，住房公积金归集、支取、贷款各项业务规范开展，个贷逾期率逐年下降，资金实现安全完整。

坚持人民至上，服务灾后重建。一是积极参与生产自救。2023年涿州遭遇了百年一遇的洪水，灾后最初两天，交通电力中断，通讯时断时续，六支部紧急联系在涿党员，了解各家受灾情况，号召党员就地参加社区志愿服务参加生产自救。8月3日城市交通恢复后，组织党员到单位清淤，抢救晾晒档案，8月7日灾后一周，分中心实现正常办公，支部在生产自救过程中发挥了战斗堡垒作用。二是积极落实灾后扶持政策，助力灾后重建。中心出台了灾后提取缴存的扶持政策，六支部号召党员认真学习灾后扶持政策，为使政策落到实处，现场核实因灾提取17户195.71万元。三是积极推进上门服务，解决群众困难用心。涿州于女士因患亨廷顿舞蹈症瘫痪在床无意识失能十余年，办理退休提取时，既无法到窗口办理，又因系统身份证信息未更新、未达法定退休年龄无法通过手机APP办理。涿州市分中心特事特办，上门对于女士身份证、退休证审核后，由于女士母亲监护人张女士代为签字，经后台审核后当日付款到账，受到职工亲属的肯定和好评。

七、第七党支部：基层党建不断创新　取得新进展新成效

第七党支部按照中心"1123348"党建思路，深入开展"奋进公积金"党建品牌创建活动。充分发挥基层党组织的政治功能和组织功能，持续把党的政治优势、组织优势和密切联系群众优

势向基层延伸。2023年8月初，高碑店市遭遇了百年一遇的洪涝灾害，第七党支部按照当地抗洪抢险指挥部的要求，响应党旗在抗洪抢险一线高高飘扬的号召，组织支部党员第一时间投入到抗洪抢险战斗中去，与兄弟单位昼夜奋战，终于赢得了抗洪抢险决定性胜利，保护了广大群众的生命安全。按照习近平总书记视察河北时提出的要让受灾群众温暖过冬的指示精神，2023年11月13日，党支部党员到灾后重建承包村车屯村配合村干部一户不落地入户检查天然气通气情况，确保了全村170户居民在冬季供暖日到来之时全部供暖，受到了广大群众的一致好评。

创新方式方法，严格落实"三会一课"制度，每月固定一天组织主题党日活动。扎实推进联创联建工作，与联建单位共赴涿州红色教育基地参观两次，参观后党员们深受教育，一致表示向为党的事业抛头颅、洒热血的先辈们学习，学习他们对党忠诚、不怕牺牲的高尚品质，决心在自己的工作岗位上，加倍工作，不负领导的嘱托，不负党员的称号。党内政治生活的政治性、时代性、原则性、战斗性不断增强，党内组织生活的"炉火"旺起来了，党员党性锤炼的"熔炉"热起来了。

以点带面，共同进步。党员的思想先进了，群众的进步思想也会随着跟上来，目前有10名同志向第七党支部递交了入党申请书，广大群众对党的认识有了明显的提高。这与党纪学习教育是密不可分的。党支部以党纪学习教育为契机，深入贯彻落实全党开展党纪学习教育部署要求，组织党员原原本本学习《中国共产党纪律处分条例》，紧扣党的政治纪律、组织纪律、廉洁纪律、群众纪律、工作纪律和生活纪律进行研讨，逐条逐句地分析、解读，搞清楚党的纪律规矩是什么、弄明白能干什么、不能干什么，进一步强化纪律意识，加强自我约束，提高免疫能力，增强政治定力、纪律定力、道德定力、抵腐定力，始终做到忠诚干净担当，组织党员收听收看警示教育片，到警示教育基地实地参观，集中整治群众身边的不正之风和腐败问题，让党员时刻保持清醒头脑，知敬畏、存戒惧、守底线，营造出了风清气正的政治环境和工作环境，未出现违规违纪的情况。

八、第八党支部：以"促业务、抓学习、树形象"为基　夯实党建根基　筑牢发展堡垒

第八党支部以"促业务、抓学习、树形象"为党建创建特色，积极落实党建工作与业务工作深度融合的要求，不断加强党员队伍建设，提升党组织的凝聚力和战斗力，取得了显著成效。

（一）党建引领，推动业务高质量发展

党员先锋模范带头。设立党员示范岗，激励党员在业务工作中勇挑重担、冲锋在前。在2024年归集保增长攻坚战中，面对时间紧、任务重的严峻挑战，党员干部主动作为，组成工作小组，通过深入企业走访等形式对缴存单位进行催收，每日向中心上报工作进展。党员干部在工作中率先垂范，带动全体工作人员团结奋进，为中心全年目标的完成贡献了力量。

党建业务高度融合。建立"党建+业务"工作模式，将党建工作融入业务工作的各个环节。工作中，充分发挥党组织的引领作用，通过开展党建联建活动，加强业务部门之间的沟通协作，打破部门壁垒，提高工作效率。过去三年中，第八党支部与第二党支部多次开展业务联建，并对日常工作中业务操作细节进行了深入的交流探讨，促进了业务发展。以党建为引领，切实把学习成果转化为推动发展的实际行动，实现了党建与业务齐头并进。

（二）强化思想武装，提升党员综合素质

学思践悟促提升。采用"线上+线下""自学+集中"相结合的学习方式，拓宽党员学习渠道。线上，利用"学习强国"等平台，学习政治理论和国家最新政策方针等内容。线下，定期组织集中学习、专题研讨、实地参观等活动。

学以致用促转化。注重将学习成果转化为实际工作能力。开展学习分享会活动，鼓励党员分享学习心得和工作经验，促进相互学习、共同提高。通过学习与实践相结合，党员的业务能力和综合素质得到了显著提升。

（三）践行初心使命，展现良好党员风貌

主动服务群众。积极开展"我为群众办实事"实践活动，解决群众"急难愁盼"问题。党支部组织党员深入社区、企业宣传住房公积金政策，了解群众需求，为群众当场解答有关住房公积金贷款、提取等方面的问题。

参与社会公益。组织党员参与社会公益活动，履行社会责任。积极参与疫情防控志愿服务，党员们落实"双报到"机制，冲锋在抗疫一线，在不耽误本职工作的前提下协助社区进行核酸检测、物资配送等工作；在保定市抗洪救灾和灾后重建工作中，党员们踊跃参加中心开展的抗洪救灾爱心捐款活动，以实际行动帮助灾区人民共渡难关；参与环保公益活动，组织党员开展垃圾分类宣传、扫雪等活动，为保护环境贡献力量。这些公益活动不仅展现了党员的良好形象，也赢得了社会各界的广泛好评。

党建创建中的管理部风采

保定市住房公积金管理中心

一、高新区管理部：立足"小窗口"，做优"大服务"

保定市高新区管理部先后被市直机关工委评为"共产党员先锋岗""市直机关妇女工作先进集体""青年文明号"；被省市总工会授予"模范职工小家"称号；在保定市"提质提效文明竞赛活动"中荣获优胜基层单位称号。2024年，高新区管理部被住建部办公厅评为"惠民公积金、服务暖人心"全国住房公积金服务提升三年行动2023年度表现突出集体。

（一）坚持思想引领，筑牢服务窗口的能力素质基础

坚持把政治理论和业务技能学习，作为提升服务质量、助力营商环境的基础性、先导性、关键性环节。一是抓实理论学习。认真学习习近平总书记关于优化营商环境、坚持人民至上的重要指示论述精神，树牢以人民为中心的发展思想，不断提升服务人民、服务发展的能力本领，让"奋进、惠民、乐居"的品牌内涵入脑入心，学深悟透。二是强化责任意识。紧紧围绕中心党组决策部署，动员管理部全体人员进一步统一思想、提高站位，激发主观能动性，牢固树立"事争一流、唯旗是夺"的工作理念，不断强化责任意识、大局意识和宗旨意识，切实把中心党组各项决策部署不折不扣地落到实处。三是明确前进方向。对标对表上级要求和先进经验，总结梳理人民群众普遍关注、反映强烈、反复出现的困难问题，找实找准在服务理念、服务方式、服务效率

等方面存在的差距，进一步明确工作方向和改进目标。

（二）坚持规范高效，筑牢服务窗口的管理支撑体系

坚持把功夫下在经常，把管理严在日常，切实增强"内力"、练好"内功"，有效提升履职能力和服务水平。在"奋进公积金"党建品牌引领下，管理部以"1123348"党建工作思路为遵循，着力打造"三规范"工作法。一是规范日常管理。工作人员日常行为精细化、服务大厅规范化。工作时间管理部工作人员必须统一着工装、戴胸牌，做到衣容严整、举止端庄、仪容仪表得体，统一业务大厅各项物品摆放。二是规范业务流程。在业务受理过程中动态优化调整综合柜员权限，不断缩短业务办理时限、减少群众等待时间。明确受托银行合作事项适用依据、申请材料、办事流程、办理时限等，督促受托银行对审批流程快速核准，明确抵押登记时限。三是规范业务办理。对标对表住建部提出的住房公积金管理操作规范，同时对日常业务办理中出现的新情况、新问题及时收集整理研究，统一前台受理与后台复核的业务操作标准，形成规范统一的办理要件、办理程序和办结时限标准。通过"三规范"工作法，充分展示了住房公积金人精神饱满、昂扬向上的精神面貌，也为职工提供了更加方便、快捷的服务，同时，也形成了具有管理部特色的工作方法。

（三）坚持以民为本，筑牢服务窗口的优良作风保障

作为重要的民生服务窗口，服务水平和工作作风直接关乎整个住房公积金系统的对外形象。一是不断完善服务设施。按照住建部《住房公积金服务标准》要求，在服务大厅设立智能化信息化设备，配备便民设施，着力提升住房公积金服务的便利度和美誉度。二是持续拓展服务场景。针对办事群众在办理业务过程中缺件、少件及工作繁忙不便办理的情况，管理部推出"容缺办""延时办"服务，以满足不同办事群众的实际需求，为职工提供更加方便、快捷的便民服务。三是积极回应群众关切。密切关注舆情，主动对12329热线、12345政务服务便民热线、"好差评"、"有责投诉"等渠道评价信息进行综合研判，重点对政务服务投诉事项进行分析整改，促进了窗口服务质量的提高，从根本上解决缴存单位和职工办事堵点痛点难点，持续提升广大人民群众的满意度。

下一步，高新区管理部将按照中心党组的决策部署，对标学习先进，勇于开拓创新，持续提升服务水平，努力打造服务营商环境的"新标杆"，为奋力推动现代化品质生活之城攻坚新颜值、决胜"十四五"作出新贡献。

二、安国市管理部：党建引领强根基，政策赋能促发展

近年来，安国市管理部坚持以习近平新时代中国特色社会主义思想为指导，以保定市住房公积金管理中心（以下简称"中心"）党组《关于开展"奋进公积金"党建品牌创建活动的工作方案》为总抓手，以"1123348"党建思路为引领，积极创建县域特色党建品牌，促进住房公积金事业高质量发展。

（一）政治思想觉悟提升，党建业务深度融合

2022年至今，安国市管理部深耕"奋进公积金"党建品牌创建，推进党建与业务深度融合发展，充分发挥住房公积金民生保障作用，成效显著。一是强化政治理论学习，坚持党的全面领导。安国市管理部每周四组织全体职工学习党的二十大精神，会上广大职工互相交流心得，分享学习笔记。开展党员与劳务派遣职工一对一结对帮扶活动，提升派遣职工的整体工作水平，促进党建工作质效全面提升。二是积极参加实践活动，发挥党员示范作用。积极参加第四党支部"学雷锋"志愿服务活动，用实际行动奉献爱心，传递温情，并以"学雷锋"活动为契机，把"螺丝钉精神"转化为爱岗敬业行动，并落实到日常工作中。多次走进阜平等红色教育基地，感受文化熏陶，加强党性锻炼。三是多措并举，精准发力。与安国融媒体、安国企业等协调联动，发放住房公积金归集、提取、贷款政策小视频和明白纸，走访了解企业经营状况，制定相应的解决方案，解答缴存单位及缴存职工相关问题，提升缴存职工幸福感。

（二）基层党建阵地创建，着力推行"党建+政策"

目前，安国市管理部以"奋进公积金"党建品牌为引领，紧紧围绕中心机关党建品牌创建，已搭建完成党建文化阵地，助力党建系统扎根基层。同时又根据县域特色，探索推出了贴合主题的基层党建工作法，即"党建+政策"。安国市管理部践行"四心"服务，围绕政策贴心，以"五必进"工作法为主线多元化开展住房公积金政策宣传系列活动，推进住房公积金高质量发展。一进机关：走进机关事业单位，宣传住房公积金最新政策，带动所有干部职工了解、宣传、使用住房公积金新政；通过安国市融媒体中心，定期发布住房公积金政策小贴士系列解读。二进社区：主动与药香社区等社区对接，采取座谈会、宣讲会等形式与广大社区居民进行面对面宣传、零距离服务；深入各个小区和沿街商户发放宣传手册、宣传品，切实起到"敲门一家、宣传一户、带动一片"的效果。三进企业：走访安国辖区内多家企业，宣传住房公积金归集最新政策，扩大归集面；与农行安国支行联创联建，共同举办住房公积金政策宣讲活动，主要就住房公积金贷款政策方面问题进行沟通交流。四进楼盘：对与住房公积金合作楼盘进行调研，统计各个楼盘贷款意

向，核查项目准入资料，查看施工进度，宣讲最新贷款政策。五进广场：在数字中药都广场等地开展"摆摊"宣传，就住房公积金缴存、贷款、提取等群众广泛关注的政策问题提供一对一的咨询服务，现场指导群众通过手机住房公积金APP办理住房公积金业务。通过住房公积金政策宣传系列活动，安国市住房公积金年归集额由2022年的1.43亿元提高到2024年的1.71亿元。

（三）营商环境持续优化，暖心服务持续践行

一年来，安国市管理部始终不忘为民服务初心，聚焦百姓所盼，将优化营商环境作为一项重要工程深入开展，用心用情办好民生实事，不断增强老百姓的满意度幸福感。一是践行暖心服务，荣获工作好评。主动上门为企业和缴存职工提供政策解答服务。服务大厅整合窗口业务，全面推行综合柜员制，严格执行"一窗受理""一窗办结""一次性告知"等规定，最大限度推进减环节、简程序、压时限，实现了提取业务即办件，提取资金"秒"到账。按标准设置"跨省通办"专窗。配备饮水机、轮椅、母婴室等便民设施。引进FTTR技术，管理部服务大厅实现免费无线网络全覆盖。2024年，安国市管理部因高效、贴心、暖心的服务，获赠感谢锦旗1面，"暖心服务"品牌底色被持续擦亮。二是充分利用数字网络优势，服务效率大幅提升。住房公积金业务实现了7×24小时线上办，实现了"零材料""零跑腿""全流程"网办。柜台个人证明事项全面推广使用"亮码可办"，2024年通过"两地联办"为缴存职工办理异地购房和偿还贷款提取38笔，让群众"零跑腿"成为现实。三是守好资金安全，护好公积金权益。2024年，安国市管理部依照实现担保物权程序，成功拍卖逾期借款人赵某贷款所购房屋，该房屋以38.44万元法拍成交，其中35.68万元用于归还住房公积金贷款，剩余款项归借款人亲属所有。该案为保定市首例依照实现担保物权程序，成功处理借款人房产的案件，既合法合规又合情合理，在依法处置的基础上，有力保障了资金安全，维护了中心的合法权益，为其他管理部提供了很好的借鉴。

下一步，安国市管理部将继续深耕"1123348"党建思路，持续深化党建工作，不断巩固和扩大党建成果，以更加坚定的信念、更加饱满的热情、更加务实的作风，在岗位上发光发热，为推进住房公积金事业发展实现新跨越贡献力量。

三、涞源县管理部：深耕党建品牌创建，阵地建设谱新篇

为持续巩固党纪学习教育成果，落实中心"一县一品"党建文化建设要求，涞源县管理部以"党建+廉政"为主题，以管理部乔迁新址为契机，积极打造党建文化阵地。党纪学习教育是推动全面从严治党、党的自我革命的有力举措，是加强党的纪律建设、推动全面从严治党向纵深发

展的重要途径。党的纪律学习永远在路上，涞源管理部在学习党纪的路上从未有过松懈。

（一）积极参加中心党纪学习教育活动

作为2024年党建工作重点，中心高度重视党纪学习教育活动，组织了到清苑冉庄地道战纪念馆开展党性学习教育、党纪处分条例培训会、到反腐倡廉警示教育基地开展警示教育、支部书记为支部全体党员讲纪律党课、中心党组成员讲专题党课、开展深入狠刹违规吃喝歪风集中整治学习、集中观看廉政教育片等多次活动，通过参加这些活动，有效地提高了涞源县管理部的学习质量。

（二）组织管理部集体学习

涞源县管理部在积极参加中心活动的基础上，根据要求，在管理部范围内先后进行了四次集体学习，大家边学习、边思考、边讨论、边总结，切实做到学纪、知纪、明纪、守纪，搞清楚党的纪律规矩是什么，弄明白能干什么、不能干什么，把遵规守纪刻印在心，内化为言行准则，进一步强化纪律意识、加强自我约束、提高免疫能力。

（三）打造党建文化阵地

涞源县管理部以"党建+廉政"为主题，积极打造党建文化阵地，管理部全体员工都参与其中，发挥集体智慧，经过3个月的反复雕琢，最终在2024年12月6日召开的中心党建品牌创建工作推进会精神的指导下，完成了最终版的设计，相比较之前几版，最终版形式更加生动，并没有照搬条文条款，而是将我们这一年所学习的知识，消化吸收后，再加以提炼并输出，可以说涞源县党建文化阵地既是我们的学习总结，又是我们的警示牌，每当来到这里，都时刻提醒我们要将"廉"字一直放在心中。

（四）创建成果展示

党建文化阵地建设的落成，有效推动了涞源县管理部党纪学习教育活动和党风廉政建设工作深入开展，使干部职工最佳状态持续焕发，有效筑牢了思想堤坝，促进了干部廉洁自律，并形成了涞源县管理部的"廉政四不"特色文化：不动摇——坚守理想信念；不懈怠——坚守为民初心；不越线——坚守政策红线；不变色——坚守廉洁底线。

（五）创建成果汇报

2025年1月3日，涞源县管理部以视频会议的形式向中心2024年度党建工作总结大会全体参会人员汇报了管理部党建文化阵地建设情况，汇报生动地展示了涞源县管理部创建"奋进公积金"党建品牌一年来取得的成绩，得到了中心党组的充分肯定。

下一步，涞源县管理部将进一步创新党建工作思路，提升党建能力，继续探索党建与业务相融合、党建与服务相融合，重点在归集扩面、欠缴追缴、提升服务品质和工作效率等方面下功夫，为住房公积金事业更好地发展贡献涞源力量。

四、唐县管理部："党建+服务"深度融合，打造营商环境"五心"窗口

唐县管理部以"1123348"党建工作思路为遵循，守正创新，团结奋进，以"党建+服务"为重点，以优化营商环境为主线，积极打造"五心"服务窗口，为住房公积金事业高质量发展注入强劲动力。

（一）"党建+服务"，提速增效惠民生

细化功能分区，让服务"有温度"。为进一步提升服务品质，提升缴存职工办事体验，唐县管理部按照中心总体部署对业务大厅进行全面升级，新的业务大厅科学设置了导办台、窗口服务区、休息等候区、自助服务区、母婴休息区、洽谈业务区等六大区域，同时设立了爱心驿站，配置了轮椅、充电设备、免费Wi-Fi、直饮水、雨伞、老花镜等设备和便民用品，尽可能满足办事群众和过往群众休息、如厕、饮水、手机充电等不同需求，为广大办事群众提供暖心服务。

强化便民措施，让服务"有深度"。为提高服务水平，完善了服务窗口硬件设施，窗口配备了运行更快速的电脑、高拍仪等办公设备，业务大厅配备了饮水机、打印机等，为缴存职工提供免费饮水、免费复印等服务。在爱心妈妈小屋配备了婴儿护理台、休息沙发、婴幼儿玩具等设备，营造相对独立、功能齐全的私密空间。在服务大厅配备了医药箱，装有应急药品，以提升解决突发事件的应急能力、救援能力。

（二）积极优化营商环境，助推社会经济高质量发展

设置优化营商环境主题墙。为营造优化营商环境的良好氛围，管理部设置了以优化营商环境为主题的文化长廊，将中央、省、市及中心有关优化营商环境的要求和部署张贴上墙，时刻让职工进行学习教育，增强思想意识。展示了中心党组对优化营商环境工作的全面部署及取得的显著成效，以提醒管理部全体人员严格按照中心部署持续优化营商环境，努力践行"简化手续、精简程序、群众少跑腿、数据多跑路"要求。

主动作为，进企业宣传政策。为扩大住房公积金政策影响力和惠及面，唐县管理部不断创新宣传形式，走进政府大楼进行宣传，发放宣传手册并现场解答职工咨询的问题。开展送政策上门活动，通过走访唐县第六小学等新成立未建制单位，为其详细讲解住房公积金制度的优势及意义，推进建制工作。走访唐县福隆合利房地产开发有限公司等合作楼盘，与企业和在场购房者面对面交流、实打实宣传、点对点服务，推动住房公积金政策全面落实、精准落地。

（三）围绕"五心工作法"，打造群众满意的服务窗口

唐县管理部制定了"五心工作法"。一是办事环境舒心：打造优美舒适且温馨的办事环境，提供各种便民服务，让职工感到舒心；二是业务流程贴心：优化办事流程，设身处地为职工考虑，做到换位思考，做职工"贴心人"；三是受理业务耐心：耐心倾听，耐心解决或解答问题，不厌其烦，让职工感受到超值服务；四是职工办事安心：像对待亲人和朋友一样真诚对待每一位职工，以真诚相待让职工安心；五是办事结果开心：让职工高兴而来，满意而归，办事结果让职工由衷地开心。

加强培训，强化队伍素质。为提高服务水平和能力，管理部立足精细化管理，将学习纳入工作中的重点，常态化开展政策学习和培训，制定并完善了前台各类业务操作规范，明确岗位职责，统一审批标准，严格落实"首问负责制""一次性告知制""限时办结制"等制度，通过落实规范管理，职工队伍素质和服务水平明显提高。

细化服务规范。规范人员管理、服务形象、服务流程，运用"好差评"评价功能，接受群众监督，上岗统一着装、佩戴工牌。规范窗口人员行为举止，强化日常习惯养成，推行"举手迎、礼貌问、双手接、认真查、快速办、提醒递、礼貌别"文明服务"七部曲"，及时为有需要的职工进行"上门服务"等，积极解决群众急难愁盼的问题，全面提高群众满意度。

五、望都县管理部：党建领航聚合力，学习铸就新业绩

望都县管理部在中心党组的坚强领导下，坚持以习近平新时代中国特色社会主义思想为指导，深入贯彻党的二十大精神，以"1123348"党建工作思路为引领，积极推动"奋进公积金"党建品牌建设。管理部将"党建+学习"作为党建特色品牌模式，全面构建学习型管理部，"五个必学"已深度融入我们的日常工作中，推动实现"学以致用、用以促学、学用相长"的良性循环。

（一）深学笃行，筑牢思想根基

1.总书记的讲话中蕴含着新的工作理念和方法，为工作学习提供新思路

采取主任带头学，职工主动学，全面动员的学习方法。组织召开专题会议，每周四固定集中学习，传达学习习近平总书记重要讲话精神，深刻领会以人民为中心的发展思想，不断增强"四

个意识"、坚定"四个自信"、做到"两个维护",坚持用习近平新时代中国特色社会主义思想武装头脑、指导实践、推动工作,特别是习近平总书记关于住房保障与民生领域的重要论述,明确住房公积金在解决人民群众住房问题中所肩负的责任与使命。

丰富学习形式,增强学习效果。采取集中学习与个人学习相结合、线上线下相结合的方式,利用每周的固定学习日,组织全体职工集中学习总书记重要讲话原文,学习党的二十届三中全会精神;同时鼓励职工利用业余时间自主学习,通过学习强国、《人民日报》等平台,及时跟进总书记重要讲话最新动态,并结合工作实际,分享学习感悟和体会。通过学习,我们深刻认识到住房公积金管理工作的重要性,在日常工作和重大问题环节上始终保持清醒的头脑,做出正确的判断。同时要加强队伍管理,切切实实、用心用情做好住房公积金工作。

2. 开展支部党课学习,支部集中经常学,党员主动自觉学,让党的创新理论入脑入心

构建系统化学习体系,明确学习目标。制定详细的学习计划,设定"理论学习有收获、思想政治受洗礼"的总体目标。深入学习党的创新理论,了解国家发展战略和方向;学习加强党的组织建设、党员队伍建设、党风廉政建设等党建知识,增强党员的历史使命感和责任感;学习党纪党规,明确党员权利和义务,强化纪律意识、规矩意识;学习时代楷模、先进事迹,激励党员干部在工作中勇于担当、积极奉献。以学习强信念、转作风、促服务,进一步提高管理部的创造力、凝聚力、战斗力。

推动廉政教育与风险防控。进一步梳理、明确管理部工作职责及员工岗位职责,责任到人,杜绝工作中推诿、扯皮现象发生,提高执行力。深化细化资金风险防范措施,减少风险隐患,确保资金安全。一是进一步规范住房公积金业务操作流程,通过定期和不定期的自查方式,主动发现问题、解决问题。二是加强扫黑除恶专项斗争宣传工作,在业务大厅设置违规提取、违规代缴、虚假骗贷惩戒警示牌,杜绝骗提骗贷现象发生,营造良好的业务氛围,维护缴存职工的合法权益。三是做到每笔支取业务必核查,发现虚假手续提取即刻按程序处理。四是加强贷款审批,从贷款受理、复核、审批、放款每个环节严格执行贷款规章制度和操作流程。五是做好贷后管理工作,建立贷款本息归还"月月清"催讨名单,及时发现贷款逾期,采取电话催贷和上门催贷相结合方式,确保逾期率为0。

(二)聚焦政策法规,推动业务革新

学习省市出台的相关政策。为保障学习的全面性和深入性,管理部进行多层次学习,对中心官网定期推送的省市住房公积金相关政策文件,进行解读,结合实际工作应用好政策工具箱,提

升认识问题、分析问题、解决问题的能力。

学习住建领域的政策法规，增强法律意识和法治观念。组织职工实地走访老旧小区改造、合作楼盘等项目现场，了解项目建设进度以及住房公积金政策对改善民生住房条件的推动作用，安排职工到不动产登记大厅掌握与住房公积金贷款、提取紧密相关的不动产登记信息查询证明开具等操作要点，有效提升了职工在业务协同中的实操能力。除此之外，学习住房保障相关政策法规和房地产市场调控方面的政策。

（三）提升业务能力，强化服务效能

采取参加中心组织的培训和管理部每半月集中学习相结合的方式进行学习。对住房公积金归集、提取、贷款等政策出台背景、调整内容、操作标准等方面逐条研读，领会各项政策的内涵实质。将工作人员在业务办理中遇到的问题总结汇总集中研讨，以此不断增强工作人员专业知识储备，精准把握各项政策内容，掌握业务办理条件，熟悉业务操作流程，提高工作人员业务水平和服务水平，提升工作质量和效率。

到住房公积金缴存单位、房地产开发企业进行政策宣传讲解，详细解答职工比较关心的住房公积金缴存基数、提取、贷款等政策问题。在业务大厅设置信息公开栏，将可以公开的政策透明化，主要包括归集、提取、贷款等文件，制作业务展板，印制归集、支取、贷款业务所需要件及办理业务明白卡，便于缴存职工及时了解住房公积金新政。

在今后的工作中，望都县管理部将以党建品牌创建活动为动力源泉，把"党建+学习"贯穿于工作始终，坚持立足岗位，秉持求真务实的工作作风，为群众提供优质服务，以实际行动践行党的群众路线，进一步开创住房公积金事业新局面。

坚持党建带团建　开创群团工作新局面

——群团组织典型案例

保定市住房公积金管理中心

2022年以来，为深入学习贯彻党的二十大精神和习近平新时代中国特色社会主义思想，保定市住房公积金管理中心（以下简称"中心"）工会、共青团、妇委会在中心党组的坚强领导下，以"1123348"党建工作思路为指引，坚持党建带团建，围绕中心、服务大局，充分发挥群团组织凝心聚力和桥梁纽带作用，引导职工、共青团员、女同志在各自岗位上积极作为，以"解放思想　奋发进取"为工作基调，不断提升业务技能、服务水平、综合素质，为公积金事业高质量发展、高水平服务贡献力量。

一、强化党建引领，汇聚群团组织"向心力"

近年来，中心工会、共青团、妇委会持续加强对职工、共青团员、女职工的思想政治引导，夯实员工思想根基。遵循"党建+学习""党建+联建""党建+示范"等工作要求，强化政治思想教育，培养员工"听党话、感党恩、跟党走"的忠诚品格，坚定理想信念。

（一）深化思想政治学习教育

为提升员工的思想政治水平，组织职工积极参加中心的专题学习、党课宣讲、培训辅导等活动。通过读书日、阅读沙龙、征文等形式，组织学习《习近平新时代中国特色社会主义思想学习纲要》《习近平著作选读》《党的二十大报告学习辅导百问》，以及中心《学思践悟》月刊等党政书籍报刊，推动党的创新理论入脑入心，做到学以致用、用以促学、学用相长。

（二）推进党建文化阵地建设

加强书香机关建设，倡导党员干部带头读书学习，营造全体职工爱读书、读好书、善读书的浓厚氛围。依照"职工书屋"建设标准，在机关办公楼设置"初心园""赋能站""悦读角"等阅读区域；在高新区管理部、莲池区管理部等部门业务大厅设立群众阅读区、职工阅览角等，提供沉浸式的阅读环境，满足职工群众多元化阅读需求，让书香浸润公积金事业发展。

（三）开展阅读征文活动

组织阅读征文、"亲子阅读"、撰写学习心得等活动，以读书促进信念强化、作风转变、服务提升，提高员工整体素质。2023年和2024年在全中心持续开展"国学经典"阅读活动，推荐《易经》《道德经》等11类450余本优秀书籍。2023年，女职工宋伟芳撰写的《书香能致远　静心之处是桃源》作品荣获保定市总工会举办的阅读征文三等奖；2024年，女职工石苗苗撰写的《书润匠心　奋楫扬帆新时代》作品荣获保定市总工会举办的阅读征文二等奖。

二、围绕中心大局，提升群团组织"服务力"

群团组织紧紧围绕"奋进公积金"党建品牌开展工作，致力于打造一支"政治过硬、信念坚定、忠诚担当、奋发进取、风清气正、乐居惠民"的员工队伍，组织开展了"奋进公积金　职工争先锋""奋进公积金　有我新青年""奋进公积金　巾帼有担当"等群团的品牌创建活动，激励员工立足本职岗位，争先进位，建功立业，推动职工、团员、女职工在政治素质、业务能力、服务水平等方面有显著提升，让"资金放心、政策贴心、工作用心、服务暖心"的理念在中心落地生根。

（一）组织专业培训提升技能

贯彻落实"党建+业务"要求，邀请河北省文明礼仪推广协会、阜平县职教中心开展"服务窗口文明礼仪"等知识培训；邀请保定市第一中医院、保定望舒医院、"保定责任"公益组织等单位开展健康知识讲座；聘请保定广播电视台专家开展摄影、新闻报道培训等。每年选派共青团员、优秀女职工参加上级组织的业务技能培训班、读书班、辅导班等学习深造，提升专业技能和综合素质。

（二）选树先进典型引领

紧紧围绕"奋进公积金"党建品牌创建工作主线，贯彻落实"党建+示范"要求，2023年群团联合开展"奋进公积金　立足岗位建新功"先进典型选树活动，授予竞秀区管理部尹海涛等10名职工"业务标兵"称号，阜平县管理部侯银慧等5名女同志"巾帼先进工作者"称号，满城区管理部范雅芬等5名同志"最美家庭"称号，唐县管理部井博文等10名同志"青春友好窗口"称号，网络信息科、博野县管理部、顺平县管理部"五四青年集体"称号。中心多个集体和个人在住建部、河北省、保定市各级评选中获得荣誉，发挥了良好的示范带动作用。

三、聚焦重点工作，增强群团组织"鲜活力"

紧扣"惠民公积金、服务暖人心"全国住房公积金系统服务提升三年行动（2022—2024），聚焦中心"基层建设""业务精细化管理"等重点工作，组织群团组织积极参与"党建+联建"活动，为擦亮党建品牌添砖加瓦。

（一）开展无偿献血公益活动

为助力"健康保定"建设，弘扬无偿献血精神，推进中心精神文明建设，先后组织2次无偿献血志愿服务活动，35名党员干部踊跃参与，成功献血9000余毫升，展现了公积金人的使命担当，树立了良好形象。

（二）丰富员工业余文化生活

积极开展丰富多彩的文体活动，促进职工全面发展。先后组织职工参加保定市元旦节长跑、马拉松欢乐跑、乒乓球、游泳、篮球、台球等比赛，以及书法美术摄影展、机关公文写作、主题演讲比赛等活动，提升了员工竞技运动水平，展现了团结协作、昂扬向上的精神风貌，激发了员工的工作热情。

（三）推进联创联建拓展影响

先后与中心业务合作银行开展联创联建活动，组织观看《邓小平小道》《我要去远方》《周恩来与乌兰牧骑》等红色电影，到保定市留法勤工俭学纪念馆参观学习等，传承红色基因。组织员工到曲阳县产德镇小川村开展"孝老敬老""尊师重教"等活动，组织开展"新春走基层送温暖""走进非遗博物馆　传承非遗文化"等活动，深入基层、服务群众，拉近与百姓的距离，赢得了社会认可，提升了中心的社会影响力。

聚焦"优、惠、通、快"
打出"服务暖心"组合拳

——"服务暖心"品牌创建典型案例

保定市住房公积金管理中心

近年来,保定市住房公积金管理中心(以下简称"中心")坚持以习近平新时代中国特色社会主义思想为指导,深入学习贯彻党的二十大和二十届二中、三中全会精神,全面落实党中央和省、市优化营商环境决策部署,以"奋进公积金"党建品牌为引领,以"1123348"党建工作思路为抓手,以提升服务对象满意度为目标,坚持顶层设计,高位推动,聚焦"优、惠、通、快",精准发力,打好服务企业群众组合拳,做优做强住房公积金"服务暖心"品牌。

一、聚焦"优",夯基固本、提升能力、创新制度,打造服务新高度

一是优化服务环境,夯实硬件基础。对标行业服务标准和全国一流水平,纵深推进垂管县(市、区)分支机构硬件标准化建设,科学规划设置和升级改造政务服务场所,织密办事服务网络。在市委、市政府大力支持下,先后完成了19个分支机构综合服务用房和办公环境的升级改造。各服务大厅全部按照《住房公积金服务标准》要求设置了"跨省通办"专窗,开通了军人、老人、孕妇、残疾人等特殊群体办事优先绿色通道;配备了自助服务终端、叫号机、电子显示屏、卫生间、饮水机、轮椅、母婴室等便民服务设施;引进FTTR技术,全市22个分中心、管理部服务大厅免费无线网络得到全覆盖,为广大缴存职工提供了良好的服务环境,进一步提升了人

民群众的幸福感和获得感。

二是优化人才结构，激发创新活力。坚持人尽其才、才尽其用、人岗相适，优化配强骨干。采取"请进来教"和"走出去学"双向发力培训方略，邀请业内知名专家、教授在阜平县职业技术学院，对全系统工作人员分期分批进行了党的二十大和二十届二中、三中全会精神学习培训，法制教育培训，业务政策培训，文明服务礼仪培训，国学教育等素质培训；并深入阜平县城南庄、骆驼湾等红色教育基地进行了爱国主义教育，强化党性修养；组织科级以上干部40余人赴河北冀中监狱进行党风廉政警示教育，有效地提升了干部职工综合服务素质。同时，由中心主要领导带队，率领相关业务骨干赴北京、深圳、广州、杭州、雄安新区等公积金中心学习交流，借鉴先进经验做法，取得了良好的效果。2024年9月，公开招聘8名高学历专业人才，为保定市住房公积金事业高质量发展注入了新活力。通过一系列行之有效的举措，中心全系统呈现出一片新变化、新气象、新面貌。国务院办公厅政务办公室印发了《"高效办成一件事"2024年度第二批重点事项典型经验做法》，将保定市住房公积金个人住房贷款购房"一件事"经验做法在全国推广，中心领导在河北省住房公积金个人住房贷款购房"一件事"工作推进视频会议作了经验介绍发言；高新区管理部荣获国家住房和城乡建设部"惠民公积金、服务暖人心"全国住房公积金服务提升三年行动2023年度表现突出集体；清苑区管理部袁艳红荣获省住房和城乡建设厅"住房公积金服务提升三年行动"2024年度表现突出个人；中心主要领导《打造暖心服务品牌　助力优化营商环境》被住房和城乡建设部直属建筑杂志社主办《城乡建设》总第684期刊发；唐县管理部创新开展"五心"工作法，安国市管理部推行住房公积金服务"五必进"，望都县管理部提升综合服务素质坚持"五个必学"，各分中心、管理部竞相绽放异彩，深受广大干部职工好评；中心12329服务热线及各分支机构因高效、贴心、暖心的服务，获得缴存职工感谢锦旗37面，通过12345市长热线电话表扬50余人次，塑造了保定市住房公积金队伍良好的社会形象。

三是优化服务机制，强化制度保障。健全完善服务管理制度，规范服务行为。把党建引领贯穿优化服务全过程和各方面，充分发挥各党支部战斗堡垒和党员示范引领作用。严格落实"首问负责制""一次性告知制""限时办结制""责任追究制""好差评"等制度。畅通现场反馈和网上办事评价渠道，"让权力在阳光下运行，让事项在满意中办结"。创新"上门服务""预约服务""延时服务""回访服务""帮办代办""现场办公"等制度，由被动服务向主动服务转变，不断拓宽住房公积金服务的广度和宽度，满足群众多样化需求，用心用情用力解决企业群众急难愁盼问题。2024年，中心全系统28位科级以上干部走进办事大厅，以普通群众和窗口办事人员身份,开展了"局长走流程"角色互换体验活动。全年累计窗口坐班138次,接待办事群众1300余人次,推动解决各种问题43个。"走流程"换位体验,"走"出了便民新举措,"走"出了作风大转变,"走"出了公积金形象大提升,"走"出了群众赞美声。"优化办"会同机关纪委、归集提取科组成联合督查组,通过调看监控视频,采取"四不两直"方式,分别对中心全系统22个分支机构贯彻落实中心党组决策部署以及优化营商环境和作风纪律建设等情况进行了持续督导检查,全年下发"接诉即办"和督导检查通报14次,有效打通了住房公积金服务环节的"中梗阻"。各县(市、区)分中心、管理部开展住房公积金服务"进企业、进园区、进楼盘"活动,全年为企业和职工提供零距离服务634次,发放政策包46148份,上门解决住房公积金归集类问题401个,提取类问题504个,贷款类问题303个,擦亮并叫响了"服务暖心"品牌。

二、聚焦"惠",精准施策、惠企惠民、保障有力,提升服务满意度

一是调整缴存政策,落实普惠性。落实好企业"降比缓缴"政策。出台了《保定市住房公积金归集管理暂行办法》,积极推行单位可在5%—12%范围内自行选择住房公积金缴存比例,生产经营困难的单位可申请降低住房公积金缴存比例或申请缓缴的政策,有效减轻企业资金压力。落实好个人"愿缴尽缴"政策。出台了《保定市灵活就业人员自愿缴存住房公积金管理办法(试行)》,将自由职业者、个体工商户、新市民、青年群体等灵活就业人员纳入住房公积金制度范围,引导灵活就业人员自愿缴存住房公积金,不断扩大住房公积金制度受益覆盖面,实现"应缴尽缴""愿缴尽缴",助力灵活就业人员解决住房问题。该业务开展以来,截至2024年底,累计为13601名灵活就业人员办理住房公积金开户,缴存金额3.2亿元;累计为3795名灵活就业人员办理住房公积金贷款,发放贷款金额16.8亿元,有力地支持了灵活就业群体在保安居稳业。二是调整贷款政策,体现互助性。按照国家"因城施策""一城一策""精准施策"的方略,及时调整出台了《保定市住房公积金个人住房贷款管理暂行办法》《保定市住房公积金个人住房贷款置换商业银行个人住房贷款实施暂行办法》《关于优化住房公积金个人住房贷款部分政策的决定》等3个符合保定市实际的住房公积金贷款管理政策文件,为促进房地产市场平稳健康发展,满足刚性和改善性住房需求,进一步减轻购房家庭负担提供了有力政策支撑。调整后的贷款政策总体概括为"一取消、一拓宽、两放开、两提高、两降低"。三是调整提取政策,发挥保障性。为提高缴存职工购房资金支付能力,充分发挥住房公积金的保障作用,及时调整出台了《保定市住房公积金提取管理暂行办法》《关于缴存职工提取住房公积金直付首付款实施细则》。增加了购买新建

商品住房提取住房公积金直付首付款业务，将每年租房消费提取额度由13500元提升为15000元，放宽了老旧小区自住住房加装电梯提取人范围和提取额度，有力提升了缴存职工住房消费支付能力。调整后的提取政策总体概括为"一增加、两取消、三放宽"。

三、聚焦"通"，线上线下、多措并举、通则不"堵"，追求服务便捷度

一是线上业务推行"一网通办"。持续升级优化网上服务渠道，拓宽"线上"业务办理品种，通过信息共享、流程再造等创新手段，持续扩大"不见面审批"服务范围，不断提升服务群众的便捷度，让"零跑腿""网上办""掌上办""舒心办"成为常态。二是线下业务推行"一窗通办"。创新打造"无差别综合服务窗口"，提升窗口服务效率。打破传统"单一性办事窗口"服务模式弊端，推行高效"综合性服务窗口"经办模式。中心系统梳理整合各类业务流程，大力推行窗口综合柜员制，改变过去"一事跑多窗"，变为现在"一窗办多事"服务新格局。形成"一门引导、一窗受理、一站服务、一次办结"服务新机制，最大限度地为人民群众提供更加优质、高效、便捷的服务。三是异地业务推行"跨省通办"。高效落实深入推进党中央"跨省通办"决策部署，构建"跨省通办"联动机制，优化创新"跨省通办"服务方式，扩大"跨省通办"业务范围，在全市各网点设置服务专窗，配备专职人员，不断提升住房公积金"跨省通办"服务水平。扎实推进京津冀地区公积金一体化发展，打通企业和职工两地办事的梗阻，实现"跨省通办"事项线上"全网通办"，线下"异地受理、两地可办"，做到"只进一扇门，能办两省事"，较好地解决了群众异地办事"多地跑""折返跑"的问题。

2024年，通过"跨省通办"为缴存职工办理异地购房和偿还贷款提取1576笔，提取金额1.1亿元。其中，为京津冀地区缴存职工办理异地购房和偿还贷款提取1194笔，提取金额8914.55万元，让"数据多跑路、群众少跑腿"得到充分体现。

四、聚焦"快"，科技赋能、数据共享、少跑快办，跑出服务加速度

一是推动系统升级，实现流程"减肥"。全力推进住房公积金数字化建设，打造服务高效的智慧住房公积金。持续对中心业务系统、门户网站、12329热线、网上业务大厅、自助终端、手机客户端、"冀时办"APP、微信公众号等服务功能进行了优化升级，加强增项扩容，完善配套政策，简化业务操作流程，为广大缴存单位和职工提供多渠道、多元化服务。二是推动数据共享，实现材料"瘦身"。积极推进与公安、市场监管、不动产、住建、税务、人社、民政、人民

银行、合作银行等部门联网共享，打通数据壁垒。全地区实现了租房、偿还商业银行贷款提取住房公积金网上办理。外国人永久居留证办理住房公积金业务全面推广应用。征信系统查询和司法线上查控，实现与人民银行和省高级人民法院联网共享运行。国务院"高效办成一件事"住房公积金个人住房贷款购房8项内容成功投入使用，贷款业务办理时限由原30个工作日压减至10个工作日；跑动次数由9次减少至1次；提交材料由35项压减至16项。电子证照、电子签章广泛应用，缴存职工、缴存单位线上办理业务实现了纸质材料和实体证照"免提交""零提交"。三是推动数据跑腿，实现时限"缩短"。强化数据赋能，提升线上服务能力。大力推进业务"不见面"办理，为缴存单位和缴存职工提供24小时不打烊服务。中心38项住房公积金业务实现了7×24小时线上办，21项业务实现了"零材料""零跑腿""全流程"网办，13项高频次服务事项实现了"跨省通办"，柜台个人证明事项全面推广使用"亮码可办"。归集业务网厅使用率达96.87%。移动签名认证服务和住房公积金个人住房贷款购房"一件事"的投入使用，使住房公积金贷款省去了办事人员需要在住房公积金管理中心、银行、住建、不动产登记中心与税务等部门之间多次往返跑动、重复提交申请材料的烦琐步骤，办事时限大幅缩短，工作效率大幅提升，办事成本大幅下降。

下一步，保定市住房公积金管理中心将持续深入探索实践便民利企的新举措、新模式，全面学习贯彻落实《住房公积金服务标准》，坚持守正创新、砥砺奋进，积极发挥住房公积金服务经济社会大局、保障民生、惠民便企的作用，不断擦亮"服务暖心"品牌，展现住房公积金为民、亲民、利民的"民生情怀"，为奋力谱写中国式现代化建设保定篇章贡献住房公积金力量。

以"工作用心"为笔
绘就党建引领新画卷

保定市住房公积金管理中心

习近平总书记强调"要坚持党建引领，紧紧围绕解决居民的急难愁盼问题，把服务老百姓的各项工作做深做细做到位"。保定市住房公积金管理中心（以下简称"中心"）深入贯彻总书记重要指示批示精神，积极开展"奋进公积金"党建品牌创建活动，探索党建与业务融合新路径，聚焦"工作用心"持续发力，绘就党建引领新画卷，推动住房公积金事业高质量发展。

一、思想领航，开启"工作用心"的征程

思想是行动的先导，对干部职工的行为有着深远的影响。为了提升干部职工的思想认识，中心将学习习近平新时代中国特色社会主义思想、党的二十大、党的二十届三中全会精神作为日常工作的重点，通过举办专题讲座、组织集中研讨、搭建线上平台等多种形式，推动理论知识入脑入心。邀请党校专家深入解读政策方针，引导干部职工从政治高度看待住房公积金工作，有效增强了责任感和使命感。2024年，中心召开党组理论学习中心组学习会12次，专题研讨6次，党组书记报告宣讲1次，党组成员赴分管部门及所在党支部讲党课4次，支部书记讲纪律党课8次，开展集体学习11次。

二、态度扎根，筑牢"工作用心"的根基

端正工作态度，乃是"工作用心"的根本所在。中心深度聚焦职业道德教育，通过系统性的培训与引导，进一步强化干部职工服务意识。中心精心制定了全面的服务规范与标准，着力构建全方位的服务监督机制，通过设置意见箱、定期开展满意度调查等多种方式，广泛接纳群众监督。对于群众反馈的问题，迅速响应、及时处理并彻底整改。对服务态度优良、工作认真负责的干部职工，给予公开表彰与物质奖励；对工作态度不端者，则进行严肃的批评教育乃至问责，营造出积极向上、认真负责的良好工作氛围。2024年，28位科级以上干部主动转换角色，分别以普通群众、窗口办事员的身份深入服务大厅。累计窗口坐班达138次，接待办事群众1300人次，广泛收集建议221条，成功有效解决问题143个，切实将职工的急难愁盼问题落到实处，逐一化解。

三、执行发力，奏响"工作用心"的强音

高效的执行能力，无疑是达成工作目标的核心要素。中心大力健全工作责任制，将各项工作任务精准分解至各个部门与个人，明确详尽的工作标准与严格的完成时限，真正做到事事有专人负责、人人有明确职责。在执行进程中，尤为注重加强沟通协调，全力打破部门之间的壁垒，凝聚起强大的工作合力。以高质量完成国务院部署的住房公积金个人住房贷款购房"一件事"为例，贷款管理科与网络信息科深度融合、协同作战，积极主动与不动产登记中心、住建局、民政局、人民银行等多部门展开密切沟通协调。通过优化办事流程、精简审批环节，实现数据的高效流通，切实做到让数据多跑路，让群众少跑腿。同时，强化工作督查力度，定期对工作进展情况展开全面检查与科学评估，及时洞察并解决存在的问题，确保各项工作任务保质保量按时完成。

四、素质进阶，厚植"工作用心"的底蕴

干部职工的素质水平直接影响着工作的质量与效率。中心始终将人才培养视为重中之重，精心规划并制定了全面系统的培训计划。针对不同岗位、不同层级的干部职工，分别开展业务培训、技能培训以及综合素质培训，做到因材施教、精准提升。在业务培训板块，定期组织内部业务骨干分享工作经验与实用技巧，搭建交流互鉴的平台，促进共同成长。同时，积极邀请行业内资深专家莅临指导，带来前沿理念与专业知识，拓宽干部职工的视野与思路。技能培训着重于提升干部职工的信息化操作能力，以契合住房公积金业务数字化转型发展的迫切需求，确保其能够熟练运用各类信息系统，高效开展工作。综合素质培训则广泛涵盖沟通技巧、团队协作、应急处

理等多个维度，全方位锤炼干部职工的综合素养，使其在复杂多变的工作环境中能够从容应对、游刃有余。此外，中心大力鼓励干部职工参加学历教育和职业资格考试，提供相应的政策支持与资源保障，激励大家不断学习、持续进步，提升自身在职场中的竞争力。2024年，中心累计组织开展各类培训达8场次，累计培训干部职工615人次，取得了显著成效，13名干部职工顺利通过学历教育和职业资格考试，为中心发展注入新的知识力量。

五、业绩说话，见证"工作用心"的成效

在深度践行"工作用心"这一核心理念的过程中，中心工作业绩实现了质的飞跃与显著提升。从业务指标来看，住房公积金归集额与贷款发放额呈现出持续上升的良好态势，切实助力更多职工圆了住房梦，有效解决了住房难题。在经济下行压力增大、面临诸多挑战的严峻形势下，中心干部职工主动作为、迎难而上，积极深入企业，开展广泛的沟通交流，耐心细致地宣传住房公积金政策，激发职工缴存意愿，凭借坚韧不拔的努力和积极有效的举措，成功克服重重困难，利用20天时间，完成欠缴催收住房公积金1.4亿元。2024年，中心超额完成归集任务，当年归集住房公积金87.13亿元，同比增长3.49%；发放贷款27.26亿元，个贷率高达78%，在全省位居榜首。服务质量也得到了全方位的大幅改善。群众满意度持续攀升，有责投诉为0。创新工作更是成果斐然。在"奋进公积金"党建品牌的引领下，"主任办公会暨每月一题"工作机制应运而生。通过这一创新机制，定期开展专题汇报，深入学习外地先进经验，分享工作心得与前沿方法，有效锻炼并提升了干部职工分析问题、解决问题的能力。面对中央"促进房地产市场止跌回稳"的重要要求，中心迅速响应，积极落实国家和省市相关部署，经管委会审慎审议，顺利通过8个政策文件。其中，以《保定市住房公积金资金流动性风险管理办法（试行）》为核心，全面优化调整住房公积金提取和贷款政策，为本地房地产市场注入强劲动力，助力市场稳定健康发展。

六、服务升级，彰显"工作用心"的温度

服务，始终是住房公积金工作的核心与灵魂。中心紧紧围绕"工作用心"这一理念，持续发力，不断优化服务流程，提升服务标准，致力于为群众提供更加优质、高效、贴心的服务体验。

在服务大厅，专门设置了引导员岗位。引导员们身着统一制服，面带微笑，迎接每一位前来办事的群众。他们主动上前询问群众需求，凭借专业的知识和耐心的态度，为群众提供精准的引导和详细的咨询服务，让群众在踏入大厅的第一时间就感受到关怀与温暖。同时，开设绿色

通道，给予老弱病残孕等特殊群体优先办理业务的便利。在绿色通道区域，精心配备了舒适的座椅、充足的饮用水等设施，从细节处彰显人文关怀，让特殊群体在办理业务过程中感受到尊重与呵护。此外，中心大力推行预约服务、延时服务等多元化服务模式，以满足群众多样化的办事需求。群众可通过电话、线上平台等便捷方式提前预约办理业务的时间，合理安排行程，避免长时间排队等待。对于临近下班时间仍未办理完业务的群众，工作人员主动延长工作时间，提供延时服务，确保每一位群众的业务都能顺利办结。中心还高度重视服务文化建设，积极倡导微笑服务、贴心服务，将温暖与关怀融入每一个服务环节，让群众在办理业务的全过程中，真切感受到用心与诚意。2024年，在住房和城乡建设部开展的"惠民公积金、服务暖人心"全国住房公积金服务提升三年行动中，保定市住房公积金管理中心高新区管理部荣获"2023年度表现突出集体"荣誉称号。

保定市住房公积金管理中心通过"工作用心"的落实，打造了一支政治过硬、信念坚定、忠诚担当、奋发进取、风清气正、乐居惠民的干部队伍，培养了一流的工作作风，争创了一流的工作业绩。在下一步的工作中，中心将继续以党建为引领，不断深化"工作用心"的内涵和外延，为住房公积金事业高质量发展注入新的活力，为保障和改善民生作出更大的贡献。

携手京津冀　共筑发展梦

——京津冀协同发展典型案例

保定市住房公积金管理中心

一、基本情况

作为京津冀协同发展的重要节点城市，保定市住房公积金管理中心（以下简称"保定中心"）深入贯彻落实习近平总书记在京津冀协同发展座谈会上的重要讲话精神和京津冀党政主要领导座谈会部署要求，按照中央关于京津冀协同发展战略要求和保定实际，提高政治站位，积极融入区域发展大局，充分发挥住房公积金政策引导作用，重点抓好京津冀异地贷款和"跨省通办"，在京津冀协同发展中贡献了保定公积金力量。

二、主要做法与成效

（一）积极融入京津冀住房公积金协同发展大局

保定中心积极主动融入京津冀住房公积金协同发展大局：一是，2023年11月8日，中心党组书记、主任袁玉瓘带队到北京住房公积金管理中心学习考察，并就异地贷款业务资金协同使用与有关领导进行了深入探讨。二是，2024年3月26日，中心党组书记、主任袁玉瓘同志带队参加了在北京召开的京津冀住房公积金协同发展联席会。住建部住房公积金监管司杨佳燕司长、省住建厅赵春旺副厅长以及北京、天津、唐山、廊坊、雄安新区住房公积金中心参加了会议。会议就以廊坊北三县为试点推进住房公积金归集提取政策协同，构建更加紧密的购房异地贷款合作模式，研究制定异地冲还贷政策措施，强化风险防控联动机制，进一步做好支持雄安新区建设服务保障，逐步建立行政执法异地协同办案机制达成了共识，并形成《2024年京津冀住房公积金协同发展联席会议备忘录》。保定中心积极落实会议精神，正在积极推进各项政策和制度落实，在京津冀住房公积金领域协同发展上体现保定公积金新担当。

（二）办实事、提质效，落实异地贷款利民政策

2015年住建部等三部委发布《关于切实提高住房公积金使用效率的通知》后，保定站位服务京津冀协同发展大局，全面推行住房公积金异地贷款业务。自2014年10月起至2023年8月10日，发放异地贷款16838户，共计59.84亿元，其中为京津冀贷款职工发放贷款7543笔，共37.86亿元，占比分别为44.8%、63.27%。这一数据充分表明，异地贷款业务在满足职工住房需求、支持房地产市场发展方面发挥了重要作用。然而，随着业务的持续推进，住房公积金资金流动性风险逐渐显现。2023年7月底，保定中心个贷率为91.18%。为有效防范资金风险，保障住房公积金制度的稳健运行，于2023年8月10日起暂停了异地贷款业务。2023年10月12日，经保定市住房公积金管理委员会第十五次会议审议通过了《保定市住房公积金资金流动性风险管理办法（试行）》，根据住房公积金个贷率情况，实施积极的住房公积金使用政策，并于2024年2月份重新启动异地贷款业务。2024年12月将异地贷款户籍放开，进一步扩大了异地贷款受益面。2024年为异地贷款职工发放住房公积金贷款1050笔，55244.2万元。其中为京津冀贷款职工发放贷款974笔，51122.9万元，占比分别为92.76%、92.54%。这一举措再次激活了住房公积金异地贷款市场，尤其是在首都经济圈的涿州、涞水、定兴、徐水等区域，重新吸引了大量在外地缴存公积金的职工前来购房。不仅有效提升了这些区域的住房消费活力，也进一步促进了区域间的人口流动与经济融合，为首都经济圈的协同发展注入了新的动力。

（三）深化京津冀协作，"跨省通办"暖人心

充分利用全国住房公积金监管服务平台，开展京津冀地区住房公积金业务"跨省通办"。2024年通过"两地联办"为京津冀地区缴存职工办理异地购房和偿还贷款提取1194笔，共计8914.55万元，有力支持了京津冀地区缴存职工住房消费需求。

第十一部分
淄博专题

坚持党建引领　创新融合机制
保障全市住房公积金事业高质量发展

闫志刚　李建英　王敏　淄博市住房公积金管理中心

近年来，淄博市住房公积金管理中心（以下简称"淄博中心"）坚持以习近平新时代中国特色社会主义思想为指导，准确把握机关党的建设总要求，锚定"围绕中心、建设队伍、服务群众"工作目标，突出品质提升争一流、为民办事解难题、担当作为强能力，积极探索党建与业务工作深度融合的有效路径，通过党建赋能、品牌带动，深入推进模范机关建设，开启机关党建服务群众新模式。

一、凝心聚力，打造"积金为民　安居圆梦"党建品牌

2019年，淄博中心提出创建"党建引领、深度融合、聚力发展"党建品牌的目标，运用"一帮一、手拉手"、"攻坚克难、争当先锋"、党建共建、评先树优等载体，增强了党建和业务深度融合的政治自觉。2020—2021年，以创建模范机关为重点，开展了"党建引领、赋能窗口、结对互学"活动，增强了党建和业务深度融合的思想自觉。2022年，围绕发挥党员在急难险重工作任务中的先锋模范作用，开展了"党员揭榜、走在前列"活动，增强了党建和业务深度融合的行动自觉。2023年，围绕市委"三提三争"活动要求，确立了"1244"党建和业务融合发展的工作思路，升级凝练出"积金为民　安居圆梦"党建品牌。2024年，淄博中心推进"六项工程"建设，

组织开展"支部夺红旗 党员争先锋"及"亮身份、践承诺、比业绩"活动,推动了机关党建与公积金业务融合进一步走深走实。该党建品牌2023年获评市直机关"优秀机关党建品牌",2024年获评"十佳机关党建品牌",淄博中心就相关经验做法在淄博市市直机关清廉机关建设会议和淄博市机关党建高质量发展研讨交流会上作典型发言。

(一)党建引领,思想先行,开辟理论学习新境界

建立了"学、研、训"三位一体理论学习模式。一是明确主题"学"。坚持不懈用习近平新时代中国特色社会主义思想凝心铸魂,严格落实"第一议题"制度,执行"3+X"机制。建立中心组学习列席旁听和青年理论学习小组跟学制度。定期开展"四级联学"和"横向联学",不断提高学习质效。二是立足岗位"研"。班子成员带头研讨,中层干部走上讲台,全体员工集思广益。开展"青年说""金点子""调研式考核"等意见、建议征集活动,开门纳谏、集思广益。三是学用结合"训"。分级分类开展全员培训,组织参加"强作风、严纪律"集中轮训等活动,以实训促实学。淄博中心青年理论学习小组荣获"2023年度十佳市直机关青年理论学习集体"。

(二)党建赋能,助力发展,开创业务发展新格局

将党建血脉融入公积金事业的全领域、全过程。在综合考核中党建与业务同部署、同考核,党建占比35%,充分发挥党建引领作用。开展"支部夺红旗 党员争先锋"活动。每季度以考核得分进行排名,颁发流动红旗,打破终身制,让红旗真正流动起来。业务考核在活动中占比35%,凸显党建对业务发展的引领效果。开展"党员揭榜、走在前列"活动,全体在职党员主动认领在归集扩面、逾期催缴等方面的急难险重任务,确保党员在重点工作落实中打头阵、冲在前。2024年,淄博中心1名同志荣获"五个淄博"建设先进个人,1名同志荣获淄博市"市直机关优秀共产党员"荣誉称号,1名同志获评淄博市"高质量发展强担当榜样"。

(三)党建赋能,品牌带动,实现为民服务新突破

一是聚焦群众需求,优化营商环境。始终坚持以人民为中心的发展思想,推行"五极五优"服务模式,构建规范化、标准化、精细化服务框架。实行群众诉求处理"三级办结"和"四个一"机制。2024年,12345转办件服务过程满意率99.94%,办理结果满意率98.41%,远高于市民投诉中心要求的85%。二是聚焦数字融合,建设"五全"中心。建成新一代业务信息系统,实现线上7×24小时受理,高频服务事项100%全程网办,业务网办率达95%。三是聚焦流程再造,健全服务体系。积极推进企业开办注销、退休、机关事业人员职业生涯、贷款等4个"一件事"事项的全流程办理。2024年,淄博中心荣获淄博市"提效争先"先进集体,1个党支部荣获市直机关"先进基层党组织",多次在淄博市审批系统文明服务展演中荣获佳绩。

(四)党建赋能,激发动能,取得文明创建新成效

扎实开展"我为群众办实事"活动。每年组织党员定期到"双报到"社区和"第一书记"派驻村入户走访,开展捐赠防疫物资、慰问老党员等活动,把党和政府的关心、关怀送到千家万户。先后开展"双报到"社区报道、文明交通劝导、我们的节日等各类活动,树立服务群众、奉献社会的价值取向。1个分中心荣获"全国巾帼文明岗",1个分中心荣获"全国青年文明号,在2023年山东省第八届全民阅读先进典型推荐活动中,淄博中心荣获"书香机关"称号。

二、创新融合机制,打造"一网三联三争创"党建模式

针对淄博组群式城市的特点,结合住房公积金系统垂直管理的实际,淄博中心机关党支部设置存在科室机关党支部地域相对集中、分中心机关党支部较为分散的特点。党支部规模较小、人数较少、距离较远,导致在开展活动时可能会面临资源有限、影响力弱、活动难以有效开展等问题。基于此种现实情况,淄博中心建立了"三联三互"党建工作机制,该党建模式获得淄博市委常委、秘书长批示肯定。

(一)建立科学合理、运转高效的工作机制,践行"三联"

一是基层党组织"联建",探索"新路子"。各基层党支部按照区域相近、业务相关、自愿结合的原则,建立横向贯通的组织网络,形成科室—分中心、分中心—分中心党建联建模式,从而解决了小微支部规模小、资源少、影响力弱等问题。

二是党建活动"联办",凝聚"新合力"。健全完善党建活动承办、联办激励机制,根据不同活动主题,各支部结合自身职责、地域分布等优势,主动认领承办、联办各类党建共建、文明创建、志愿服务等活动。承办活动的支部,在日常考核和评星定级中给予相应加分,打破原有机关党委单独牵头组织活动的模式,营造了有序协作、适当竞争的工作氛围。

三是特色资源"联享",着眼"新需求"。每个党支部的组成单位不同,职责不同、地域不同,拥有的资源禀赋不同,工作各有所长,活动各有特色。机关党委主动搭建工作平台,根据上级要求,结合工作重点引导各党支部与政府部门、合作银行、服务企业等不同对象开展党建共建工作,实现优势互补,盘活党建资源。

(二)构建交流密切、共同提升的工作体系,推动"三互"

一是"党建互查"强规范。坚持问题导向与目标导向,通过组织各党支部现场查阅台账资料

等形式，对"三会一课"、主题党日开展情况，基层党组织标准化建设情况，清廉窗口打造情况等工作进行交流和探讨。

二是"党务互学"助发展。以互查促互学，以互学促发展，各支部通过相互交流、自主找差距，巩固和抓实公积金系统基层党建工作，达到了取长补短、相互学习、共同提高的目的。

三是"业务互比"促提升。淄博中心以市直机关工委"岗位练兵比武项目"为契机，加强"三化建设"，工作职能相近的科室机关党支部或分中心机关党支部通过科长打擂比拼活动摆亮点、明不足、找差距、比成效、促提升，激发干事活力。

切实履责担当　　管理提质增效

——聚力打造安全性、流动性、收益性相统一的资金管理"淄博模式"

李倩　张溪琳　鞠文晓　李颖越　淄博市住房公积金管理中心

基深柢固，盈科而进，行稳致远。住房公积金资金管理作为住房公积金管理工作发展的重要基石，是各项业务规范管理的核心，综合反映住房公积金业务发展和运行情况，完善、规范、细致、安全的管理才能汇聚"资金细流"，奔涌"发展浪潮"。近年来，淄博市住房公积金管理中心（以下简称"淄博中心"）牢牢把握习近平总书记新发展理念，围绕党的二十届三中全会关于统筹发展和安全，落实好防范化解房地产、地方政府债务、中小金融机构等领域风险的各项举措，在住房和城乡建设部、山东省住房和城乡建设厅的指导下，聚焦主责主业，强化职能定位，着力探索资金管理提质增效新路径，持续构建安全性、流动性、收益性"三位一体、相辅相成"的淄博住房公积金资金管理体系，实现资金运营安全高效和保值增值。在国家贷款、存款利率双下降的情况下，实现了资金的高效运作。在全国城市和地区住房公积金可持续发展评估报告中连续两年排名第一。

一、建立完备的财务管理机制，实现住房公积金业务安全平稳高效运行

淄博中心始终重视管理体制建设，着力构建以制度管权管人管事的长效机制，保障住房公积金资金活动合法合规和安全高效运行，有效防范风险和预防腐败。

（一）建立科学完善的制度体系

一是完善规章制度建设。淄博中心先后制定《淄博市住房公积金管理中心资金流动性风险防控实施意见》《淄博市住房公积金管理中心住房公积金资金管理办法》《淄博市住房公积金管理中心大额资金存储管理办法》《住房公积金金融业务受托银行考核办法》《淄博市住房公积金管理中心内部审计业务操作指南》等规章制度，以常态、长效的制度机制不断夯实风险防控基础，确保各项管理有章可循，不断促进住房公积金制度安全可持续发展。二是规范岗位设置。深入贯彻落实财政部《内部会计控制规范》《会计基础工作规范》的要求，明确各岗位职责及分工，确保不相容岗位相互分离、相互制约和相互监督：会计与出纳岗位分离，录入与复核岗位分离，凡涉及资金必须由两名以上工作人员完成，避免一人就能动资金的情况；财务专用章和法人章分别由专人保管，同时使用时需两人均在场；银行网银的录入端、复核端和主管操作端分别由专人落锁管理；会计人员的工作岗位按照中心岗位管理办法有计划地进行轮换。严格遵守《会计人员职业道德规范》、各项财经纪律和制度，积极组织财务工作人员参加各种预防腐败教育活动，包括警示片观看、警示案例学习等，真正从源头上筑牢资金安全屏障，有效防范资金管理不规范行为的发生。三是严格银行账户管理。全面贯彻落实住建部"双贯标"工作要求和《住房公积金资金管理业务标准》，每家受委托归集银行只开设一个住房公积金存款专户；在每家受托贷款银行只开设一个住房公积金委托贷款账户；定期存款账户根据业务需要在受委托银行范围内开设；根据业务需要选择一家受委托银行开设一个住房公积金增值收益专户和一个住房公积金增值收益定期存款账户。住房公积金管理所涉及的住房公积金存款专户、委托贷款账户和增值收益专户等所有活期、定期账户应全部在住房公积金结算应用系统中注册，应全部纳入住建部住房公积金监管平台，所有资金接受规范科学、公开透明的监管，确保住房公积金资金运行安全、风险可控。

（二）形成"年季月周日"全面高效的分析机制

一是按年编制资金预决算。按照《住房公积金管理条例》和《住房公积金财务管理办法》要求，每年编制上年度归集使用计划执行情况报告和当年归集使用计划报告，报财政部门审核，经市房委会审议通过后实行。二是按季度报送季度报表。按照住建部、财政部、人民银行《关于健全住房公积金信息披露制度的通知》和住建部《住房公积金统计调查制度》报送季度报表，编制季度报告，综合分析各项指标进度，分析原因，制定下一步措施。三是每月制定资金使用计划。每月初对上月贷款发放、提取、存贷比等关键数据进行追踪分析，及时掌握政策变动等因素带来的资金收支变动，科学制定当月的资金使用计划，保障资金平稳运行。四是每周形成资金周报。

每周形成住房公积金资金收支情况周报表和住房公积金存量贷款及现有资金情况报表，保证提取和贷款资金需求，确保资金使用效率，实现资金流动和业务高度契合和协同。五是每日对资金进行动态监测。动态监测资金账户和流动性状况，并通过微信公众号进行实时提醒，重点关注大额资金事项，对涉及资金的重大政策变动等情况临时生成每日的业务和资金收支报表，实现对资金的每日动态监测。

（三）设置大额资金的重点管控

一是制定大额资金存储原则。资金存储应当符合法律法规和政策规定，符合廉政建设要求；资金存储应当以确保资金安全为前提，应符合淄博市住房公积金运营要求；资金存储应综合考虑利率因素和风险因素；大额资金存储规模的选择要以维持正常的业务运转为前提，充分考虑资金流入、流出综合情况合理确定活期存款留存规模，剩余资金根据业务实际情况研究决定大额资金存储规模。二是确定资金存储评价因素。贯彻落实市委、市政府重要决策部署，支持地方政府重点项目建设；支持公积金中心重点工作，积极开拓住房公积金事业发展新领域；经中心党组研究确定的受托银行归集、贷款等业务考核结果；积极配合淄博中心、分中心各项工作，为缴存单位、职工提供优质、高效的服务；实现大额定期资金存储与市委、市政府重要决策部署挂钩、与公积金重点工作挂钩、与资金存储利率挂钩。三是优化资金存储流程。淄博中心成立大额资金存储工作小组，工作小组由中心主要领导任组长，中心党组成员、副主任任副组长，各科室负责人任组员。工作小组讨论并形成存储方案后提交中心党组会研究，审议通过后由计划财务科具体执行。中心机关纪委对大额资金存储进行全过程监督。四是规范定期存款管理工作。存储工作完成后，计划财务科安排专人做好大额资金存储资料的整理、归档工作。按照要求，每月核对定期存款明细并上报省厅，每季对账，每半年盘点。大额资金存储凭证日常放置在保险柜内，保险柜钥匙、密码单人保管，随用随取，用毕即收，确保大额资金存储凭证安全。

（四）完善委托银行的考核管理

一是扩大受托银行范围。2023年以来，建立全市各商业银行平等竞争机制，淄博市内的国有银行、股份制银行、城市商业银行均可成为住房公积金业务受托银行，全市受托银行总量由9家扩容至20家。通过引进竞争机制，充分利用商业银行的金融服务优势，助力淄博市住房公积金制度的归集扩面。2023年以来，新增缴存人数13.05万人，超额完成18.64%；当年归集住房公积金191.29亿元，超额完成14.54%。二是按年签订委托协议。为深化金银规范合作，双方更好地履职尽责，淄博中心每年与各住房公积金业务承办银行签订住房公积金业务委托协议，明晰合作双方的权利和义务，更好地促进淄博市住房公积金制度推广和业务发展。三是优化受托银行考核办法。新制定的受托银行综合考核办法包含一个综合考核办法和两个考核细则，综合考核办法是包含重大政策落实、归集业务指标、贷款业务指标、服务协作情况、资金管理情况和加减分项的总体考核，考核的结果对应到定期大额资金存储奖励及年度优秀评选。归集业务考核细则新增了按照受托银行新增人数完成情况奖励大额资金的规定；贷款业务考核细则中新增贷款满意度回访、贷款发放时效等指标，进一步提高贷款业务服务质效。四是建立受托银行退出机制。对长期未拓展业务、存在重大风险隐患或重大违规行为、严重影响住房公积金业务发展的受托银行，暂停或取消其业务资格，保障淄博市住房公积金业务平稳健康发展。

二、充分发挥资金使用效能，谱写住房公积金增进民生福祉答卷

淄博中心紧紧围绕全市经济社会发展大局，积极践行以人民为中心的发展思想，充分发挥住房公积金保民生、稳市场、促发展的作用，立足"房地产市场供求关系发生重大变化"的新形势，在推进制度改革、加强政策供给、服务保障大局上重点发力，不断调整优化各项贷款、提取政策，充分调动各委托银行为全市经济大局金融赋能和办理公积金业务的积极性，提高资金的使用效率，用心用情用力为百姓安居保驾护航，交出了一份宜居惠民的高质量答卷。

（一）聚焦住房需求，在惠民政策上出实招

一是支持刚性住房需求。淄博市连续两年实施贷款降首付政策，不断减轻住房消费负担。优化住房套数认定标准，推行"认房不认贷"，进一步放宽住房公积金贷款房屋套数限制。加大住房公积金贷款支持力度，上调最高贷款额度，取消首套、二套住房最高贷款额度差别。2023年以来，为全市16240个家庭发放住房公积金贷款72.67亿元，支持缴存人购建房面积206.34万平方米，首套住房发放贷款占比为80.76%。二是支持多样化改善性住房需求。出台家庭直系亲属合力贷款政策，支持多子女家庭使用住房公积金，多子女家庭贷款额度上浮20%，购买装配式住宅贷款额度上浮20%，上调贷款额度计算倍数至20倍，继续执行高层次人才2倍贷款额度等优惠政策，助力居民安居。2023年以来，全市已累计为3212个多子女家庭发放住房公积金贷款15.05亿元，为973个家庭发放直系亲属合力贷款4.93亿元。三是推进"带押过户"，为群众不动产交易"松绑"。维护群众不动产交易过程中的合理诉求，制定《淄博市住房公积金二手房贷款"带押过户"办理流程》，有效促进房地产市场良性循环和健康发展，充分发挥住房公积金制度保障支持作用。

(二)聚焦资金保障,在服务改革上做文章

一是加大阶段性投放。在贷款放款需轮候等待4个月,个贷率达90%的情况下,淄博中心出台深化金融赋能助力企业纾难解困具体措施,通过阶段性加大刚需首套房住房公积金贷款资金投放规模、争取银行资金授信资金等举措,有效地满足群众贷款需求,加速资金周转,加速房地产企业资金回笼,持续优化营商环境。二是实行贷款集中审核。充分利用数字化手段,建成自动核验、智能推送、任务提醒、动态监控一体化业务审核模式,实现贷款即时审批,业务流程高效运转。为进一步改进和提升公积金贷款服务水平,建立良好的信息反馈机制,淄博中心建立住房公积金贷款业务回访制度,对每一笔贷款的服务态度、办理规范、工作纪律、评价建议等情况进行回访。三是深化"一件事"改革。坚持以人民为中心发展思想,深入推进住房公积金贷款"一件事"改革,全市12个公积金服务中心大厅、8家合作银行、82个办事网点均可办理住房公积金业务,形成辐射全城、功能完备、运行高效的15分钟便民服务圈。

(三)聚焦"租购并举",在保障安居上求突破

一是多元多次多渠道。紧盯青年人、新市民群体关切问题,推出"多快好省"租房提取模式,缴存人可按月、按季、按年灵活提取公积金,除现场办理外,可通过网上服务厅、微信公众号等多种线上渠道办理租房提取业务。二是秒批秒办秒到账。依托全程智能化介入,实现租房提取业务"秒批秒办"、7×24小时全时在线服务,假期业务"不打烊"。三是好办好用好体验。推出按月租房委托提取业务,实现系统全流程智能化、自动化审批,提取资金每月定时、自动拨付至个人银行账户。四是省心省力省材料。依托部门间数据共享,将缴存人办理业务所涉及的户籍、婚姻、不动产等信息数据接入业务系统自动核验,实现租房提取"零材料"。2023年以来,全市办理租房提取业务22.87万笔、提取金额7.07亿元。

(四)聚焦项目建设,在服务经济大局上有支撑

一是扎实推动房地产融资支持项目落实落地。在全省率先推出住房公积金支持"白名单"项目6条举措,从政策、资金、服务等方面入手,为开发企业、受托银行、公积金缴存人提供灵活适度、精准有效的支持,助力"白名单"项目融资。截至2024年底,已向14家受托银行35个项目给予大额存储资金4.3亿元,撬动45.88亿元"白名单"信贷资金投放。二是为地区经济发展贡献住房公积金力量。引导受托银行开发"条件宽、额度高、利率低、手续简、审批快"的具有公积金特色的信用贷款,为企业发展和居民消费提供普惠、便捷的融资服务渠道。目前全市17家受托银行推出23类公积金信用贷款产品、累计发放信用贷款61.8亿元,有效助力了缴存企业发展和

缴存人融资消费。三是金银合作助力重点项目建设。将"助力全市经济社会发展"纳入住房公积金业务委托协议，引导、鼓励银行机构为全市招商引资和重大项目建设提供全方位资金支持，畅通资金绿色通道，2023年以来，对为全市重点项目发展作出贡献的合作银行进行资金存储奖励20.2亿元。

三、统筹资金管理促收益，推动住房公积金制度可持续高质量发展

淄博中心紧盯资金管理关键节点，不断强化底线思维，从源头加强财务管理，持续创新提高管理效能，以时时放心不下的责任感，事事抓实抓细的硬举措，不断提升财务管理水平。"严"字当头，优化收益管理。"细"字当先，完善会计核算。"实"字托底，夯实数据质量。从细微之处着手，从小事抓起，遵循真实性原则，坚持按规矩办事，规范财务工作运行，强化资金使用管理，为住房公积金安全高效发展铸就坚实财务基石。

（一）优化增值收益核算与上缴方式

一是科学谋划，实现收益最大化。全面签订协议存款，持续获取较高活期存款利息收入；对存量资金即时转存定期，最大限度减少资金沉淀，同时探索利率竞价模式，争取在每一个存储期限内获得最高利率；应用"阶梯存储法"科学优化定期大额资金存储，构建"月月有到期、期期高利率"长期资金转存模式。2023年以来，实现活期存款利息收入2571.09万元；新增定期存款57.95亿元，实现定期存款利息收入1.77亿元。二是精细管理，实现运营成本最小化。推进业务手续费动态核算，将贷款手续费、归集手续费恒定支付，调整为依据业务考核得分进行支付，充分发挥手续费支付的杠杆作用，实现业务手续费成本最小化；搭建公银智联平台，实现公银信息共享、系统共用，将评估、抵押等业务费用降至最低水平；在全省创新开展委托法律机构催收贷款逾期工作，实现了贷款逾期催收质效的全面升级，确保了资金安全风险最小化。2023年以来，节约合作银行贷款业务手续费支出3225.42万元，节约归集业务手续费支出4211.47万元，节约评估费、抵押登记费等费用支出155.01万元；收回贷款逾期本息1506.58万元，贷款逾期率降至0.148‰，低于全省贷款逾期率平均水平。三是守正创新，实现增益上缴常态化。探索更好地发挥住房公积金的社会效益，将增值收益每年一次性集中核算和上缴财政方式，调整为按季度核算和足额上缴，发挥增值收益的杠杆作用。2023年以来，累计上缴增值收益10.9亿元，有效促进资金均衡使用和流动性风险的防控。

(二)完善会计核算管理体系

一是形成全市一套账。按照"四统一"要求,全市公积金业务在一个账套中进行核算,各区县财务在全市统一账套中进行操作,核算各项业务,形成一套报表,实现的增值收益统一上缴市财政。二是优化会计核算模式。简化会计科目,构建以"会计科目+辅助核算维度"为核心的多维辅助核算体系。为实现财务数据纵向、横向查询与深度使用和财务报表的填报奠定基础。三是推进会计核算自动化。以信息化建设为载体,实现业务、资金和财务自动平衡匹配,会计凭证自动生成、自动记账,会计账目自动对账,财务报表自动生成,各类业务收支实现自动计提、自动结转,财务核算更加精准,财务管理的透明度和效率大幅提高。四是推进财务工作规范化。每日对账,对标注的异常数据、系统内未分配资金、银行未推送数据、放款失败的贷款数据,专人核验处理,做到资金收支无差错、无遗漏,日结前进一步对当天业务数据与财务数据进行平衡性检查,每月对在途资金业务、单位挂账进行清理,做到业务资金核算日清月结,进一步提高财务核算的时效性。

(三)落实统计分析披露制度

一是夯实基础数据。坚持数据质量第一原则,不断学习《住房公积金统计报表制度》,理解每一张报表的统计目的,吃透每一个指标的含义,理清报表之间、指标之间的勾稽关系。在新一代住房公积金信息化建设时,把统计工作要求一并考虑到信息化系统中,明确取数口径,做好统筹衔接,实行系统自动初审—业务科室复审—财务科终审的三级审核制,对统计报表数据、业务数据、财务数据——校验、层层把关、逐级审核,有效地提高了日常报表报送的效率和质量。二是严把报表质量关。抓牢关键环节,认真做好报表公式、政策口径、账表一致性等审核工作,横向对比月报、季报和业务数据,纵向对比历年年报数据,确保统计数据、业务数据、财务数据三者相符;运用数字化手段模拟计算,有效地提高了"可节约职工购房利息支出金额"等指标的准确度;加强部门间沟通协调,获取淄博市住房贷款和住房销售的相关数据,全力确保年报数据实打实、硬碰硬。三是加强分析应用。在做好住房公积金统计数据汇总、报送的同时,做好统计分析服务工作,为领导辅助决策提供支撑。关注业务数据变动,分析单位和职工业务需求,完善修订缴存、提取、贷款政策;对比政策出台前后的数据,分析政策效果;通过统计各项业务变动、利率变动等,制定资金使用计划。四是提高披露质量。以年报为契机,客观准确对淄博市住房公积金政策调整及执行情况、租购并举满足缴存人基本住房需求等重点、亮点工作进行全方位梳理,全面展现淄博中心在便民、利民、惠民等方面采取的各项举措,在服务经济社会发展、服务住房工作大局中发挥的作用,在推进缴存扩面、优化资金使用、加强风险防控等方面的工作成效。五是强化正面宣传引导。积极编写年报解读、新闻通稿、宣传长图,以客观准确的文字叙述、丰富翔实的数据图表,对淄博中心缴存、提取、贷款、增值收益等方面进行分析,利用门户官网、微信公众号、大众网等主流媒体多渠道、宽角度、全方位进行宣传解读,积极回应群众关切问题,接受社会的监督,让广大缴存人和社会各界更加深入了解住房公积金制度发挥的作用,为住房公积金事业高质量发展营造良好舆论氛围。

大道至简,实干为先。云程发轫,培风图南。住房公积金资金管理是住房公积金高质量发展的"稳压器""压舱石",聚集资金如百汇成川,体制管理需站位高远。淄博中心将以习近平新时代中国特色社会主义思想为指引,贯彻落实住建部决策部署,以不断创建"安全性、流动性、收益性"三位一体资金管理体系为核心,深耕资金精细化管理,服务房地产发展新模式,不断拓宽受益群体、积极推进机制创新、持续深化数字化发展,一步一个脚印地使"淄博资金管理模式"成为住房公积金高质量发展的生动实践!

创建"五极五优"品牌
提升"至臻至善"品质

张溪琳　王爱国　淄博市住房公积金管理中心

淄博市住房公积金管理中心（以下简称"淄博中心"）始终将住房公积金高质量发展与为民服务思想同向同行，扎实开展"惠民公积金、服务暖人心"服务提升三年行动，以便民服务窗口创建为切入点，创建住房公积金"五极五优"服务模式，推动住房公积金服务标准化、规范化、精细化水平不断提升，以至臻管理实现至善服务，努力让群众获得感成色更足、幸福感更可持续、安全感更有保障。

一、创新体制机制，以标准化培育激发为民服务新动能

秉持"惠民、便民、利民"的服务理念，以"服务意识强化、服务标准落实、服务品牌打造"为体制创新完善的方向和脉络，不断推进制度完善、标准塑造、效能提升。

坚持惠民导向，夯实服务基础。在全市住房公积金系统开展"服务攻坚行动"，激发为群众提供优质服务的内在活力，以"突出党建引领促作风转变、以服务标准化实现提质增效、树牢宗旨意识提升服务能力、抓素质提升锻造干部队伍"等为关键事项，完善住房公积金服务管理制度，提升为民服务意识。聚焦便民事项，推动服务标准化。制定了《淄博市住房公积金管理中心服务标准化指导手册》以及服务管理、服务监督、服务接诉等多项制度，编制住房公积金服务管理事项和实施清单，形成自上而下、由点及面的服务清单管理体系，实现全市各服务厅服务事项

及制度的统一规范实施、便民事项全覆盖。创新利民举措，精准把脉引领提升。实施"服务提升工程"，制定更加接地气的服务利民措施，全面推进服务标准落实、服务管理提升；在全市公积金服务窗口开展以"标准化、规范化、精细化"为主要内容的"三化建设"，全面升级全市住房公积金服务厅便民设施，创建具有住房公积金系统特色的为民服务窗口；合理配置线上线下服务资源，推进服务事项、办事指南等线上线下服务渠道同源发布、同步更新，推进住房公积金服务一体化发展格局形成，不断满足缴存人新需求新期盼。

二、创建"五极五优"，以至臻服务打造便民窗口新形象

在全省住房公积金系统率先创新推行"五极五优"服务模式，以极简、极优、极细、极速、极致的"五极"政务服务模式和形象优雅、环境优美、秩序优良、服务优质、管理优化的"五优"政务服务环境，激发为民服务内生动力，打造住房公积金为民服务新形象。

"五极"模式提质效，打造"专业效能型"窗口。秉持"如我在办"理念，主动"亮标准、亮身份、亮承诺"，班子成员常态化到基层一线开展"我陪群众走流程"活动，全流程检验办事效能，不断完善、细化住房公积金高频事项"减证便民"办事流程，为职工提供系统性、整体性、协同性的规范服务，创建"极简、极优、极细、极速、极致"政务服务模式。打造"极简"流程，加快信息化建设，"减材料、减环节、减时限"，共享42项政务、商业数据，办理要件简化超过80%，39个服务事项中22个实现零材料即申即办。推行"极优"措施，提供预约、上门、容缺受理等特色服务，创推"公积金业务银行办"，建成涵盖全市13家银行81个办理网点的"15分钟便民服务圈"。建立"极细"标准，完成服务事项梳理，编制标准服务手册，实现标准化、规范化。实现"极速"快办，提升数字服务能力，线上提取"秒到账"业务占比提升至90%以上，个人和单位业务网办率分别达到90%、95%。追求"极致"体验，完成4项住房公积金"高效办成一件事"服务事项，实现36项业务"跨域通办"，提供委托提取"无感办"等个性化服务，推送账户变动等便民信息650余万条。"不讲不能办、只讲怎么办"，为职工群众提供切实可行、便捷高效的专业服务。

"五优"环境树形象，打造"规范温馨型"窗口。坚持把"精雕细琢、精耕细作"作为工作标准、工作追求，开展服务窗口"标准化、规范化、精细化"提升行动，全面升级政务服务设施，持续优化政务服务环境，提升住房公积金服务"硬实力"，着力打造"形象优雅、环境优美、秩序优良、服务优质、管理优化"服务环境。创建服务礼仪"八部曲"并在全省住房公积金系统

推广，提升一线人员文明素养和服务质量，打造住房公积金"优雅形象"。美化办事环境，升级住房公积金分中心服务厅设施，设置便民服务驿站，科学分区、定位摆放、划线管理，实现政务服务"环境优美"。统一着装、规范用语，设置党员先锋岗、导服指引岗、文明讲解员，打造综合素质优、服务意识强、群众满意度高的"星级服务岗"，营造"秩序优良"服务环境。完善帮办代办，提供"周末无休""绿色通道"等服务，让办事群众感受到"家服务"的温馨，让"服务优质"可感可及。依托"背靠背""好差评"评价体系，健全群众评价监督与服务提升联动机制，开展服务素质技能培训，增强业务能力，以学强信念、转作风、促服务，为"管理优化"持续赋能。"五极五优"服务模式被省住建厅在全省住房公积金系统推广，并作为淄博市"三提三争"现场观摩点进行推介。

三、创推"如我在诉"，以至善品质开拓为民办事新路径

以"问需于民、民呼我为"为工作主线，创建群众诉求解决的长效机制，通过听民声、办实事，增进与群众的感情，准确把握群众的需求，走好群众路线，以精准的服务、切实的举措满足他们的期望，把不断提升企业和群众的满意度、获得感作为优化住房公积金服务工作的出发点和落脚点。

创建群众诉求"三级办结制"，确保"事要解决"。针对群众"不满意、未解决"事项，建立主要负责人领导下的"承办人、承办单位负责人、分管领导"三级办结机制，实现受理、转办、办理、反馈全流程闭环管理，建立快速响应、限时整改和监督反馈的工作模式，推动一体运作、协同发力。确保"合规诉求100%解决到位，不合规诉求100%解释到位"，切实做到办理入情入理，让职工群众真正满意。构建"四个一"工作机制，推动标本兼治。为靶向解决群众诉求，建立"收到一个投诉，解决一类问题，形成一套机制，实现一个转变"的工作机制。把企业和群众急难愁盼问题的精准发现、高效解决、举一反三上升到显要位置，把服务的起点前移至问题的预判感知，终点后推至堵点的破解根除，以群众诉求解决推动政策完善，以民生"小切口"撬动政务服务能力"大提升"。善用法治思维，维护群众权益。坚持法律路径、有解思维，创建了溯源治理、依法接诉、事项调查、纠纷调解、行政指导、行政执法环环相扣的群众权益维护一体化办理机制。重视溯源根治，督促企业健全内部合规制度，履行缴存义务。借鉴推广"枫桥经验"，建立纠纷调解机制，设立11个住房公积金纠纷调解工作室，将纠纷化解在诉前，有效维护职工合法权益，以调解为路径解决了100余件职工投诉。推行行政指导，向多行业多主体发放行

政指导意见书1000余份,强化刚性约束,通过政策普及宣传、提示提醒约谈、正反激励示范引领等多种方式,维护了1.04万名职工的合法权益。建立线上执法终端,创建住房公积金行政执法线上工作系统,将群众接诉、行政调解、行政指导、行政执法、申请法院强制执行等各程序环节运用线上终端予以实现,进一步规范行政执法流程,提高群众问题处理效能,促进综合执法效能提升,开辟执法维权"淄博经验"的新路径。

"五极五优"服务模式是淄博中心为民服务建设迈出的新步伐,听民声定民生,用民生暖民心,通过服务管理提升着力让每一件民生小事落到实处。下一步,我们将继续坚持以人民为中心的发展思想,始终保持与群众需求同频共振,不断深化服务内涵,拓宽服务外延,提升为民办实事水平,让人民群众获得感、幸福感、安全感更加充实、更有保障、更可持续,为职工创造一个更加美好的安居环境,书写新时代住房公积金为民服务新篇章。

创新建立"数字五全"模式打造智慧公积金服务样板

毕明　张恒　常唯凡　淄博市住房公积金管理中心

在数字中国建设战略引领下，住房公积金行业正经历着前所未有的深刻变革。淄博市住房公积金管理中心（以下简称"淄博中心"）以"数字五全"品牌建设为抓手，通过全过程智能服务、全流程风险防控、全场景数字办公、全领域数据赋能、全业务线上办理，推动系统性、集成式改革创新，构建起覆盖服务、风控、办公、数据、业务全领域的数字化新生态，开创了住房公积金智慧服务的新范式。"数字五全"品牌是淄博中心对住建部《关于加快住房公积金数字化发展的指导意见》的全面落实和创新应用，具体表现为：同步提升提醒式服务、交互式服务、智能化服务；全面加强业务风险、资金风险、数据风险、合规风险的联防联控；持续优化业务办理流程、行政管理效能、执法工作质效；深入推进政银合作、信用增值、场景创新，全面提高住房公积金服务效能，助推数字化转型。这一创新实践不仅重塑了传统住房公积金服务模式，更为全国住房公积金行业数字化转型提供了可复制推广的样本。

一、全过程智能服务，提升服务体验

一是升级系统架构，筑牢数字基座。秉承"如我在办"理念，持续站在业务办理职工的视角上，完善新一代业务信息系统建设并升级综合服务平台，探索住房公积金业务系统和综合服务平台均可在信创环境下稳定运行，实现信创环境和非信创常规环境的无缝衔接，系统设计理念采用分布式和微服务架构，支持业务功能快速更新迭代和新功能拓展，业务系统建设获评"全省住建系统信息化建设典型案例"。二是丰富服务手段，提升用户体验。通过丰富信息提示、自动调用共享数据、使用通俗易懂短语、设置服务进度提示等手段，提高系统的易用性。编印《网上业务操作手册》并在淄博中心网站长期置顶显示，为缴存单位和缴存人提供全程文字和视频指导，让职工"一看就能懂、一点就能办"。三是深化技术应用，引领服务变革。深化人工智能、大数据等技术的应用，集成"数字人""智能客服""智能外呼""风险预警"等8项创新应用，不断提升住房公积金服务的智能化水平，为职工带来极致体验。近期计划引入DeepSeek大模型并购买算力支持，对淄博中心数字人进行全新升级，实现从"人找服务"到"服务找人"的转变，形成覆盖业务全周期、服务全场景的智能生态体系。通过以上"组合拳"，实现了住房公积金服务全过程主动式、提醒式、交互式、智能化，为行业智能化探索了更多创新路径。

二、全流程风险防控，筑牢安全底线

一是创新风控机制，构建安全防线。建立"人防+技防"风险防控机制，完善"事前+事中+事后"全方位稽核模式，科学设置风控模型。通过建立5个风险库和136个风控模型，并将电子稽查工具涉及的83项指标全部嵌入稽核系统，形成覆盖业务全周期、资金全链条的防控网络。二是坚持数字赋能，强化智慧监管。创新工作方法，建立党组定期研判、部门联动处置、工具跟踪问效的闭环管理机制，实现风险整改率99.8%，异常业务拦截准确率达100%。中心党组每月听取电子稽查工具发现问题整改情况报告，做到应改尽改，不能改的查明原因加入"白名单"，将资金、安全、合规等风险防控贯穿于业务的全流程。建设数字驾驶舱，集成业务态势感知、数据精准分析、业务全景展现等，实现资金流动、业务办理等12类场景的实时可视化监测。三是强化业务研判，识别潜在异常。建立业务流程及数据分析机制，主动发现业务异常点。例如，在异地转移业务中，通过业务轨迹、相互关联关系，精准识别出由外省利用政策宽松空间，大批量套提住房公积金的情形。四是完善技术手段，夯实安全基座。通过增设生物识别手段，增添指纹仪等设备，完善系统权限控制机制，建立起完善的用户体系。

三、全场景数字办公，拓宽服务路径

一是革新服务模式，建设移动服务体系。打造"移动式"一端统办新模式，开发上线移动审批模块，涵盖住房公积金个人业务、单位业务、信息查询等全类型业务，实现了业务受理、审批、查询的"一端统办"，可不限地点、不限时间在线受理及审批业务，开辟了住房公积金业务进社区、进楼盘、进企业的新路径，实现老年群体"刷脸即办"、办事企业"免申即享"等特色服务，业务触达更进一步，服务范围再拓展。二是再造行政办公，创新数字政务流程。依托"山东通"政务平台，实现了业务、执法、行政的全场景数字办公。整合公文处理、用印审批、请销假等12类行政事务，全部实现线上办理，行政效率日益提高。三是开发执法系统，探索数字执法新实践。建立全省首个行政执法业务的全程线上办理流程，规范行政执法业务操作，实现"线索发现—立案调查—文书送达—办理—结案"全流程线上闭环，落实依法行政责任制。

四、全领域数据赋能，推动数据辅政

一是制度创新，引领行业数据治理。编写数字山东工程标准《住房公积金基础数据安全分类分级指南》，参与编写数字山东技术规范《住房公积金异地冲还贷业务协同平台》，强化业务标准建设。二是价值挖掘，推进数据要素流通。在落实国家"数据要素×"行动计划和数字山东建设战略部署中，通过制度创新、技术突破和生态重构，充分挖掘数据的价值，率先探索数据要素市场化配置的公积金实践方案，获批建设全省住房公积金领域首家数据创新应用实验室，为行业数字化转型提供可复制推广的经验。三是数据安全，筑牢发展根基。目前淄博中心共计共享到20多个部门的108项数据，并全部嵌入业务系统，不断优化业务流程，促进数据与业务深度融合。同时，全力推进共享数据安全，完成了征信报告、退休、婚姻、社保等数据的"可用不可见"。四是数据提质，推动服务提效。全力争取数据质量提升试点任务，组建数据质量提升青年突击队，编写《数据资源目录清单》，每周选定3项问题数据进行重点整改，从2024年12月至今，数据质量得分始终保持100分，数据质量提升取得预期效果，数字化发展基础扎实，推动管理工作效能提质。五是场景创新，释放数据要素价值。充分发挥缴存信用数据的作用，创新数据"金银融合"应用模式，将缴存住房公积金资信转换为金融授信，联合17家银行推出23类专属信用贷产品，累计授信规模78.2亿元，助力提振消费。

五、全业务线上办理，实现全程网办

一是整合服务渠道。通过统一服务标准、数据接口和交互协议，实现网上服务厅、微信公众号、"爱山东"APP等8个渠道的"三同"目标——界面同源、功能同质、体验同感。持续推动办理入口统一，引导业务流量向"爱山东"等政务APP集中，让群众在享受政务服务时感受到无差别的便捷。二是深耕线上服务。在40项政务服务事项中，已有36项可全流程网上办理，高频服务事项实现100%全程网办。贷款也迈入线上预申请阶段，随着省住建厅政务服务事项标准化的推进，贷款业务也将实现网上办理，推动"住房公积金贷款一件事"向更高水平发展。个人和单

位业务网办率分别达到90%和95%以上，大部分业务实现"秒到账"，极大提升了职工群众满意度。针对灵活就业人员，开户及缴费业务的网办率达到96.5%，掌办率达到95.7%。淄博中心始终致力于提供好办、易办的服务，不断完善业务发展诉求，为缴存单位和缴存人提供"日用而不觉"的优质服务。

淄博中心"数字五全"品牌的创新实践，成功构建了"服务智能、风控精准、办公高效、数据赋能、业务便捷"的数字化新格局。这一改革不仅使业务网办率稳步提升至95%以上，更推动住房公积金管理从经验决策向数据决策转变，从被动服务向主动服务转型，为数字政府建设提供了生动实践。面向未来，随着数字技术、人工智能、大模型等新技术的深化应用，住房公积金数字化转型必将开启更加智慧化、人性化的新篇章，持续为完善住房保障体系、促进住有所居贡献数字力量。

图书在版编目（CIP）数据

住房公积金研究. 第九辑 : 上、下卷 / 《住房公积金研究》编写组编. -- 太原 : 山西经济出版社, 2025. 6. -- ISBN 978-7-5577-1523-6

Ⅰ. F299.233.1

中国国家版本馆CIP数据核字第2025KY0667号

住房公积金研究 第九辑：上、下卷
ZHUFANG GONGJIJIN YANJIU

编　　者：	《住房公积金研究》编写组
责任编辑：	侯轶民
装帧设计：	姜　涛
书名题字：	范润华
出 版 者：	山西出版传媒集团·山西经济出版社
地　　址：	太原市建设南路21号
邮　　编：	030012
电　　话：	0351-4922133（市场部）
	0351-4922142（总编室）
E - mail：	scb@sxjjcb.com（市场部）
	zbs@sxjjcb.com（总编室）
经 销 者：	山西出版传媒集团·山西经济出版社
承 印 者：	天津午阳印刷股份有限公司
开　　本：	889mm×1194mm　1/16
印　　张：	24
字　　数：	459千字
版　　次：	2025年6月　第1版
印　　次：	2025年6月　第1次印刷
书　　号：	ISBN 978-7-5577-1523-6
定　　价：	108.00元（全二卷）

住房公积金研究 第九辑

（上卷）

《住房公积金研究》编写组 编

山西出版传媒集团
山西经济出版社

研 究 支 持	天津天财房地产研究中心
编 辑 单 位	天津天财房地产研究中心住房公积金研究编辑部
顾　　　　问	刘志峰　姚运德　皋玉凤　胡安东　王　毅　吴　铁　薛建刚
编委会主任单位	天津市住房公积金管理中心
编委会副主任 （按姓氏笔画排序）	尹久亮　刘方定　李　侃　李海成　陈正义　谷俊青 汪为民　邹　雷　罗景华　卓安军　周云东　潘霞云
总　　　　编	谷俊青
副　总　　编	王继成　吕景春　王春敏

全国住房公积金管理机构光荣榜

住房和城乡建设部、财政部、中国人民银行印发的《全国住房公积金2024年年度报告》披露：2024年，全行业共获得地市级以上文明单位（行业、窗口）110个，青年文明号65个，五一劳动奖章（劳动模范）8个，工人先锋号16个，三八红旗手（巾帼文明岗）44个，先进集体和个人745个，其他荣誉称号851个。2025年2月28日，全国妇联在北京举行"三八"国际妇女节暨表彰大会，全行业中获全国巾帼文明岗2个；2025年5月23日，中央宣传思想文化工作领导小组发布第七届全国文明单位，全行业中获奖单位14个。

全国巾帼文明岗

深圳市住房公积金管理中心公共服务部
云浮市住房公积金管理中心

第七届全国文明单位

苏州市住房公积金管理中心	盐城市住房公积金管理中心
温州市住房公积金管理中心	赣州市住房公积金管理中心
沧州市住房公积金管理中心	内蒙古自治区住房资金中心
济宁市住房公积金管理中心	株洲市住房公积金管理中心
滁州市住房公积金管理中心	广州市住房公积金管理中心
湛江市住房公积金管理中心	黔东南州住房公积金管理中心
德阳市住房公积金管理中心	铜川市住房公积金管理中心

保定市住房公积金管理中心

坚持党建引领　创建"奋进公积金"品牌

2024年12月27日　市直各单位90余人参观党建长廊

2024年5月16日　中心主题党日活动

2025年2月19日　沧州住房公积金管理中心到我中心学习交流

2024年11月12日　召开管委会第十六次会议，出台"1+6+8"政策组合拳

2024年3月　党组书记、主任参加京津冀住房公积金协同发展联席会

2025年1月23日　中心党组召开会议传达市两会精神

2025年2月14日　省直公积金中心就"贷款一件事"工作到中心调研

2025年3月31日　中心召开第三次主任办公会暨每月一题

2025年5月6日　北京市怀柔区直工委80余人到我中心调研学习

衢州市住房公积金管理中心

连续八年被评为浙江省住房公积金考核优秀单位

行长看窗口

窗口服务

晨会

红马甲志愿服务队

干部团建

灵活就业宣传

序 言

住房问题关乎民生福祉，住房公积金制度作为中国特色住房保障体系的重要组成部分，在推动住有所居、促进社会公平中发挥着关键作用。《住房公积金研究第九辑（上、下卷）》立足新时代使命，聚焦制度创新与实践探索，全景式展现全国多地住房公积金管理中心的经验成果，从党建引领到服务提升，从风险防控到管理创新，勾勒出住房公积金事业高质量发展的多元图景。

本辑以"扬州公积金数字化案例在'2025数字中国创新大赛·智能科技赛道'总决赛中获奖"开篇，以"全国巾帼文明岗""第七届全国文明单位"为标杆，彰显各市住房公积金管理中心的责任担当。深圳市住房公积金管理中心、云浮市住房公积金管理中心以"巾帼文明岗"为平台，通过精细化服务展现巾帼力量，推动公共服务提质增效；苏州市等14家住房公积金管理中心荣获"第七届全国文明单位"，以高效管理、惠民实践和文明创建树立行业典范。这些荣誉既是对一线工作者辛勤付出的肯定，也是对全行业践行社会责任、深化为民初心的激励，为制度发展注入强劲动能。

坚持党的领导是住房公积金事业行稳致远的根本保障。保定专题展现保定市住房公积金管理中心坚持党建带团建，开创群团工作新局面，聚焦"优、惠、通、快"，打出"服务暖心"组合拳，创建"奋进公积金"品牌；淄博专题展现淄博市住房公积金管理中心创新融合机制，保障全市住房公积金事业高质量发展，聚力打造安全性、流动性、收益性相统一的资金管理"淄博模式"。

面对新经济下灵活就业群体的住房保障诉求，多地试点工作成效显著。通过住建部住房公积金监管司在淄博市召开的灵活就业人员参加住房公积金制度试点工作推进会可以了解到，各试点城市通过政策创新与系统对接，打破传统建制束缚，探索灵活就业人员参与住房公积金制度的新模式。试点既增强了制度包容性，也为全国推广积累了经验，但如何平衡灵活性与规范性，实现"应建尽建、应缴尽缴"，仍需在深化改革的进程中持续破题。

数字化转型与服务创新是提升群众获得感的关键。扬州"五心同连"、淄博"五色服务"、张掖"购房贷款一件事"等实践以智能化重塑服务流程；泸州、吴忠等地通过精细化管理打造"暖心服务"品牌，印证了唯有以人民需求为导向，打破数据壁垒、优化服务供给，才能让住房公积金制度真正成为"惠民安居"的坚实后盾。

在制度建设中，各地突出风险防范，突出与时俱进。北京住房公积金贷款突破了万亿元的同时，织密了风险防控网；天津优化了贷款流程，并强化了行政执法能力；盐城完善非公企业梯度分类机制，并精准推进，从法规建设到技术防控多管齐下；衢州以"六项行动"构建高质量发展模式；长沙探索老龄化趋势下的制度转型；岳阳聚焦职工权益信访化解。还有住宅专项维修资金使用风险、个贷逾期催收等议题的探讨，进一步凸显了"稳中求进"的治理逻辑。政策工具箱的持续丰富为制度注入新活力；零基预算、信用体系建设等前沿探索则展现了管理科学化与治理现代化的深度融合。

当前，住房公积金制度正处于深化改革的关键期，既要应对房地产市场波动、人口结构变化等外部挑战，也需破解覆盖不均衡、服务碎片化等内生问题。本辑以理论与实践结合，为行业提供可鉴方案，更呼吁各界凝聚共识，以更大魄力推动制度向"普惠化、数字化、法治化"迈进。期待本辑成果能激发更多思考与实践，助力住房公积金制度在新时代书写更加温暖的民生答卷。

《住房公积金研究》编辑部
2025年6月

目 录

（上 卷）

特 稿

全国政务服务领域唯一

扬州公积金数字化案例在"2025数字中国创新大赛·智能科技赛道"总决赛中获奖 ········· 2

第一部分　全国巾帼文明岗

深圳：柔肩担纲　巾帼建功

　　——深圳市住房公积金管理中心公共服务部荣获"全国巾帼文明岗"称号 ·················· 6

云浮：务实创新促发展　文明高效树形象

　　——云浮市住房公积金管理中心归集管理科创"全国巾帼文明岗" ·················· 8

第二部分　第七届全国文明单位

苏州：镌刻文明筑梦奋进笔迹　书写乐居苏城民生答卷 ················ 12

盐城：点墨添彩绘就安居图景　积金为民共育文明之花 ················ 18

温州：市县联动　打造住房公积金助力共同富裕温州样板 ················ 22

赣州：党建引领铸文明　惠民服务树标杆 ················ 26

— 1 —

沧州：甘载奋斗结硕果　乘风破浪更扬帆 ·· 30
内蒙古：党建引领凝聚合力　惠民暖心服务大众 ·· 35
济宁：以党建促内驱　以文化聚人心　让精神文明之花绚烂绽放 ····················· 37
株洲：构建文明新高地　描绘服务新画卷 ·· 40
滁州：创建全国文明单位　着力提升服务质效 ·· 44
广州：认真落实服务提升三年行动　持续深化精神文明建设 ·························· 46
湛江：干部职工齐努力　文明创建结硕果 ·· 53
黔东南州：将文明创建贯穿于工作全程 ··· 55
德阳："金心"赤诚传递民生温度　凝心聚力擦亮文明底色 ···························· 58
铜川：凝心聚力树服务品牌　奋勇争先创文明单位 ······································ 61

第三部分　党建引领

保定：高质量党建强基铸魂　引领业务实现新突破
　　——"奋进公积金"党建品牌三年创建成果总览 ·································· 70
漯河：从"学"出发　探寻住房公积金系统落实中央八项规定精神新路径 ········· 76
滨州：党建引领　提质增效
　　——滨州市住房公积金管理中心持续高质量发展取得显著成效 ··············· 79
荆门：牢记初心使命　勇担时代重任　为人民住有所居贡献住房公积金力量 ······ 82
扬州："五心同连"让党建品牌更加生动 ··· 86

第四部分　制度建设

北京：关于修订《北京市实施〈住房公积金管理条例〉若干规定》的法治化建议报告 ········ 90
北京：以高质量规章修订　推动首都住房公积金事业改革发展 ······················· 99

北京：以民为本　不忘初心　发挥住房公积金制度优势 ……………………………………… 104

天津：《住房公积金服务标准》解读 …………………………………………………………… 110

天津：强化住房公积金行政执法

　　　——天津市住房公积金管理中心的创新举措与显著成效 ……………………………… 114

成都：持续释放政策红利　发挥制度惠民效能 ………………………………………………… 124

长沙：人口老龄化趋势下住房公积金制度该何去何从 ………………………………………… 128

雄安：坚持租购并举　坚持服务疏解　全力推动雄安新区住房公积金事业高质量发展 …… 135

盐城：非公企业住房公积金扩面梯度分类与精准推进 ………………………………………… 141

第五部分　主任论坛

云南：优化住房公积金使用政策　助力房地产市场止跌回稳 ………………………………… 146

河南：怎样当好一把手 …………………………………………………………………………… 149

常州：为灵活就业人员安居实现共同富裕提供改革创新经验 ………………………………… 152

保定：创新工作机制　开辟发展新路径

　　　——"主任办公会暨每月一题"工作机制 ……………………………………………… 158

淄博："五色"服务　倾情为民

　　　——淄博市住房公积金管理中心坚持以行动践初心以服务促发展的探索实践 ……… 161

衢州：实施争先创优"六项行动"　构筑住房公积金高质量发展衢州模式 ………………… 166

芜湖：助力优化营商环境　打造"公积金＋金融"惠企便民服务新模式 …………………… 173

阿克苏：深化改革创新　增强发展动力　促进房地产市场止跌回稳 ………………………… 176

吴忠：精耕细作　实干争先　全力推动住房公积金事业高质量发展 ………………………… 182

（下　卷）

第六部分　灵缴试点

灵活就业人员参加住房公积金制度试点工作推进会在淄博市召开⋯⋯⋯⋯⋯⋯⋯⋯⋯188

淄博：推动灵缴试点工作落地落实⋯⋯⋯⋯⋯⋯⋯⋯⋯⋯⋯⋯⋯⋯⋯⋯⋯⋯⋯⋯⋯⋯190

重庆：灵缴试点及对接使用全国统一信息系统做法与成效⋯⋯⋯⋯⋯⋯⋯⋯⋯⋯⋯⋯⋯194

济南：灵缴试点工作探索与实践⋯⋯⋯⋯⋯⋯⋯⋯⋯⋯⋯⋯⋯⋯⋯⋯⋯⋯⋯⋯⋯⋯⋯199

青岛：灵缴试点工作取得阶段性成效⋯⋯⋯⋯⋯⋯⋯⋯⋯⋯⋯⋯⋯⋯⋯⋯⋯⋯⋯⋯⋯203

枣庄：建立"1234"机制　协同联动　助力灵活就业人员榴枣安居⋯⋯⋯⋯⋯⋯⋯⋯⋯208

烟台：对灵缴试点工作进行全面规范⋯⋯⋯⋯⋯⋯⋯⋯⋯⋯⋯⋯⋯⋯⋯⋯⋯⋯⋯⋯⋯210

日照：发挥优势　积极探索　扎实推进灵缴试点工作⋯⋯⋯⋯⋯⋯⋯⋯⋯⋯⋯⋯⋯⋯213

德州：吸引更多灵活就业人员参加住房公积金制度⋯⋯⋯⋯⋯⋯⋯⋯⋯⋯⋯⋯⋯⋯⋯⋯216

第七部分　服务提升

北京：住房公积金贷款总额突破1万亿元

——《北京住房公积金2024年年度报告》出炉⋯⋯⋯⋯⋯⋯⋯⋯⋯⋯⋯⋯⋯⋯⋯220

天津：落实高效办成一件事　优化住房公积金贷款业务流程⋯⋯⋯⋯⋯⋯⋯⋯⋯⋯⋯⋯222

山东：优化管理提效能　惠民利企助安居　山东省住房公积金服务水平实现新提升⋯⋯226

杭州：高效协同　住房公积金贷款购房服务再升级⋯⋯⋯⋯⋯⋯⋯⋯⋯⋯⋯⋯⋯⋯⋯229

通辽：创新"421"工作机制　全力提升服务质效

——通辽市住房公积金中心业务大厅荣获住建部"表现突出集体"殊荣⋯⋯⋯⋯⋯232

邯郸：全国首创公积金"数字柜台"系统　退休提取业务边聊边办⋯⋯⋯⋯⋯⋯⋯⋯⋯235

扬州：数智驱动"一件"集成　全程在线"双零"至臻
　　——扬州试点推进国务院贷款购房"一件事"全程在线办实践探索 ········· 237

扬州：数启未来　至臻服务
　　——扬州"智慧公积金"平台开启数字化发展新篇章 ··················· 241

泸州：龙马潭区管理部连续六年获评"年度优质服务窗口单位" ················ 245

张掖：住房公积金购房贷款"一件事"新体验 ································ 248

吴忠：奏响"五部曲"　打好惠民服务"民生牌" ····························· 250

第八部分　风险防控

北京：构建住房公积金贷款风险防控体系 ···································· 256

北京：织密风险防控网　共筑协同责任堤
　　——关于住房公积金管理中心风险防控和内部控制体系建设的思考 ······· 262

北京：浅谈北京市住宅专项维修资金支取使用风险防控 ······················· 270

第九部分　探索争鸣

北京：零基预算驱动住房公积金管理效能提升
　　——基于北京住房公积金管理中心的实践探索与制度优化 ··············· 276

岳阳：职工住房公积金权益信访诉求解决途径探析 ···························· 284

荆门：住房公积金个贷逾期催收工作实践与体会 ······························ 288

韶关：追缴追讨住房公积金的难点与建议 ···································· 292

酒泉：加强信用体系建设　打造高水平信用住房公积金 ························ 296

吉安：如何看待住房公积金增值收益率 ······································ 299

衢州：灵活就业人员参加住房公积金制度的实践与思考（缴存篇） ·············· 302

第十部分　保定专题

党建扬帆　支部向前 ··· 308
党建创建中的管理部风采 ··· 319
坚持党建带团建　开创群团工作新局面
　　——群团组织典型案例 ·· 328
聚焦"优、惠、通、快"　打出"服务暖心"组合拳
　　——"服务暖心"品牌创建典型案例 ··································· 331
以"工作用心"为笔　绘就党建引领新画卷 ······························ 336
携手京津冀　共筑发展梦
　　——京津冀协同发展典型案例 ·· 340

第十一部分　淄博专题

坚持党建引领　创新融合机制　保障全市住房公积金事业高质量发展 ······ 344
切实履责担当　管理提质增效
　　——聚力打造安全性、流动性、收益性相统一的资金管理"淄博模式" ······ 348
创建"五极五优"品牌　提升"至臻至善"品质 ······························ 356
创新建立"数字五全"模式　打造智慧公积金服务样板 ·················· 360

特　稿

全国政务服务领域唯一
扬州公积金数字化案例在"2025数字中国创新大赛·智能科技赛道"总决赛中获奖

4月29日至4月30日,第八届数字中国建设峰会在福建省福州市举行。本次峰会由国家发展改革委、国家数据局、国家网信办、工业和信息化部、福建省人民政府共同主办。中共中央政治局委员、国务院副总理张国清出席峰会开幕式并致辞。

第八届数字中国建设峰会开幕

智能科技赛道颁奖

作为峰会的重要组成部分,"2025数字中国创新大赛·智能科技赛道"同期圆满收官,本届赛事由峰会组委会倾力打造,聚焦数字中国建设核心领域,已成为国内数字科技创新领域的标杆赛事。赛事数据显示,智能科技赛道吸引全国超1000支参赛队伍、近2500名创新人才同台竞技,既有中国科学院、清华大学等科研机构,也不乏国家电网、中国移动等行业领军企业代表。历经初赛、复赛两轮严格筛选,60支精英团队最终入围总决赛,在峰会期间展开巅峰对决。

扬州市住房公积金管理中心申报的住房公积金行业大模型的解决方案,从全国千余支参赛队伍中脱颖而出,最终在总决赛的60支队伍中排名第十七位,荣获三等奖,成为该赛道政务服务领域唯一获奖队伍。

扬州市住房公积金管理中心聚焦住房公积金行业信息系统智能化程度不高、新技术与业务融合不够、安全风险急剧增加等问题,围绕智能问答、智能用数、管理决策、贷款风控四大应用场景创新构建"服务—管理—风控"三位一体的智慧化解决方案,为行业数字化发展提供了极具价值的参考范例。

第一部分
全国巾帼文明岗

编者按 2025年2月28日,全国妇联在北京举行纪念"三八"国际妇女节暨表彰大会,全国住房公积金系统中深圳市住房公积金管理中心公共服务部和云浮市住房公积金管理中心归集管理科榜上有名,荣获"全国巾帼文明岗"称号。现将其先进事迹刊出,以飨读者。

柔肩担纲　巾帼建功

——深圳市住房公积金管理中心公共服务部荣获"全国巾帼文明岗"称号

2025年2月28日，全国妇联在北京举行纪念"三八"国际妇女节暨表彰大会，深圳市住房公积金管理中心（以下简称"深圳中心"）公共服务部（以下简称"深圳中心公共服务部"）荣获"全国巾帼文明岗"称号。深圳中心公共服务部是一个植根于信访，坚守在纾难解困第一线的基层服务团队。这支团队中，女员工占比约80%，是名副其实的"娘子军"。作为群众权益的捍卫者、企业责任的监督者，深圳中心公共服务部为全市1700万群众和50万家缴存单位提供全天候咨询服务，集中处理各类渠道的群众诉求。2023年以来，她们以零投诉的佳绩，累计处理电话约11万通，通话时长约3万小时，及时受理率保持100%，诉求一次性解决率达98%。多年来，她们始终把群众关切放在心头，把使命责任扛在肩上，以精准高效的服务，架起政民互动的"连心桥"。

"我愿意"，是她们最质朴的行动宣言。

数年来，深圳中心充分发挥党员先锋模范作用，组织党员干部定期开展"一对一"挂点联

深圳中心公共服务部荣获"全国巾帼文明岗"称号　　　　深圳中心公共服务部集体风采

系社区共建活动，通过走访社区、慰问群众、政策宣讲、公益环保等志愿服务，深入了解群众需求，为群众办实事、解难题，近三年共开展政策宣讲数百场。深圳中心公共服务部始终以"便民利企"为导向，将常态化开展"送政策进企业、进社区"活动作为党员志愿服务的一环。

为锚定群众核心诉求，构建政策服务响应闭环，深圳中心公共服务部积极上门解读惠民新政，如灵活就业人员自愿缴存住房公积金政策、住房公积金贷款额度提高政策等。同时，通过现场演示线上服务渠道，讲解高频业务的"零跑动"办理流程，收集个性化问题并限时反馈解决，赢得广泛好评。

"我可以"，是她们最真挚的为民承诺。

作为服务民生的前沿阵地，深圳中心公共服务部始终将群众诉求放在首位，创新建立了"有诉必应即办"工作机制，党员干部冲锋在前，针对疑难复杂诉求，提供精准响应与主动服务。通过建立值班制度，利用电话、民意速办平台等多渠道，确保群众诉求能够实时解答、按时办结。

2022年9月，听障人士邱女士在深就业的独生女突发疾病去世，邱女士痛失爱女，家庭也失去了主要经济来源。得知女儿在深圳的住房公积金账户中尚有余额，身在异地的邱女士因需照顾无法自理的老伴，无法赴深办理业务。接诉后，深圳中心公共服务部的党员骨干立即组成专项小组，联系异地公证机关核实相关情况，并同步辗转联系到邱女士女儿生前好友，帮助双方成功取得联系，并由好友顺利代办业务。

"我自豪"，是她们最坚定的前行底气。

在数字化改革的大潮中，深圳中心公共服务部勇立潮头，以智慧赋能创新服务。针对群众反映集中的住房公积金业务办理反复排队、候时较长等痛点，她们主动梳理症结，推动深圳中心创新打造"无差别综合窗口"并大力推行综合柜员制，实现了住房公积金业务一窗通办。同时，对各类诉求进行源头分析，制定解决措施，2023年以来累计优化百余项业务流程。

此外，深圳中心公共服务部还积极将民生诉求转化为政策与业务优化的"助推器"。2023年以来，她们推动租房提取阶段性支持政策落地，支持深圳无房的缴存职工每月100%提取住房公积金月缴存额；助力"住房公积金个人住房贷款购房一件事一次办"的推出；推动贷款补充规定等政策落地，提高深圳住房公积金贷款最高额度、加大对缴存职工的利息补贴力度等，让制度更好地惠及民生。

务实创新促发展　文明高效树形象

——云浮市住房公积金管理中心归集管理科创"全国巾帼文明岗"

云浮市住房公积金管理中心（以下简称"市中心"）归集管理科现有职工19人，其中女职工12名，占科室职工总人数的63.16%，她们肩负着市中心窗口服务、政策宣传、归集扩面、行政执法等重要工作，为住房公积金事业高质量发展打下坚实基础。

一、强化学习提素质，开拓进取增效益

归集管理科积极融入学习型机关建设，坚持每周学习制度，学政治、学业务、学服务，大力提高工作人员综合素质，建设一支锐意进取、团结协作、勇于创新的团队，以实际成效推动公积金业务长足发展。2024年，云浮市住房公积金归集额31.82亿元，同比增长0.54%，审核发放全市住房公积金个人住房贷款1930笔，共4.95亿元。更多普惠于中低收入缴存职工，为改善缴存职工居住条件，服务住有所居、住有宜居发挥了积极的作用。

云浮市住房公积金管理中心
归集管理科合照

云浮市住房公积金管理中心
归集管理科举行"全国巾帼文明岗"揭牌仪式

二、推动政策显成效，优化服务树形象

归集管理科始终围绕"扶企惠民我先行，管理服务上水平"的主题，以让缴存人得实惠为宗旨，群策群力，奋力拼搏，全面推进各项业务工作落实。

（一）注重政策惠民，不断提升群众满意度

近年来，归集管理科先后推动落实了一系列惠企利民政策。一是省内领先出台住房公积金直接支付首付款政策。2023年1月，云浮市出台住房公积金直接支付首付款政策，并首创资金闭环模式，实现直接支付首付款的住房公积金资金监管封闭运行。住房公积金资金监管实施模式被多个住房公积金管理中心学习借鉴。截至2024年底，累计支持职工支付首付款及购房款3.23亿元，助力推动全市购房消费资金总额达14.49亿元，有效减轻职工购房压力，促进云浮市房地产业健康发展。二是下调住房公积金贷款利率。2024年，下调个人住房公积金贷款利率0.25个百分点。三是提高住房公积金贷款最高额度。单个缴存职工申请住房公积金贷款的最高额度提高至30万元，两个或两个以上缴存职工申请住房公积金贷款的最高额度提高到40万元。四是推动出台住房公积金"商转公"政策。2024年9月13日起，推出"商转公"业务。"商转公"政策的出台，帮助职工节省较多利息，有效减轻职工供房压力，政策实施仅3个多月，已为664个职工家庭发放1.85亿元的"商转公"贷款。五是推出按月对冲住房公积金贷款业务。2024年3月21日起，支持职工使用住房公积金账户余额按月冲还个人住房公积金贷款本息。六是调整扩大异地贷款办理范围。2024年4月，异地住房公积金贷款范围由原来的"粤西五市"扩大至全国。七是优化住房公积金贷款套数认定标准和调整贷款最低首付比例。

（二）强化服务便民，不断提升服务水平

一是优化服务软件，为职工提供"节省之路"。借助全市"大数据"建设的有利时机，以"审批瘦身""秒批秒办""用电子证照替代实体卡证"为改革抓手，在"减材料、减时限、减环节、减流程"上下真功夫。先后取消了公积金提取申请表、退休证明材料、公积金贷款业务二手房评估报告证明材料；简化离退休提取要件、还贷提取业务办理材料、简化租房提取材料；大力推进电子证照应用，实现自主办理住房公积金无违法违规证明，56项办事材料实现"免证办"，业务"网上办""跨省通办"。二是优化服务硬件，为职工增设"方便之门"。全面优化市中心的服务环境，增设自助查询机设备设施。邀请四大国有银行进驻市中心服务大厅，方便群众办事，进一步优化窗口服务。三是优化线上服务，为职工开辟"空中之路"。依托"互联网+"技术，持续升级线上服务，进一步完善网上办事大厅、微信公众号、公积金信息化服务平台，大力推进"单

位汇缴"等47项高频业务实现"网上办""掌上办""指尖办""零跑腿"。2024年，不见面审批的资金达7.42亿元。四是优化线下服务，为职工搭建"暖心之桥"。坚持根据服务对象需求提供延时服务、上门服务、绿色通道。

市中心的工作得到服务群众的一致好评。被省妇女联合会授予"巾帼文明岗"称号；获第一届云浮市"先锋杯"工作创新大赛三等奖；被共青团云浮市委员会命名为"青年文明号"；市中心归集管理科被市总工会评为先进女职工集体；参加云浮市直机关"两个模范"创建活动获评"模范窗口单位"；进驻行政服务中心窗口连续三年被评为云浮市行政服务"先进窗口"。近三年来，在全市政务服务质量排名靠前，政务服务好差评连续三年在全市同级部门中好评并位居前列。

（三）强化宣传严执法，提高公积金影响力

一是坚持宣传先行。线上线下开展宣传，提高公积金知晓度、关注度和影响力，推动公积金归集扩面工作。二是坚持严格执法。年内共开展行政执法检查65次。三是开展催建催缴。年内先后共进行电话催缴400多次，发出催缴通知300多份，上门催缴300多次。2024年，全市新增缴存单位241个，新增缴存职工10701人，新增缴存额3687.89万元。

三、巾帼力量齐参与，凝心聚力促发展

着力增强女干部职工社会责任感，展现巾帼关心社会、服务社会、奉献社会的风范，组织女职工加入社会实践、业务入户宣传、创文、巩卫、助残济困、疫情防控、乡村绿化等志愿服务，以巾帼文明岗的"光环效应"提升巾帼"建功新时代、创造美好生活"的社会影响力。2024年，组织开展和参加了"同植巾帼林 助力乡村绿化"巾帼义务植树活动、"以书筑梦·与爱同行"赠书关爱活动、"维护她权益 幸福千万家——云浮市2024年'三八'维权周大型宣传咨询活动"、节日慰问等活动，广泛宣传住房公积金惠民便民政策，保障群众对住房公积金政策的知情权，扩大住房公积金政策的影响力和社会认知度，帮助群众建缴公积金、用好公积金，实现安居梦。

第二部分

第七届全国文明单位

编者按 2025年5月23日，中央宣传思想文化工作领导小组发布《第七届全国文明单位名单》，全国住房公积金系统14家住房公积金管理中心被授予"第七届全国文明单位"。现将14家住房公积金管理中心先进事迹刊出，以飨读者。

镌刻文明筑梦奋进笔迹
书写乐居苏城民生答卷

苏州市住房公积金管理中心

苏州市住房公积金管理中心（以下简称"苏州中心"）以习近平新时代中国特色社会主义思想为指引，丰富文明内涵、激发创建活力，将精神文明建设工作与党务工作、服务工作、业务工作有机融合，全系统先后获评全国青年文明号、全国巾帼文明岗、江苏省文明单位、全省住房城乡建设系统先进集体，多次获评省、市先进基层党组织、工人先锋号、五一劳动奖和五一巾帼标兵岗等荣誉称号。

2024年末，全市住房公积金应缴单位达23.69万家（实缴单位18.95万家），实缴人数达463.36万人，归集住房公积金836.69亿元，占全省的四分之一，全市累计归集住房公积金6648.25亿元，稳居全省第一，连续七年成为全国非公企业缴存职工占比最大城市。全市发放住房公积金贷

服务贯标提升培训，重塑服务礼仪标准

长三角生态绿色一体化发展示范区
住房公积金职业技能展示

款8.81万笔、818.91亿元，同比分别增长64.98%、106.96%，创历史新高，贷款额占全省46.2%，增幅居全国万亿GDP城市第一。提取住房公积金583.69亿元，同比增长10%，提取额占全省24.21%、跃居全省第一。累计发放贷款3496.23亿元，累计提取4627.87亿元，均为全省首位。

一、以"御窑金砖"的匠心夯实"文明之基"

苏州中心始终以"责任担当、守正创新、惠民利企"的公积金文化不断夯实为民服务根基，以匠心筑梦"小聚力"释放效能提升"大潜力"。

一是党建引领融合发展。充分发挥党组织的领导核心作用，在全系统11个支部打造"1+11"特色党建品牌，创新"党建+"工作模式，与省住建厅、高职院校、医院、保险业、社区等多家单位结对共建，成立"惠民""惠青""惠医""惠农""惠商"等联合行动支部，通过党建链接资源、集聚合力，全力推动破解拓宽联系服务群众路径难题，精准对接群众"急难愁盼"，形成"点上开花""面上成景""美美与共"的生动局面。

二是培育思想道德沃土。将培育和弘扬社会主义核心价值观作为凝魂聚气、强基固本的基础工程，运用墙面、电子屏、网站等多种载体进行宣传。加强行业道德教育，定期开展道德讲堂，举办"身边的榜样"典型选树宣传活动。完善职工诚信考核评价制度，参与住建部"住房公积金信用评价标准"课题研究，出台公积金失信惩戒实施细则。进行传承好家风好家训活动，倡导"孝老爱亲"的家庭美德。

三是夯实党风廉政体系。与23家受托银行建立廉政风险防控联席会议制度，印发《关于建立住房公积金廉政风险防控联席会议制度的实施意见》，形成"部门联防、内部制约、外部监督、构建网络、重点预防"的工作格局。定期讲授"一把手·讲纪律"廉政微党课，召开廉情分析座谈会，签订党风廉政建设工作责任书、承诺书，开展廉政书签制作、廉政漫画征集等活动，合力营造"崇廉尚廉"氛围。实施公积金新从业人员廉洁守业规范化教育，通过"六个一"系好公积金新从业人员的人生"第一粒扣子"。

二、以"苏式评弹"的温婉践行"文明之风"

苏州中心着力开发各类"切口小、方法巧、效果灵"的应用场景，让企业群众对公积金服务更可感、可及、可触，以诚心诚意"小服务"撬动企业群众满意"大民生"。

一是推进区域站点"诚意服务"立体化。打造"公积金诚意服务站"，全力推动破解拓宽联系服务群众路径难题。在产业园区、重点企业搭建站点，设置服务窗口为企业、为职工提供精准指导；入驻房产超市，提供政策咨询解答、线上业务指导等全方位服务；积极融入劳动者驿站、社区便民服务站，开展上门服务、预约服务、帮办代办等便捷服务；在人才公寓提供增值服务，运用公积金租金直付功能，减轻新市民、青年人租金负担；针对苏州外向型经济的特点，为全市10万名台商台胞制定专属服务方案、提供专场服务、助力安居乐业。全市已建成405个"公积金诚意服务站"，覆盖97个乡镇街道，与公积金服务大厅、外设服务网点形成"厅—点—站"三维一体公积金服务网络，真正实现家门口的公积金服务触手可及。

二是实现政务服务"最美窗口"智能化。打造线上"最美窗口"，组建"一企来办"公积金专线服务团队，架起线上服务桥梁，对12345热线无法解答的企业诉求，通过"专家视频、电话连线"的方式，给予直接、快速、精准答复，保障企业享受更加优质、贴心的服务。依托政务服务"跨域通办·云综窗"，延伸一线服务纵向穿透力，新增多项高频服务事项，通过远程视频交互系统，实现公积金业务线上视频、在线交流、屏幕共享、文件传输等双向互动，解决异地办事"多地跑""折返跑"等问题。推出住房公积金云贷业务，将贷款办理的9个步骤全面迁移至线上平台，群众可在任何时间、任何地点从官方权威平台"苏周到"APP或商业银行APP登录，在线完成全部贷款手续，实现全要素100%线上流转、全市域100%应用，公积金（组合）贷款45分钟内办结。

三是加速数据共享"一网通办"便捷化。在省内率先落地线下高效办成公积金贷款购房"一件事"线下应用场景，打通数据共享渠道、优化再造服务流程、规范统一办事标准，减免填报内容112项、申报材料12项，减少跑动次数4次、审批环节3个，办理时限从原来的平均10个工作日缩减至最快当天办结。深化"放管服"改革部署，加强区域协同合作，将"跨省通办"服务事项拓展至42项，优先实行"全程网办"，辅以"代收代办""两地联办"，大力推行"亮码可办"，最大限度满足企业群众异地办事需求。深入对接长三角"一网通办"平台，全省率先上线异地还贷提取业务，举办长三角一体化发展示范区职业技能展示，发布"鑫享优居"公积金合作品牌及8项一体化实事项目清单。在多个平台搭建AI智能客服"苏小金"，提供7×24小时全天候智能咨询服务，2024年度回复职工提问161.67万条，知识库命中率达99.53%，回复满意率超98%。

三、以"苏工核雕"的精巧深研"文明之智"

苏州中心立足民生需求，加速释放政策红利，为群众居住品质改善办实事、出实招、见实效，以民生实事"小切口"撬动政务服务"大提升"。

一是激发创新活力，数字赋能厚植新优势。抢抓数字化发展机遇，编写《苏州住房公积金数字人民币场景应用标准（试行）》，作为全国首个数币导则贡献"苏州经验"，在行业内首个实现全辖大额批量交易场景应用，累计交易额达800亿元，稳居行业第一，受到中央媒体采访团的集中调研访谈。以"信"增"用"，创新打造"积金惠企"政银企平台，全国首创建成公积金专属信贷产品线上专区，举办"积金惠企·助新质发展"政银企合作沙龙活动，助力缴存企业实现"全线上、无抵押、纯信用"融资申请，推动企业发展、金融增效与公积金扩容的三方共赢，19家合作银行累计向企业发放贷款1.9万笔、授信额度143亿元，在全国行业领先，获评"新华信用杯"全国优秀案例。

二是促进多元普惠，制度覆盖打开新局面。精心打磨扩面工具箱，牵头编写住建部第一批《住房公积金扩大缴存覆盖面推荐做法清单（2024年版）》，苏州18项举措为全国提供蓝本，受邀在住建部首期全国住房公积金高质量发展大讲堂上授课。建立社保常态化数据共享机制，实施精准扩面。全市新增缴存单位5.36万家，新增缴存80.07万人，超额完成目标任务。2024年全市归集公积金836.69亿元，同比增加11.86%，增幅居全国万亿元GDP城市首位。创新推出"乐居苏城"存贷产品，开启了以产品化缴纳公积金的创新模式，产品首次实现"灵活缴存、随时支取"，量身打造"六大便利"，通过主动数字赋能、精准宣传，实现政策找人。为满足灵活就业人员多元化的缴存需求，苏州中心在全国首创推出聚合支付功能，融合微信、支付宝和银联等便捷的移动支付手段，在全国率先建立支持归集资金T+0进公积金缴存专户的聚合支付结算新模式。2024年全市灵活就业新增开户24.63万人、新增实缴20.42万人、新增实缴金额5.41亿元、累计开户人数38.33万名，4项指标均跃升全国试点城市第一，灵活就业试点作为典型经验被省委深改委在全省复制推广，获《中国青年报》关注报道。

三是迭代政策工具，住房保障输出新供给。围绕适应住房结构优化和品质提升需求持续升级住房公积金政策，助力提振住房消费。顶格调整个人和家庭住房公积金贷款最高限额至120万元和150万元，下调个人住房公积金贷款利率，降低住房公积金贷款首付款比例，优化住房套数认定标准和贷款计算方式，缓解购房压力。面向刚需家庭、多子女家庭、困难家庭、高层次人才、军人等不同群体出台了一揽子住房公积金支持政策，为促进我市房地产市场平稳发展发挥了"压舱石"作用。实施住房公积金"筑梦苏城"工程，纳入全市青年民生实事项目，支持高校毕业生自愿设立住房公积金个人账户，公积金保障范围由"单位人"延伸至"校园人"，提前锁定、精准引才；贷款专项支持力度强，贷款额度上浮50%，最高可贷至225万元；租房全面放开，符合条件的青年人才可以按照实际房租支出提取公积金。苏州中心聚焦企业全生命周期管理和群众高频服务需求，创新打造"公积金政策明白卡"服务模式，推动公积金服务"直达快享、应享尽享"。

四、以"苏州刺绣"的典雅照亮"文明之窗"

充分发挥群团组织的桥梁纽带作用，不断增强文明创建的认同感、荣誉感，以文明风尚"小起点"助推和谐社会"大文章"。

一是创品牌促效能，构筑文明创建工作体系。全力争创全国文明单位，推动全市公积金系统精神文明建设再上新台阶。制定创建全国文明单位工作实施方案，先后成立工作领导小组和工作专班，明确岗位职责、落实任务分解、完善工作资料。构建"创建+党建+业务+服务=群众满意"模式，推动各项工作与文明创建深度融合，持续提高全市住房公积金行业文明程度。综合运用官方网站、微信公众号、APP、橱窗、电子显示屏等多种形式宣传展示文明创建内容，营造创建氛围，提升品牌影响力，传播文明正能量。

二是扬优势敢担当，打造特色志愿服务矩阵。组建"小青橙"青年志愿服务队，打造"公积金·惠万家"志愿服务矩阵，注册志愿者人数超过50%。服务大厅设立党员示范岗、文明服务岗等，持续开展"在职党员进社区"、"双报到　双服务"、无偿献血、慈善捐助、绿色环保、文明交通、法律援助等系列志愿活动，年均活动200场以上，受惠群众达百万人，通过细腻的苏绣针法放大公积金制度社会效应。通过《政风行风热线》《苏城议事厅》直播间、"法治开讲""百名局长百场宣讲"等现场宣讲活动，及时回应群众关心关切，搭建"连心桥"。积极响应各级"结对子"帮扶工作要求，扎实推进苏青、苏宿、苏阜、苏信等结对帮扶工作，以仁爱之心共绘苏绣绚丽色彩。

三是增素养提技能，涵养多元正向文化风尚。秉持"但凡出品、必是精品、争树标杆"的工匠精神，定期在全系统开展岗位练兵、技能比武和职业技能竞赛活动，建设一支知识型、技能型、创新型人才队伍，浓厚"比学赶超、争先创优"的干事创业氛围。以"我们的节日"为主线开展春节趣味运动、元宵节猜灯谜、妇女节手工制作、端午节划龙舟、重阳节走访慰问及其他各类喜闻乐见的文体活动，传承中华优秀传统文化、弘扬健康向上单位文化。开展"全民健身""全民阅读"等活动，构筑"活力型"公积金，增强组织的凝聚力和向心力，展示苏州公积金人奋发有为、活力昂扬的精神风采。

　　文明创建没有终点只有起点，没有止境也没有捷径。下一步，苏州中心将继续在习近平新时代中国特色社会主义思想指引下，秉持"责任担当、守正创新、惠民利企"的单位文化，进一步解放思想、真心铸情、诚信谱曲、热心写爱，用智慧和汗水，以更高的目标、更有力的举措做好文明创建工作，谱写住房公积金惠民利企新辉煌。

点墨添彩绘就安居图景
积金为民共育文明之花

盐城市住房公积金管理中心

近年来，盐城市住房公积金管理中心（以下简称"盐城中心"）坚持以习近平新时代中国特色社会主义思想为指引，在各级党委、政府正确领导和各级文明委的精心指导下，秉持"创建为民、创建利民、创建惠民"工作导向，切实将文明单位创建与保障和改善住房民生紧密结合，聚力谱写住房公积金事业高质量发展盐城新篇章。

一、坚持党建引领，厚植新思想领航鲜明底色

盐城中心坚持"抓党建促创建"这一基本路径，将党建与文明创建有机融合，打牢创建工作基础。一是筑牢思想政治根基。将深入学习宣传贯彻习近平新时代中国特色社会主义思想作为

盐城中心举办"奋楫新时代 阔步新征程"岗位练兵技能竞赛

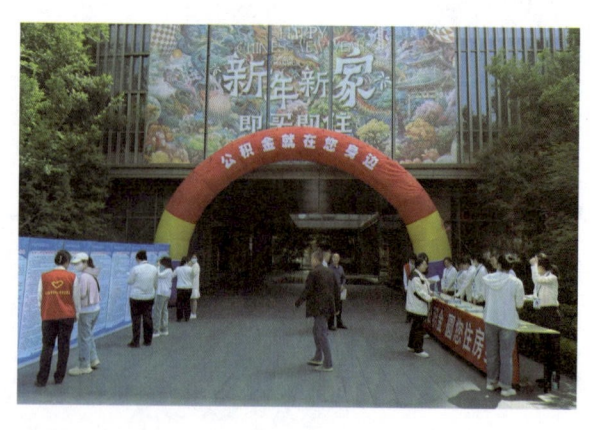

盐城中心开展"公积金就在您身边"主题宣传

首要政治任务，以新思想领航，把牢文明创建工作方向。落实党组理论学习中心组学习、党员统一活动日等制度，全面加强思想政治教育。通过组织"强国复兴·奋斗有我"主题演讲比赛、"双提升"能力培训班，举办"七一"红歌展演、"党史我来讲，党课大家上"主题党课等系列活动，弘扬主旋律，提振干部职工干事创业精气神。二是强化党建品牌培树。依托"筑梦万家"党建品牌建设，以"我们的节日"为载体，围绕"颂党恩、话廉洁、扬家风"等主题，广泛开展春节主题走访、品味端午浓情道德讲堂、中秋读书分享会等系列活动，大力培育和践行社会主义核心价值观，推动党建与创建互融互促。积极履行社会职责，弘扬"奉献、友爱、互助、进步"的志愿服务精神，常态化开展"城乡结对，文明共建"，组织帮扶慰问、植绿护绿、无偿献血、文明执勤等志愿服务活动，推动单位形成爱岗敬业、诚实守信、办事公道、服务群众、奉献社会的良好风尚。三是推进基层组织建设。夯实基层党支部党建根基，将文明创建融入支部工作中，有效提供政治、思想和组织保障。充分发挥支部战斗堡垒作用，激发党员干部在新冠疫情防控的最前沿、乡村振兴的第一线、为民服务的实践中，以"只争朝夕、奋勇争先"的昂扬姿态扛起职责使命，形成"支部协同配合、职工广泛参与"的良好工作局面。近年来，盐城公积金系统获评全国青年文明号1个，全国住房公积金系统星级服务岗1个，获评省级工人先锋号等称号14个，共30余人次获得全国住建系统先进工作者、全国住房公积金服务提升三年行动表现突出个人等部、省、市各级荣誉表彰。

二、聚焦主责主业，提升安居宜居民生成色

盐城中心坚守解决缴存人基本住房问题的制度初心，立足主责主业，彰显使命担当，以文明创建赋能行业高质量发展，助力安居宜居。一是制度惠泽群体有广度。以"公积金就在您身边"为主题，深入推进"扩面五年行动计划"，创新实施灵活就业人员缴存公积金补贴政策，将住房公积金制度红利更广泛惠及各类劳动群体。"十四五"期间，全市住房公积金年归集额由2020年80.21亿元增长至2024年130.38亿元，增长率62.55%，增幅居全省首位；累计新增公积金缴存51.8万人，实缴人数由2020年61.33万人增长到2024年86.21万人，净增长40.57%，增幅全省第二。归集扩面成效得到住建部住房公积金监管司领导肯定，扩面归集经验被《中国住房公积金年鉴》收录，"网格化精准扩面""编制扩面清册"等创新举措被列入住建部住房公积金扩大缴存覆盖面的典型案例，并在全国住房公积金工作会议上作经验交流。二是保障住房民生有力度。围绕"加快构建房地产发展新模式"积极发挥住房公积金政策工具调节和支持作用。坚持租购并举，推广租

房"按月委托提取"，全面推行按实际房租提取使用公积金。实施降低住房公积金贷款利率、降低首付比例、提高贷款额度、延长还贷期限等一揽子促进房市"止跌回稳"政策，出台提取公积金做首付，购买改善性住房、存量住房"换新购"等系列支持政策，全力满足工薪群体刚性和城乡居民多样化改善性住房需求。2021年以来，共为40.82万名缴存人办理租房、购房、还贷等住房消费类提取业务290.24亿元，向4.69万个家庭发放住房公积金贷款202.42亿元，可为缴存人节约利息支出约28亿元。截至2024年末，公积金贷款余额占全市个人住房按揭贷款余额的15.36%，盐城中心已成为盐城最大的住房按揭贷款提供机构。三是服务发展大局有高度。聚焦人才强市、优化生育、绿色低碳、长三角一体化等发展战略，持续加强住房公积金在支持"人才购""多孩购""返乡购"等多种住房消费场景中政策集成，有效发挥制度优势。"十四五"期间，全市共为4006位"黄海明珠"等各类人才提供住房公积金低息贷款24亿元，累计有689个多孩家庭享受到住房公积金贷款额度提高政策红利，支持10654位外市籍在盐工作人员办理公积金贷款45.88亿元，向异地缴存职工发放本市购房贷款4.71亿元。细化落实全市推动经济好转"56条"、稳定经济增长"37条"等系列举措，出台支持"保交楼"项目配套融资政策，广泛参与企业用工招聘政策宣传以及购房促销各类活动，以自身所能积极服务全市社会经济发展所需。

三、突出共建共享，绘就公积金为民幸福暖色

盐城中心践行文明创建为人民的根本宗旨，以文明创建促进服务质效全面提升，让创建成果可感可及，提升缴存人获得感、幸福感。一是推动"数字公积金"建设。主动适应数字化政务服务发展趋势，建成包括公积金网上服务大厅、微信公众号在内的，可接入"我的盐城"APP、江苏政务服务网等多种对外服务渠道的"一张网"信息化项目，开通单位和灵活就业人员线上开户缴存以及职工网上办理提取、贷款等业务功能，实现服务事项和服务渠道线上"两个全覆盖"。全面接入全国住房公积金监管服务平台，深度对接各层级政务服务平台，以户籍、婚姻、房产、人社、医保等共享数据"多跑路"，推动实现"异地购房提取公积金"等13项异地业务"跨省通办"和企业开办、职工就业等"一件事一次办"。目前，全市单位和个人业务线上办理率均超过95%，7×24小时全年线上"不打烊"服务荣获"我的盐城"APP最受欢迎便民服务第一名。二是推动"规范公积金"建设，守好缴存人安居"钱袋子"。高质量建成住房公积金运行可视化实时监管平台，建立日常资金自动调剂存储机制，实施沉淀资金竞争性存放，构建风险隐患整改"动态清零"机制，电子稽查报告风险疑点率连续两年全省最低。接入房屋评估系统，引入贷款风控

模型，上线征信授权协查解析，加强电子档案运用，将合规强控管理嵌入系统中，推动风险管控从"人防"向"机控"转变。持续加强系统安全防护，综合业务信息系统在全省率先迁入"政务云"，盐城中心数据质量评分在全省设区城市公积金中心排名第一。三是推动"满意公积金"建设。将志愿服务与业务工作紧密结合，以"惠民公积金、服务暖人心"服务提升三年行动为抓手，深入开展"四进、两送、两问"服务调研。"面对面"解答缴存职工关心的热点问题，"手把手"帮助企业和群众体验"指尖办""零跑腿"的高效便捷服务。创新服务模式，开启"直播带政策"宣传形式，制作公积金"云课堂"微视频，依托数据"画像"精准定向推送公积金业务政策信息，变"人找政策"为"服务找人"。定期组织全系统职工业务技能、服务技能竞赛，编制《服务标准化手册（试行）》，优化办事大厅设置，配备便民设施，设立优抚窗口、爱心窗口、"办不成事"接待室（窗口），依托合作银行334个基层网点，将服务延伸至乡镇、街道、村居，让"能办"向"好办"蝶变，稳稳托起盐阜百姓幸福"安居梦"。

文明无终点，创建无止境。盐城中心将持续大力弘扬社会主义核心价值观，履行社会责任，弘扬文明风尚，推动文明培育、文明实践、文明创建不断走深走实，为全方位推动盐城公积金高质量发展提供坚强思想保证和强大精神动力。

市县联动　打造住房公积金助力共同富裕温州样板

温州市住房公积金管理中心

温州市住房公积金管理中心（以下简称"中心"）成立于2004年6月，是直属于温州市政府管理运作全市住房公积金工作的正处级参公管理事业单位。中心下辖12个分支机构承担驻地住房公积金管理工作，现有工作人员300余人，其中在编干部121人。

近年来，中心始终坚持党建领航，深入贯彻党的二十大精神，全面落实住建部、省厅重点工作，融入市委、市政府中心工作，主动站位"全国文明单位"的高度与视野，胸怀国之大者、心系民之关切，把精神文明建设摆在重要位置，以精神文明建设的久久为功，坚决扛起温州"红色根脉"和全国住房公积金制度改革"试验田"的使命担当，彰显温州"改革先锋"的创新精神，不断推动温州住房公积金事业高质量发展。在走好文明之路、创好文明之业、行好文明之事的进

温州中心开展"红七月——服务月"主题党日活动　　　　温州中心举办青年干部座谈会

程中，打造出多个国家级试点，创成多项"国字号"荣誉。系统获得各类荣誉总计314个，其中"全国工人先锋号""全国巾帼文明岗""全国青年文明号"及全国住建系统"星级服务岗""先进工作者"等国家级荣誉13项、省级荣誉76项。

一、坚持党建引领，坚定走好文明之路

建立党建引领推进精神文明建设工作体系，在上下联动、市县协同中推进"党建+文明"有机融合，高扬"全国文明单位"创建旗帜。一是党组重视，列入"一把手"工程。2018年，中心创成浙江省"文明单位"，随后立即争创"全国文明单位"，2020年实现了省级"文明单位"系统全覆盖，奠定了"全国文明单位"创建的良好基础。五年来，中心党组始终把"全国文明单位"创建列入"一把手"工程，确定了机关党的建设"六大工程"和实现"五好五强"目标的三年行动规范，制订创建三年规划，成立以主要负责人为组长的创建领导小组，将文明创建与党建、业务同研究、同部署、同落实、同考核，推进"党建强、文明强、业务强"。列入部省合作联系点建设重要内容，积极取得部、省厅指导支持，建立上下互动常态化联络机制，开展"党建+创建+业务"融合发展专题研讨和联学联建活动，高站位提供创建保障。二是入选"长三角"党建联建创新案例。围绕住房公积金助力共同富裕大目标，推出党建引领"十大场景"应用，创新"公积金+金融"党建联建模式，与全市21家合作银行建立联学共建、文明共创工作机制，实现资源共享、结对共建、互动共学、活动共办、业务共进，全省率先打造有"家"的体验的"公积金+金融"综合服务室，受到省、市领导和办事群众好评，打造具有温州住房公积金辨识度的机关党建与文明创建相融相合的实践案例，助力巩固温州"全国文明城市"创建成果，为高标准创建"全国文明单位"提供了坚强保证。温州"公积金+金融"党建联建创建做法入选长三角住房公积金系统党建创新案例。三是上下"一盘棋"，形成创建整体。坚持把"全国文明单位"创建纳入党组年度重点任务，每年召开党建暨文明创建工作大会，做到市县联动文明创建上下"一盘棋"；围绕"红色根脉强基工程"，按照"一地创建、系统共享"模式，打造"一核四点"系统"1+4+N"文化阵地，建成以红色赋能、党建引领、安居共富为主题的"温州住房公积金党建文化馆"，构建了温州公积金"一中心二支点"的红色党员教育阵地群，受到部司、省厅及市领导和部门的充分肯定。连续两届荣获省住建系统"红旗窗口""服务先锋"双荣誉，在全省住房公积金行业"岗位大练兵、业务大比武"中获团体、个人双项"二等奖"，连续七年获机关党建考核"优秀单位"，创成提升型、规范型、引领型"清廉机关"，荣获市首届"双建争先"单位，

获市直机关"牵手帮共富""书记领办营商环境项目"多项优秀成果案例；系统窗口获评"先进窗口""流动红旗"150余次，连续八年开展系统"标杆窗口""服务明星"评选，形成了比学赶超浓厚创建氛围。

二、坚持高位赋能，坚定创好文明之业

中心坚持把创建"全国文明单位"根植于事业发展全过程，激发改革创新主动力，以主业发展的良好成效，彰显出文明创建的高分答卷，以创建聚合系统干部职工同心同德的磅礴伟力，高位推动住房公积金事业高质量发展，造福于民。一是弘扬温州人"四千精神"，积极打造部省联系点、全国工作试点。"全国唯一"承接住房公积金助力共同富裕部省合作联系点，写入了住建部和浙江省共同富裕示范区合作框架协议，市政府常务会议研究印发联系点建设实施方案，市政府主要领导任组长，市委宣传部、改革办等19个部门列入成员单位。"全国第一个"实施农民建缴公积金并在龙港试点；"全国第一个"探索了退役军人建缴公积金并在泰顺试点。"全省首个"完成公积金"四统一"改革地市中心，打造了住房公积金体制机制改革的"温州样板"。二是秉承"做大做强"事业发展目标，打造了"千亿公积金"发展里程碑。坚持把推进住房公积金主要业务指标提升，"做大做强"惠民利民住房公积金资金盘、覆盖面作为文明创建成效的主要体现，在"扩中提低"、支持"新青年、新市民"，助力企业拴心留人、稳岗就业和温州市委、市政府冲刺"双万城市"、打造"全省第三极"等方面作出了积极贡献并取得明显成效。实现了累计提取额、贷款发放额、存贷规模额"三个1000亿元"的突破，也实现了从"窗口服务单位"向"民生保障重要部门"和"社会经济重要支柱部门"的转型提升。三是堪当全国住房公积金创新改革"试验田"，取得了多项标志性成果。中心始终坚持以"党建+创建+业务"赋能共同富裕部省合作联系点建设，打造了一批全国全省先行先试的标志性成果。全国首创将龙港集体经济组织成员纳入公积金建缴范围，成果入选省共富办成功案例，获省委改革突破奖，新华社内参、人民网、浙江日报等10余家主流媒体广泛报道；全国首个试点"住房公积金支持长租房"项目得到住建部领导充分肯定，成果荣获全省住房城乡建设系统改革典型案例、省委改革办2024年三季度"企呼我应"涉企问题高效闭环解决案例；在全国率先为退役军人建缴住房公积金，提供保障关爱，为社会和谐稳定作出贡献，成果案例被评为全省住房城乡建设系统改革典型案例，在退役军人事务部网站专题报道，并列入住建部"决策参考"，被全国20余个城市学习借鉴等。

三、坚持务实创新，坚定行好文明之事

始终坚持"以人民为中心"的根本宗旨，深化"惠民公积金、服务暖人心"服务提升三年行动，务实创新、担当作为，当好文明的示范者、传播者、引领者。一是当好文明服务的示范者。严格住房公积金服务"规范化、标准化、便利化、廉洁化"要求，打造了"支部建设在窗口、服务群众如亲人"温州住房公积金党建服务品牌，推出窗口服务"123456"服务模式，实施党员"红色代办"和"六跑"服务，出台了"七项便民办"服务举措，打造了"标准化+个性化""线上+线下"全覆盖服务体系，志愿者领衔"一件事"集成服务；推出"党建+项目""创建+项目""党员+干部+项目"等举措，建立党员领衔重点工作专班，克难攻坚公积金发展中短板问题，实现流程再造改革成果惠及全市百万职工，推行上门服务、周六无休日、售后式预约服务等个性化暖心服务，以公积金人"辛苦指数"换取群众的"满意指数"和"幸福指数"。创新服务礼仪"创意工间操"入选"学习强国"，荣获全国住房公积金系统服务提升三年行动"星级服务岗"和"先进个人"。二是当好文明行为的传播者。积极培育和践行社会主义核心价值观，大力弘扬志愿服务精神，把志愿服务与创新社会治理结合起来，完善志愿服务长效运行机制，体系化、品牌化构建枢纽型志愿服务，打造具有温州公积金辨识度的新时代机关党建和文明创建新高地。组建了"1+13""红动公积金"志愿服务队，开展"红动公积金"进机关、进企业、进社区、进广场、进楼盘、进高校活动，举办"抗疫情、创文明、保平安"誓师大会，开展"红动公积金、共富安居梦""齐心抗疫、关爱同行""创城有我、文明同行""服务亚运、文明有我、机关先行"等系列志愿服务，破解业务瓶颈。在重点扩面区域成立临时党支部，开设志愿服务专窗专班，推进服务模式由"等上门"向"走上门"、"可心办"向"很好办"、"你来办"向"我来办"的"三转变"。三是当好文明风尚的引领者。坚持把弘扬新时代文明新风尚作为文明创建的使命担当，广泛宣传和践行《温州市文明行为促进条例》，加强系统干部职工移风易俗、"浙风十礼"、文明行为等教育，借助各类载体开展文明新风尚、浙江有礼、公筷公约、勤俭节约、文明出行等宣传展播，推行党员"双报到双服务"、机关干部包联结对村（社区）、组织与结对村党组织共过主题党日等多渠道、多载体，开展"老人慈孝日"、爱心助学、垃圾分类、公益服务、文明社区建设、传统节日关心关爱、军民主题共建等各类志愿活动，为巩固温州"全国文明城市"创建发挥了有效而积极的引领作用。

党建引领铸文明　惠民服务树标杆

赣州市住房公积金管理中心

赣州市住房公积金管理中心（以下简称"中心"）为赣州市政府直属的公益一类事业单位，设8个科室，19个分中心，从业人员238人。作为重要的民生服务机构，中心以"服务民生、助力发展"为核心使命，构建起覆盖全市的多层次住房保障体系。截至2025年3月底，全市在缴单位12192家，在缴职工51.21万人，缴存总额788.72亿元，缴存余额350.14亿元，提取总额438.58亿元，贷款发放总额558.78亿元，贷款发放余额308.23亿元。通过创新配套融资机制，撬动银行资金25.26亿元保障"保交楼"项目顺利交付，稳定房地产市场预期，开展灵活就业人员缴存试点，吸纳7702名灵活就业人员参与缴存，覆盖人数全省第一，推动社会保障普惠性提升，为支持职工改善住房条件，促进城镇住房建设和全市经济建设发挥了重要作用。

赣州中心开展党性教育活动　　　　　　赣州中心窗口人员办理业务

一、党建引领强基固本，铸就文明创建核心

（一）组织机制体系化

一是成立以中心党组成员为组长，各党支部书记和各科室、分中心负责人担任组员的创建文明单位活动领导小组，统筹文明创建工作，发挥党支部、工会等组织作用，组建志愿者服务队伍，凝聚创建工作合力，形成齐抓共建的格局。二是将文明创建工作纳入中心高质量发展考核，制定文明创建年度工作要点，将文明创建纳入中心年度财务预算，确保创建工作有保障，有效促进文明创建活动制度化和规范化。

（二）人才培育标杆化

每年开展文明礼仪培训4次，覆盖全体干部职工，打造高素质服务队伍。培育了全国住建系统先进工作者廖红玲、全国服务提升标兵黄剑等先进典型，市中心窗口入驻市行政服务中心以来，连续80个月荣获赣州市"优秀窗口单位"，荣获中心城区十大文明细胞文明窗口、市青年文明号、市巾帼建功先进集体、市三八红旗集体。

二、惠民服务创新突破，树立行业服务标杆

（一）政策创新破解住房难题

聚焦民生需求，构建精准化政策体系。一是注重内控建设、部门联动和常态长效管理，确保了贷款政策的精准合规和风险防控，贷款逾期率降至0.087‰，数据质量评估得分全省第一，围绕相关做法在全国住房公积金贷款管理工作会议作经验交流。二是连续出台提高额度、降低首付、优化认定标准等系列政策，进一步优化"商转公"贷款流程，助力赣州公积金贷款余额首超商业银行，成为个人住房贷款主力机构。三是在全省率先出台支持三孩家庭优惠政策，发放贷款1.34亿元，充分支持多子女家庭改善住房条件。四是助力老旧小区改造，优化加装电梯提取政策，办理提取252笔、金额804.19万元，业务量占全省50%以上，位列全省第一。

（二）数字变革提升服务温度

深化数字化改革，打造高效服务体系。一是拓展"智慧服务"网络，实现63项业务全程网办、13项高频业务"跨省通办"，设立"惠民公积金、服务暖人心"专窗21个，统一服务标准，服务网点扩展延伸至9家银行220个服务点，覆盖全市20个县市区，办理错时服务14162笔、延时服务18851笔、预约服务995笔，打造"15分钟服务圈"，实现公积金业务"指尖办、就近办"，围绕相关做法在全省"服务提升三年行动"会议作典型交流。二是创新智能服务模式，引入AI智

能客服，提供7×24小时在线咨询，电子证照自动核验18项，43项业务"免证办"，17项业务"零材料"办理，极大提高了业务办理效率和群众满意度，好评率100%，相关做法得到省住建厅高度肯定。

三、文明实践润泽万家，彰显社会责任担当

（一）公益行动暖民心

积极践行社会责任，深入开展公益行动。2021年以来，通过连续举办"慈善一日捐""99公益日"等募捐活动，累计筹集善款99.6万元，定向帮扶89名困难残疾青少年，切实解决其生活与教育难题。积极参与"点亮乡村路"公益项目，捐建乡村路灯58盏，改善农村地区夜间出行环境。在新冠疫情期间，组织党员突击队下沉社区一线，助力基层防疫工作，累计组织志愿服务500余人次。同时，倡导职工参与无偿献血，累计89人次献血2.93万毫升，展现了公积金人的公益热忱与社会担当。

（二）社区共建解民忧

深化社区协同治理，精准对接民生需求。2021年以来，常态化开展环境整治、防溺水、反诈宣传等志愿服务1702人次，认领社区"微心愿"216个，切实解决居民实际困难。创新开展"公积金政策进社区"活动，主动上门办理业务331笔。针对社区民生痛点，积极解决加装电梯、老旧设施改造等具体问题，有效提升居民生活品质，构建了"共建共治共享"的基层治理新格局。

四、创建成果硕果累累，争创行业文明典范

2021年以来，中心获得各级各类荣誉902项，其中国家级4项，省级16项，市级352项，县级530项。承接完成体检评估省级试点、住房公积金贷款"一件事"省级试点。支持保交楼、保交房工作获赣州市政府通报表扬。各分中心荣获先进窗口、红旗窗口、示范窗口等集体表彰319项，荣获服务之星、政务服务标兵、党员先锋岗等个人表彰521人次。

以下为中心近五年荣获的省部级以上荣誉和奖励：

2022年，中心拍摄的宣传短片《防范公积金领域"黑中介"》在全国第六届平安中国"三微"比赛中，荣获三等奖，为全国住房公积金领域唯一获奖作品。

2023年，中心廖红玲同志荣获全国住房和城乡建设系统先进工作者，为全省唯一获得者。

2024年，中心黄剑同志荣获全国住房公积金服务提升三年行动2023年度表现突出个人，为全

省5名获得者之一。

中心荣获第十三届江西省文明单位，第十五届江西省文明单位，第十六届江西省文明单位。

在2023年全国城市住房公积金可持续发展评价中，中心在全国333个评估城市和行业中心位列第11名，位列全省第一。

在2024年全国住房公积金贷款管理工作会议、2025年全省住房和城乡建设工作会议、2022年全省住房公积金系统服务提升三年行动视频会议作交流发言。

长期以来，中心在缴存、贷款、提取等重点业务指标均位列全省前列。2021年以来，缴存为全省唯一连续两位数增长地市，贷款、提取均列全省前三。

廿载奋斗结硕果　乘风破浪更扬帆

沧州市住房公积金管理中心

近年来，沧州市住房公积金管理中心（以下简称"沧州中心"）紧紧围绕党建引领、服务提升、数字赋能、风险防范这条主线，精心谋划部署开展精神文明创建工作，以加强员工思想道德教育为核心，以开展"三诚"（对党忠诚、对事业热诚、对群众真诚）文明创建活动为载体，以文明服务提质提效为目标，积极促进精神文明建设和住房公积金事业双发展、双丰收。截至目前，沧州公积金缴存人数突破51万人，为29万户家庭提供了住房资金支持。2020年，沧州中心被评为河北省文明单位；2022年被评为全国住房和城乡建设系统先进集体。所辖任丘分中心获得全国住建系统先进集体、全国文明单位、连续三届全国青年文明号、全国工人先锋号；城区分中心被评为全国住建系统"跨省通办示范窗口"、全国住房公积金系统服务提升三年行动表现突出

沧州中心渤海新区分中心志愿服务人员为居民宣传文明创建知识，讲解公积金惠民政策

沧州中心城区分中心召开晨会

"星级服务岗"。截至目前，沧州市公积金系统共获得10项国家级荣誉。2024年11月，沧州市成功入选第三批全国灵活就业人员参加住房公积金制度试点城市；2025年3月，与河北省住建厅结为党建共建单位；2025年4月，沧州中心被河北省住建厅、人行河北省分行列入河北省2025年住房公积金领域数字人民币试点单位。

一、坚持党建引领，推进文明创建与业务工作深度融合

沧州中心深入学习贯彻党的二十大及党的二十届三中全会精神，通过"党建搭台、业务唱戏"，积极推动公积金各项事业发展。一是扎实开展各项学习教育。近年来，在开展学习贯彻习近平新时代中国特色社会主义思想主题教育、党纪学习教育、深入贯彻中央八项规定精神学习教育工作中，每次学习教育都制定本系统详细的工作方案，设立专班并制定台账和问题清单；每年按上级要求开展理论学习中心组学习，组织召开动员会，明确学习目标、任务及要求，举办领导干部读书班，按上级要求完成规定动作；开展"七一"基层党组织书记讲党课活动，各支部同步开展，机关党委定期进行检查、督导进展情况。二是推进综合素质教育。与建行沧州分行、沧州银行等合作单位联合举办党纪学习教育培训班，邀请省市知名人士讲授党纪党规学习教育课程，进一步教育引导党员干部增强政治定力、纪律定力；先后分期分批组织干部职工代表赴冀中烈士陵园、黄骅烈士纪念馆、刘格平烈士纪念馆、黄骅港、河间市兴村镇大庄村、河间府衙等地参观学习，追忆缅怀革命先烈的英雄事迹，倡导弘扬中国共产党的伟大斗争精神；在沧州中心成立20周年之际，以"忆往昔峥嵘岁月，立潮头引领未来"为主题，组织召开年轻干部演讲比赛、老干部座谈会、合作单位座谈会等纪念活动，回顾公积金的发展奋斗历程，展望公积金的未来发展方向，为托举干部职工新时代的安居梦贡献公积金力量。组织机关干部参观市审计局、市公安局党建铸魂大厅，加强党建和业务的交流学习；在任丘分中心开展公积金干部职工代表现场观摩学习活动，在全系统推广任丘分中心创建全国文明单位工作及业务精细化管理的先进经验。三是提高建制扩面水平。各管理部（分中心）积极组织送政策、送服务下基层（社区、企业、学校），打造"住房公积金，服务暖人心"品牌。充分利用推介会、座谈会，走进展览会、招聘会、售楼处，以抖音直播、现场会宣讲、发放传单等形式开展政策宣传活动，进一步提高住房公积金制度的知晓度和影响力。四是成功申报灵活就业人员参加住房公积金制度全国试点。抓住住建部开展第三批全国试点城市的工作机遇，充分发挥牵头作用，争取住建部、省住建厅支持，深入走访调研、广泛考察学习、积极对接跑办。在市委、市政府的支持下，成为全国第三批、全省第一批试点城

市，为住房公积金制度更好地惠及全市灵活就业人员开辟了新途径，市委主要领导对此作出肯定性批示，同时此项工作被沧州市十五届人大六次会议确定为全市2025年十大民生工程重点事项。五是深入开展常态化业务风险专项检查工作。通过深入调研，聚焦业务运行各环节和住建部电子稽核工具报告的疑点问题，运用线上和现场检查、抽检和全检等方法，通过对重点风险点进行摸排，提高风险防范整体水平。

二、推行"高效办成一件事"，提升便民、利民、惠民的优质高效服务

以"惠民公积金、服务暖人心"全国住房公积金系统服务提升三年行动为契机，促进各管理部（分中心）大力提升住房公积金的服务水平和质量。一是突出服务效能，提升群众满意度。注重职工业务技能培训，多次组织全系统业务培训会、经验交流会、典型代表展示会等，提高干部职工业务水平。大力开展数字赋能建设，上线电子档案管理，精简办事程序和资料。提高业务网办率，2022年沧州中心完成系统"上云"，38项住房公积金业务实现全程网办，13项异地业务实现"跨省通办"，5项跨部门业务实现"一件事一次办"、个人证明事项实现"亮码可办"。单位缴存网办率达到90%，提取业务网办率达到55%。微信公众号关注用户达到36万人，每年通过微信、短信等平台向缴存人推送业务提醒消息近700万条，真正实现"让数据多跑路，群众少跑腿"的便民服务理念。二是突出党员示范，发挥先锋模范作用。实行"支部书记接待岗""党员示范岗""特殊业务办理岗"等服务方式，号召党员干部在服务前台开展"三亮一创"（亮身份、亮旗帜、亮承诺，创一流业绩）活动，积极发挥模范带头作用，努力提供一流优质服务；围绕"住房公积金，服务暖人心"，积极打造住房公积金服务的"金"字招牌，认真开展"两个一"（"一支部一品牌""一员工一格言"）活动，涌现出城区党支部的"城好办"品牌、东光管理部的"四零服务"(服务零距离、服务零等待、服务零差错、服务零投诉)品牌、黄骅分中心的"四特服务"（上门服务、延时服务、预约服务、对点服务）品牌、任丘分中心的"三减一零"（减环节、减流程、减材料、零费用）等特色党建与业务深度融合的特色品牌，这些服务经验做法被省市电视台、报刊等媒体宣传表扬。员工的励志格言激发了大家的干劲，涌现出一批"双十佳"工作者。三是突出质效提升，积极推进"高效办成一件事"。要求各支部以"高效办成一件事"为抓手，优化服务举措、亮晒（工作群内）典型做法，并择优向上级有关部门推送。先后总结了加大宣传力度、优化营商环境、提升服务质效、推行便民措施等方面的经验做法，并撰写了《以"高效办成一件事"为载体　打造"住房公积金，服务暖人心"品牌》；黄骅分中心拍摄的服务专题短片被河北

省委宣传部推送给河北电视台365百姓故事会播出；与沧州电视台共同拍摄的《公积金"高效办成一件事"》专题片在沧州广播电视台综合频道栏目播出，提升了住房公积金社会知名度和影响力。四是注重作风评议，打造良好精神风貌。高标准做实做细热线服务工作，通过12329（12345的分支）服务热线听取群众意见，建立跟踪回访台账，以责任追根溯源方式，倒逼不断提高群众满意度。充分借助巡察整改、警示教育、审计监督以及纪检组监督等外在力量进行行业约束，不断加强干部职工的思想政治工作和服务规范。五是突出政策落实，以业务实绩惠及人民群众。持续落实好住房公积金"四提"（提灵活就业人员贷款额度、提多孩家庭贷款额度、提贷款审批发放速度、提取住房公积金交首付）、"两降"（降贷款首付比例、降贷款利率）、"一转"（在全省较早开通"商转公"贷款业务，并支持住房公积金贷款偿还商业贷款）、"一取消"（取消异地贷款户籍限制）、"多保障"（大学生留沧、外来人员租房、房地产商让利、提父母住房公积金余额买房）等系列政策。这些政策的实施，充分满足了人民群众在沧州安居置业的需求，为打造平安沧州、幸福沧州、保障沧州作出了积极贡献。

三、树立良好行风，提升党员干部综合素质

一是加强干部职工社会主义核心价值观教育。强化理论学习，将党的创新理论、社会主义核心价值观、家教家风、公积金服务等内容纳入党员干部的学习计划，将党组会学习内容同步下发到各支部，实现了全系统党员干部的学习与中心党组的学习同频共振、步调一致，达到了学习的全覆盖、无死角。二是强化阵地建设。中心机关和各管理部（分中心）更新党员活动室、党建荣誉室等活动场所，丰富学习书籍资料。机关一楼政策宣传学习阵地（集城市遇书房、工会驿站、视频直播于一体）对外开门运行，积极开展公积金政策抖音线上直播宣传，并与市总工会合作打造成五星级工会驿站，充分发挥政策宣传与服务群众的作用，促进了城市文明的互融共建。三是强化志愿服务，持续深化精神文明创建。下沉工作队多次到包联社区和所驻村开展志愿服务活动，通过召开党建联席会议，捐赠社区所需物资，帮助社区基层治理、帮扶困难群众等联建共建方式，解决群众急难盼愿等问题。积极参与爱国卫生及交通志愿服务活动，此项工作获得市爱卫办及市文明办肯定，相关典型经验、图片在市级以上报刊、电视等媒体登载、刊发、播放。四是强化廉洁自律，抓好廉政警示教育和遵纪守法教育。每年按规定召开全系统警示教育大会，通过观看警示教育片、通报典型案例、到监管场所接受教育等方式，以案为鉴、以案促改，敦促全市公积金系统干部职工始终做到知敬畏、存戒惧、守底线；深入开展群众身边不正之风和腐败问题

集中整治、狠刹违规吃喝歪风集中整治工作，分管领导联合派驻纪检组组长前往管理部（分中心）全面摸查问题线索、强化督导检查，每月按时报送问题线索台账及工作开展情况；聚焦重要节日廉政问题多发的时间节点，严提醒、强督导、常检查，营造风清气正的节日氛围；开展巡察整改"回头看"工作，对巡察问题整改情况进行挂账督导检查，确保整改落实到位。五是强化内控机制，完善廉政风险点防控措施。结合工作实际，全面梳理制定《廉政风险点防控措施》共100条，针对业务、经费等重要工作环节，一一制定防范措施和处理预案，明确经办、管理、监管等责任岗位和主管领导责任，多渠道、多方式防范风险。此经验做法被住建部和清华大学联合调研组予以充分肯定，并列入经验典型案例选编。

甘载奋斗结硕果，乘风破浪更扬帆。沧州市住房公积金管理中心将以创建全国文明单位为新契机、新起点，在住房公积金事业高质量发展的新征程上，以更高更严的标准、更强更硬的作风、更优更好的服务，为建设文明狮城、经济强市贡献住房公积金力量。

党建引领凝聚合力
惠民暖心服务大众

内蒙古自治区住房资金中心

内蒙古自治区住房资金中心（以下简称"中心"）成立于1996年，负责内蒙古自治区直属单位及中央驻呼单位住房公积金及其他房改资金的归集使用及核算工作。近年来，中心始终聚焦"一个引领+三化服务"的工作思路，坚持党建引领，狠抓标准化、规范化、便利化服务建设，取得良好社会效益。先后荣获"自治区先进基层党组织""自治区青年文明号""自治区直属机关文明单位""自治区直属机关最强党支部示范点""厅系统先进基层党组织"等荣誉称号。

坚持党建引领，赋能公积金发展新动力。充分发挥党支部战斗堡垒作用，组建党员"攻坚"团队，优化住房公积金业务流程17项、调整业务系统功能超百项。设立"党员示范岗"，以党员的先锋模范行动擦亮公积金服务品牌。创建"青年文明号"，强化线下服务品牌建设。开展"党

中心联合内蒙古出入境边防检查总站政治处开展主题教育联建活动

中心对柜台业务人员进行礼仪培训

建+上门服务"实践活动，组织党员深入缴存单位一线，常态化"面对面"开展政策宣讲、问题解答及业务办理服务，将公积金惠民政策及时送达百姓身边。

坚持标准化筑基，打造规范服务新标杆。制定标准化服务管理办法，对服务区域、服务环境、工作程序等6个方面26个环节进行了标准化规范，同时加大考核力度，推动窗口单位服务品质再上新高度。自治区政务服务热线满意率、解决率、办结率、响应率均保持100%，赢得广大缴存职工一致好评。

坚持规范化驱动，构建服务管理新体系。制定预算管理、收支管理、采购管理、合同管理、资产管理等多项内部控制制度。梳理分析各部门、各岗位廉政风险点，形成《廉政风险防控表》。强化重点领域、重点环节廉政风险防控，定期组织内部稽核审计，强力推进问题整改，确保党风廉政建设各项要求真正落到实处。防范资金风险，切实管理好群众的钱袋子。

坚持便利化导向，实现服务效能新飞跃。设立公积金服务延伸柜台、打造"十分钟"服务圈，满足25万人次"就近办"需求。推行"亮码办""跨省通办""全区通办"，满足近万人次的跨区域办理需求。推进公积金业务"网上办、掌上办"，实现住房公积金业务办理"零材料、秒到账"，满足超6.1万人次的一键办理需求，节约业务办理时间超1.5万小时。开展"商转公"顺位抵押和组合贷款业务，帮助约1万户家庭解决了住房问题，为职工节约商业贷款利息至少1.7亿元。

以党建促内驱　以文化聚人心
让精神文明之花绚烂绽放

济宁市住房公积金管理中心

济宁市住房公积金管理中心（以下简称"济宁中心"）突出以党建促内驱、以文化聚人心、以实干担使命，形成"全面、全员、全域"创建文明单位格局，把志愿服务作为促进精神文明建设的重要载体，弘扬"奉献、友爱、互助、进步"的志愿服务精神，助推住房公积金事业高质量发展，打造了文明有礼、修养有素、甘于奉献的住房公积金团队。

一、做志愿服务精神的传承者

济宁中心作为窗口单位，是为民服务的第一线。如何让办事群众到住房公积金每个办事窗口都能找到家的温馨感觉，让办事顺心开心？

政策惠民，服务群众面对面　　　　　　　　服务暖心，青年骨干走在前

济宁中心以群众满意作为工作的出发点和落脚点，通过流动服务进夜市、广泛开展党员志愿服务活动等，打通政策连接百姓的"最后一公里"，从"群众找服务"转变成"主动送服务"。

在全系统中率先开展"三亮三比三创"，即亮身份、亮承诺、亮标准，比作风、比业绩、比贡献，创优质服务品牌、创优质服务岗位、创优质服务标兵活动，党员干部重心下移、力量下沉，在为民服务中出实招，使党员身份亮出来、良好形象树起来、先锋模范作用显出来，围绕"惠民公积金、服务暖人心"行动计划，用好用活住房公积金制度，打造"住有宜居"升级版，持续提升民生福祉。济宁中心各党支部一件件民生实事、一项项暖心举措提升了群众的幸福感和满意度。"全国星级服务岗"获得者城区第五管理部探索联合扩面新模式，组织开展住房公积金新政策宣讲，走进社区、缴存企业，主动送服务。2024年，全市新增缴存职工4.62万人；全年归集住房公积金130.05亿元，居全省第四位，同比增长4.78%，居全省第六位。

二、做弘扬文明新风的引领者

让青年成为精神文明建设的"主力军"。济宁中心重视青年学习和单位精神文明建设、文明行业创建，以服务窗口45周岁以下青年干部为主体，成立青年理论学习小组19个。青年干部走上街道、社区、企业园区宣传住房公积金政策。在各服务窗口设立"党员先锋岗、示范区"，率先垂范，亮身份、亮承诺，为群众提供优质高效服务。

让4支特色队伍成为传播社会正能量的"领头雁"。深入挖掘乐善好施、扶弱济困、守望相助以及"讲仁爱、守诚信、崇正义、尚和合"等时代价值，组建志愿服务、公益慈善、心理疏导、文艺展演4支特色队伍，建立"文明+社会担当""文明+优质服务"团队并开展常态化、长效化建设。截至目前，开展"公益520、贴心服务在身边"等新时代文明实践主题活动220余场。

让服务平台成为弘扬时代精神的"新载体"。搭建党员干部便于参与、受助者易于接受的服务平台，建设市直部门首家"红帆驿站"、设立"和为贵"接访中心，开展各类富有行业特色的便民服务，使"我为人人、人人为我"蔚然成风。济宁中心成功入选第七届全国文明单位，连续十三年保持"省级文明单位"称号，被评为全省住房和城乡建设系统"先进集体"，23人荣获行业文明标兵称号，5个服务窗口荣获文明示范窗口称号。1名党员被评为济宁市直机关"十佳兼职党务干部"、1名党员被评为"学雷锋岗位标兵"、1名党员获得济宁市五一劳动奖章。11名党员干部在全省住建系统摄影、征文中获奖，济宁中心获得优秀组织单位奖。

三、做志愿服务行动的实践者

涓涓细流、汇成江河。济宁中心弘扬服务文化，在市直部门单位建成"红帆驿站"，以"党员在身边，服务零距离"为目标，确立了"N服务"模式，即志愿服务、公益活动、便民服务等，将服务职能和范围最大化。济宁中心城区第四管理部"文明+优质服务"团队深入到运河城夜市，开启了政务服务夜间模式，利用业余时间化身一抹"志愿红"，通过发放宣传单等形式，详细讲解新政策，为群众"一对一"解答疑惑，打破了实体政务大厅的局限，以接地气的方式进一步拉近了与群众的距离。

面对群众的诉求，济宁中心不仅强调群众诉求的"办结率"，更是将群众诉求的"满意率""解决率"作为工作目标。通过"深度解决"的新模式，分析研判各渠道群众诉求，12345市长热线工单量呈逐年下降趋势，群众诉求"满意率"达100%，窗口服务态度"零投诉"。组织开展"惠民公积金、服务暖人心"服务提升三年行动，制定《服务大厅星级服务岗评选活动方案》，形成济宁特色的窗口服务管理闭合体系。济宁中心城区第五管理部获评国家级"表现突出星级服务岗"。2024年，济宁中心5项成果分别入选住房公积金省级优秀标准规范建设项目和服务运行示范项目。

四、做崇德向善新风的弘扬者

济宁市作为孔孟之乡、运河之都，富集着源远流长、厚重丰硕的文化底蕴。济宁中心结合济宁市独有的文化资源，打造了与儒家传统文化相融合的"积金惠民安居儒乡"单位文化品牌，构建了党建引领、"人本文化、服务文化、合规文化、廉洁文化"和各机构凝聚力、执行力、战斗力建设一体推进的"1+4+N"单位文化体系。

通过打造治理新模式、搭建发展新业态，实现了"以文化人、以文培元"的软约束，持续推动行业文明建设落地见效。济宁中心发挥儒家"文化软实力"的独特魅力，引导党员干部坚持儒学修身、崇德向善，以"儒学修身行动"为载体，推进优秀传统文化深度融入党员队伍建设，大力开展"党员儒学修身和融入行动"。组织"弘扬传统文化诵读国学经典""传统文化之我见"比赛和"领悟·体悟·感悟"大交流、大比武活动。以"儒韵清风·清廉公积金"品牌建设为抓手，通过建设廉洁道德讲堂，悬挂济宁廉官的故事，书写廉洁体会，开设"廉洁文化长廊"，举办"清廉好声音"作品分享汇，开展"清风护航·廉韵机关"承诺践诺活动，打造清廉高效公积金，推进优秀传统文化深度融入党员队伍建设，让党员浸润在浓厚的传统文化氛围中，让党员明大德、守公德、严私德，建设一支高素质党员队伍。

构建文明新高地　描绘服务新画卷

株洲市住房公积金管理中心

株洲市住房公积金管理中心（以下简称"中心"）是直属于株洲市人民政府，不以营利为目的的正处级事业单位，承担行政区域内住房公积金的归集、使用和核算，按照"统一决策、统一制度、统一核算、统一管理"原则对县（市）区住房公积金工作实行垂直管理。现有班子成员5人，工作人员126人，其中编内人员83人。内设办公室等8个科室及机关党委，下辖天元、石峰、荷塘、芦淞、渌口5个城区管理部和醴陵市、攸县、茶陵县、炎陵县4个县（市）管理部。截至2024年12月底，缴存总额643.18亿元，缴存余额264.98亿元，贷款总额360.47亿元，贷款余额176.51亿元，提取总额378.19亿元，综合业务规模稳居湖南省非省会城市第一。

中心始终坚持以文明创建总揽全局工作，在株洲市委、市政府的正确领导下，在湖南省住建厅的精心指导下，紧密围绕窗口服务职能，稳扎稳打开展创先争优活动，取得了一系列荣誉：石

株洲召开第五届住房公积金管理委员会第四次全体会议

中心赴缴存单位开展政策宣讲

峰管理部荣获第二十届"全国青年文明号"、芦淞管理部被住建部评为全国住房公积金服务提升三年行动2023年度表现突出集体，易福星同志获评住建部全国住房公积金服务提升三年行动表现突出个人，戴韶湘同志获评2023年度湖南省住房和城乡建设系统先进个人，中心还多次荣获住建厅先进单位、株洲市文明单位等荣誉称号。株洲公积金的创文工作重点突出，亮点纷呈，主要体现在以下5个方面。

一是以党建促创建，创先争优成常态。中心文明创建工作始终坚持党组带头、以上率下、齐抓共管、全员参与。由党组书记担任创文领导小组组长，牢固树立以政治建设为引领、意识形态为抓手、服务改革为载体的创文工作模式。始终把学习习近平新时代中国特色社会主义思想作为首要政治任务，认真开展党史学习教育、党纪学习教育，深入学习贯彻党的二十大和党的二十届三中全会精神，不断提高领导班子和干部队伍的政治判断力、政治领悟力、政治执行力。将文明创建工作纳入机关党建工作要点，坚持党建与文明建设互容互促。各党支部以建设"基层党建示范点"和"四强党支部"为抓手，创建"初心引航 金彩先锋"党建品牌。党员干部深度参与"株事有礼社区联点共建"文明建设活动，发挥示范引领作用，形成"人人都是创文参与者、个个争当创文主力军"的良好氛围。

二是以改革求突破，主动作为出实绩。中心始终坚持以人民为中心的发展思想，提出了"一切为了缴存人"的创文理念，形成了一批改革亮点经验。全力打造商转公"带押转贷"新亮点。作为湖南省最早推出商转公业务的公积金中心之一，从"先还后贷"到"带押转贷"，再到期房"阶段性担保转贷"，中心不断结合缴存职工现实需求，拓展商转公业务渠道，目前全市共有20家商业银行支持办理商转公"带押转贷"业务，实现了期房现房商贷全覆盖。截至2024年12月底，全市成功办理商转公"带押转贷"业务4027笔，贷款金额17.2亿元，为缴存职工减少贷款利息负担超2亿元。主动探索二手房"带押过户"新模式。作为全省首家推行二手房"带押过户"业务的中心，2023年办理了湖南首笔住房公积金二手房"带押过户"业务。买卖双方可通过二手房"带押过户"模式，直接将商业贷款转为住房公积金贷款，1天内可完成商业银行、公积金中心、不动产登记中心等所有跨部门审批，流程更加简化，审批更加高效，广受好评。目前，全市成功办理二手房"带押过户"48笔，贷款金额1774万元。持续推进贷款"面签当天即放款"。全市9个管理部10个服务网点持续全域化、100%实现"面签当天即放款"，将贷款业务办理时限由政策规定的15个工作日缩减到24小时，创造了同行业放贷审批"第一速度"。该项改革荣获株洲市2022年度十大改革创新案例，湖南省住建厅专题发文向全省推介，被省内外多家媒体广泛报道。率先落实"跨省通办""亮码可办""一次也不跑"和"高效办成一件事"改革任务。疫情期间，中心成功上线个人网厅，主动推出"株洲住房公积金"微信公众号个人业务办理功能，陆续完成与"湘易办"等政务服务平台的对接，所有业务线上可办率高达85%，业务离柜率已超过70%，个人业务通过手机"刷脸"24小时全天候受理，1个工作日内完成审批，资金即时到账。在落实"跨省通办"改革目标基础上，主动拓展通办范围，向社会公开承诺：只要其他城市中心支持，所有住房公积金业务都可以代收代办，真正做到了"行业通"。"亮码可办""高效办成一件事"等改革任务，中心都是第一时间研究部署，及时打通数据渠道，确保不打折扣地完成上级要求，有力提高了办事群众的幸福感和获得感。

三是以惠民为导向，因城施策有作为。中心深入落实党的二十届三中全会关于房地产因城施策的有关要求，为充分保障我市广大缴存职工刚性和改善型住房需求，促进全市房地产市场平稳健康发展，连续三年对住房公积金使用政策进行放宽。2024年对我市住房公积金政策进行了3次调整，政策供给更加及时有力。惠民政策充分考虑了缴存职工各类现实需求，比如逐步放开"可提可贷"、优化住房套数认定标准、实行家庭互助购房政策、提高贷款额度，重点支持多孩家庭、高层次人才、大学毕业生贷款，支持大病提取等；尤其是优化了灵活就业人员缴存使用政策，开户后一次性补缴6个月的住房公积金，即可申请公积金低息贷款，并且缴存部分可以抵扣个税，还有利息补贴，有效扩大了惠民制度的覆盖范围。株洲公积金每轮政策调整均面向社会广泛征集意见建议，确保找准政策改革关键点、紧迫点和需求点，真正做到"民有所需，政有所施"，呈现出限制更少、门槛更低、力度更大、使用更灵活、职工更满意的效果。

四是以服务树形象，立足窗口转作风。除了不断拓展网上办事业务范围，提高业务办理实效之外，株洲住房公积金同样致力于窗口服务提质。提升服务水平。2024年，中心对内部管理政策进行了全面梳理，修订制度汇编，为全面规范服务行为提供了依据。中心所有窗口全面推行以首问负责制、一次告知制、限时办结制为核心的服务管理制度，所有管理部大厅推行"党员示范岗""学雷锋志愿服务岗"，工作人员统一着装，佩戴工牌，坚持文明用语、文明服务，并实行上门服务、延时服务等特色服务。延展服务内容。政策好更要宣传好，为了确保更多老百姓知晓政策、用好政策，中心精准定位惠民政策目标主体，强化政策宣传指导,创新性采取贴近民生、喜闻乐见的线上、线下宣传形式。线下，持续开展"住房公积金归集年"活动，各管理部成立"公积金宣传小分队"，积极开展进企业、进园区、进社区、进机关、进商场、进招聘会的"六进"活动，与"一把手走流程"等活动紧密结合，与职工群众面对面交流、手把手讲解。线上，进一步发挥政务新媒体作用,开通株洲市住房公积金抖音号和微信视频号,自编自导自演政策小短剧,持续推出了《政策解读枞哥说》《公积金小剧场》等专栏视频,定期开展线上直播,聚焦缴存单位和职工关心的热点问题,围绕政策内容、业务办理条件及操作流程等方面进行专业解读,实实在在掌握了信息化时代的"流量密码",让利民政策深入人心。

五是以文明激活力,凝心聚力传新风。多年的文明创建实践,使创建理念、创建要求深深融入全体干部职工的血液中。文明已成为一种印记,一种习惯,一种生活方式。中心领导班子成员带头参与乡村振兴、无偿献血、学雷锋、党员进社区、服务进企业等系列志愿活动。积极发挥工会组织桥梁纽带作用,每年组织春游、秋游等活动,每周组织羽毛球、气排球、舞蹈等兴趣小组活动。积极开展道德讲堂、健康讲座、知识竞赛、青年座谈等活动,广泛开展"青年文明号""巾帼文明岗""文明家庭""文明科室"创建活动。全体干部职工凝聚力和向心力愈发增强,文明理念深入人心,文明行动处处彰显。

文明创建非一日之功,株洲市住房公积金管理中心将始终坚持党的领导,以党的二十大和党的二十届三中全会精神为指引,时刻保持主动性、创造性和紧迫感,踏踏实实一步一个脚印,朝着更高水平的文明目标奋勇前进。

创建全国文明单位　着力提升服务质效

滁州市住房公积金管理中心

近年来，滁州市住房公积金管理中心（以下简称"中心"）始终坚持以习近平新时代中国特色社会主义思想为指导，深入学习贯彻党的二十大和二十届二中、三中全会精神，将精神文明建设与公积金业务工作深度融合，推动各项工作取得了显著成效。中心以创建全国文明单位为目标，不断提升服务质量和水平，为滁州市住房公积金事业的发展提供了强大的精神动力和道德支撑，先后被授予"安徽省文明单位""全省住房和城乡建设系统先进集体"等多项荣誉称号。中心服务窗口先后被授予"全国住房和城乡建设系统先进集体""全国青年文明号"2项国家级荣誉，连续九年获评全省住房和城乡建设系统"学雷锋活动示范点"，连续十一年获评滁州市政府"红旗窗口"。

中心组织窗口职工开展"岗位练兵、技能比武"活动

中心文明服务礼仪展示

强化党建引领，工作作风持续提升。加强思想引领，深入学习贯彻党的二十大、二十届三中全会精神和习近平总书记考察安徽重要讲话精神，以实际行动坚定拥护"两个确立"、坚决做到"两个维护"。加强组织保障，着力打造"四强"党支部，持续深入开展基层党建"双增双创"工程和"六亮"行动。加强作风建设，深入贯彻中央八项规定精神学习教育，以更加坚定的信念、更加务实的作风，做好住房公积金各项工作。

强化服务提升，为群众办实事好事。通过打造服务品牌、规范服务流程、创新服务形式等方式，坚持树牢全心全意为人民服务的宗旨意识，积极推行阳光服务、微笑服务、规范服务、廉洁服务，真正让缴存职工和企业感受到"公积金温度"。在全省率先实行365天业务服务"不打烊"，深入开展"延时办、错时办、预约办、上门办"等特色服务，聚焦缴存职工"急难愁盼"，更好满足缴存职工多样性改善性住房需求。

强化数字赋能，业务效能持续提升。坚持改革引领和数字赋能，实现住房公积金办事方式多样化、流程最优化、材料最简化、时限最短化，最大限度便民利企，让缴存职工切实体会住房公积金服务的速度，实现线上业务增速，"一件事一次办"业务加速，精准画像业务全速。

强化文明风尚，法治诚信建设持续提升。弘扬诚信文化，持续开展诚信宣传教育和实践活动，支持社会信用体系建设，健全诚信建设长效机制。开展法治宣传和普法教育，自觉接受法律监督，领导班子带头遵法学法守法用法，干部职工依法办事。

强化共建创建，社会满意度持续提升。与市光荣院、福利院、留守儿童家庭等建立长期结对共建机制。经常性组织开展无偿献血、植树护绿、"双捡"、垃圾分类等各类志愿活动。丰富"周五一小时"活动内容，重点围绕宣传文明行为、劝阻不文明现象、整治环境卫生等方面开展相关工作，深入结对社区开展爱国卫生、未成年人保护、防电信诈骗、建设平安滁州等新时代文明实践志愿服务活动。通过主动送服务上门，走访企业办实事，与文旅集团、合作银行、帮扶乡村、社区等联建、共建，提升社会公众认知度。

此次荣获全国文明单位称号，是对滁州市住房公积金管理中心长期以来坚持精神文明建设工作的肯定和鼓励。中心将以此次荣获全国文明单位为契机，珍惜荣誉，再接再厉，继续深化精神文明建设，不断提升服务质量和水平，为滁州市住房公积金事业的高质量发展作出新的更大的贡献。同时，中心也将充分发挥示范引领作用，为推动全社会精神文明建设作出积极贡献。

认真落实服务提升三年行动
持续深化精神文明建设

广州住房公积金管理中心

广州住房公积金管理中心（以下简称"中心"）始终坚持以习近平新时代中国特色社会主义思想为指导，全面贯彻落实党的二十大和二十届二中、三中全会精神，深入学习贯彻习近平总书记视察广东重要讲话、重要指示精神，充分发挥党建引领作用，认真落实"惠民公积金、服务暖人心"服务提升三年行动，持续深化精神文明建设工作，以"惠民""暖心"服务助推精神文明建设上台阶，在吸引人才、稳业安居、构建多层次住房保障体系、增强城市竞争力方面充分发挥出住房公积金制度的重要作用。近年来，中心探索住房公积金制度改革的创新举措，得到住房和城乡建设部高度肯定，认为"广州为全国呈现了住房公积金制度的作用"。

广州港澳新青寓住房公积金按月付房租项目正式启动

中心志愿服务队开展"营商环境大提升"活动

一、聚焦"学思想、强党性",强化思想政治教育,在淬炼忠诚上有新作为

坚持把政治建设摆在首位,夯实发展根基,以提升服务质效推促作风转变,深化党建品牌建设带动创先争优,以高质量党建引领业务高质量发展,在2024年全省住房城乡建设系统党建工作交流座谈会上就党建工作成效进行了经验交流发言。一是严格落实"第一议题"制度。健全完善党组理论学习中心组学习制度,发挥领学促学作用,深入学习习近平文化思想和关于精神文明建设的重要论述精神,引导广大干部职工深刻领悟"两个确立"的决定性意义,增强"四个意识"、坚定"四个自信"、做到"两个维护"。二是持续拓展学习成效。常态化开展理想信念教育和爱国主义教育,推动党史学习教育常态化长效化,巩固深化学习贯彻习近平新时代中国特色社会主义思想主题教育成果,把学习成果切实转化为为民办事、为民服务的工作动力和成效。建党节之际,组织"学榜样,争先锋"事迹报告会暨全体党员集体过政治生日,为党献上祝福。三是织密织牢组织体系。坚持党建引领,持续夯实基层党建基础,严格落实"三会一课"制度,组织开展季度党建工作质量评价、年度党支部评星定级、基层党组织书记抓党建创建模范机关述职等压实党建工作责任,充分发挥文明单位创建中党组织的战斗堡垒作用和党员的先锋模范作用,2个党支部被广州市直机关工委评为"穗直先锋·四强党支部"。四是牢牢把握意识形态主导权。将坚持和加强党的领导贯穿到意识形态阵地管理的全过程和各方面,成立中心意识形态工作领导小组和网络意识形态工作领导小组,明确成员及职责分工,定期开展意识形态分析研判。对照中央和上级单位要求,出台一系列加强意识形态阵地管理的制度文件,如《加强意识形态阵地管理办法(试行)》《网络安全管理办法》等,建立起科学、规范、长效化的意识形态安全工作责任机制。五是坚持严的基调不动摇。落实全面从严治党要求,持续深化党纪学习教育,纵深推进党风廉政建设和反腐败工作,加强新时代廉洁文化建设,营造崇廉拒腐良好风尚。坚持紧密联系工作实际,健全完善工作机制,不断强化监督执纪和教育管理。经查,中心不存在全国文明单位创建负面清单情况。

二、聚焦"创品牌、育新风",深化"党建+文明创建"机制,凝心聚力有新优势

将社会主义核心价值观融入中心党建文化和干部教育,弘扬模范先进,开展典型选树,形成良好的精神文明氛围。一是大力培育时代新风新貌。弘扬社会主义核心价值观,积极组织动员开展"我们的节日""新时代文明实践"等主题活动,近年来共向广州机关党建、广州文明网等平台以及《住房公积金研究》编辑部报送活动稿件800余篇,刊稿160篇,学习强国刊稿13篇,营造了良好的文化氛围，有效引导中心广大干部职工培育文明风尚、增强文化自信。深入落实《广州市文明行为促进条例》《广州市反餐饮浪费条例》，定期开展垃圾分类宣传与检查，营造文明行为社会氛围。2022年被广州市爱国卫生运动委员会评为"无烟单位"、被广州市生活垃圾分类联席会议领导小组办公室评为"优秀"，2023年被广东省爱国卫生运动委员会评为"无烟单位"。二是全力拓展"公积金 广厦情"党建品牌特色成效。深入开展社会主义核心价值观学习教育，创建特色党建服务品牌，首创"公积金 广厦情"党建宣传标准化系统、《为梦而来》主题歌曲，发布党建宣传标准化视觉识别系统手册，统一规范中心党建服务品牌标识、标志及应用要求等；推进中心机关和窗口单位结合场地实际建设党建文化宣传示范墙，持续营造崇德向善、干事创业的浓厚氛围。三是积极开展"公积金 广厦情"志愿服务活动。助力广州建设"志愿之城"，深化落实我为群众办实事"双愿双微"行动，发展壮大"公积金 广厦情"志愿服务队伍，将志愿服务活动情况纳入党建工作质量评价体系，推动志愿服务常态化、长效化。班子成员冲锋在前，以身作则带动党员志愿者进社区、进企业，各支部自发组织开展政策宣传、社区治理等志愿活动，把政策和服务送到百姓家门口。2023年以来依托市级志愿服务平台开展志愿服务活动36场次，共计416人次，组织自愿无偿献血243人次。中心党员干部热心公益事业，获评2023年市"最美未成年人服务志愿者"。四是全力加强党对群团工作的领导。保持和增强群团工作的政治性、先进性、群众性，强化对青年干部的教育培养和正面引导，充分发挥中心青年干部生力军和突击队的作用，积极开展青年文明号创建工作，中心荔湾管理部被共青团中央授予"第21届全国青年文明号"，另有2个团组织被授予省级青年文明号、9个被授予市级青年文明号。加强女性职工关怀，充分发挥巾帼力量，中心会计部荣获"2023年度广东省'巾帼文明岗'"称号。五是全力助力乡村振兴"百千万工程"。发挥机关党建"聚力攻坚"优势，积极响应市委号召选派1名党员干部参加广州市派驻湛江驻镇帮镇扶村工作，助力乡村振兴。中心党组书记带队深入城中村开展专题调研，选派2名年轻党员干部参与对口帮扶、任驻村第一书记，投身助力城中村治理，激发基层治理活力。

三、聚焦"优服务、再提升"，优化窗口服务标准体系，在服务水平上有新提高

积极按照住房和城乡建设部统一部署，落实"惠民公积金、服务暖人心"服务提升三年行动，不断深化"我为群众办实事"实践，推出了一系列"实举措"，持续推动住房公积金服务水平和能力再提升，树立为民服务的良好形象。中心天河管理部被评为全国住房公积金系统服务提

升三年行动表现突出星级服务岗、"跨省通办"突出窗口，相关经验被省住房和城乡建设厅简报刊发。中心李思同志被住房和城乡建设部评为服务提升三年行动2023年度表现突出个人，被省住房和城乡建设厅评选为"最美公积金人"。一是以标准化、规范化、便利化为导向，扎实做好窗口文明服务。深化落实窗口文明服务标准规范，推进窗口形象标准化，保持着装规范整齐、使用文明用语，着力营造服务规范、文明有礼、温馨和谐的政务服务氛围。规范受理、流转、审批服务流程，推进"首问责任制""一次性告知"等制度落到实处。二是以"强技能、优服务、惠民生"为目标，加强培训提升服务能力。认真组织开展干部综合素质提升培训，提前组织专项培训，及时发布配套政策解读、高频问题解答等材料，加强政策落地后相关舆情和业务运行监测，更新优化办事指南和对内流程指引，及时做好前台指引。组织人员参加首届全省政务服务技能大赛广州市赛，2名干部获得政务服务办事员高级证书；举办住房公积金业务承办机构首届综合知识技能比赛，通过比赛检验业务承办机构工作人员综合水平，达到以赛促学、以学促行、以行促效、以效促优。三是以先进示范为标杆，营造争先氛围，强化带动作用。加强服务先进典型选树和宣教工作，定期开展业务流程、服务规范、服务礼仪等专业培训，综合运用中心"文明服务之星"、市政务服务"窗口服务之星"、政务服务"好差评"等评选评价工作，选树出一批服务意识强、服务效能好、群众满意度高的优秀员工，共有3名员工获评市级政务服务标兵，发挥好先进典型的引领带动作用，切实增强为民服务意识，树立良好行业形象。三年来，中心好评率保持在广州市前列，累计共13次获评市政务服务效能指数榜"效能之星"（全市45个参评单位中获得次数最多）。四是以"我为群众办实事"为抓手，主动将窗口服务前移。充分发挥窗口单位业务熟悉、操作熟练的优势，开办线上"云课堂""云宣讲"培训，利用"云窗口""视频办"平台线上为缴存单位、群众提供"一对一""面对面"政策宣讲、答疑解惑服务，让群众办事少跑腿、好办事。主动送服务到企业、进社区、入园区。近三年中心窗口单位共开展送服务活动419场、服务31250人次。五是以贴心、暖心、热心服务为出发点，做好特定人群便民服务。组建助企便民党员小分队，将窗口服务前移，下班时间后移。结合业务发展和群众需求，推出"银龄帮""助残办"等特色服务。不断提升帮办代办响应率，开通残疾人员绿色通道、专窗服务，为老年人、残疾人等特殊群体提供陪同办、优先办、上门办服务。"银龄帮"累计服务5927人次，"助残办"一对一服务83人次。开展适老化改造，前台贴心配置老花镜、便笺纸等便民物品，设置志愿者服务岗、爱心妈妈小屋，12个窗口单位获评市5A、4A级女职工休息哺乳室单位，3个窗口单位获评省爱心妈妈小屋示范点，彰显人性化、便民化公共服务理念。

四、聚焦"重实践、勇争先",以高质量党建引领业务高质量发展,在工作实效上有新突破

充分发挥党建引领作用,激发党员干部创新活力,整体业务水平稳步提升,主要业务指标屡创新高,2023年实现新增缴存额单月破百亿元、全年破千亿元、总额破万亿元的目标,提取额破千亿元创历史新高,总体业务规模位居全省第一、全国第三。2020年以来,累计缴存5516.16亿元,提取4324.48亿元,发放个人住房贷款26.02万笔、1776.45亿元,支持购建房2438.10万平方米,实现增值收益203.71亿元,上缴公租住房补充资金142.18亿元。

近年来,中心先后在住房和城乡建设部住房公积金重点工作推进会暨经验交流会、住房公积金高质量发展大讲堂、灵活就业人员参加住房公积金制度试点城市会商会等作了经验交流发言。一是以高站位主动融入大湾区建设工作部署。率先将港澳台人士及拥有永久居留权的外国人纳入住房公积金制度保障,助力粤港澳大湾区建设;启动全国首个港澳青年公寓住房公积金按月付房租项目,率先推出港澳人员"刷脸办"业务,破解其"跨域通办"难题;打造"湾区公积金通"品牌,创新宣传和服务渠道,为港人在港提供住房公积金线上线下政策咨询和线上全方位、可视化的业务服务。目前共有9232名港澳台居民在穗缴存住房公积金6.8亿元,已有3000多人提取住房公积金用于住房消费,188人使用住房公积金贷款购房。相关经验做法,已通过《住房和城乡建设部信息专报》报送中共中央办公厅、国务院办公厅。二是以实举措保缴存人享受更多福利。充分发挥住房公积金社会保障作用,不断扩大住房公积金覆盖面,建立起具有广州特色"租购一体"的广覆盖、多层次、立体式住房公积金保障体系。加大支持提取的力度,保障群众"住有所居"。提取频次从每6个月优化为3个月提取一次,无房租赁提取额度再次提高至2000元/人/月,出台可提取住房公积金支付购房首付款政策,是首个出台该政策的一线城市。全面优化贷款政策,减轻市民购房压力。提高住房公积金贷款最高额度至160万元,先后出台对多子女家庭、新建绿色建筑或新建装配式建筑的贷款支持政策,上浮后最高可贷224万元。降低首付比例、延长贷款年限、调整套数认定标准、推出二手房"带押过户"业务,让制度成果惠及更多住房公积金缴存人。三是以新成效积极推动形成更多"广州经验"。围绕重要领域和关键环节持续发力,先行先试,探索广州模式。率先试点灵活就业人员参加住房公积金制度试点工作,实现制度全覆盖,共有8.79万名灵活就业人员开户;全国首推"按月付房租"保障新市民、青年人住房,目前已落地27个项目,该模式被住房和城乡建设部向全国复制推广,并被广州市委党史研究室评选为"新时代的广州之最";启用全国首个住房公积金业务资金管理分析预测模型,进一步提升精细化管理和科学决策水平;扎实推进住房和城乡建设部关于灵活就业缴存人使用权益换算实践应用课题研究,填补该领域空白,助力构建全国统一大市场;承接住房和城乡建设部住房公积金行业通识教材编撰工作,以提高全行业从业人员素质。四是以新技术应用推进"数字公积金"建设。率先系统性提出住房公积金数字化转型的框架构思,为数字化转型打好基础;作为全市首个提供数字人民币政务服务的市属试点单位,实现数字人民币主营业务全覆盖。积极参与广州市公共数据运营试点,推动住房公积金数据资产化、产品化,深挖数据要素价值,助力新质生产力发展。构建住房公积金新一代跨域服务标准大厅"云厅",提供全区、全域、跨域通办服务;率先开启"云窗口""视频办"服务,打造"随身应"可视化人工客服体系。构建了线上线下云端"三位一体化"的住房公积金服务体系;超过98%的公共服务事项实现"零跑腿",13项业务实现"跨省通办",异地贷款证明材料"亮码可办";在行业内率先应用OCR(光学字符识别)图像识别技术,已实现26类材料118项关键信息的智能识别和一键回填,效能提升75%;推进"减材料、压时限"专项工作,累计实现135项材料免提交,加快人工智能等新技术应用,推行审批服务事项"秒批秒办";以数字化发展提升效能的工作举措被《广州改革》选用。推动数字化发展相关做法,受省住房和城乡建设厅简报连续两期刊发。五是以勇担当深化矛盾纠纷多元调解合作机制。攻坚重要环节,高效办成企业破产涉住房公积金信息核查"一件事",在全国率先实现破产企业涉住房公积金事务全流程线上办理。相关做法被省住房和城乡建设厅推广,作为省内城市参照的"广州样本"。坚持和发展新时代"枫桥经验",建立住房公积金领域矛盾纠纷"源头预防、过程把控、全链条化解"协调机制,成立全国首个住房公积金管理中心与司法机关共同化解纠纷调解室,依托多方力量同向发力,复议、诉讼案件连续三年显著下降,行政争议和劳资矛盾同化解,广州铁路法院和市司法局评价该做法取得良好的法律效果。获评2024年广州行政争议调解中心优秀调解工作室,相关案例入选十大诉前调解案例,相关经验做法被住房和城乡建设部《建设工作简报》、省住房和城乡建设厅简报专刊。相关党建课题研究入选《广州机关党建服务保障高质量发展百优案例》。六是以多渠道立体式宣传提升政策社会影响力。瞄准政务信息报送、主流媒体宣传、新媒体宣传三大赛道,开通中心微信视频号,采用群众喜闻乐见的短视频方式,促进住房公积金声音传播得更亮、更响、更广。充分利用各类宣传媒体和载体,打造中心宣传矩阵。近年来在新华社、人民网及省、市主流媒体发布相关报道5000多篇。发挥政务信息作为上级了解社情民意、推动经济社会高质量发展的重要依据作用,推动中心政务信息工作制度化成效明显,2020年以来共向中共中央办公厅、国务院办公厅、住房和城乡建设部、省住房和城乡建设厅等上级单位报送政务信息276篇，被采用129篇，其中《广州积极探索住房公积金制度改革创新　大力推动"租购并举"落实落地》被作为专报上报国务院办公厅，《广州市严守安全底线要求　抓实抓细住房公积金风险防控》《广州住房公积金管理中心以行政调解为抓手引导推动纠纷化解见实效》被住房和城乡建设部《建设工作简报》刊登。

征程万里风正劲，重任千钧再出发。广州住房公积金管理中心将继续坚持党建引领，立足住房民生保障，凝聚力量、奋勇前行，持续深化精神文明建设，推动中心工作再上新台阶，为实现百姓安居梦贡献住房公积金力量。

干部职工齐努力　文明创建结硕果

湛江市住房公积金管理中心

湛江市住房公积金管理中心（以下简称"湛江中心"）成立于1993年5月，是湛江市政府直属的参公管理事业单位。单位设立党组和机关党委，有4个科室，5个办事处，干部职工104名，共产党员58名。

一、主要业务指标

近年来，各项重点业务指标走在广东省第一方阵；部分细化指标和阶段性工作在全国名列前茅，多项工作创新经验在全国和广东省内作经验交流。最高贷款额度90万元，在广东省排名第三；归集余额262亿元，在广东省排名第六；累计增值收益总额和2023年增值收益均在广东省排名第六。

湛江中心党总支开展主题党日活动　　　　　跨省通办优秀服务窗口

二、创建工作主要成绩及经验

2000年以来共获得市级以上荣誉96项，其中全国"人民满意的公务员集体""全国住房和城乡建设系统先进集体""全国巾帼文明岗""全国青年文明号""全国模范职工小家"等国家级荣誉8项，"广东省五一劳动奖状""广东省职工书屋"等省级荣誉24项，湛江市先进集体等市级荣誉64项；涌现出"全国住建系统抗击新冠肺炎疫情先进个人""全国住房和城乡建设系统先进工作者""广东省五一劳动奖章""广东省人民满意的公务员"等先进典型个人。

深化学习教育，学懂文明新思想。将习近平总书记关于文明建设的重要思想作作为干部职工日常学习内容，学懂用好。单位全体干部职工保持着良好的身心状态，展现出高度的责任感和敬业精神。把湛江中心打造成为文明窗口，带动了周边的社区文明建设，被群众誉为"普法打卡点""市民乐园"和"中国好邻居"。

忠诚履行职责，创造文明新成绩。近年来创新出台25项惠民政策（2024年出台12项），多项经验在全国或广东省内交流分享。2022年9月，《加强区域协同合作，促进住房公积金管理标准化》作为全国经验材料上报住建部；2023年4月，成为全国首个接入住建部银行结算数据应用平台，并实现数字人民币全业务场景应用的住房公积金管理中心。

提升服务质量，树立文明新风尚。创新服务方式，开展"六大特色服务"，提升公积金服务效能和行业的社会影响力。市行政服务中心开展评先评优活动以来，湛江中心连续十三年被评为"优秀窗口"、连续十年被评为"流动红旗窗口"。2022年，被评为全国住房公积金"跨省通办"表现突出服务窗口。

坚持党建引领，注入文明新动能。坚持以高质量党建引领高质量创新工作。成立党员志愿服务队，参加市文明委组织的红树林净滩志愿服务、文明城市创建、学雷锋志愿活动、住房公积金政策入户宣传活动等；联合全国全省住房公积金管理中心系统、湛江党政机关，开展文明创建结对共建；举办全省住建系统党建交流座谈会、两省（区）三市（广西玉林、广东茂名、广东湛江）和粤西五市党建交流会等，在相互学习、交流经验中提升工作水平。

打造群团品牌，增添文明新活力。致力于打造"党建引跑工青妇"品牌，指导工青妇组织开展一系列文明创建活动。如开展"春联人人写，祝福人人送"为主题的写春联送祝福活动和各种小型运动会、书法摄影比赛、巾帼文明风采展示等活动。创新推出"党建+关心下一代"品牌，组织职工子女到湛江中心机关开展趣味运动会、书法图画活动和参加单位的工青妇系列活动，共享机关党建平台，在干部职工子弟中厚植爱党爱国爱传统文化的家国情怀。

将文明创建贯穿于工作全程

黔东南州住房公积金管理中心

一、党建引领聚合力，文明创建树新风

黔东南州住房公积金管理中心（以下简称"中心"）始终坚持以党建为引领，将习近平新时代中国特色社会主义思想作为党员干部学习教育的首课、主课、必修课，将文明创建融入发展全局，推动党建与业务深度融合。对标"四强"支部标准，夯实组织基础，优化党支部设置，高标准发展党员，切实筑牢红色堡垒。强化思想建设，严格落实"三审三校"制度，对科室、管理部分职责、分领域进行清单化抓落实，坚决守牢意识形态阵地，从未发生意识形态领域重大安全事件，也未发生重大网络舆情。持续压实管党治党主体责任，常态化开展廉政谈话和廉政教育，住房公积金政治生态持续向上向好，被州直机关工委列为州机关清廉机关建设重点单位。

中心开展住房公积金政策知识宣传活动　　工作人员向群众讲解惠民政策

二、服务提升暖民心，文明窗口展形象

始终以"便民、利民、惠民"为目标，打造高效优质的文明服务品牌，在推进服务效能提升、强化逾期追缴、提高数字化发展水平、支持进城务工人员缴存公积金等方面取得了实效。通过服务触角延伸，全州服务网点达到108个实现全覆盖，其中3个县延伸至乡镇，7家银行开通商贷"月对冲"服务，贷款"带押过户""顺位抵押"等创新举措惠及千家万户，多项业务实现"网上办""就近办""一次办"。制度覆盖持续扩大，2024年新增缴存职工1.68万人，村（社区）干部、辅警、幼教等群体实现公积金全覆盖，年缴存额超2000万元。数字化服务提质增效，结合工作新要求，对住房公积金业务信息系统进行升级改造，面向缴存人提供全程网办事项达75项，标准事项的网办覆盖率达到77.88%，业务离柜率达80%以上。政策调整顺应房地产发展新模式，从提高贷款额度、放宽租房提取限制、开展"又提又贷"、出台贷款"缩期、展期、延期"等方面多次优化政策措施，为推进房地产市场止跌回稳贡献了住房公积金力量。中心有关科室和管理部分别获评"文明窗口""文明科室""工人先锋号"等，服务窗口8次荣获政务服务"红旗窗口"、12人次获得服务之星称号等，中心的文明服务持续深入人心。

三、业务办理提质效，规范管理树标杆

始终以规范管理为抓手，推动业务高质量发展。实施住房公积金集中化审批改革，住房公积金业务由属地受理、审批，改革为由属地受理、中心集中审批，统一了业务审批标准，强化了业务监督的规范性。持续扎紧管理制度笼子，围绕廉政风险管理，制定了《追责问效管理办法》，继续执行《黔东南州住房公积金管理中心廉政风险点及防范措施》《违规审批住房公积金业务责任追究暂行规定》，每年开展一次业务大巡查工作，通过巡查发现问题进行改进。贷款资金安全管理更加牢固，完善了委托银行合作协议和考核机制，将逾期追缴成效与手续费支付、流动资金存放挂钩。骗提骗贷防范机制更加牢固，中心联合多部门印发《骗提骗贷协作办法》，坚持行政执法与司法联动，严厉打击违规套取公积金行为。网络安全更加稳固，完成机房信创改造，数据合格率达98.89%，获信息安全等保三级认证。打造黔东南州公积金数智指挥中心，构建数字化调度体系，开发行业首家住房公积金AI数字人客服"小金"，实现了全天即时服务，自2024年"小金"客服上线运行以来，共接待咨询超1.85万人次，平均咨询解决率达80.83%，群众办事"零跑腿"成为常态。

四、乡村振兴显担当，文明共建惠民生

主动融入乡村振兴工作大局，以帮扶实效践行社会责任。近年来，中心围绕帮扶联系的密告村、五一村村情实际，精准施策促进发展，支持密告村冷水鱼养殖项目8.24万元，协调产业路建设资金43.79万元；助力五一村近10万元修缮篮球场等村民活动场所，丰富村民精神文明生活。中心领导坚持深入村开展调研，2024年为帮扶村解决实际问题24个。同时，中心还投入12.6万元支持丹寨、镇远等7个县发展产业，拨付7.5万元支援岑巩、镇远洪灾重建，协调配套资金完善基础设施，助力群众恢复生产生活。组织职工参与"乡村振兴贵州专场"募捐2次，获评"黔东南州互联网募捐工作先进单位"。中心坚持帮扶工作与文明创建同频共振，充分展现了公积金人的为民情怀。

黔东南州住房公积金管理中心始终将文明创建贯穿于党建引领、服务民生、规范管理、社会担当的全过程，先后获评"全省精神文明建设先进单位""贵州省走好网上群众路线先进单位""黔东南州级民族团结进步创建工作示范单位""黔东南州扫黑除恶专项斗争先进单位""黔东南州营商环境优化提升工作先进单位"等荣誉。未来，中心将持续深化文明创建内涵，持续深化服务质效，为助力安居梦、服务高质量发展贡献更大力量！

"金心"赤诚传递民生温度 凝心聚力擦亮文明底色

德阳市住房公积金管理中心

文以载道，以文兴业。德阳市住房公积金管理中心（以下简称"德阳中心"）坚持以习近平新时代中国特色社会主义思想为指导，以大力培育和践行社会主义核心价值观为主线，紧紧围绕创建全国文明单位的奋斗目标，以持续提升干部职工思想觉悟、道德水准、文明素养为重点，积极行动，狠抓落实。2009年成功创建"省级巾帼文明岗"，2014年成功创建"省级文明单位"，2017年成功创建"全国巾帼文明岗"，先后获评"四川省政务服务示范窗口""全省住建系统先进集体""德阳市政务服务先进窗口"等称号，2025年成功创建第七届全国文明单位。

德阳中心开展住房公积金送政策进园区宣讲活动　　　　德阳中心新业务系统上线

一、强化党建引领，细耕文明之田

坚持以党建促创建，推动党建和主责主业在精神文明实践过程中深度融合、相互促进。德阳中心以基层党建"三化"建设为抓手，聚焦夯基础、补短板、强弱项，不断推动党组织能力提升。积极组织开展"四个一批"示范创建活动，推动中心党建工作提质增效。依托德阳公积金党建微信公众号、智慧党建平台强化线上宣传工作，用活用好线上线下党建阵地，有效推动基层党建全面进步、全面过硬。

深入推进"金心+"支部品牌、"四强"党支部、"清廉公积金"、"智慧党建"四大党建品牌建设，切实推动党建业务深度融合，赋能驱动公积金事业高质量发展。"金心·利民""金心·便民""金心·惠民"等系列支部品牌为核心的具有公积金特色的"金心+"党建品牌已打造完成，进一步强化党建引领作用，实现了机关党建品牌全覆盖，构筑起"一支部一品牌"的机关党建工作新格局。2021年以来，德阳中心连续四年荣获全市机关党建信息宣传工作先进（优秀）单位，机关第二党支部获评2020年、2021年"双强党支部"，机关第二党支部、什邡管理部党支部被评为2023年度"五好党支部"。

二、聚焦群众需求，浇灌文明之花

作为民生单位服务窗口，德阳中心牢固树立以人民为中心的发展理念，紧紧围绕高质量发展目标，立足管理服务实际，坚持稳中求进，以资金安全为根本，以提高资金使用率为主线，充分发挥住房公积金制度保障作用，大力改善民生福祉，切实为全市房地产市场健康平稳发展贡献了公积金力量。近年来，中心以建立租购并举的住房制度为导向，以保障更多群体的住房需求为目标，出台惠民政策35项，形成"强制缴存"与"自愿缴存"双轨并行的缴交机制，制度红利从购房延伸至租房，全市住房公积金使用比例高达72.39%。

积极开展上门服务、延时服务、预约服务，规范服务行为、强化业务技能、提升服务水平，扎实开展服务技能大比武，全面提升干部职工服务能力和服务水平，大力开展信息化建设，推动公积金服务质量再升级。目前，已实现48项住房公积金高频服务事项"全程网办"，其服务事项网办覆盖率达92.3%，业务网办率超85%。实现住房公积金高频服务事项"跨省通办"13项，"川渝通办"17项。借助银行网点优势，利用网点自助智慧终端延伸服务触角，"公积金5分钟便民服务圈"已初具雏形。

三、丰富文明内涵，汇聚文明之光

走进德阳中心机关大楼，大厅的LED屏滚动播放文明创建宣传片，信息宣传栏、文化墙上随处可见"清风金韵"讲堂、志愿活动、主题实践活动等信息，文明创建氛围浓厚。在党员活动室，时常可见党员干部职工阅读的身影，座位上有职工自己推荐的好书目录，用手机扫一扫二维码就能进入有声读物平台相关页面，收听相应的书籍录音。来到窗口，温暖的问候、温馨的服务更是让群众体验感、获得感满满。

德阳中心还将文明创建工作进行辐射延伸，自脱贫攻坚工作开展以来，一直联系帮扶中江县普兴镇石龙店村。当地文化设施已无法满足群众的文化需求，德阳中心结合自身文明创建工作，随即启动石龙店村新时代文明实践站建设工作，并动员全体职工捐赠图书为石龙店村建农家书屋，引导干部职工全员参与创建，以文明新风涵养优良行风、引领文明村风，让文明的触角在乡村得到了有力延伸。此外，还与德阳市廉洁文化教育基地"孝源里"达成共建协议，将其作为德阳中心新时代精神文明实践基地和党员干部廉政教育基地，常态化组织党员干部职工开展相关实践活动。

文明创建，久久为功。德阳公积金人在精神文明建设中必将勇担使命，以文明赋能住房公积金事业，厚植精神沃土，迈着文明的步伐，乘风破浪，昂扬向前。

凝心聚力树服务品牌
奋勇争先创文明单位

铜川市住房公积金管理中心

近年来，铜川市住房公积金管理中心（以下简称"中心"）在省住建厅和市委、市政府的坚强领导下，在市委文明办的精心指导下，始终坚持把文明单位创建工作作为促进公积金业务健康发展、推动公积金队伍建设的有效载体，以创建全国文明单位为目标，紧紧围绕《全国文明单位指标体系》，统筹规划、分步推进、逐项落实，努力实现文明创建与公积金业务的相融共促，唱响"同心服务　聚金为民"服务品牌，不断规范管理、优化服务，内强素质、外树形象。中心2013年被省委、省政府命名为"省级文明单位"；2021年被市委、市政府评为"铜川市创建全国文明城市先进集体"；2022年荣获"全国住房和城乡建设系统先进集体"称号；2023年"同心服务　聚金为民"荣获铜川市市直机关党建特色品牌；新区管理部连续两年被共青团中央、住房和

讲党课　　　　　　　　　　　　进行政策宣传

城乡建设部命名为"全国青年文明号"。

一、坚持"一把手"主抓，健全创建机制，夯实"文明之基"

三年来，中心党组以巩固提升省级文明单位创建成果、创建全国文明单位为切入点，深入学习贯彻党的十九大和党的十九届历次全会精神、党的二十大和二十届二中、三中全会精神，认真贯彻落实习近平新时代中国特色社会主义思想，高效推进文明机关创建。按照"两手抓、两手都要硬"的方针，坚持把文明创建工作与业务工作放在同等重要位置，探索形成了"以党建工作为统领，以文明创建为载体，以工作实绩为标准"的创建工作机制，确保创建活动有序开展。

一是完善创建领导机制。把创建工作列入党组的重要议事日程，列为"一把手"工程，全面推行创建工作责任制。成立了由中心党组书记、主任为组长，分管领导任副组长，各科室、管理部负责人为成员的创建工作领导小组，形成主要领导亲自抓、分管领导具体抓、职能科室抓落实、干部职工齐参与的创建格局，使文明创建工作呈现出思想同心、工作同力的良好氛围。

二是实行创建考核机制。将全国文明单位创建工作与公积金业务工作"同计划、同部署、同检查、同考核"，及时召开动员会，制定《精神文明建设工作计划》，细化创建方案，采用项目化、清单化、责任化的方法，将创建任务分解到各个层面，明确责任人，通过"网格化"管理确保各项任务得到有效执行。将精神文明创建工作列入意识形态工作、党建工作、年度工作要点，纳入全年目标考核重要内容，年终对照目标完成情况进行考核，有效地促进了创建工作与业务工作的有机融合、相互促进。

三是健全创建宣传机制。充分依托中心网站、微信公众号、宣传栏、LED显示屏等，及时宣传精神文明创建活动及成效，及时发布中心工作动态，引导全体干部职工树立"人人都是创建主体，人人代表公积金形象"的理念，在中心营造浓厚的文明创建氛围。

二、坚持"一条线"贯穿，打牢创建根基，铸造"文明之魂"

创建全国文明单位是一项具有全面性、广泛性和代表性的系统工程，涉及涵盖了公积金中心工作的各个方面。中心党组审时度势，根据公积金工作特点和队伍建设实际，坚持强化思想教育，打牢思想根基，把培育和践行社会主义核心价值观作为精神文明建设的一条主线，始终贯穿创建工作全过程。

一是抓思想教育，树忠诚形象。过硬的政治素质和业务能力是队伍建设的关键，也是展现精神风貌的主要标杆。中心以打造学习型机关为载体,全面提升干部职工的政治素养,做到理想教育认真抓、纪律教育严格抓、廉政教育深入抓,引导干部职工坚定理想信念,强化宗旨意识,不断提升干部队伍的政治素质。三年来,结合党史学习教育、学习贯彻习近平新时代中国特色社会主义思想主题教育、党纪学习教育等开展主题实践活动,组织中心干部职工先后赴习仲勋同志故居、照金纪念馆、渭华起义纪念馆等教育基地,让广大干部职工耳濡目染接受革命传统教育,从思想深处牢固树立为民服务理念。严格落实"三会一课"制度,班子成员轮流为全体党员上党课,定期开展专项学习和研讨交流,三年来,党组会学习90余次,党组理论学习中心组学习50余次,党支部学习60余次,举办专题学习班6期,邀请专家学者专题辅导10余次,有效提升了党员干部党性修养和担当意识。

二是抓氛围营造,树文明形象。中心以巩固提升文明创建成果、唱响"同心服务 聚金为民"服务品牌为主导,积极开展多种形式的宣传活动。通过在各管理部服务大厅显示屏滚动播放文明标语,机关楼层开辟文化长廊,设置"社会主义核心价值观""廉政""家风家训"等展示牌,着力营造浓厚的精神文明创建氛围。通过各种活动载体,认真贯彻落实《新时代公民道德建设实施纲要》《新时代爱国主义教育实施纲要》,先后开展"心中有力量 为民勇担当""踏春读史 文脉相传"等主题活动。领导干部通过"宪法宣传日""法治大讲堂"等形式,广泛开展普法教育,引导全体干部职工树立法治思维,增强法律素养,坚持规范公正文明执法,维护群众合法权益。通过开设服务品牌宣传专栏,广泛宣传公积金政务服务便民利企措施,宣传品牌创建情况,展示品牌代言人形象,提升"同心服务 聚金为民"服务品牌知名度及社会影响力,形成了"人人重视,个个参与,全面受益"的工作局面。

三是抓队伍纪律,树清廉形象。中心坚持以富有成效的党建暨党风廉政建设工作为引领,高效推动机关党建暨党风廉政建设与文明创建和业务工作深度融合,推动"党建+文明创建"工作机制初步形成。定期开展党风廉政建设知识集中学习,重点学习党风廉政建设方面的纪律规定,组织全体党员观看廉政系列专题片,深刻剖析典型案件和腐败根源,举办了党纪学习教育读书班,进一步增强干部职工的廉政意识和思想觉悟。扎实推进清廉机关建设,制定清廉机关建设"十二条措施",打造廉政文化长廊,将崇廉尚廉作为机关文化建设的重要元素。中心被评为"铜川市廉政文化进家庭工作示范点",1名干部家庭被评为"最美家庭(清风好家庭)"。

三、坚持"一体化"推进，拓宽创建载体，厚植"文明之根"

中心创建工作领导小组作为创建活动的具体筹划者、组织者、实施者，虚心听取社会各界意见，主动借鉴先进单位经验做法。一方面，按照拾遗补缺的原则，逐项落实创建测评各项标准，对标对表完成各项指标任务；另一方面，集思广益大胆创新，在拓宽创建载体上狠下功夫，从多方面"一体化"综合施策，不断完善和丰富创建载体，力争创建工作更贴近中心实情、更富有行业特色，进一步扩大文明创建的辐射效应。

一是强化阵地建设，扩大中心引导覆盖面。匠心打造"一堂一家一中心"（道德讲堂、职工之家、党建活动中心），举办"道德讲堂"6期，开展"双学双讲双提升"党员干部开讲10余期，举办了"悦"系列"悦思·公积金"政策理论学习12期、"悦享·公积金"青年干部沙龙活动3期、"悦读·公积金"读书分享12期、"悦美·公积金"最美公积金人（家庭）评选2期、"悦动·公积金"健康运动活动4次，不断丰富党员干部职工文化生活，激发正能量，释放新活力。中心机关工会委员会被授予"铜川市模范职工之家"称号。

二是丰富文化内容，增进干部职工荣誉感。中心持续深化对干部职工的社会公德、职业道德、家庭美德、个人品德建设和爱岗敬业精神培育，努力传承中华优秀传统文化。开展丰富多彩的文体活动，使干部职工在文化体验中自觉追求健康、文明、高雅的生活方式。利用"我们的节日"举办主题活动，每逢春节、"七一"、国庆等重要节日，组织开展"接续奋斗七十五载 砥砺前行谱新篇"升国旗活动，"礼赞新中国 共筑安居梦"主题演讲比赛，通过"七一"集体政治生日活动以及乒乓球、登山等文体活动，把经典文化、红色文化、民俗文化融入节日之中，进一步弘扬中华优秀传统文化，极大地提高了干部职工精神文化素养，鼓舞了士气，振奋了精神，向社会各界展示了公积金中心干部职工的时代风采。

三是热心公益活动，践行中心社会责任感。积极参加"扶贫帮困""疫情防控""植树造林""关爱退役军人"等公益活动。为市慈善协会无偿提供一处近300平方米的办公场所，奉献一份爱心，承担一份责任，不断增强干部职工的社会责任感。三年来，组织党员干部下沉到包抓小区、帮扶村开展志愿服务活动，服务时长达200小时，投入帮扶资金70余万元。中心主要领导多次带领班子成员深入帮扶村平都村进行党的创新理论宣讲，看望老党员、困难户，与村干部共同研究农村发展道路，修订完善产业发展规划，全面助力巩固脱贫攻坚成果同乡村振兴有效衔接，捐助25万元协助该村修建党员活动室和科技图书室。在工作经费紧张的情况下，支持包抓社区铁诺社区党建共建工作，赠送笔记本电脑、打印机等办公设备。中心还成立了"志愿服务队"，扎实开展

"周末卫生日"活动，主动为包抓小区清扫路面，规划停车位，劝阻和纠正乱停乱放、乱倒垃圾等不文明行为。中心2名干部分别荣获"十佳第一书记""国家卫生城市复审工作先进个人"等荣誉称号。

四是践行文明风尚，展现中心时代新风貌。中心十分注重开展移风易俗破除陈规陋习、倡导科学文明生活方式教育。积极参与文明出行、文明旅游、文明餐桌、文明上网、垃圾分类等文明主题实践活动，大力弘扬时代新风。在中心职工食堂醒目位置张贴温馨提示，要求员工践行光盘行动，避免铺张浪费，推广餐桌文明礼仪。积极打造无烟机关，在楼道显眼位置和各办公室设置禁烟标识。督促进出车辆规范有序停车，全面实现办公区和生活区环境的净化、绿化、美化和亮化，为干部职工创造了良好的工作生活环境。充分利用网站、微信公众号等线上平台，加强网络文明传播，落实"三审三校"制度，设置专职网评员，通过跟帖、评论、发文等方式，参与网上宣传活动，积极传递社会正能量，营造风清气正的网络环境。

四、坚持"一把尺"衡量，立足创建目标，践行"文明之本"

开展创建全国文明单位活动以来，中心深入学习贯彻党的二十大精神，坚持把推进公积金业务工作、打造行业服务品牌，作为检验创建工作成效的"一把尺"，统筹推进文明创建和业务工作。聚焦公积金缴存、使用、运行和管理，不断健全服务体系，完善工作制度，加快数字化步伐，归集资金持续增长，使用政策不断优化，惠及人群持续扩大，资金运行安全可靠，保障更多缴存职工实现了住有所居、住有宜居、住有安居。

一是不断强化政策保障增进民生福祉，惠民公积金成效显著。从2021年开始，中心深入贯彻落实"惠民公积金、服务暖人心"服务提升三年行动，全面优化营商环境。制定了《巩固提升"五个一流"强基础提质效优服务稳增长工作方案》，进一步细化服务标准，20余名职工被评为"五星级文明岗"。先后印发了《推进政务服务标准化规范化便利化提升政务服务能力实施方案》《服务管理规范实施细则》《关于在市域内各金融机构存储公积金基本原则的意见》等政策文件，全面助力缴存企业和职工纾困解难。围绕建设"现代产业新城、幸福美丽铜川"目标和全市高质量全面转型发展新机遇，主动谋划，创新举措，坚持"走出去""走上门"，主动对接市场监管、税务等部门，提高扩面的针对性和精准度。通过召开恳谈会、政策培训会等，提高企业家缴存主动性和制度吸引力，越来越多的群众知晓公积金、认同公积金、使用公积金。三年来，各项业务指标逐年升高，归集34.61亿元，为4605户职工家庭发放公积金贷款16.93亿元，贷款逾期率实现动态清零。住房和城乡建设部对耀州管理部"惠民公积金、服务暖人心"全国住房公积金系统服务提升三年行动2022年度表现突出星级服务岗先进经验予以推广。

二是不断强化惠民担当简化工作流程，服务公积金提质增效。持续深化"放管服"改革，持续推进"最多跑一次"措施落地，扎实推进"互联网+政务服务"建设，努力推动市级部门间数据资源共享使用，中心政务服务能力得到不断提升。扎实开展标准化建设攻坚行动，全面升级改造各管理部服务大厅，规范使用全国住房公积金服务标识，划分咨询引导区、窗口服务区、休息等候区、自助服务区、疑难问题受理区、母婴服务区等六大区域。不断完善服务窗口硬件设施，配备自助终端机、饮水机、打印机、应急药品、"急救神器"AED（自动体外除颤器）设备等各项便民设施，为缴存职工提供免费咨询、免费指引、免费复印等服务。深化丰富服务大厅功能，延展服务边界，与受委托银行共建普惠金融服务站，将服务大厅建成集政策宣传、投资置业、金融理财的便民超市。严格落实"高效办成一件事"重点任务，坚持以群众实际需求为导向，设立"党员先锋岗""办不成事""绿色通道""跨省通办"等服务专窗，为群众提供业务办理、知识普及、对接回访的综合性服务。提取业务由三级审批压缩至两级审批，贷款业务由四级审批压缩至三级审批，提取业务当日办结。适时开通"公积金+商业组合贷款""商转公"顺位抵押模式，减轻购房职工还贷压力；提高青年人、符合条件的三孩家庭、铜川市引进的高层次人才等3类人群贷款额度及无房租房提取住房公积金额度；出台老旧小区改造和加装电梯提取住房公积金政策，助力民生改善，累计受理组合贷60笔3461万元，商转公顺位贷183笔5661万元。通过优化业务流程，简化办事手续，推动线上服务更快、窗口服务更优、平台服务更广等一系列举措，群众对公积金的认可度逐年提升。新区管理部蝉联第二十、二十一届"全国青年文明号"。

三是不断提升科技水平加快数字应用，智慧公积金稳步推进。中心聚焦职工"急难愁盼"，推进"一张网、一站式、网上办、马上办、一次办"优质服务品牌，不断加强线上渠道的宣传推广。运用大数据思维，主动对接支付宝、铜川智慧城市系统等第三方平台，形成包括网上办事大厅、微信公众号、手机公积金APP在内的九大便民办事渠道。积极接入不动产登记、房屋交易部门信息数据，实现了购房提取、租房提取由"纸质材料审查"向"联网系统审查"的转变。公积金数字化建设处于全省领先。目前，各渠道累计注册人数已达7.2万人，占正常缴存职工的99%，群众的满意度逐年提升。耀州管理部"跨省通办"窗口被住建部评为全国住房公积金"跨省通办"表现突出服务窗口。

四是不断加强监督管理保障资金安全，安全公积金保障有力。中心始终将风险防控作为工作的出发点和落脚点，扎实开展网络安全自查，夯实数据安全制度保障，加快推进国密改造建设，更新机房安全防护设备，使用国产加密设备对核心数据进行加密，有效保障数据安全流转，有效防范网络安全事件发生。加强银行存储资金管理，量化细化目标任务，严格兑现奖惩措施，实时监控银行账户资金动态，优化资金调拨流程，合理调整存款结构，及时处理定存到期资金，有效防范化解资金流动性风险，确保资金安全可靠、保值增值。建立健全流动性动态监测、资金调剂和补充机制，以巡察、审计等专项检查为契机，坚持日常稽核和重点稽核，抓好问题整改，开展疑点数据、违规提取公积金业务专项整治，全面梳理核查风险疑点，建立隐患排查整改机制，对资金支付进行动态化、穿透式管理。严格落实"四清一责任"制度，综合研判防范流动性风险，持续跟进清理逾期贷款，确保住房公积金贷款环节闭合、全程可控、安全保障、责任明确，不断提升住房公积金业务风险防范能力。

开展创建全国文明单位活动，既是我们坚定不移的奋斗目标，也是我们持之以恒的前进动力。在今后的工作中，铜川市住房公积金管理中心将以习近平新时代中国特色社会主义思想为指导，扎实落实文明创建各项工作要求，把理想信念教育、思想道德建设、单位文化建设、志愿服务、内部管理、环境美化、特色创建等工作常抓不懈，久久为功，持续发力，实行中心党组、工会、群团共办共促，凝心聚力，进一步提高精神文明创建水平，提高干部职工的文明素质，为建设幸福美丽铜川、保持全国文明城市殊荣，贡献住房公积金人的智慧和力量。

第三部分
党建引领

高质量党建强基铸魂引领业务实现新突破

——"奋进公积金"党建品牌三年创建成果总览

保定市住房公积金管理中心

党建兴则事业兴,党建强则发展强。习近平总书记强调"高质量发展需要高质量党建来引领",保定市住房公积金管理中心(以下简称"中心")牢固树立"抓好党建是本职、不抓党建是失职、抓不好党建是不称职"的理念,将党建工作作为引领住房公积金事业高质量发展的"动力引擎",积极探索党建与业务融合发展的有效路径,推动党建与住房公积金业务同频共振、互融共进,切实把党建优势转化为发展优势,以高质量党建引领住房公积金事业高质量发展。截至2025年2月底,全市累计归集住房公积金813.67亿元,归集余额349.5亿元,累计支取住房公积金464.17亿元,累计发放个人住房公积金贷款14万户470.53亿元,个贷余额266.22亿元。2024年实现增值收益5.12亿元,上缴财政廉租住房建设补充资金4.42亿元,累计上缴财政廉租住房建设补充资金22.91亿元,为财政增收、住房保障体系建设作出了贡献。

一、强化政治引领,筑牢党建与业务融合发展根基

中心党组始终坚持党的领导,牢记职责定位,持续深化党建品牌建设,切实发挥党建引领作用,着力提升党建"六力"。一是强化理论学习,提升党建"向心力"。坚持"第一议题"制度,对习近平新时代中国特色社会主义思想、党的二十大、党的二十届三中全会精神和习近平总书记重要指示批示精神,第一时间传达学习。截至目前,召开党组理论学习中心组学习会30次,专

题研讨13次，党组书记报告宣讲2次，党组成员到分管部门或所在党支部讲党课共计13次，支部书记讲纪律党课共计16次，集体学习16次，支部书记宣讲8次，党员自学30次，党员干部的政治理论素养明显提高。二是深耕党建品牌，提升党建"引领力"。2022年底，中心创建"奋进公积金"党建品牌，明确"1123348"党建工作思路，打造"资金放心、政策贴心、工作用心、服务暖心"的"四心"服务品牌和8个"党建+"，制发了16个党建品牌创建落实方案，以"四心"为重点，推进"四个结合"，实现党建与业务工作在责任、政策、履职和实效上相融互通。以"党建+"为载体，深化"八项工作"，实现党建与业务工作在机制、体系、方法和载体上同频共振。三是延伸党建触角，提升党建"创新力"。深入开展基层建设年活动，加强基层管理部党建文化阵地建设，结合区域优势打造"特色子品牌"，做到"一县一品"，突出岗位特点创建"基层党建工作法"。望都县管理部"五个必学"、唐县管理部"五心"工作法，通过将党建与业务有效融合，提高服务水平；安国市管理部"五必进"、涞源县管理部"廉政四不"工作法，将党建嵌入业务，赋能业务发展，为助力现代化品质生活之城建设提供保障。下一步，我们将利用1—2年的时间，高质量构建完成"1+8+22"党建矩阵，形成"主打品牌"引领方向、"'一县一品'子品牌"百花齐放、"基层党建工作法"亮点纷呈的三级党建体系，让党建工作向上开花，向下扎根，全方位提升基层党建工作质量。四是强化责任落实，提升党建"战斗力"。强化党组书记第一责任人职责、领导班子成员"一岗双责"、机关单位专门责任和基层党组织直接责任，构建清晰的责任体系。制发了《党建工作要点》《党建工作责任清单》，逐项研究制定推进落实措施，明确目标任务，压实工作责任，推动工作落地落实，为实现党建和业务发展深度融合奠定坚实的制度保障。五是丰富党员活动，提升党建"凝聚力"。认真开展党组织"三会一课"、主题党日等活动。近年来，开展主题党日活动36次，组织党员干部千余人次到清苑冉庄地道战纪念馆、红薯文化博物馆、涿州博物馆等10个教育基地参观学习，党员干部累计无偿献血1.2万毫升，103名党员干部捐款3663元帮扶寒门学子，开展联创联建活动88次，人心思进、人心思齐的氛围明显增强。六是加强党建宣传，提升党建影响力。常态化开展《"奋进公积金"党建品牌创建大事记》编撰工作，梳理总结党建工作发展规划及历程，提炼党建工作中的好经验、好做法，为以后的党建工作提供借鉴。2024年3月26日，中心党组书记在2024年市直机关党的建设工作会议上作典型发言；2024年度市直机关"四强"党支部和模范机关建设先进科室（单位）命名现场大会在中心召开，近百余人参会，中心第二党支部荣获市直机关"四强"党支部称号，机关党委荣获"2024年度市直机关模范机关建设先进科室（单位）"称号。

二、创新工作机制，开辟党建与业务融合发展新路径

在党建品牌引领下，自2024年以来，中心积极探索住房公积金管理服务改革，创新性地推出了"主任办公会暨每月一题"工作机制，开辟了住房公积金管理服务发展新路径。一是党建与业务深度融合的"新模式"。"主任办公会暨每月一题"工作机制在"奋进公积金"党建品牌引领下，在党建"四梁八柱"体系的高效推动下应运而生。精准聚焦制约发展瓶颈和民生关注度较高的问题，党组书记亲自抓、分管领导牵头抓，运用党建理论和思维方式分析研究问题，作出科学决策，为业务发展明方向、定基调。截至目前，共召开"主任办公会暨每月一题"会议15次，业务专题研讨会63次，22个分支机构负责人参会实现全覆盖，党建与业务实现有效融合。二是核心业务精细化管理的"新举措"。"每月一题"首要议程是学先进、找差距、补短板、促发展。先后学习了武汉、成都、常州等28个先进地市经验做法，使干部职工进一步开阔了思路、拓宽了视野，提高了分析问题和解决问题的能力。专题研究了住房公积金归集扩面、数据质量提升、规范执法等方面的工作，共解决骗提骗贷、贷款逾期等8个方面的问题，为中心党组制定具有前瞻性的发展战略提供了决策依据，为政策的优化调整铺平道路。2024年11月12日，经保定市住房公积金管理委员会第十六次会议审议通过了《保定市住房公积金资金流动性风险管理办法（试行）》《关于优化调整住房公积金贷款部分政策的决定》等8个政策文件，在省内率先系统性打出了"1+6+8"政策"组合拳"，最大程度地释放政策红利，被河北省人民政府微信公众号转发，阅读量达3万次。截至目前，办理直付首付款21笔、227万元；优化调整计算可贷额度惠及1156户、5.9亿元；拓宽再交易住房业务惠及11户、436万元；调整首付款比例惠及137户、8205万元；放开异地贷款户籍限制受益306户、1.59亿元。三是增强部门间协同共进的"新思路"。"主任办公会暨每月一题"工作机制为深化上下游、左右岸的沟通联系创造了条件。一方面增强了同级部门间的协同联动能力。在日常业务中，需要住建、不动产、税务等相关部门的协同配合，中心通过"主任办公会暨每月一题"会议形式邀请市住建局房地产市场监管、房屋交易服务中心、不动产登记中心等相关部门负责人列席，交换工作意见，有效加强部门间的沟通协调，为工作的顺利开展奠定基础。另一方面解决了内部部门间的沟通不畅问题。领导班子率先垂范，参与并推动相关业务研究，带动各层级重视业务，形成了积极推动业务发展的良好氛围，同时也打破了各业务科室之间各自为战的壁垒，搭建起高效沟通、协同作战的系统平台，极大地提升了有机融合、协同作战能力。

三、坚持人民至上，提升党建与业务融合发展质效

中心始终坚持以人民为中心的发展思想，推进党建引领，以高质量党建促进高质量发展、高水平服务，不断擦亮"服务暖心"品牌底色。一是深挖党建业务融合，赋能生动实践。为明确党建引领业务发展路径，制定了"奋进公积金"党建五年发展规划，2022年创品牌"奋进公积金"、2023年出成效"四梁八柱"、2024年以"业务精细化管理年""基层建设年""优化营商环境"为抓手再上新台阶，高新区管理部在住房和城乡建设部开展的"惠民公积金、服务暖人心"全国住房公积金服务提升三年行动中，荣获"2023年度表现突出集体"荣誉称号。保定作为国务院、河北省住房公积金贷款"一件事"试点城市，高效推进"一件事"工作并圆满完成目标任务，得到了国务院和省市的充分肯定，国务院办公厅政务办公室印发了《"高效办成一件事"2024年度第二批重点事项典型经验做法》，保定市推进实现住房公积金个人住房贷款购房"一件事"被列为典型经验做法，在全国推广。今年2月12日，中心在全省作典型经验分享。今年以来，河北省省直住房资金中心和石家庄、张家口、沧州等公积金中心就"一件事"工作先后到保定中心学习交流。国家级党建与业务融合发展实践课堂已初步搭建成型，初见规模。二是深入一线"变角色"，有效解决堵点难点。扎实开展"局长走流程"角色互换体验活动，领导干部深入基层一线，了解群众和企业的需求，进一步改进服务流程，提高办事效率。28位科级以上干部以普通群众、窗口办事员身份走进服务大厅，累计窗口坐班138次，接待办事群众1300人次，收集建议221条，有效解决问题143个，职工急难愁盼问题得到有效解决。三是打好服务"组合拳"，不断拓展服务场景。为企业和缴存职工提供零距离服务634次，发放政策包46148份，上门解决住房公积金归集类问题401个，提取类问题504个，贷款类问题303个。持续开展"服务提升年"活动，推出延时办、容缺办等多项服务举措。2024年国庆假期期间，中心推出住房公积金服务"不打烊"，为全市缴存职工累计办理提取165笔，金额307.63万元；累计发放贷款49笔，金额2061.2万元；累计接听12329电话404次。全面落实国家住房公积金服务标准，引进FTTR（光纤到房间）技术，全市22个分中心、管理部服务大厅实现免费无线网络全覆盖，服务大厅配备爱心妈妈小屋、环卫工人爱心驿站等便民设施，群众满意度大幅提升，有责投诉由原来每年10余件降为现在的0件。四是数字赋能"新动力"，大幅提升服务效率。22个县（市、区）分中心、管理部租房提取业务实现网上办理；38项住房公积金业务实现了7×24小时线上办，21项业务实现了全程网办，13项高频次服务事项实现了"跨省通办"，柜台个人证明事项全面推广使用"亮码可办"；住房公积金个人住房贷款购房"一件事"落地实施，贷款业务办理时限由原来的30个工作日压减至10个

工作日；跑动次数由原来的9次减少至1次；提交材料由原来的35份压减为16份。服务水平明显提升，群众的获得感和满意度明显增强。

四、凝聚群团合力，丰富党建与业务融合发展载体

坚持"党建带团建、团建促党建"，充分发挥工青妇群团组织桥梁纽带作用，激发群团活力，凝聚发展合力，让群团力量成为推动高质量发展的"新引擎"。一是推进书香机关建设，打造阅读"微阵地"。在机关三楼结合党建文化长廊氛围，开辟红色学习阵地。设立"初心园""赋能站""悦读屋"，党员干部职工利用业余时间阅读相关书籍，既能够及时了解党史和党情，充电蓄能，也能让党建工作更上一层楼，有效提升基层党组织战斗力。二是开展非遗文化年活动，打造传承"新阵地"。为牢固树立文化自信，弘扬中华民族传统文化，2025年中心将在全系统开展非遗文化年活动，通过邀请非遗传承人讲课、组织非遗爱好者召开座谈会、参观非遗博物馆等活动，传承非遗文化。今年3月8日，组织女职工代表70余人，到保定市南北非遗博物馆参观了精美绝伦的非遗展品，领略了非遗文化的博大精深，增强了对传统文化的传承和保护意识。三是组织文艺作品征集，打造品牌"红阵地"。围绕"奋进公积金"党建品牌创建工作，开展公积金文艺作品征集活动，通过文学、绘画、摄影、音乐等多元艺术形式，深度挖掘并记录住房公积金在不同发展阶段的关键节点、重要事件与创新突破，将这些珍贵的发展历程以文艺作品为载体进行广泛传播，让社会各界更加直观、深入地了解住房公积金事业的成长脉络与使命担当，激发干部职工的归属感与创造力，凝聚起推动住房公积金事业持续蓬勃发展的强大精神力量。

五、加强队伍建设，做大党建与业务融合发展保障

"为政之要，惟在得人"。中心党组深入践行保定市委主要领导提出的"激情实干、好学创造、务实担当"新时代保定干部特质。以创建过硬班子、过硬队伍为着力点，以创建过硬业绩为落脚点，工作用心氛围日益浓厚，队伍建设坚强有力。一是充实队伍力量，焕发队伍"新活力"。招聘70名住房公积金业务辅助人员（本科38名、专科32名），8名在编人员（研究生2名、本科6名），为中心注入了新的血液，带来了新的活力，在政策执行、业务拓展、服务优化等方面提供了有力的人才支撑。二是优化干部结构，激发队伍"新动能"。2023年新提拔8名科级干部（正科5名、副科3名），有效优化了队伍结构，推动形成了敢于担当作为、攻坚克难的良好工作氛围。2024年底，我们打赢了一场"攻坚战"，利用20天的时间催收欠缴住房公积金1.4亿元，圆满完成全年归集增长3%的任务目标。三是加大培训力度，点燃队伍"新引擎"。组织开展各类培训10场次，培训干部职工1020人次，特邀河北省住房公积金研究会和省域业内多位专家教授，开办两期2024年度全系统干部职工综合能力素质提升培训班，共335名干部职工参加，有效提升了干部队伍的综合素质和业务能力。中心党组成员、副主任董力生（已退休），涿州市分中心负责人曹敬勋，徐水区分中心负责人赵培璋，网络信息科负责人孙裕光获评河北省住房公积金专家库首批专家。高阳县管理部杨正一、李依楠、李曼参赛作品《公积金的数字化、智能化、便捷化变革》在99名参赛作者中脱颖而出，荣获"神玥杯"住房公积金论文大赛三等奖。

千川汇海阔，风好正扬帆。历经三年的不懈努力，"奋进公积金"党建品牌创建工作收获了阶段性的亮眼成果，这一阶段的成功只是序章。未来，我们将以更加饱满的热情、更加坚定的信念，持续深化党建品牌创建工作，持续推进党建与业务的深度融合，努力打造全国一流的党建实践课堂，为全国党建事业的蓬勃发展贡献我们的智慧和力量。

从"学"出发 探寻住房公积金系统落实中央八项规定精神新路径

孙超 漯河市住房公积金管理中心

自深入贯彻中央八项规定精神学习教育开展以来，漯河市住房公积金管理中心（以下简称"中心"）认真贯彻落实市委部署要求，紧密结合工作实际，以强烈的政治自觉、思想自觉和行动自觉，高站位谋划、高标准要求、高质量推进，着力在学深悟透、把握精髓上下功夫，在转变作风、树立形象上出实招，在狠抓落实、推动工作上求突破，教育引导中心全体党员干部职工持续筑牢落实中央八项规定精神的思想防线，以优良党风政风引领住房公积金事业高质量发展。

一、坚持高站位谋划，落实规定动作，细化方案措施

中心把深入贯彻中央八项规定精神学习教育作为当前一项重要政治任务，摆在突出位置，切实抓紧抓实抓好。一是加强顶层设计。在全市深入贯彻中央八项规定精神学习教育动员会后，中心党组立即召开专题会议，传达学习全市动员会议精神，研究制定实施方案和工作清单，明确目标要求、学习内容、方法步骤和工作措施，为学习教育扎实有序开展提供了有力指导。二是深入宣传发动。召开专题会议对学习教育进行全面安排部署，进一步统一思想认识，明确任务要求，确保全体党员干部职工深刻领会开展学习教育的重大意义，切实增强参与学习教育的积极性和主动性。三是丰富学习形式。坚持集中学习与个人自学相结合、专题辅导与研讨交流相结合、线上

学习与线下学习相结合，通过党组理论学习中心组学习、"三会一课"、主题党日、读书班等多种形式，组织党员干部职工深入学习习近平总书记关于作风建设的重要论述，学习中央八项规定及其实施细则精神，学习省、市有关规定要求，不断加深对中央八项规定精神的理解和把握。

二、坚持高标准要求，加强组织领导，压实工作责任

中心党组切实履行主体责任，加强对学习教育的组织领导，形成了一级抓一级、层层抓落实的工作格局。一是组织力量早对接。在系统范围内抽调作风好、业务精、能力强的骨干力量，专门负责学习教育工作。安排一名处级干部作为联络员，加强与上级学习教育领导小组办公室的沟通对接，吃透上级精神，争取指导支持。二是压实工作责任。明确党组书记为第一责任人，对学习教育负总责。党组成员按照分工，切实履行"一岗双责"。各支部、各科室负责人抓好本支部、本科室人员的学习教育，做到责任明确、任务具体、措施得力。三是强化督促指导。党组成员加强对分管领域学习教育开展情况的督促指导，及时掌握学习教育进展情况，发现问题及时督促整改，确保学习教育各项任务落到实处。

三、坚持高质量推进，创新方式方法，打造亮点工作

中心在学习教育中，注重创新方式方法，积极打造亮点工作，推动学习教育走深走实。一是开展主题活动。创新开展以"红色传承守初心 安居惠民践使命"为主题的清明祭扫活动，通过到烈士陵园和革命纪念馆红色研学，将深入贯彻中央八项规定精神学习教育融入日常，教育引导中心党员干部职工以革命先烈为镜，将红色基因转化为奋进新时代的强大动力。二是深查细照找问题。通过设立意见箱、12329热线、官网留言等多种形式，广泛听取缴存群众的意见建议。充分运用调研、巡察、审计等成果，统筹梳理近年来各类监督发现的作风问题线索，精准查找突出问题。三是立查立改抓整治。坚持边学边查边改，对发现的问题及时整改。结合群众身边不正之风和腐败问题集中整治工作，聚焦群众在住房公积金领域的"急难愁盼"问题，推出一系列便民利民举措。如：中心党组召开会议，对市长热线和信访系统住房公积金的投诉情况进行分析研判，出台了《漯河市住房公积金管理中心关于调整住房公积金贷款、提取业务的通知》，调整缴存人家庭首次使用住房公积金贷款或首次购买自住住房，执行首套公积金贷款利率，受到了群众的广泛好评。

在学习教育推进过程中，虽然取得了一定成效，但也还存在一些问题和不足，需要在今后

的工作中加以改进。一是学习教育的深度和广度还不够。个别党员干部职工对学习教育的重要性认识还不够深刻，学习的主动性和自觉性还不够高，存在被动应付的现象。并且学习内容还不够全面系统，对一些重要论述和规定精神的理解还不够深入透彻。二是学习教育与业务工作结合还不够紧密。目前还存在就学习抓学习，就业务抓业务的"两张皮"现象，没有很好地将学习教育成果转化为推动业务工作的强大动力，在运用中央八项规定精神指导实践、推动工作方面还存在一定差距。下一步，中心将以此次学习教育为契机，持续深化学习教育成果，进一步加强作风建设，不断提高服务水平和工作效率，努力推动住房公积金事业高质量发展，为全市经济社会发展作出更大贡献。

党建引领　提质增效

——滨州市住房公积金管理中心持续高质量发展取得显著成效

滨州市住房公积金管理中心

长期以来，滨州市住房公积金管理中心（以下简称"滨州中心"）坚持以党建为引领，深入贯彻落实省住建厅工作部署，聚焦资金风险防控，创新构建"四重体系"，筑牢资金安全防线，使各项工作得到了有效提升。截至2024年底，滨州市归集资金量超越3个地市，提前一年完成"十四五"规划确定目标，实现三年超越3个地市的超常规突破，贷款逾期率连续46个月为零，资产优良率全省最优、领跑全国。

一、风险管控达到行业最佳水平

滨州中心将防范和化解资金潜在风险摆在突出位置，着力打造"四重体系"，织密资金安全"防护网"。一是构建实时监测体系。加强宏观环境研判，每年组织住建、不动产等部门联合开展主题党日活动，共同交流分享辖区内土地出让、预售管理、项目在建等方面情况，综合考量，精准研判项目潜在风险。注重日常监督监测，对拟准入楼盘执行"银行+中心"双核验政策，2024年以来深入楼盘考察125次。及时发布预警提醒，制定业务风险及时提醒制度，累计发布风险提醒函件118期，有效防范和应对了大型企业项目资金断链等问题带来的后续影响。二是完善闭环工作体系。借助二代征信系统强大数据支撑，搭建起新风控模型，新模型对循环贷、非循环贷、贷记卡、准贷记卡等关键信息的提取与判定进行了统一规范，精准、全面评估贷款人的信用状况与还款能力。模型应用以来，有效拦截孙某（其他担保金额超限）等17笔信用信息不过关申请人的贷款预审，有效规避了贷后资金安全隐患。三是用活跨界联动体系。规范法院案件执行，与法院商定公积金划扣目录清单，把划扣范围限定在《住房公积金管理条例》规定以内。联合公安发布开展打击骗提骗贷专项行动的公告，震慑骗提骗贷行为。联手仲裁高效化解纠纷，把仲裁列为解决贷款逾期的优先方式，处置逾期贷款时仲裁部门采取一案一议，以简易程序处置抵押房产，比走诉讼程序平均节约时间5个月以上。四是构筑责任保障体系。成立主要负责人为组长的风险防控工作领导小组；各管理部设立风险处置工作专班，组织开展逾期清零专项行动，去年以来，逾期笔数从年初35笔下降至年末12笔。修订《受托银行贷后逾期催收工作管理办法》等制度，统筹手续费拨付、大额资金存放等措施，有效调动委托银行积极性。4月28日，省厅组织开展全省住房公积金"高效办成一件事"经验观摩交流会。会上，滨州中心主要负责同志结合滨州市风险防控工作成效和经验做法作了典型发言。

二、党建领航汇聚争先进位共识

滨州中心将深化党建工作作为推动住房公积金稳增长和高质量发展的出发点和落脚点。一是深化政治机关建设。加强党性教育和理想信念教育，组织党员干部学习党的创新理论和中央及省市重要会议精神，教育引导党员干部把贯彻党中央精神体现到谋划重点工作、制定重大政策、落实重要任务的重大实践中。去年以来，先后4次优化信贷政策，7项工作纳入市委、市政府年度重点工作，实现住房公积金工作与全市经济社会发展深度融合、同频共振。二是拓宽视野彰显担当。坚持站在全省全行业发展高度审视自身发展，破除"等靠要"思维，精准开展对标对表，明确归集扩面重点数据指标，并从谋篇布局、资源摆布、制度保障等方面加大工作力度。去年以来，面对全省主要指标下行压力加大的情况，我们锚定目标、精准破题，"新增缴存人数"指标保持高速增长势头，为扭转全省"新增缴存人数"指标负增长贡献了力量。三是联动攻坚成效显现。发挥党建联建功能作用，与委托银行组建"党建联盟"，明确攻坚课题，固化工作专班，探索形成了"党建+业务"工作新模式，先后组织开展"开门红""强攻坚"等6场专项攻坚行动，联合推进高端铝业、精细化工、商用厨具、金属板材等重点产业集群缴存，全市新增缴存单位1850家，新开户企业质量和数量均较以往有较大幅度提升。四是创新发展动力充沛。成功争取为电力行业住房公积金管理分支机构属地化调整试点城市；联合工商银行联合推出"工银公积金贷",为缴存职工"量体裁衣"提供消费支持,已为930户家庭提供信贷支持8700万元;深化住房公积金服务管理体系建设,滨州中心住房公积金服务管理体系通过ISO9001质量管理体系认证,成为全省唯一一家。深化"金牌员工、金牌柜员、金牌顾问"竞赛评选,营造"比学赶帮超"氛围,对荣获"三金"职工执行绩效激励,有效激发了干部队伍活力,为稳增长和高质量发展增势增效打下了坚实基础。

牢记初心使命　勇担时代重任
为人民住有所居贡献住房公积金力量

王驰　荆门住房公积金中心钟祥办事处

习近平总书记始终对老百姓的住房问题念兹在兹，他多次强调"住房问题既是民生问题也是发展问题，关系千家万户切身利益，关系人民安居乐业，关系经济社会发展全局，关系社会和谐稳定"。住房公积金一头连着发展大局，一头连着百姓民生。近年来，钟祥办事处始终践行"以人民为中心"的发展理念，时刻将住房公积金工作放在经济社会大局中精心思考、统筹谋划，推动数以万计的家庭实现从"忧居"到"有居"再到"优居"的幸福蝶变，书写了钟祥党建引领下高质量发展征程上的"住房公积金篇章"。

一、紧扣大局所在，主动作为、积极进取，以住房公积金之为服务"国之大者"

党的二十大报告提出，要坚持"房子是用来住的、不是用来炒的"定位，加快建立多主体供给、多渠道保障、租购并举的住房制度，采取更多惠民生、暖民心举措，着力解决好人民群众急难愁盼问题。钟祥办事处深入学习贯彻党的二十大精神，充分发挥住房公积金制度保障作用，细化实化利企惠民措施，不断释放政策红利，在促进房地产业良性循环和健康发展中发挥了积极作用。

一是服务发展有作为。紧紧围绕中心工作、发展大局，在中国式现代化钟祥实践中找准住房公积金制度定位，扎实推进住房公积金政策调整改革，住房公积金实缴人数增长到3.94万人，累计支持4.98万名缴存人提取34.17亿元、贷款33.14亿元进城安居，拉动装修、家电等与住房有关消费100多亿元，为全市城镇化发展贡献了住房公积金力量。深入学习贯彻中央经济工作会议精神和省、市相关工作部署，实施住房公积金降比缓缴、分期清偿等阶段性支持政策，助力企业纾困解难，累计降比缓缴企业32家、职工1842人。积极支持保障性住房建设，2023年上缴市财政保障性住房补充资金3993万元、同比增长81.5%。

二是归集扩面有成效。坚持把住房公积金归集扩面作为业务工作的重点，锁定目标、开源挖潜，不断扩大住房公积金制度覆盖范围。一方面，立足政策宣传，打造云上钟祥、在线钟祥、微信公众号、抖音短视频等多元宣传矩阵，选派业务骨干化身政务主播在线答疑，制作了一批接地气、易解读、近民心的短视频、微信软文，短短十余天，灵活就业人员开户101人，打破近三年开户人数总和。另一方面，依靠多方合力，通过与市直部门、金融机构共享信息资源，全面摸底掌握未建制建缴的企业数量和基本信息，引导企业合规缴存，2024年归集住房公积金6.76亿元，新增开户单位80个、职工4575人。

三是贷款保障有力度。密集优化调整住房公积金贷款政策，实施提高贷款上限、降低首付比例等组合政策工具，鼓励在我市工作、创业、生活的各类人员以"灵活就业人员"身份参缴住房公积金。对使用住房公积金贷款购房的，最低首付款比例由20%下调为15%，最高贷款额度提高到140万元，贷款期限由男性不超过60周岁、女性不超过55周岁延长至男性不超过65周岁、女性不超过60周岁，首套房贷款利率由3.1%下调到2.85%，贷款审批时限由15天降低到3天，释放了多重政策利好，2024年办理提取10151笔5.21亿元，发放贷款612笔2.06亿元，住房公积金贷款对居民住房消费的保障促进效能得到充分释放。

四是风险防控有招数。严把楼盘准入、贷款审核、贷后跟踪3道关口，加强电子稽查工具运用，规范资料审核流程，将风险管控关口前移，确保资金安全、底线稳固。全面加强风险隐患排查，围绕住房公积金归集、提取、贷款发放等风险点，加强动态跟踪管理，分类制定风险化解措施，及时消除隐患。加强逾期个贷清收，成立4个专班，分期分类建立台账、开展催收，有效化解资金风险。

二、着眼民之所望，躬身实干、潜心为民，以住房公积金之效点亮"万家灯火"

住有所居、居有所安是老百姓对美好生活最本真的诉求和最深切的渴望，也是住房公积金人的奋斗目标。我们以人民满意为标尺，从办事群众需求出发，推出多项便民利民新举措，全力托起老百姓的安居梦。

一是坚持智能高效，架起连心桥。以信息化技术为支撑，打通微信公众号、网上业务大厅、住房公积金自助服务终端机等多种业务办理渠道，让数据多跑腿、群众少跑路，实现"人工审核"向"智慧审核"的跨越。2024年度共受理"一事联办"业务629笔、微信业务5173笔，线上业务"好评率"达到100%。目前，已有338家单位开通网上营业厅，实现办理住房公积金业务"不见面""不跑腿"。

二是坚持便捷贴心，优化服务岗。定期开展"服务之星""党员先锋岗"评选活动，拓展服务应用场景，打造了一批服务意识强、服务效能好、群众满意度高的星级服务岗。在钟祥市行政审批局组织的季度窗口评选中，钟祥办事处住房公积金窗口及人员连续荣获"最优莫愁服务窗口""最优莫愁服务标兵"和"党员先锋岗"等荣誉称号，并被授予"莫愁+"青年文明号。

三是坚持普惠均等，托起安居梦。践行共享发展理念，构建多层级住房保障体系，满足不同收入职工多样化住房需求。今年4月，钟祥办事处缴存门槛再降低，个人仅凭身份证即可参缴，参缴6个月购房即可与单位缴存职工同等享受住房公积金低息贷款政策支持，助力新市民安家置业。目前已有966人办理缴存业务，其中593户家庭在城区购房面积66416平方米，办理购房贷款2亿元。

三、聚焦大势所趋，识变应变、守正创新，以住房公积金之力挥写"时代答卷"

随着百年变局加速演进，我国的房地产市场迎来了历史性变革，当前住房公积金制度也面临着新的机遇和挑战。我们将准确识变、科学应变、主动求变，在服务构建新发展格局中奋力开创住房公积金事业高质量发展新局面。

一是准确把握构建房地产发展新模式的主要任务。党中央提出，构建房地产发展新模式，旨在适应我国房地产市场供求关系发生重大变化的新形势，推动房地产由"有没有"向"好不好"转变，是破解房地产发展难题、促进房地产市场平稳健康发展的治本之策。去年底，住建部对构建房地产发展新模式工作作出了具体部署，要求在推动构建房地产发展新模式中更好发挥住房公积金作用。我们将锚定"房子是用来住的、不是用来炒的"定位，加大对首套房、以旧换新等住房的支持力度，更好支持满足刚性和改善性住房需求；聚焦"人、房、地、钱"要素联动，从要素资源科学配置入手，扎实推动"以房定钱"，让资金精准滴灌优质房源；围绕"三大工程"，将保租房、老旧小区改造、加装电梯等纳入住房公积金保障范围，开展住房公积金法拍房转保租房试点，加快优化和完善现有住房保障体系。

二是准确把握推进城镇和产业"双集中"发展的战略部署。当前，人口和就业形势发生深刻变化，沿海地区务工人口向内地回流、农村人口向城镇流动的意愿明显增强。省委审时度势，作出"以城镇和产业'双集中'发展为切入点推动新型城镇化"的战略部署，出台综合性民生支持政策，吸引在外人员和进城人员向县城流动、在县城安居。我们将紧紧围绕综合性民生政策落实，加大对6类重点人群保障力度，积极推动租购并举等住房政策落地，让新市民、青年人等优质人口住得好、住得安。

三是准确把握促进金融与房地产良性循环的工作要求。当前房地产市场仍是经济发展的支柱，随着房地产市场持续下行，房地产泡沫持续发酵，给实体经济、金融体系、居民财富带来了巨大的风险隐患。中央金融工作会议提出，"促进金融与房地产良性循环，健全房地产企业主体监管制度和资金监管机制，完善房地产金融宏观审慎管理"，核心就是要处理好实体经济和金融、房地产的关系。我们将充分发挥住房公积金政策调控作用，联合金融机构推出创新金融产品，加大对优质楼盘的支持力度，稳妥审慎化解贷款风险，多措并举推进稳楼市，坚决防止发生房地产风险。

新起点展现新作为，新时代谱写新篇章。我们将乘势而上、奋勇争先，全力支持群众解决基本住房和改善性住房需求，积极推进房地产市场供给侧改革，努力推进住房公积金事业高质量发展，为全市建好先行区、建功示范区作出应有贡献！

"五心同连"让党建品牌更加生动

姚骏　扬州市住房公积金管理中心江都分中心

党的二十大报告提出,"坚持房子是用来住的、不是用来炒的定位,加快建立多主体供给、多渠道保障、租购并举的住房制度"。扬州市住房公积金管理中心江都分中心(以下简称"江都分中心")乘势而上,引领先锋先行,以党建品牌提档赋能党建提质、服务群众提速、服务大局提优。2024年,江都分中心将"五心服务·金色服务惠民生"升级为"五心同连·金色服务惠民生",通过厚植组织优势,精进服务技能、锻造先锋队伍,上下实干争先动能迸发,党务与服务、业务相融互促,相得益彰,住房公积金事业高质量发展成效彰显。

一、"倾心"连"初心",在实干中惠民生

2024年3月5日,习近平总书记参加江苏代表团审议时再次强调,"要坚持以人民为中心的发展思想,在发展中稳步提升民生保障水平"。这就要求住房公积金管理中心要做优政策制度、扩大制度惠泽面、提升服务效能。江都分中心坚持"倾心"竭力,完成"住有所居"的初心。一是以区政府办名义出台实施意见,增强住房公积金管理工作的推动力度;二是加强对各镇服务站的指导交流,分中心班子成员带队走访乡镇服务站,与各镇分管领导商讨住房公积金制度宣传和归集扩面等工作,因地制宜提出工作意见;三是加强部门联动,走访了经信委和商务局,了解市级

新开工项目和四上企业名单，挖掘新的扩面增长点；四是开展"大项目"宣传扩面工作，分两组分别走访了"大项目"未建制企业、长期欠缴企业和低标准企业共计80余家。2024年，全年归集15亿元，新增扩面9142人，发放贷款684笔、3.5亿元，提取11.15亿元，在全区稳发展、保民生中发挥力量。

二、"贴心"连"暖心"，在服务中贴民心

坚持深入基层，用心贴心服务。江都分中心充分发挥"鑫青年"志愿服务队实干担当的引领作用，多层次、立体化地开展宣传活动。志愿服务队参加了乡镇2024年"春风行动"专场招聘会，针对灵活就业人员缴存住房公积金政策进行宣传和解答；联合医保党建联盟"八走进"、乡镇社会救助"宣传月"等活动，在乡镇开展政策解读与普法宣传志愿服务活动；实地走访了6家房地产开发项目，上门服务，访需问计；走进用工量较大的企业，专业解读住房公积金新政，将住房公积金暖心服务送到企业职工身边；参加区政府主办的365°房交会，面对面为群众提供咨询，帮助群众更好地了解和使用公积金。召开了住房公积金网厅业务培训会，使各缴存单位与会人员更加深入地了解、掌握单位网厅业务的操作流程和注意事项。主动对接乡镇协同推进封存账户清理工作，在全镇33家所属社区的协助下，张贴各类通告600张，同时通过各社区网格员群发宣传封存账户提取及灵活就业人员建制政策。

三、"细心"连"安心"，在发展中保安全

坚持从细节入手抓安全，让群众安心。一是做好贷款规范管理，建立多环节、全链条、多部门联动的风险防控机制，有效降低贷款逾期率。二是积极配合内外部审计，认真落实审计整改工作，建立风险疑点"台账管理—任务分解—整改确认—回流更新"数据治理闭环机制，优化解决疑点问题，有效防范化解业务风险。三是妥善处理投诉。全年受理职工投诉单位未建立住房公积金制度和欠缴等问题70余件，均妥善解决。某公司投诉涉及人员多、地域广的问题，江都分中心在多方打探、实地调研取证后，妥善处理该公司投诉问题，有效维护了1500名职工的合法权益。

四、"虚心"连"称心"，在学习中淬党性

政治上的坚定源于理论上的清醒，江都分中心坚持虚心学理论，扎实改作风，让群众称心。一是加强思想建设。围绕党的二十大和二十届二中、三中全会精神以及习近平总书记系列重要指

示批示精神和重要论述等，抓好政治学习。坚持"第一议题""三会一课"和主题党日等，通过支委会、党员大会等形式开展学习研讨20余次，切实把"学思想"作为首位任务，筑牢信仰之基。二是抓好党纪学习。制定党支部党纪学习教育工作方案、党纪学习教育学习计划，明确学习任务，确保党纪学习教育扎实有序推进。为全体党员配发《中国共产党纪律处分条例》，全力做好党员党纪学习教育学习保障。坚持多维触角"学"，采取领学领读、重点交流、党课授学等方式，引导全体党员进一步把握"六大纪律"，将遵规守纪刻印在心。组织开展党纪学习教育集中交流学习9次，党支部书记以《践行"六项纪律"将党纪学习教育融入日常》为题讲授专题党课，邀请区委党校老师专题解读《中国共产党纪律处分条例》，实地研学新四军苏北指挥部纪念馆、邵伯廉文化传承馆。三是推进"书香公积金"建设，开展"实干争先共阅读　书香建设齐参与"主题活动，组织"鑫青年"读书分享会，大家将阅读学习情况进行交流，真正做到看有所思、悟有所得。积极参加"实干争先　先锋是我"微党课比赛，讲述住房公积金人用"实干"之姿，筑群众"安居"之梦，荣获三等奖。

五、"诚心"连"放心"，在创建中呈新貌

坚持诚心做事做人，履行社会责任，让群众放心。江都分中心走访慰问结对村，主动参加无偿献血和"5·19"慈善一日捐活动。严格履行全面从严治党的政治责任，制定党支部全面从严治党主体责任清单，认真开展"5·10"党风廉政教育日活动，组织全体职工观看了警示教育片并开展集中廉政谈话，以"严家规、正家风、重家教"为主题上党课，切实增强纪律意识，提高党性修养，营造崇廉尚洁、风清气正的良好氛围。

党建引领促发展，品牌提升见成效。江都分中心将始终牢记优化服务惠及民生的初心，坚持"五心同连"，丰富品牌载体，深化品牌举措，拓宽品牌宽度，让党建实践更生动，让服务"金"名片更闪亮，让发展成果有更多的"民生含量"。

第四部分
制度建设

关于修订《北京市实施〈住房公积金管理条例〉若干规定》的法治化建议报告

朱慧　北京住房公积金管理中心东城管理部

《北京市实施〈住房公积金管理条例〉若干规定》（以下简称《若干规定》）于2005年12月30日经市人民政府第46次常务会议审议通过并施行，为北京市住房公积金规范化管理提供了法律依据，但随着北京市社会经济快速发展与住房市场深刻转型，《若干规定》在近二十年的发展中，在缴存范围、使用场景、法律责任等方面需要优化，亟须融入国家及北京市近年出台的新政策的要求。

本文旨在明确《若干规定》修订目标的背景下，认清《若干规定》的法律地位、分析《若干规定》的内容与不足，从而确定《若干规定》的修订思路与修订重点，同时提出创新性制度设计，以期为推动北京住房公积金制度的法治化、规范化和高效化提供参考。

一、新时代首都高质量发展对《若干规定》的修订目标

（一）加强住房公积金制度法治化建设

首都作为国家治理体系和治理能力现代化的"试验田"，需要在法治化建设方面发挥引领作用，住房公积金管理涉及多方主体，其运行必须以法律为准绳，确保各方权益得到充分保障。

(二)服务房地产市场发展与民生需求

坚持优化居民刚性和多样化改善性住房需求,坚持保障缴存职工基本住房权益,扩大制度覆盖面,促进北京市房地产市场平稳健康发展,切实发挥住房公积金的住房保障作用。

(三)风险管理与资金安全

住房公积金作为重要的金融资产,其安全性直接关系到社会稳定和经济发展。在新时代高质量发展的背景下,如何防范化解住房公积金领域的风险隐患,提升管理效能,是《若干规定》修订需要重点关注的问题。

二、《若干规定》的内容解构与不足

(一)《若干规定》在北京市住房公积金制度中的重要性

通过北京市住房公积金制度法律体系图(见图1)可以看出:

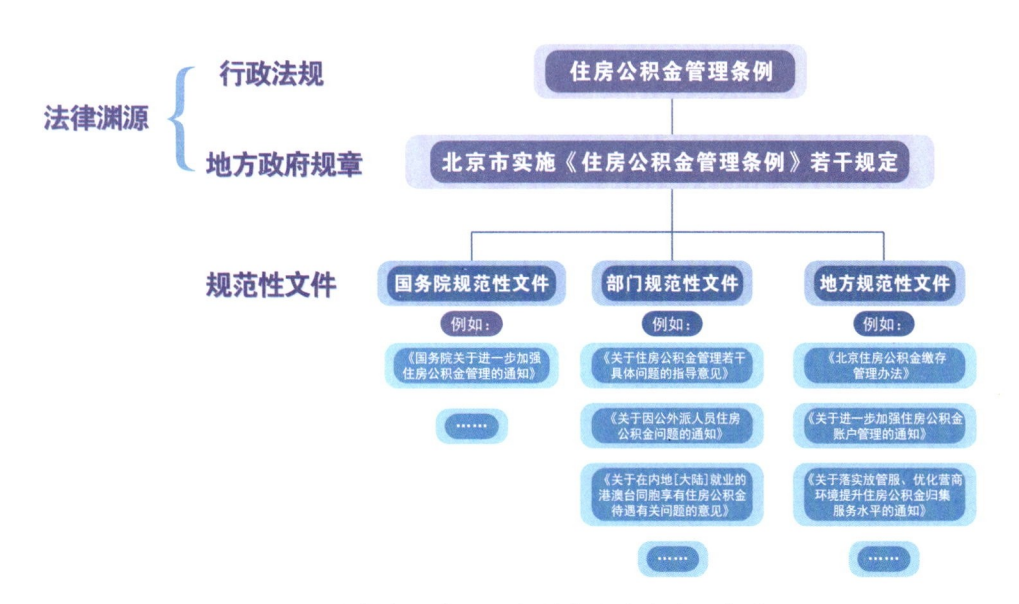

图 1 北京市住房公积金制度法律体系示意图

《若干规定》是构建北京市地方制度框架、落实国家《住房公积金管理条例》(以下简称《条例》)的重要桥梁与纽带,对上落实《条例》各项内容,适应北京市地区发展;对下对完善住房保障体系、规范住房公积金管理、支持居民住房需求发挥着重要作用,为北京住房政策与其他民生领域联动提供法律支撑。

从法的渊源上看,北京市住房公积金制度设置只有行政法规—地方政府规章两级,制度运行所需要的大量依据来源于国务院级、部级以及地方规范性文件，导致住房公积金制度的法律框架存在顶层设计空位、制度规定头轻脚重的特点，致使政策文件主导制度运行，稳定性与透明度不足，政策执行效率低下。

(二)《若干规定》的内容解构

1.《若干规定》对《条例》的落实（见表1）

表1 《若干规定》对《条例》的落实

对比主题	《条例》条文	《若干规定》条文	内容摘要
法律依据与基本原则	第一条、第四条	第一条、第三条、第四条	均以国家条例为基础，遵循"管委会决策、管理中心运作、银行专户存储、财政监督"原则
强制缴存单位范围	第二条、第三条	第五条	国家机关、国有企业、事业单位等必须为职工缴存住房公积金
管理机构设置	第八条、第十条	第三条、第四条	设立管委会作为决策机构，管理中心为独立事业单位负责运作
缴存比例下限	第十八条	第六条	职工和单位缴存比例均不得低于5%（国家条例）；北京可调整比例但需市政府批准
提取与使用条件	第二十四条	第十二条	购房、建造、退休等情形可提取住房公积金
监督与处罚机制	第三十七条、第三十八条	第十六条、第十七条	对不缴存、少缴存单位责令整改、罚款或申请法院强制执行

2.《若干规定》对《条例》的细化（见表2）

表2 《若干规定》对《条例》的细化

对比维度	《条例》（国家条例）	《若干规定》（北京细则）
适用范围	第二条：全国适用	第二条：仅适用于北京市行政区域
管理机构组成	第八条：管委会委员由地方政府、部门、专家、工会代表各占1/3	第三条：明确中央国家机关、中直机关、北京铁路系统委员占1/3，体现首都特殊结构

续表

对比维度	《条例》（国家条例）	《若干规定》（北京细则）
缴存单位扩展	未明确"其他单位"自愿缴存范围	第五条：允许非强制单位（如其他企业）与职工按自愿原则缴存
住房公积金账户管理	第二十二条：要求发放有效凭证，但未明确形式	第八条：新增"住房公积金卡或存折"作为缴存凭证
对账与信息公开	未规定具体时间节点	第七条：细化每年7月31日前发布对账公告，8月31日前发放对账凭证
单位变更处理	第十四条：单位合并、分立需办理变更登记，但未明确补缴责任	第十一条：补充单位合并、分立需补缴未缴/少缴住房公积金；无力补缴需明确责任主体
贷款贴息政策	无相关条款	第十二条：新增"在办理商业银行贷款时可申请贴息"，具体办法由管委会制定
监督检查与罚款	第三十七条：对不缴存单位罚款1万—5万元	第十七条：细化对拒绝检查、不如实提供资料的单位处500-1000元罚款
缓缴/降比条件	第二十条：须经职代会/工会讨论通过，并报管委会批准	第十条：简化程序，仅需申请且每次期限不超过1年（未明确需职代会程序）

（三）《若干规定》存在的问题

通过上述《若干规定》对《条例》的落实与细化可以看出，《若干规定》存在着落实有余而创新不足的情况。《若干规定》全文仅18条，其细化创新方面多体现在机构设置、程序明确等方面，其自身规定未成体系化立法，大多政策依据需要越过《若干规定》向上根据《条例》的内容，导致许多制度设置未进行适合北京特点的优化，创新性政策在地方性法规层面缺少法律支撑。

1.制度覆盖性不足

（1）缴存主体的覆盖性不全面。例如，《若干规定》第五条第二款规定："其他单位及其在职职工可以按照双方自愿的原则缴存住房公积金。"其中，"及其在职职工"的表述直接排除了灵活就业人员群体，明显限制了促进灵活就业人员自主缴存住房公积金政策的推行。

（2）住房公积金使用场景覆盖性不全。例如，住房公积金直付房租《提振消费专项行动方案》中提出的住房公积金支付首付款等新政极大拓宽了住房公积金的使用场景，扩充了住房公积金发挥作用的空间，但在《若干规定》中新业务模式缺乏法律层面的依据。

2.权利义务界定模糊

（1）缴存单位与职工的法律关系不清晰。例如，住房公积金作为单位和职工共同缴纳的住房储金，在执法补缴角度，职工是否需要承担同样的补缴义务？职工不参与补缴环节是否削弱了住房公积金制度的"住房储金"功能？这些问题均未得到明确。

（2）未明确职工权益受损时的救济途径。实践中直接影响在于职工不清楚住房公积金的维权路径，造成住房公积金执法难以推进。

（3）第三方机构（如试点住房出租机构、专业调解组织）的法律地位未明确，导致其在业务中的权责边界模糊。

3.行政执法依据不足

随着住房公积金政策宣传的深入，北京市住房公积金行政执法投诉案件体量巨大，住房公积金缴存制度看似简单，但在缴存主体确定、开户前缴存比例确定、权利义务划分、管辖权范围、纠纷救济途径等各方面长期存在着无明确法律规定可适用的情况。《若干规定》中更缺少对行政执法内容的具体规定，北京市住房公积金行政执法长期只能以《条例》中第三十七条、第三十八条作为法律依据，以中心内部的《行政执法操作细则》指导行为规范。

三、《若干规定》的修订思路

（一）全面贯彻法治思维，运用法治方式

修订《若干规定》需遵循法治原则，确保条款内容符合上位法要求，确保政策的连贯性与合法性。

明确《若干规定》的法律定位，遵循法的规范性与概况性。《若干规定》在法律位阶中属于地方政府规章，其修订需要严格贯彻《条例》的立法精神与条文规定，同时为北京住房公积金制度发展明确发展路径，提供政策上的法律依据，而非规定具体操作内容。

《若干规定》的修订需要严格遵守《中华人民共和国立法法》的立法要求。例如，《中华人民共和国立法法》第九十三条规定，"没有法律、行政法规、地方性法规的依据，地方政府规章不得设定减损公民、法人和其他组织权利或者增加其义务的规范"，因此《若干规定》的修订，不能超越《条例》设定的责任范围，随意增设对责任主体的惩戒或增加其义务。

（二）坚持问题导向，平衡企业与职工权利

目标是行动的指南，问题是突破的方向。随着住房公积金制度的发展，制度实践中存在着众

多困扰我们的问题，大至住房公积金强制缴存范围是否需要以户籍性质作为划分，住房公积金追缴是否有追诉时效的限制，小至职工是否需要强制补缴住房公积金等问题，法律规定上的缺位造成不同站位下对住房公积金制度的理解存在较大差异，政策执行的效力也大打折扣。

"住房公积金争议"不同于"劳动争议"的本质在于住房公积金不具有《中华人民共和国劳动法》的倾斜保护特性，其更加注重公平性原则，需要平衡各方利益关系。"为职工安居助力，为企业增信服能"充分体现了住房公积金制度设计本应包含着企业与职工权利义务的平衡性。职工是民生的一部分，企业也是。在修改过程中，应在现存立法空间内，做好对各方主体的利益平衡，对违法主体的责任追究作出明确规定，避免模糊表述。

（三）坚持目标和效果导向，与北京市地方特色相融合

首先，《若干规定》的修订需要兼顾稳定性与适应性，既需要保持相对稳定以维护权威，又需随着社会变迁调整。《中华人民共和国立法法》第七条规定，"立法应当从实际出发，适应经济社会发展和全面深化改革的要求"。因此，北京市住房公积金的制度设定应深入实施首都城市战略定位，围绕推动北京高质量发展，完善住房保障体系，支持绿色发展，支持城市更新，服务首都功能定位，支持"四个中心"功能建设，为科技创新人才、文化人才等重点群体提供差异化住房支持。

其次，《若干规定》的修订需要实现删繁就简，达到明确住房公积金制度主线的效果。受制于住房公积金制度上层法律设置缺位，制度落实中过多内容均由规范性文件确定。但需明确，规范性文件并非正式的法律渊源，其效力层级也低于正式立法文件。如当下最困扰我们的"住房公积金强制缴存是否涵盖农业户籍群体"问题，该问题始于部门规范性文件《关于住房公积金管理若干具体问题的指导意见》（建金管〔2005〕5号）中规定的"有条件的地方，城镇单位聘用进城务工人员，单位和职工可缴存住房公积金"的规定。但回看《条例》全文，并未提到过以户籍划分职工群体的内容，将"提高城镇居民居住水平"等同于划定了住房公积金主体适用群体的范围，也难以被一般群体认可。因此，《若干规定》的修订应对各部门规范性文件中规定的重点内容进行梳理，将需要沿袭的内容在地方政府规章层面予以明确，实现"政策入法"，将需要摒弃的内容在规章层面进行落实，使住房公积金制度主线更加明确。

四、《若干规定》的制度创新

（一）明确章节，扩充体例

在《若干规定》的体例上，建议参考《条例》的章节设置，设置总则、机构及其职责、缴存、提取、使用、监督、法律责任及附则共8章内容，并在相应章节细化住房公积金各项规定（具体扩充内容见附录表格）。

（二）明确住房公积金信用管理系统地位

建立住房公积金信用管理系统的必要性源于当前住房公积金管理面临的现实挑战与制度优化的迫切需求。随着住房公积金使用场景的扩大，骗提、骗贷、企业欠缴等违规行为频发，不仅威胁资金安全，也损害了缴存人的合法权益；而传统依赖人工审核的粗放管理模式存在效率低、监管滞后等问题，难以适应数字化治理的要求。《关于落实放管服、优化营商环境、提升住房公积金归集服务水平的通知》（京房公积金发〔2018〕52号）、《关于进一步改进服务加强住房公积金归集管理有关事项的通知》（京房公积金发〔2017〕58号）均有提及为治理违规提取建立信用管理系统的相关内容。借此机会，可以将信用体系提至规章层面，完善有关法律规定。同时扩大住房公积金信用监管体系的适用范围，将执法调解与信用体系相挂钩，提高执法调解的适用效力。

（三）强化信息化建设与数据安全

建议在《若干规定》中新增条款，明确要求北京住房公积金管理中心建立全市统一的住房公积金数据共享平台，实现与公安、税务、社保、不动产登记等部门的政务数据互联互通，以破解当前"数据孤岛"导致的审核效率低、风险识别滞后等问题。

数据共享的范围、权限和流程需严格遵循《中华人民共和国数据安全法》和《中华人民共和国个人信息保护法》对合法性、必要性和安全性的规定，例如依据《中华人民共和国数据安全法》第三十八条"国家机关应推动政务数据共享利用"，通过跨部门数据核验可大幅提升管理效能，同时防范虚假材料骗提骗贷行为，从源头保障住房公积金资金安全与缴存人隐私权益。推动跨部门数据共享，简化合规提取材料，分类细化高风险情形的审核标准。

综上所述，修改《若干规定》是一项系统工程，需要全面贯彻法治思维和法治方式，坚持问题导向、目标导向和效果导向，注重立法质量和实施效果，扩充住房公积金制度的适用场景、明确其使用流程、加强其全过程监管与风险防控，使住房公积金制度真正成为推动首都高质量发展的有力支撑和保障民生改善的重要工具。

附录

《若干规定》修改建议表

增设章题	《若干规定》	修改建议
第一章 总则	第一条 为实施国务院《住房公积金管理条例》，结合本市实际情况，制定本规定。 第二条 本市行政区域内住房公积金的缴存、提取、使用、管理和监督，应当遵守国务院《住房公积金管理条例》和本规定。 第五条 下列单位及其在职职工应当缴存住房公积金：…… 其他单位及其在职职工可以按照双方自愿的原则缴存住房公积金。	1. 建议修改第一条立法目的的表述。在没有明确法律规定时，通过对立法目的的解释可以判断某事件的基本性质。但《若干规定》中关于立法目的的表述过于简单，有碍于法规作用的发挥。 2. 建议总则部分增加住房公积金概念，以确定住房公积金的法律适用。 应用：（1）职工能否在单位破产清算中直接申报债权。（2）劳动仲裁调解书中经常存在"双方再无其他劳动争议"，明确概念以确定住房公积金是否属于劳动争议。（3）强调住房公积金是单位与职工共同缴纳的住房储金，以确定补缴主体涵盖单位与职工。 3. 建议修改第五条规定，适当放开住房公积金缴存主体范围，将灵活就业人员等其他非传统就业形式人员纳入缴存体系。 4. 建议明确北京市住房公积金管理机制，明确决策、运作、储存、监管的责任主体。 5. 建议总则部分增加职工权利的总体论述。
第二章 机构及职责	第三条 北京市住房公积金管理委员会（以下简称管委会）是本市住房公积金管理的决策机构。（管委会委员的组成） 第四条 北京住房公积金管理中心（定义）……分中心的业务范围按照国家和本市有关规定确定。 第六条 管委会适时拟订住房公积金缴存比例的调整方案，报批后公布执行。 第七条 管理中心对账公告义务。管理中心或者受委托银行发放对账凭证义务、提供信息查询服务与信息保密。 第八条 管理中心应当为住房公积金缴存职工发放住房公积金卡或者住房公积金存折，作为缴存住房公积金的有效凭证。	1. 建议明确列举管委会、管理中心、受托银行的职责与义务。《若干规定》中仅对管委会、管理中心、受托银行的特殊职责作出规定，未规定内容适用《条例》的内容规定，体例存在不完整性。 2. 建议管理中心职责中明确管理中心负有"监督、检查单位住房公积金账户的设立和缴存情况"的职责，为住房公积金执法提供主体合法性。 3. 建议增加人力社保、市场监管、民政、建设、公安等行政管理部门配合住房公积金开展有关工作的规定。实践中，住房公积金所依赖的大量数据需要其他行政管理部门的配合，建议在地方性法规层面，明确各单位的协助配合义务，打通数据壁垒，进而实现数据共享。 4. 建议修改"住房公积金卡或者住房公积金存折"作为有效凭证的内容。实践中，住房公积金凭证大量采取电子的形式，原规定已不适合社会发展情况

续表

增设章题	若干规定	修改建议
第三章 住房公积金缴存	第九条 单位应当依法为职工办理住房公积金账户的设立、转移、封存、注销等相关手续。职工申请督促单位办理，仍未果，管理中心可以依职工申请办理。 第十条 单位应当按时、足额缴存住房公积金，不得少缴、多缴或者逾期缴存。多缴住管理中心退回。缴存住房公积金确有困难的单位，可以降比或缓缴。 第十一条 单位合并、分立时，应当为职工补缴未缴和少缴的住房公积金。无力补缴的，应当在办理有关手续前，明确住房公积金缴存责任主体。 单位撤销、解散或者破产时，应当按照国家和本市有关规定，清偿欠缴的职工住房公积金。	1. 第九条建议增加职工与管理中心在"单位未足额缴存住房公积金"情况下的督促责任。这种情况在现实中大量存在但无明文规定。 2. 明确劳务派遣单位为被派遣人员缴存住房公积金的主体责任。社会中，大量用工形式采用派遣形式，被派遣人员缴存主体的确定多以派遣单位与用工单位合同约定的形式确定，产生纠纷时，住房公积金制度中缺少对此种用工形式的具体规定，执法中多产生推诿扯皮现象。 3. 降比及缓缴因涉及单位及全体职工的共同利益，建议在《若干规定》中明确基本要求，提高降比及缓缴规定的效力层级。 4. 建议增加单位名称、地址等信息的账户变更手续。制度运行中，多存在单位名称变更引起的与住房公积金账户名称不一致的情形，影响对单位账户的管理。
第四章 住房公积金提取	无特殊规定	1. 建议增加"支付自住住房房租"情形下可提取住房公积金的情形，以为住房公积金直付房租提供政策依据。
第五章 住房公积金使用	第十二条 申请住房公积金贷款、贴息。 第十三条 住房公积金贷款的最高贷款额度的确定。 第十四条 住房公积金的增值收益。	无
第六章 监督	第十五条 审计部门应当对管理中心进行年度审计监督，并依法向社会公告审计结果。 第十六条 管理中心可以对未按照规定缴存住房公积金的单位进行检查。单位应当如实提供用人情况以及工资、财务报表等与缴存住房公积金有关的资料。 管理中心应当对单位提供的资料保密。	1. 建议明确市财政部门的监督责任，以确保住房公积金制度安全，加强风险防控。例如规定"市财政部门对住房公积金归集、提取和使用情况的监督""编制住房公积金归集使用计划时向市财政部门征求意见"等内容。 2. 明确住房公积金管理中心对单位缴存住房公积金情况的监督检查职责，并列举监督检查的措施。将执法检查提高到地方性法规的立法层面，提高住房公积金执法的权威性与震慑性，规范企业缴存，减少事后追缴住房公积金问题的大量发生。
第七章 法律责任	第十七条 对单位不正规行为的处罚。	建议分类细化缴存企业和职工的责任。 企业：（1）不办理缴存登记、不为职工设立住房公积金账户的法律责任。 （2）不为职工缴存或少缴住房公积金的法律责任。 （3）不接受执法检查的法律责任。 职工：（1）违规提取的法律责任。 （2）违规贷款的法律责任。
第八章 附则	第十八条	无

以高质量规章修订推动首都住房公积金事业改革发展

周博　北京住房公积金管理中心丰台管理部

从历史到现实，改革和法治总是相辅相成。习近平总书记指出："改革和法治如鸟之两翼、车之两轮。"党的二十届三中全会提出"在法治轨道上深化改革、推进中国式现代化"，彰显了新时代在法治轨道上深化改革的鲜明导向。当前首都住房公积金事业已经步入进一步全面深化改革，实现更高质量发展的新阶段，此时北京住房公积金管理中心（以下简称"中心"）党组启动《北京市实施〈住房公积金管理条例〉若干规定》（以下简称《若干规定》）修订工作，正当其时，恰逢其时。

一、明确修订思路

明确思路是修订工作的起点，修订内容的论证选择都是要围绕修订思路展开。《中华人民共和国立法法》规定"立法应当从实际出发，适应经济社会发展和全面深化改革的要求，科学合理地规定公民、法人和其他组织的权利与义务、国家机关的权力与责任"，为明确修订思路提供了指引。

（一）坚持服务首都改革发展大局

立法应该适应改革需要，坚持在法治下推进改革和在改革中完善法治相统一。2024年党的二十届三中全会全面吹响了进一步全面深化改革、推进中国式现代化的号角，2024年9月，中共北京市委《贯彻〈中共中央关于进一步全面深化改革、推进中国式现代化的决定〉的实施意见》提出"发挥住房公积金的住房保障作用"。此次规章修订要以更好贯彻落实党的二十届三中全会精神和市委改革实施意见，更好地服务新时期首都发展大局为主线，将改革发展住房公积金制度提升人民群众获得感、幸福感作为目标。

（二）坚持问题导向

"问题引导立法，立法解决问题"，通过规章修订研究破解当前人民群众反映集中的急难愁盼问题和住房公积金改革发展过程中需要着重解决的重点难点问题是规章修订的落脚点，比如农业户籍职工是否应纳入制度保障覆盖面，企业是否可以对历史上没有选择缴存比例的年度补选比例，如何帮助企业化解历史遗留欠款等问题。在研究具体问题时，应对本市和外省市实践中已经形成的经验做法，在全面深入严谨论证的基础上通过规章修订得到提升固化。

（三）坚持法治观念

规章修订是一项严肃的立法工作，《若干规定》以贯彻落实《住房公积金管理条例》（以下简称《条例》）为立法目的，修订工作首先就要做好与《条例》等上位法规及政策的衔接。需要着重提出的是，有一种观点认为《条例》一直没有进行系统修订，那规章修订并没有那么急迫，这种观点存在局限性，贯彻落实《条例》不是机械的、静止的，而是在遵从《条例》的立法精神和基本原则基础上，结合新时期首都发展需要进行修订，推动《条例》得到更加有效落实。同时要与本市其他法规及政策相互协调呼应，在服务推进全市重点工作的过程中形成更大制度合力。

二、科学选择修订内容

在前期工作的基础上，选择修订内容应充分考虑以下三点，一是合法合规性，修订内容一定具有法律法规依据，不能出现突破法律法规规定或超过规章立法权限的条款。二是稳定性，规章作为执行性立法文件，内容应在一定时期内能够反复适用，因此对于需结合实际情况灵活调整的内容不宜纳入规章范围，比如一些指标参数类规定、具体办理流程等，这些内容更适合通过规范性文件形式规定。三是平衡性，要充分考虑各方主体的权利义务关系，不能一味强调某个主体的权利或义务，现行规章乃至《条例》都存在对个人过度保护，缺乏约束的问题，因此在修订内容选择上既要明确享有的权利也要规范应尽的义务。基于上述考虑，建议从以下5个维度研究具体修订内容。

（一）服务首都发展大局，发挥住房公积金多元作用

随着住房公积金制度发展和首都城市建设发展，住房公积金制度住房保障作用日益多元化，近年来在市委、市政府多项重点工作中发挥了积极作用。因此，在规章修订中对住房公积金多元化保障作用应给予体现，为改革创新提供支撑。比如可根据国家及本市相关规定，使用住房公积金、住房公积金增值收益等资金支持推进京津冀一体化、城市更新、加大保障性住房建设和供给、建筑绿色发展、国际科技创新中心建设等本市重点工作。同时，为了更加有效发挥住房保障作用，也应明确相关单位对住房公积金发展的支持责任，如发改、财政、规自、住建、人力社保、市场监管、民政、公安等行政管理部门应当在本单位职责范围内，推进数据共享、业务联办、执法协同。

（二）助力企业发展，降低企业负担

习近平总书记强调"就业是最大的民生工程、民心工程、根基工程，必须抓紧抓实抓好"，企业健康持续发展是提供稳定就业岗位的基础，因此在此次规章修订中应体现出住房公积金制度对企业的帮扶和支持，比如对守信单位，北京住房公积金管理中心（以下简称"中心"）及本市金融机构、融资担保机构等相关部门可对该单位给予信用激励。对依法依规改正失信行为的单位，中心应及时进行信用修复。再比如企业可在5%至本市规定的上限区间内自主确定缴存比例，职工部分缴存比例可与单位部分缴存比例不同，为企业增加灵活度。

这里需要着重提到的就是追缴时效问题，这一条对减轻企业历史负担能够发挥巨大作用，中心此前也付出了很多努力，得到了一定程度的支持和认同，但是当前在理论界和实务界仍存在较大争议，具有较大不确定性。

（三）保障职工权益，优化提取使用

住房公积金制度的初心使命就是助力职工安居，因此，修订内容应呼应人民群众在住有所居、住有宜居方面的呼声和需求。比如将农业户籍职工纳入制度保障范围，保障职工住房公积金贷款权利，中心对新市民、青年人、中低收入家庭、多子女家庭等群体在提取、贷款方面制定差异化支持政策，推动住房公积金在家庭成员间发挥互助性。

（四）细化履职要求，强化风险防范

截至2024年，北京地区建立住房公积金单位个数、建立住房公积金职工人数、缴存余额、贷款余额达到69万家、1335万人、8222亿元、5110亿元。中心管理运营巨额资金，服务众多单位及职工，风险防控责任重大，在推动改革创新中如何确保不出现风险是市委市政府关心、社会关

注、群众关切的重点问题，也是《条例》赋予住房公积金管理中心的重要职责。因此，建议修订内容中应增加，建立住房公积金全面风险管理体系，科学有效地识别、评估、监测、预警、控制或化解流动性风险、操作风险、信用风险、舆情风险等各类风险相关规定。同时，明确中心做好住房公积金信息披露工作，主动接受社会监督。

（五）规范行政执法，提升执法效能

此次规章修订的一个重要内容就是规范行政执法措施，解决当前行政执法中的执法手段薄弱、效能不强等问题。因此，建议明确中心具有对职工提供资料和资金用途核实调查职权，职工承担协助中心调查并提供相关证据的责任，可对违规提取资金申请强制执行，中心可选聘专业机构协助执法检查等内容。规定对调解协议已经履行或正在履行中的情况，无新的事实或证据，职工反复投诉，可不予支持。按照《中华人民共和国行政处罚法》规定，结合规章立法权限，研究是否可增加相应行政处罚措施。

三、其他工作建议

（一）为下一步地方立法奠定基础

受到规章自身立法权限的影响，部分条款难以一次性写入，需要通过更高位阶的法规给予解决。《中华人民共和国立法法》规定，规章实施满两年需要继续实施规章所规定的行政措施的，应当提请本级人民代表大会或者其常务委员会制定地方性法规。这为住房公积金制度建设迈上一个全新的更高台阶提供了依据。因此，在认真做好此次规章修订的同时，需要为日后提请地方立法进行铺垫，比如在草案修订阶段，邀请市人大相关部门参加政策研讨、意见征求等工作。

（二）全面提升中心整体政策研究能力和依法行政水平

此次修订，不仅仅是文字层面上的修订，更是在进一步全面深化改革、推进中国式现代化的背景下，围绕"发挥住房公积金的住房保障作用"改革目标，对首都住房公积金事业如何高质量发展进行的一次全面系统的思考和分析，是中心整体政策研究能力锻炼提升的难得机会，比如近期召开的理论研讨会，能够感受到从中心处室到管理部，都对规章修订和首都住房公积金未来发展进行了深入思考。同时，对法律法规及规范性文件的收集、整理、学习、分析，能够帮助我们更加深刻理解法条蕴含的立法精神、立法目的和执法要求，进一步增强依法行政的意识和能力。

（三）推进社会各界更加关注支持住房公积金制度发展

此次规章修订也是中心向社会各界广泛宣传解读住房公积金制度，争取更大支持的良好契机。在理论研究过程中，能够与相关领域专家学者进行沟通，推动行政法、民法等相关领域的学者更加关注住房公积金基础法律问题研究，逐步解决当前住房公积金基础法律理论薄弱的问题。同时在修订过程中，与法院、相关委办局等实务部门进行反复、深层次沟通，充分交换意见，让这些部门对住房公积金事业发展和面临的问题有更加具体翔实的了解，争取更大支持。

以民为本　不忘初心
发挥住房公积金制度优势

李龙　北京住房公积金管理中心服务指导处

"法非从天下，非从地出，发于人间，合乎人心而已。"立人民需要的法，体现了我国立法工作的宗旨，也是我们修改规定所应遵循的根本目标。本文结合北京住房公积金管理中心（以下简称"中心"）工作实际情况，从《北京市实施〈住房公积金管理条例〉若干规定》（以下简称《若干规定》）的制定背景和立法本意、《若干规定》长期运行以来发现的问题、对《若干规定》的修改建议3个方面层层递进，旨在提出一些科学有效的修改建议，有助于进一步发挥住房公积金制度优势，助力新时代首都高质量发展。

一、《若干规定》制定的背景和立法本意

（一）时代背景

1.《住房公积金管理条例》及《若干规定》简述

1999年4月，国务院在总结各地住房公积金试点运行情况后，颁布了《住房公积金管理条例》（以下简称《条例》），并于2002年3月、2019年3月进行了两次修订。北京市在全面落实《条例》的基础上，于2006年1月发布了《若干规定》，全文共18条，对《条例》中的部分事项进行了细化，沿用至今已有近二十年。

2.《若干规定》发布时北京市经济水平及居住水平背景

根据北京市1999年和2006年《国民经济和社会发展统计公报》，在加入WTO等各项政策的持续利好下，北京市人民群众的住房条件在七年内得到了明显改善。

一是全年施工面积有近60%的增长；二是城镇人均居住水平从人均15.4平方米增加到20平方米左右；三是商品房平均售价从5647元/平方米涨到8077元/平方米，增幅43%；四是职工年平均工资从13500元上涨到36087元，增幅167.3%，可以看到居民的收入水平显著高于房价上涨速度，群众的购房意愿被充分激发，职工对于购房及住房公积金的贷款需求增长显著（见表1）。

表1　1999年、2006年北京市重要经济指标对比表

指　　标	1999年	2006年	同比情况
地区生产总值	2169.7亿元	7720.3亿元	255.9%↑
年末常住人口	1257万人	1581万人	25.8%↑
全年施工面积	6556.5万平方米	10483.5万平方米	59.9%↑
城镇人均居住水平	15.4平方米	20.06平方米	30.3%↑
商品房平均售价	5647元/平方米	8077元/平方米	43.0%↑
职工年平均工资	13500元	36097元	167.3%↑

从住房公积金数据来看，中心的各项指标均快速增长，发放贷款笔数上升401%，贷款额上升821%，与北京市的地区生产总值高度关联（见表2、图1）。由此可见，住房公积金制度切切实实地帮助首都职工完成了购房，做到了为职工百姓安居助力。

表2　1999年、2006年北京住房公积金管理中心重要指标对比表

指标情况	1999年	2006年	同比情况
建立职工人数	222.4万人	376.06万人	69.1%↑
归集额	54.25亿元	245.87亿元	353.2%↑
发放贷款	8077笔	40498笔	401.4%↑
贷款额	11.86亿元	109.33亿元	821.8%↑

图 1 1999—2006 年北京地区生产总值与北京公积金归集额、贷款额曲线图

（二）立法本意

综合上述时代背景，北京市 2006 年《若干规定》制定时立法本意可以归纳为：维护稳定、保障民生和经济发展。一是维护稳定，即解决中低收入家庭住房"有没有"的问题。二是保障民生，即解决中高收入家庭住房"好不好"的改善型问题。三是经济发展，即解决房地产市场乃至国民经济"稳不稳"的宏观调控问题。

二、《若干规定》长期运行以来发现的问题

《若干规定》长期运行以来，逐渐产生了"已失效"和"未规定"两类问题。

（一）部分内容"已失效"

例如：原《若干规定》中第七条规定，管理中心或者受委托银行应当于每年 8 月 31 日前，向单位及其在职职工发放住房公积金对账凭证。但随着中心近年来信息化系统的不断建设和完善，目前跨年结息相关工作已由中心独立完成，不再委托银行。

又如：原《若干规定》中第十二条规定，职工可以申请住房公积金贷款，也可以在办理商业银行个人住房贷款时，申请管理中心给予贴息。但目前中心贴息贷款业务已停办，没有新增业务，贷款人通常选择组合贷款的形式办理贷款。

（二）部分内容"未规定"

例如：对于农业户籍职工是否强制缴存未作规定。但从中心接诉即办工单数据看，中心农业户籍职工投诉执法维权工单数量增长较为显著（见图 2），如不加以研究，将会对中心工作造成较大压力。

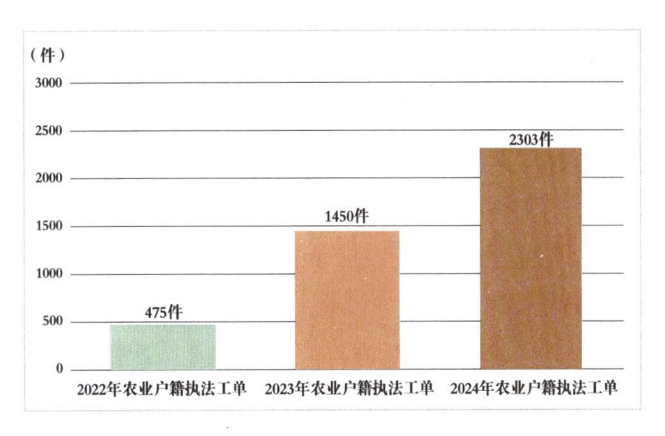

```
(件)
3000
2500                                    2303件
2000
1500              1450件
1000
 500   475件
    2022年农业户籍执法工单  2023年农业户籍执法工单  2024年农业户籍执法工单
```

图 2　2022—2024 年农业户籍执法维权工单环比图

又如：未对职工投诉执法维权案件"调解"作出规定。党的十八大以来，习近平总书记作出了"坚持把非诉讼纠纷解决机制挺在前面，从源头上减少诉讼增量"等一系列重要论断。重视纠纷源头化解工作，也应成为住房公积金管理中心处理职工维权投诉的一项特色。

三、对《若干规定》的修改建议

（一）宏观修改原则

1.不抵触上位法，明确修改边界

根据我国《中华人民共和国立法法》及相关规定，《若干规定》作为《条例》的下位法，不得与上位法发生抵触；不得违反《条例》的原则与精神。在《条例》长期未再次修订的前提下，《若干规定》的修改应恪守边界，仅对上位法的部分规定进行调整细化。

2.精简修改内容，符合长期规划

原《若干规定》仅有18条，运行近二十年，因此，在上位法管理条例已有规定的前提下，在修改过程中应尽量精简法条表述；同时，要考虑到随着社会的进一步发展，新的挑战会不断涌现，修改内容应符合时代的长期发展方向。

（二）微观修改建议

1.归集、提取类

（1）增加"灵活就业人员"缴存。截至2024年底，我国灵活就业人员已达到2亿人左右。根据北大光华管理学院的调查问卷，有61.1%的灵活就业人员愿意参加住房公积金制度，且高收入、对城市认同感高、想落户的灵活就业者占比最高（见图3）。因此，在《若干规定》修改时，应首先增加这类人群的缴存政策。

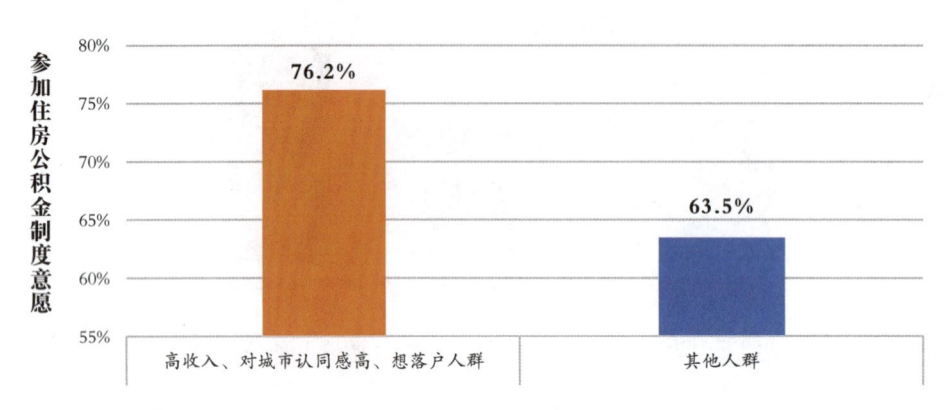

图 3 灵活就业人员中不同人群缴存住房公积金意愿对比图

（2）打击违规提取，为"职工个人信誉"增信赋能。随着中心党组近年来积极开展违规提取治理工作，有效地打击了部分黑中介等人的嚣张气焰，但对于违规提取，中心通常只能采取劝诫、报警等方式。因此，在若干规定修改时，增设"强化风险防控，推进住房公积金企业及个人信用体系建设"的表述十分重要。通过建立信用体系，一是能进一步筑牢资金安全的高墙，二是能为职工个人信誉做背书，为职工就业建立信誉白名单，为个人增信赋能。

（3）探索农业户籍缴存。农业户籍是否强制缴存，涉及《中华人民共和国民法典》中集体所有制、农村宅基地使用权、社会公平、企业负担等一系列问题，较为复杂，从工单数据上看，每年涉及农业户籍缴存的工单占所有执法维权类工单的20%左右，且绝对值每年递增。因此，建议《若干规定》修改内容中增加探索"农业户籍"缴存制度这一表述，且设定自条件成熟起另行发布实施，效力不溯及既往，否则会导致产生庞大的执法维权案件，对企业及社会稳定造成重大影响。

2.贷款类

（1）促进房地产市场健康发展，增加贷款优化政策。"加快构建房地产发展的新模式"是适应我国房地产市场供求关系发生重大变化的新指引，也是促进房地产市场平稳健康发展的治本之策。因此，在《若干规定》修改过程中，除修改原有"贴息贷款"为"公积金贷款、商业贷款组合贷"的描述外，可增加住房公积金贷款支持绿色建筑、装配式建筑、多子女家庭购房等表述，进一步促进房地产市场健康发展。

（2）助力房地产市场止跌回稳，提振居民购房消费。2025年3月16日，中共中央办公厅、国务院办公厅联合印发了《提振消费专项行动方案》，在涉及住房公积金领域的内容中，明确提出了"适时降低住房公积金贷款利率"和"扩大住房公积金使用范围，支持缴存人在提取住房公积金支付购房首付款的同时申请住房公积金个人住房贷款"。因此，《若干规定》修改时也要充分考量国家整体经济目标，增加"根据国家政策，适时调整住房公积金贷款利率和使用范围"的表述。

3. 执法类

（1）鼓励职工办理执法维权案件"调解"。中心党组近年来积极推进执法案件调解，开创性地提出了"案前调解"的工作思路，为维护社会稳定作出了突出贡献，得到了诉求人和企业的一致好评。因此，在《若干规定》中增加"鼓励单位和职工通过调解、协商方式处理住房公积金欠缴问题"，不仅能有效解决职工的维权困境，还能缓和职工与企业间的矛盾关系，进一步体现住房公积金制度保障民生的初心。

（2）探索增加执法维权追诉期。《中华人民共和国民法典》对诉讼时效做了统一修订，除特殊情况外，一般类型的民事纠纷案件的诉讼时效是三年，并在第196—199条规定了不适用诉讼时效的规定。但由于"五险一金"为保障职工合法权益的重要制度，且《中华人民共和国社会保险法》也并未规定诉讼时效，因此，如增加设定追诉时效的硬性指标，一方面有违反上位法，甚至违反《中华人民共和国宪法》中第45条的风险。另一方面可能会产生社会舆情，因此应谨慎考虑增加执法维权追诉期的硬性规定，采取折中方案，一方面鼓励职工积极维护自身权益，防止躺在权力上睡觉的情况出现；另一方面对追诉时间过长的住房公积金推荐职工进行调解。

四、结语

回顾近二十年的发展历史中，住房公积金在解决城镇职工的住房需求、减轻职工住房贷款利息负担等方面发挥了积极的作用。尽管住房公积金制度在当前发展中遇到了一些问题和挑战，但这项制度还是能持续为我国"维护稳定、保障民生和经济发展"目标作出贡献的。希望以上修改建议，有助于进一步规范北京市住房公积金的管理和使用，确保住房公积金制度能够更好地服务于广大职工，助力新时代首都高质量发展。

《住房公积金服务标准》解读

王利军　天津市住房公积金管理中心

《住房公积金服务标准》（以下简称《标准》）已于2025年2月1日起正式实施，《标准》是住房公积金行业的第一部产品标准，也是规范住房公积金服务的第一个行业标准。为更好地贯彻落实《标准》，推进住房公积金服务高质量发展，对《标准》的主要内容简要解读如下。

一、《标准》编制的背景和目的

国家"十四五"规划提出要围绕住房保障等公共服务领域建立健全基本公共服务标准体系，《国务院关于加快推进政务服务标准化规范化便利化的指导意见》（国发〔2022〕5号）也明确要加快推进政务服务标准化，健全政务服务实施、便民热线运行、服务评估评价等标准规范。因此，在行业内编制《标准》是落实国家标准体系建设和政务服务改革工作部署的重要举措。

此外，近年来，随着人员流动就业和跨区域使用住房公积金成为新常态，群众对住房公积金标准化、便利化、智能化服务的需求日益增加，对整个行业服务管理工作提出了更高的要求，有必要对住房公积金服务的内容、要求、方式、评价等进行梳理和规范。

基于上述背景，住建部组织编制《标准》，旨在统一服务体系，规范服务管理基本要求，缩小各地服务管理的差距；进一步优化服务流程，简化服务手续，缩短服务时限，提升行业服务效率与水平；积极推进住房公积金服务线上线下一体化融合进程，实现住房公积金行业高质量发展。

二、原则和框架

《标准》全面贯彻以人民为中心的发展思想，面向服务对象制定服务规范，以服务对象的体验是否满意为标准，优化服务各个环节。在编制过程中，立足住房公积金服务的共性要求，开展了大量的调研和意见征求工作，充分考虑各地住房公积金管理的成熟做法和差异性，既统一规范又不搞"一刀切"；在参照国家相关文件和标准规范的基础上，也吸收了各地住房公积金服务管理的创新探索实践，适度超前，保持一定的前瞻性。

《标准》以住房公积金服务提供为主线贯穿全文，分别规范了服务的条件和内容、支撑和保障、评价和改进以及住房公积金视觉识别系统。

三、主要内容

《标准》共分7个章节和1篇附录。其中"范围"章节明确了《标准》规范的内容和适用的范围；"规范性引用文件"章节罗列了文中引用的其他标准和文件；"术语和定义"章节明确了文中使用的关键术语；"总体要求"章节阐述了《标准》遵循的基本原则；"服务的条件和内容"章节规范了住房公积金服务的场所、人员、事项、方式以及要求；"服务支撑和保障"章节明确了服务过程中技术支撑和档案管理等要求；"服务评价与改进"章节规定了服务评价的内容、方式和结果运用；考虑到住房公积金服务标识的设计和应用场景规范独立性和体系化较强，将"住房公积金视觉识别系统"单独作为正文附录。《标准》重点内容划分为：

1. 范围

规定了住房公积金服务的服务条件和内容、服务支撑和保障、服务评价与改进等内容；适用于住房公积金管理机构提供的服务。

2. 规范性引用文件

共引用各项标准19项，其中国家标准15项，行业标准4项，涉及信封、公共标识、信息安全、政务服务、公积金行业、密码行业等领域。

3. 总体要求

坚持以服务对象为中心的服务理念，围绕服务对象办事需求，推动线上线下服务一体化深度融合，实行传统服务方式与智能化服务创新并行，为服务对象提供规范统一、高效便捷的住房公积金服务。

4.服务的条件和内容

包括服务场所、服务事项、服务方式和服务要求等内容，具体如下：

（1）服务场所。按照《政务服务中心服务现场管理规范》GB/T 36112的要求，结合各地住房公积金管理机构的实际情况，将住房公积金服务大厅的功能区域划分为窗口服务区、咨询服务区、投诉受理区、休息等候区、自助服务区和其他功能区。

在明确各区域的设置原则时，将《中华人民共和国无障碍环境建设法》等法律法规以及国家政务服务相关文件的规定纳入《标准》内容，包括"一窗综办"、帮办代办服务、"办不成事"反映窗口设置以及服务大厅无障碍建设等要求。同时根据政务服务智能化、数字化发展趋势，对住房公积金智能服务体验区和体验大厅的建设提出推荐性要求。

为全面规范各类服务场所管理，《标准》明确了自建大厅、进驻委托银行网点、进驻当地政务服务大厅或基层政务服务站（所）等不同服务模式下窗口设置、服务标识使用的规定，使用"宜"或"可"等推荐性表述，更具有操作性。

（2）服务事项。根据《全国住房公积金服务事项基本目录及实施清单》的内容，住房公积金服务事项包括缴存登记、缴存信息和账户状态变更、缴存、住房消费提取、非住房消费提取、申请个人住房贷款、信息查询、开具证明等，《标准》引用服务事项清单的分类方式，并应用"包括但不限于"的表述以应对后期服务事项变化。

（3）服务方式。针对服务方式，除常见的线上方式、线下方式外，还增加上门服务方式，将近年来各地主动服务的举措纳入《标准》，充分体现《标准》的全面性。

（4）服务要求。针对线下服务，规范线下服务应遵守首问负责、一次性办结等服务制度，同时考虑各地发展情况的差异，使用推荐性表述将24小时自助服务、延时错时服务以及服务延伸"就近办"等服务内容在《标准》中予以体现。

针对线上服务，将大力推动更多事项全程网办、分类引导套餐式服务、精准服务等要求纳入线上服务要求当中，为各地住房公积金线上服务系统建设指明方向。

（5）12329热线设置。按照《国务院办公厅关于进一步优化地方政务服务便民热线的指导意见》（国办发〔2020〕53号）对于12329热线归并的总体要求，明确了12329热线与12345热线实施双号并行，同时设置专家座席，结合住房公积金行业实际现状提出"12329热线应提供'7×24

小时'自助语音服务，工作时间保证人工服务，有条件的地区可提供'7×24小时'全天候人工服务"。

(6) 跨区域服务模式。按照《国务院办公厅关于加快推进政务服务"跨省通办"的指导意见》（国办发〔2020〕35号）的内容，对跨区域服务模式采取相同的表述和要求。

5.服务支撑和保障

重点针对当前服务过程应用较为广泛的电子印章、数据共享等技术作出规范，明确住房公积金管理机构"应选择具有电子政务电子认证服务资质的机构提供电子认证服务"，将《中华人民共和国数据安全法》《信息安全技术　信息系统安全管理要求》（GB/T 20269）等法律和标准中关于信息化安全、数据保护的要求引用提炼形成数据使用和安全应急的相关内容。

6.服务评价与改进

按照《国务院办公厅关于建立政务服务"好差评"制度提高政务服务水平的意见》（国办发〔2019〕51号）中提出的评价体系，确定了住房公积金服务评价流程，从机制建立、评价内容、评价方式、结果公布和改进措施5个方面作出规范。

7.住房公积金视觉识别系统

按照《全国住房公积金服务标识使用管理办法》（建办金〔2022〕3号）的要求，结合各地住房公积金管理机构实际需求编制住房公积金视觉识别系统，从基础的标识图形、颜色、文字组合到门楣、门牌、指示牌等应用作出明确规范。

强化住房公积金行政执法

——天津市住房公积金管理中心的创新举措与显著成效

王高翔 天津市住房公积金管理中心

一、强执法、创优案

（一）发挥"示范优案"引领作用，推进严格规范公正文明执法

近年来，天津市委依法治市办聚焦行政执法过程中的痛点、难点、堵点问题，创新开展了全市行政执法"典型差案"评查和"示范优案"评选，坚持问题导向，把一批人民群众反映强烈、严重损害执法队伍形象的典型个案找出来，特别注重用"以差为镜"的自省，给政府公权力戴上"紧箍咒"。"示范优案"是正面标杆，通过典型经验和创新做法正向引领；"典型差案"是反面教材，让执法者及时发现并纠正行政执法工作中存在的问题和短板，提升执法能力。天津市住房公积金管理中心（以下简称"中心"）于2023年、2024年报送了行政执法典型案例，并连续两年获评了行政执法十大"示范优案"，实现正向引领。获选案例分别是"督促企业设立公积金账户案"（见附件1）和"参与构建行政争议多元解纷机制案"（见附件2），反映出中心多年来坚持主动扩面，积极履职，推动企业依法合规缴存住房公积金，同时持续加强矛盾纠纷化解体系建设，推动公积金争议有效化解。

（二）通过数据赋能，推进制度扩面

充分借助政务信息数据共享平台，建立跨部门信息资源共享机制，将市场经营主体、社保缴费等数据与住房公积金缴存数据进行深度筛查比对,通过数据赋能,精准聚焦重点促建单位,并实行台账销号式管理,持续提升住房公积金缴存管理效能。每年年初发布工作通知,确定重点促建任务单位,按照网格化、精细化的管理方向,全部逐一摸底排查,并全程闭环管理。同时,按照服务促建与执法催建相结合的方式,既用心维护企业长期经营需要,又贴心保护职工合法权益,通过电话、上门等途径积极宣传住房公积金缴存政策,积极引导单位自觉遵法守法,依法依规缴存住房公积金,对于有能力但拒不整改单位坚决开展立案执法,保障住房公积金制度刚性。科学设置扩面任务指标,配套开发系统模块,及时准确统计扩面工作效果,为扎实推动扩面工作提供有力支撑,将扩面任务分解到具体人员,做到任务到人、责任到人、考核到人,进一步压实目标责任,提升扩面工作效果。

(三)强化源头治理,创新争议化解机制

结合住房公积金案件特点,建立形成优先调解工作机制,在相关法律法规规定的框架范围内,出台专门操作性文件,突出调解的主渠道作用。近三年,中心案件调解结案率均达到85%以上,取得了良好的法律效果和社会效果。进一步健全行政"大调解"工作体系,积极与属地人民法院合作签署《关于构建行政争议多元解纷机制的备忘录》,创新行政争议解决模式,探索完善"调解协议+司法确认"机制,通过司法确认程序赋予调解协议强制执行力。充分发挥司法审判权的规范、引导和监督作用,推动住房公积金争议从终端审判向源头预防延伸,牢固树立"抓前端、治未病"理念,坚持能动执法、事前预防,持续推动住房公积金制度覆盖范围不断扩大,依法保障职工合法权益,提前消除矛盾纠纷产生土壤,从根本上预防化解住房公积金争议。

二、建制度、促规范
(一)推进建章立制,搭建四级执法规范体系

不断加强执法制度体系建设,在国务院《住房公积金管理条例》基础上,市人大常委会制定《天津市住房公积金管理条例》,市公积金管委会出台《天津市住房公积金行政执法管理办法》,成为最主要的行政执法依据。同时,为弥补条例、办法的条文原则性强而操作性弱的不足,中心制定《行政执法管理办法实施细则》《行政执法业务操作规程》,对执法程序、时限、办理要求等内容进行细化,指导执法人员开展执法工作。目前,中心已形成条例、执法办法、实施细则、执法规程四级执法规范体系,从根本上保障执法工作规范化开展。

（二）出台配套制度，不断夯实执法制度体系

全面落实行政执法"三项制度"，完善行政执法事前、事中、事后环节公示内容，积极推行亮证执法、主动告知，调整询问笔录和执法文书内容，依法保障行政相对人申请回避、陈述申辩、提出听证等合法权利。通过文字、音像等记录形式，对执法各个环节进行记录，确保执法全过程留痕和可回溯管理。编制法制审核流程和重大执法决定目录清单，确保每项重大执法决定经过合法性审查，守住法律底线。结合执法工作中出现的新情况、新问题，定期拟写执法业务提示和执法易错点提示，进一步明晰业务办理规则和案件办理标准。

（三）优化业务操作，完善执法业务办理流程

聚焦行政执法源头、过程和结果3个关键环节，进一步明确职工投诉案件立案标准，坚决杜绝有案不立、有案慢立现象产生。遵循合法、客观、真实的原则，确保调查取证工作的有效性和全面性，明确调查取证的时限、流程、工作要求等事项，规范调查内容及笔录制作。在案件办理过程中，充分保障当事人陈述、申辩、听证等各项合法权益，避免不当行为，对于中心作出的具体行政行为，明确告知当事人申请行政复议或提起行政诉讼的权利。

（四）坚持过罚相当，完善行政处罚裁量权基准

进一步贯彻落实《国务院办公厅关于进一步规范行政裁量权基准制定和管理工作的意见》，修订完善住房公积金处罚裁量基准，明确单位不办理缴存登记、不为职工办理账户设立手续、单位不配合监督检查、以欺骗手段获得公积金贷款共4项行政处罚的裁量基准。根据单位设立时间长短、未设立账户职工人数多少、违法情节等因素划分裁量档次，确保处罚的合理性和公正性。增加了住房公积金轻微违法免罚事项，合理运用免罚制度，给予市场主体适度容错纠错空间，引导其积极改正违法行为。

三、创模式、提效能

（一）优化执法管理架构，形成前中后台执法模式

2020年4月，为理顺住房公积金执法体制，划清职责边界，规范执法权力运行，中心开展了行政执法管理架构调整工作，建立形成了前中后台执法业务管理模式，同时，调整执法机构设置，组建了相对独立、集中统一的行政执法专门队伍，实现执法管理职能与具体操作职能相对分离。依托执法前中后台管理架构，设立包括执法前台、中台、后台在内的"三道防线"，建立执法重难点问题季度自查、风险评估、风险预警等工作机制，落实执法风险内部管理制度，执法业

务检查由司法审查标准逐步向规范性审查转变,保证案件办理合法合规。

(二)加强执法协作,提升行政监管效能

严格落实"谁执法谁普法"普法责任制,加强以案释法,不断改进执法工作招法,变被动管理为主动服务,变末端执法为源头治理,坚持严格规范公正文明执法。认真贯彻落实国家及我市关于全面实施"双随机、一公开"监管工作部署,完善随机抽查清单,规范任务库、人员库"两库"建设,每年制定发布随机检查计划,通过小比例的随机抽查实现大范围的有力震慑。制定出台《住房公积金"双随机、一公开"监管工作细则》《住房公积金"双随机、一公开"抽查工作指引》等制度文件,规范住房公积金随机抽查内容、方式和流程。充分借助部门合力,创新执法机制,主动与市场监管、税务、人社等部门开展联合检查,真正实现"进一次门、查多项事",有效震慑违法行为。

(三)强化监督约束,有效防控法律风险

建立案件评查工作机制,根据执法全流程梳理细化105项评查标准及评分内容,并集中开展案卷评查,切实提升案件办理质量。积极落实行政执法突出问题专项整治行动要求,聚焦人民群众反映强烈的执法问题,制定专项整治工作方案,结合执法实际深入开展全面排查,切实防止不作为乱作为问题。完善执法监督体系,建立"自查—抽查—梳理—提示—整改"的业务检查模式,确保执法案件合法合规。利用架构调整优势,严格对每一项执法决定审核把关。自执法架构调整以来,213起复议诉讼、1771件强执案件全部胜诉或通过合法性审查。

四、强队伍、增能力

(一)健全培训机制,全面提升执法人员能力素质

建立行政执法分类分级分层培训机制,结合工作实际,以一线执法人员培训需求为中心,不断提高培训的针对性和有效性,有的放矢提升执法人员短板弱项。加强学习阵地建设,利用中心办公网开设法治政府建设、归集执法等板块,发布《提升行政执法质量三年行动计划(2023—2025年)》等内容,有效提升学习宣传效果。制定年度执法工作培训计划,组织执法人员开展公共法律知识考试,培训考试内容涉及习近平法治思想、《中华人民共和国宪法》、《中华人民共和国民法典》等内容,充分利用各种培训资源,常态化开展业务培训。结合指导案例、典型差案、示范优案等评选,充分发挥典型案例的示范引领作用,提升以案释法、以案促改能力。

（二）加强业务培训，推动执法水平整体提升

落实培训考试要求，组织全体执法人员在市执法监督平台完成执法知识学习及考试，按要求完成执法队伍的全员轮训，确保执法人员每人每年接受法律培训不少于60学时。坚持开展小规模、常态化、多批次的培训，将集中培训与定制化培训相结合，充分运用线上、线下、实例教学等多种手段提升培训效果。持续加强对执法人员的日常教育引导，通过电话、网络、上门等形式对执法人员进行业务指导，并协助处理疑难复杂案件，通过"案中教""案中练""案中学"，执法人员的综合素质和专业能力明显提升。

（三）丰富培训形式，持续提升执法培训效果

组织开展行政执法知识技能竞赛，进一步强化了执法队伍规范化建设，全面检验执法人员法治素养和专业能力，持续拓宽执法人员学习广度和深度，提升执法队伍的整体业务水平。充分利用行政诉讼案件庭审旁听、网上公开直播等形式，注重通过参与司法实践提高执法人员法治思维和办案质量，让执法人员在实际案例中增强对法律的理解和运用能力。邀请人民法院行政审判资深法官，结合司法实践和行政执法典型案例，对全体执法人员进行授课，进一步增强执法人员的法律意识、证据意识、程序意识和规范意识。编制《住房公积金行政执法手册3.0版》，基本涵盖住房公积金领域的相关法律法规规定和典型案例解读，指导执法人员规范开展工作。

五、优平台、助发展

（一）搭建公积金智慧平台，推动执法数字化发展

基于现代信息技术应用，积极搭建包含案件管理、缴存服务、二道防线检查、积分落户、缴存证明、统计分析等145个界面的执法服务管理系统，适应执法工作的数字化转型发展。执法管理系统通过流程再造，实现了执法过程的标准化、规范化、电子化，从案件受理、立案调查、证据收集、处罚决定到执行反馈，每一个环节均在系统中清晰呈现，方便了执法人员操作，提高了执法的透明度和公信力。执法系统自动记录执法人员的操作轨迹、上传资料等信息，确保执法过程的可追溯性，为执法工作的规范化发展提供了有力支持。

（二）实现行政执法的全过程管理

对执法工作中12个关键业务环节和15个辅助业务环节进行梳理，进行系统布局和数据管理，确保执法工作的每一个环节都有数据支持和记录。将各业务审批合并到工作台处理，每一级审批人员可通过系统查看业务申请数据和影像资料，提高审批效率和准确性。执法案件立案后，各级

人员全部通过系统进行快速审批。执法中台通过系统审核案件情况并制作上传执法文书，执法前台打印文书后送达行政相对人，并将送达结果回录系统

(三) 实现制度扩面工作的数字化管理

实时统计扩面进度，系统通过与社保、市场监管等数据进行比对，锁定未建未缴单位及职工，每日跟踪统计建立缴存情况，帮助执法人员在与单位开展工作时，做到脑中有数、手中有账、心中有谱，提高推动工作的针对性和有效性。客观量化扩面效果，实现对扩面任务中单位和职工建立缴存情况、职工累计汇缴次数等工作成果的客观量化。激励员工的工作热情，为科学制定扩面任务和目标提供数据支持，进一步提升扩面工作质效。

附件1

天津市住房公积金管理中心
督促企业设立住房公积金账户案例

一、简要案情

2022年7月，天津市住房公积金管理中心（以下简称"市公积金中心"）通过数据筛查，发现某公司未为300余名职工设立住房公积金账户，严重侵害职工合法权益。知悉该情况后，市公积金中心多次上门宣传政策，并召开协调会，但均无结果。2022年10月，依据相关规定，市公积金中心作出《行政处罚告知书》，拟对该公司罚款5万元。11月，该公司为全部322名职工设立账户，全部改正违法行为。鉴于该公司已主动改正，且未造成严重后果，依据免罚清单相关规定，不再对该公司进行行政处罚。2022年，市公积金中心充分运用大数据信息比对的方法，以社保差距50人以上单位作为扩面工作重点，坚持服务促建和执法催建相结合，效果显著。全年扩面工作实现新建人数8.2万人，带动全市新建人数超36.5万人，创历史最高水平。

二、示范意义

住房公积金根基于"积"，核心在"金"，目的为"房"，市公积金中心始终坚持把扩大制度覆盖范围作为一项重点任务常抓不懈。一是运用大数据筛查，精准查处违法行为。充分利用政务信息数据共享平台，通过大数据比对筛查，对重点违法行为实施精准打击，并在线固定证据，有效维护住房公积金缴存秩序和职工合法权益。二是坚持以人民为中心，切实为群众做实事。增强法治意识，突出问题导向，把体现人民利益、反映人民愿望、维护人民权益、增进人民福祉落实到执法的全过程，主动作为积极履职，不断提升人民群众信任感和获得感。三是坚持处罚与教育相结合，让执法更具"温度"。行政处罚只是一种手段，而不是最终目的，应坚持把处罚手段和教育目的结合起来，灵活运用说服教育、劝导示范、行政指导等非强制手段，变被动管理为主动服务，加强释法说理，积极引导企业自觉尊法守法。

三、案例启示

住房公积金作为我国住房制度改革的重要组成部分，对解决职工住房问题发挥了积极作用。近年来，天津市持续推进住房公积金缴存扩面，制度覆盖范围不断扩大。一要加强部门协作，实现信息共享。充分利用政务信息数据共享平台，打通数据壁垒，建立跨部门执法信息资源共享机制，切实发挥和利用大数据优势，突出重点领域执法，提升执法工作效能。二要坚持严格规范公正文明执法。坚决依法惩处各类违法行为，保证有法必依、执法必严、违法必究。转变执法理念，推进服务型执法建设，将管理、执法与服务有机结合，促进执法关系和谐稳定。三要坚持教育与处罚并重。坚持教育为主、处罚为辅原则，合理运用轻微违法违规行为免罚清单制度，给予市场主体适度容错纠错空间，引导其积极改正违法行为，用法治力量创造更好的营商环境，实现法律效果和社会效果的有机统一。

附件2

天津市住房公积金管理中心
积极参与构建行政争议多元解纷机制案例

一、简要案情

2023年9月,天津市住房公积金管理中心(以下简称"市公积金中心")陆续收到8名职工投诉某单位欠缴其住房公积金的情况。经调查,被投诉单位属于劳务派遣企业,8名投诉职工与该单位签订劳务派遣协议后被派遣到另一用工单位开展实际工作,该劳务派遣企业作为法律意义上的用人单位,未为8名投诉职工缴存住房公积金,欠缴职工住房公积金的情况属实。随后,市公积金中心多次前往该单位宣讲住房公积金缴存政策,积极协调单位主动履行补缴义务,但在规定时限内单位未能改正违法行为。市公积金中心按照行政执法程序向该单位下达了整改通知书,责令其依法补缴欠缴8名投诉职工的住房公积金,后单位不服向人民法院提起了行政诉讼。在诉讼过程中,市公积金中心充分利用多元解纷机制,在市司法局、人民法院的主持下,通过进一步向单位宣讲政策、释法说理,积极化解矛盾纠纷,最终促成单位自愿撤回起诉,并承诺待资金到位后依法履行补缴义务。

二、创新做法

近年来,市公积金中心在处理矛盾纠纷案件中,始终牢记为民初心,紧盯人民群众所急所盼所需,创新住房公积金争议实质化解机制,近三年案件调解结案率均达到80%以上,取得了良好法律效果和社会效果。一是健全案件前端调解流程。坚持和发展新时代"枫桥经验",结合住房公积金行业特点,建立形成优先调解工作机制,在相关法律法规规定的框架范围内,出台专门操作性文件,持续完善住房公积金调解制度规范体系。对于发生的职工投诉案件,市公积金中心经初步审查立案后,将第一时间启动调解程序,以解决职工合法诉求为出发点,畅通疏导流程,寻找矛盾纠纷化解"最优解",及时把矛盾纠纷解决在基层、化解在萌芽状态。二是参与构建多元解纷机制。进一步健全行政"大调解"工作体系，构建形成多部门联动、多主体参与、多维度化解的多元解纷工作模式，充分发挥行政机关解决行政争议的行政职能和人民法院解决行政争议的司法职能，为住房公积金争议当事人提供多元化纠纷解决渠道。探索完善"调解协议+司法确认"衔接程序，主动依托市级行政争议多元解纷中心促成当事人达成调解，并引导当事人进行司法确认，通过司法确认程序赋予调解协议强制执行力。三是主动融入诉源治理格局。积极与人民法院建立常态化联络沟通机制，充分发挥司法审判权的规范、引导和监督作用，推动住房公积金争议从终端审判向源头预防延伸。借助法官专业力量，通过现场座谈、培训指导、意见征询等方式，持续优化住房公积金调解程序，实现纠纷矛盾化解制度化、规范化。牢固树立"抓前端、治未病"理念，坚持能动执法、事前预防，持续推动住房公积金制度覆盖范围不断扩大，依法保障职工合法权益，提前消除矛盾纠纷产生土壤，从根本上预防化解住房公积金争议。

三、示范意义

实质化解行政争议，事关人民群众切身利益与社会和谐稳定。近年来，市公积金中心持续加强矛盾纠纷化解体系建设，优化行政执法管理架构调整，整合力量提升住房公积金案件调解力度，紧紧围绕行政争议"事前—事中—事后"三阶段，建立全流程争议化解协同机制，力争实现预防于源头、解纷于案中、息诉于事后的目标。一是拓宽行政争议多元共治的途径。依托行政争议诉源治理相关机制，通过职能外扩、触角延伸，积极与人民法院、仲裁机构、社保部门等协作配合，推动将住房公积金事项提前纳入单位与职工相关劳动争议解决范围内，实现人民群众诉求一站式接收、一揽子调处、全链条解决，让住房公积金争议治理在源头、消化在基层、解决在事前。二是推进行政争议实质化解。积极发挥行政机关在行政争议化解中的主导作用，依法履行法定职责，促进住房公积金争议解决从"司法主导"向"行政主导、司法终局"模式转变。面对新形势、新任务，不断优化行政执法方式，将严格执法与人性化服务有效结合，规范使用自由裁量权，提高运用法治思维和法治方式化解社会矛盾的能力水平。三是延伸行政争议化解职能。将调解工作贯穿于行政执法的全过程，坚决杜绝简单的机械执法、履行程序。在行政复议、行政诉讼或申请法院强制执行等过程中，结合具体案件实际，充分运用行政调解、司法调解、执行和解等制度，妥善化解住房公积金矛盾争议。充分发挥执法典型案例的示范引领作用，运用说理讲法、分析利弊等方式，促使当事人互谅互让、定分止争，既解行政争议"法结"，又纾当事人"心结"，最终实现案结事了政和的良好效果。

持续释放政策红利　发挥制度惠民效能

左流盈　成都住房公积金管理中心归集业务管理部

成都住房公积金管理中心坚持以习近平新时代中国特色社会主义思想为指导，坚持人民至上、以用为先，通过惠企扩面、创新政策、提升服务、规范使用等举措，有效发挥住房公积金支持作用，持续用力推动房地产市场止跌回稳，为加快构建房地产发展新模式注入强劲动力。

一、乘势而为，共创双赢格局，扩面量增质强

围绕企业全生命周期，探索建立企业"网格化"服务体系，推行园区定向服务管理举措，联动合作银行靠前主动助企惠企，进一步深化平台合作、部门联动。突出以数赋能，着力推动信息共享、资源整合、优势互补，精准扩大增量、稳定存量、提高质量。一是深化试点、强化规范。深入对接口岸管理、快递速运、电子商务等产业商会、行业协会，宣讲制度解读政策，引导龙头企业建制带动产业链规范缴存。同步立足国家灵活就业试点先行优势，不断优化完善灵活缴存、灵活使用等15条政策措施，增强制度吸引力。2024年，新增缴存额725.21亿元、新增单位2.33万家、新增人数44.66万人，缴存额同比上升6.64%。二是政策联动、资源共享。积极对接联动工会、社保、金融、经信、统计等部门，将缴存住房公积金写入企业集体合同，健全"五险一金"信息共享机制，推动3项举措纳入成都市企业上市全生命周期服务重要内容，探索融合服务企业

发展新路径，专题辅导260家拟上市企业，引导1300家"四上""专精特新"重点企业建制。三是业务联建、优势互补。深化管理"1+22+15"（部门、管理部、合作银行）三级联动，以主动扩面为切入点，聚合优势资源，深挖缴存潜力，调优考评细则，提升合作银行主动扩面、协同服务质效。

二、加大利好，优化使用效率，发挥保障作用

深入贯彻省住建厅《住房公积金支持政策操作指引》《关于切实提升住房公积金服务质量助力城乡融合发展的指导意见》等决策部署，持续优化住房公积金使用政策，加快建立租购并举的住房制度。一是加大购房支持力度。首推购房直付购房款新模式，打破"报账制"，实现"一次申请、按月到账"，减轻缴存人购房资金筹措压力。施行加装电梯"孝老式"提取和购房提取代际互助，用好缴存人家庭"钱袋子"，进一步解决住房问题。放宽省内购房提取区域条件，提取不再受户籍所在地或工作所在地限制，给予异地购房缴存人更多选择空间，大力支持缴存人刚性和改善性住房需求。2024年，购房提取17.38万人、112.49亿元，同比分别增长19.74%、11.88%。二是大力提升"租"住体验。连续两年提高租房提取额度，集成"按月直付、按季预提、按年统筹"等便利措施，打造"小金·蓉易租"品牌，满足无房缴存人住房需求。建立"按月直付房租"服务新模式，将当月应付租金从住房公积金账户直接划转至保租房企业，主动适应"保障+市场"房地产新模式，增强缴存人安全感、幸福感。2024年，租房提取69.62万人、48.36亿元，同比分别增长13.54%、26.15%。三是多元创新落实惠民。全面取消省内异地购房户籍地、工作地限制，畅通省内住房公积金"人、钱"要素流动。业务实现"灵活提、零资料"，推行网办"零跑腿、零等候"。落实市级部门关于社会保障卡"一卡（码）通"的相关工作要求，实现社会保障卡、市民码授权登录或身份识别，可选用社保卡作为住房公积金提取账户，进一步提升缴存人使用公积金的便捷度。创新"租购转换"衔接提取政策，扩大政策惠及人群，2024年租购转换提取金额约4亿元。

三、精减流程，便捷惠民助企通道，提升服务效能

深入贯彻住建部"惠民公积金、服务暖人心"住房公积金系统服务提升三年行动，关注政务服务质效提升，促进数字发展成果实践化，发挥典型示范引领作用。一是推进行全业务线上服务。落地国务院办公厅发布的7件"高效办成一件事"，围绕"企业变更""企业上市""企业破

产""企业注销""企业迁移""个转企"等企业全链条业务，优化事项流程，精简办理材料，跨部门协作，完善系统功能，确保企业"只跑一次、只填一表"完成业务办理。推动实现全业务线上服务，缴存、提取业务网办率97.86%，同比上涨1.39个百分点。二是深化企业全周期服务。紧盯"初创期"，通过"一窗通"主动服务新开办企业；关注"发展期"，协同合作银行增信优质客户；跟踪"全周期"，比对社保缴存情况。按照省发改委、住建厅工作要求，实现经营主体融资信用信息归集共享。融入成都市"蓉易+"大场景，依托"蓉易享""蓉易上"等平台，以政策大讲堂、座谈会、企业沙龙等活动为载体，联合社保医保、合作银行开展"五险一金"专场服务，推动惠企政策精准推送、直达快享。2024年，共支持4000家企业减轻资金压力11.58亿元。三是践行全要素主动服务。贯彻市委"进万企、解难题、优环境、促发展"工作部署，健全"缴存指导—专员服务—发展助力"的企业生命全周期服务机制，强化"靠前服务""问需服务"，健全快速响应闭环服务机制，主动服务银河磁体等上市企业、成飞等链主企业、京东方等招商项目。2024年，累计开展220余场专场服务、1400余次上门服务、2.8万人次"一对一"服务，解决企业急难愁盼问题110个。

四、消除壁垒，联合打击违规使用，坚守底线安全

放宽住房公积金使用的同时，更要切实维护住房公积金管理秩序，有效促进我市房地产市场良性循环和健康发展，同步加强对住房公积金规范使用的监督和治理。一是内部管控、维护管理秩序。充分利用省厅牵头建立的清单通报机制，不定期收集交易异常人员及"老破小"房屋信息，形成包含省内外百余个重点街区的购房提取异常区域清单，目前已更新到第15批次。开展月度、季度政策指导和培训，增强一线人员防范意识。针对重点区域，协调区市县管理部进行现场调研、研判形成专项治理方案。不断优化提取政策工具箱，在制度层面堵住违规使用的"政策空子"。修订印发《骗提套取行为处理操作流程》，梳理明确了打击违规使用的各个环节，保障管理规范。二是部门协作、建立长效联防机制。与外中心建立跨区域协查机制，设立专人核实异地住房真实性。与相关部门建立数据核查机制，比对购房证明、婚姻情况等关键信息，保障提取资料真实性。与市住建局联动合作，通过共享数据的形式，针对"购房提取公积金后撤销购房备案"常态化跟进，及时发现疑点数据。三是多措并举、净化行业运营环境。不定期深入企业园区、主要单位开展违规使用专题宣讲会，提升规范使用住房公积金意识、营造良好行业氛围。就真实发生的违规行为形成典型案例，将违规提取行为纳入不良行为登记，线上线下多渠道警示教育，遏制违规使用易发多发的苗头，严厉打击违规行为。

下一步，成都住房公积金管理中心将持续深入学习贯彻党的二十大和二十届二中、三中全会精神及中央经济工作会议精神、认真落实省委、省政府，市委、市政府决策部署和全国、全省住建工作会议要求，以"深化改革创新推动高质量发展"为主线，坚持党建引领、夯实业务基础、提升队伍素能，结合房地产发展新模式、区域发展新格局、数字化发展新阶段、企业群众新期待、风险防控新形势，奋力谱写成都住房公积金高质量发展新篇章。

人口老龄化趋势下住房公积金制度该何去何从

陈丹丹　长沙住房公积金管理中心

一、引言

住房公积金制度自建立以来，在促进职工住房消费、推动房地产市场发展以及提高职工居住水平等方面发挥了极为重要的作用。然而，人口老龄化这一全球性的人口结构变迁趋势，正逐渐改变着社会经济的运行模式和各个行业的发展格局，住房公积金领域也面临着前所未有的挑战与机遇。深入研究人口老龄化对住房公积金的影响，并探寻有效的应对之策，对于维护住房公积金制度的稳健性、保障广大缴存职工的切身利益以及促进社会和谐稳定具有极为重要的现实意义。

二、人口老龄化对住房公积金资金来源的影响

（一）劳动力人口减少与缴存主体规模受限

人口老龄化的核心特征之一是老年人口比例的持续上升，相对应地，劳动力人口在总人口中的占比逐渐下降。住房公积金的缴存主要依赖于在职职工群体，其缴存基数与职工工资收入挂钩，而缴存比例则由国家政策和地方规定确定。在老龄化社会中，新增劳动力人口数量的减少直接导致了住房公积金缴存主体规模的增长受限。

以我国为例，随着人口出生率的下降和人均预期寿命的延长，劳动力市场的供给结构发生了

显著变化。近年来，许多企业面临招工难的问题，尤其是一些劳动密集型行业，劳动力短缺现象更为突出。这使得企业的用工成本不断上升，为了缓解经营压力，部分企业可能会采取减少用工人数、缩短工作时间或者降低工资待遇等措施。而这些举措都将对住房公积金的缴存产生负面影响，例如，用工人数的减少意味着新增缴存职工数量的减少，从而直接影响住房公积金的缴存总额；工资待遇的降低则会导致缴存基数的下降，进而减少职工个人和企业的缴存金额。

（二）企业缴存意愿和能力下降

除了劳动力人口减少对缴存主体规模的影响外，人口老龄化还通过影响企业的经营状况，间接削弱了企业缴存住房公积金的意愿和能力。随着老龄人口比例的上升，企业内部劳动力逐渐老化。一方面，老年职工数量的增加可能导致企业整体生产效率在一定程度上受到影响，因为老年职工在体力、精力和对新技术的适应能力方面可能相对较弱。这可能使企业面临经营成本上升、盈利能力下降的困境。在这种情况下，企业在住房公积金缴存方面可能会面临较大压力，难以维持原有的缴存基数和缴存比例。例如，一些传统制造业企业，随着老员工逐渐临近退休，新员工补充不足，企业经营效益下滑，可能会考虑降低住房公积金缴存比例以降低人力成本，从而影响住房公积金的资金来源规模。在老龄化社会中，企业面临着诸多与老年员工相关的成本支出增加的问题，如养老金、医疗保险费、老年员工的福利费用等。这些额外的成本支出使得企业的经营负担加重，利润空间被压缩。为了维持企业的生存和发展，企业可能会在各个方面削减成本，住房公积金缴存往往成为企业考虑削减的项目之一。一些企业可能会选择降低住房公积金的缴存比例，甚至个别企业可能会出现拖欠或停止缴存住房公积金的情况。另一方面，老年职工数量的增加可能会影响缴存的需求与意愿，由于老年职工的购房及申请住房贷款的意愿较低，这也在一定程度上抑制了住房公积金的缴存。

（三）宏观经济形势与缴存政策调整压力

人口老龄化对宏观经济形势也产生了深远的影响，如经济增长速度放缓、消费市场结构变化、财政收支压力增大等。这些宏观经济形势的变化反过来又对住房公积金的缴存政策产生了调整压力。

在经济增长放缓的背景下，政府为了刺激经济发展，可能会出台一系列减税降费政策，以减轻企业的负担。住房公积金缴存政策作为企业成本的一部分，也可能面临调整的压力。例如，政府可能会适当降低住房公积金的缴存比例上限，或者给予企业在缴存政策上更多的灵活性，允许企业根据自身的经营状况和员工的实际需求，自主确定缴存比例。虽然这些政策调整在一定程度上有助于缓解企业的经营压力，但也可能导致住房公积金的缴存规模进一步下降，影响住房公积金制度的资金筹集能力。

三、人口老龄化对住房公积金资金使用的影响

（一）老年人居住需求变化与住房公积金提取规则调整

在传统的住房公积金使用模式中，年轻职工群体是住房公积金贷款购房的主要力量。以长沙市为例，2023年发放个人住房贷款3.8万笔、208.68亿元，其中40岁以下贷款职工占比超88%。他们利用住房公积金贷款购买自住住房，以满足家庭居住需求和实现资产积累。然而，随着人口老龄化的加剧，老年人口在总人口中的比例不断上升，住房公积金的使用需求结构也发生了显著变化。

中老年群体的住房需求更多地转向了改善居住品质或帮助子女购房等方面。例如，许多中老年群体希望对自己现有的住房进行适老化改造，如加装无障碍设施、改善卫生间和厨房的安全性等，以提高居住的便利性和舒适度。在这种情况下，他们可能会申请提取住房公积金来支付相关的改造费用。另外，一些地方住房公积金管理中心也推出了提取父母的住房公积金帮助子女购房等政策。

（二）老年人居住需求的变化与住房公积金贷款政策变革

1. 贷款需求降低

根据1990年至2020年《中国人口普查年鉴》数据显示，我国劳动人口占比由1990年的66.7%稳步上升至2015年的73.0%，但随着老龄化问题越来越严重，2020年劳动人口占比较2015年下降4.4个百分点，劳动人口的增长放缓阻碍着房地产市场的快速发展。自1999年我国步入老龄化社会以来，65岁及以上的老年人口占比呈快速增长态势，从1999年7.0%上升到2020年的13.5%，增长近一倍。目前，我国已成为老龄化速度最快、老龄人口最多的国家，人口老龄化将对我国住房市场带来新的挑战。

在"人口红利"时期，适龄购房群体规模较大，购房的意愿强烈，经济发展速度加快，居民收入水平提高，家庭储蓄增加，住房市场繁荣发展。而随着"老龄化""少子化"的到来，人口规模下降，未来二十年后购房主力军数量明显下降，住房需求降低，房地产市场进入寒冬。

住房需求降低对住房公积金贷款需求和偿还情况也产生了重要影响。随着老年人口比例的增加，新增购房人口数量相对减少，导致住房公积金购房贷款需求逐渐降低。老年人由于已经拥有

住房或者其住房需求已经得到满足，很少会再申请住房公积金贷款买房。

2.贷款需求转移

中老年人自身贷款需求低，他们更多关注的是如何利用住房公积金来满足养老居住或帮助子女购房等。一方面，年轻人初入职场，住房贷款需求强烈，但住房公积金缴存时间短、缴存基数不高，贷款额度不高，难以满足贷款需求。另一方面，他们的父母由于工龄较长等原因，缴存基数往往相对较高，账户余额多，但贷款需求少。这就要求我们不断调整贷款政策以适应新的市场变化。如近年来部分住房公积金管理中心推出代际贷款、代际提取等政策，也就是子女买房可用父母的住房公积金申请贷款或父母子女接力贷等。

四、人口老龄化对住房公积金资金流动性与安全性的影响

（一）资金流动性挑战：缴存减少与使用需求增加的双重压力

人口老龄化导致的住房公积金缴存规模增长受限和使用需求结构多元化且增加的情况，共同对住房公积金的资金流动性构成了严峻挑战。

从资金流入方面来看，如前文所述，受劳动力人口减少、企业缴存意愿和能力下降以及宏观经济形势变化等因素的影响，住房公积金的缴存总额增长速度逐渐放缓。这意味着住房公积金资金池的资金来源相对减少，资金流入的稳定性受到威胁。

从资金流出方面来看，随着近年来的退休潮，销户性质的资金提取额度不断增长，住房公积金资金流出也随之加速。以长沙为例，2023年退休提取达14922笔、28.62亿元，同比分别增长42%、56%。同时，近两年来，新购房贷款需求虽有所下降但仍有一定规模，且在存量商贷仍有商转公贷款需求的情况下，住房公积金的资金支出呈现出多元化且不断增加的趋势。在这种缴存减少与使用需求增加的双重压力下，住房公积金资金池的资金流动性面临着前所未有的挑战。如果不能有效地解决资金流动性问题，住房公积金管理中心可能会在资金调配方面出现困难，无法及时满足缴存职工的合理使用需求，进而影响住房公积金制度的公信力和社会形象。

（二）资金安全性威胁：贷款偿还风险与资金保值增值压力

人口老龄化不仅对住房公积金的资金流动性产生影响，还对其资金安全性构成了威胁。在贷款偿还方面，人口老龄化还可能导致住房公积金贷款偿还风险的上升。随着年龄的增长，收入水平逐渐下降。同时，老年人面临的健康问题也较多，医疗支出费用可能会增加，这进一步削弱了他们的还款能力。在这种情况下，老年借款人出现贷款逾期甚至违约的风险增加。一旦大量贷款

无法按时偿还，将会对住房公积金的资金回笼和循环利用产生严重影响。

在资金保值增值方面，人口老龄化社会的宏观经济环境通常较为复杂，利率水平波动较大，投资市场风险增加。住房公积金作为一项长期积累的资金，需要在保证资金安全的前提下实现保值增值。然而，在当前的经济形势下，住房公积金管理中心面临着巨大的资金保值增值压力。

五、应对人口老龄化，住房公积金可持续发展的对策建议

（一）政策调整与优化：适应老龄化需求与保障制度可持续性

为了应对人口老龄化对住房公积金的影响，首先需要对住房公积金缴存和使用政策进行调整与优化。

1.实行弹性缴存及缴存补偿制度

一方面，可以根据企业的老龄化程度、经营状况以及行业特点等因素，实行差异化的缴存政策。对于老龄化程度较高、经营压力较大的企业，可以适当降低缴存比例下限，或者给予一定期限的缓缴政策，以减轻企业的负担；同时，对于一些新兴产业和创新型企业，可以通过政策激励，鼓励其提高住房公积金的缴存比例，吸引和留住人才。另一方面，可以建立缴存职工个人损失补偿机制。对于长年未使用住房公积金的职工建立完善的补偿机制给予利息补偿，既可以提高缴存意愿又在一定程度上缓解资金流动性压力。

同时，进一步扩大住房公积金制度惠及面，优化缴存政策，通过发放缴存补贴等形式，进一步加大对外卖小哥、带货主播等新就业群体的缴存吸引力。

2.优化提取政策

应进一步拓宽住房公积金的使用范围，明确并规范养老居住相关提取条件与额度。例如，对于老年人提取住房公积金用于房屋适老化改造的，如加装电梯等，可以简化提取手续，提高提取额度。建立线上线下相结合的便捷提取服务平台，提高中老年群体住房公积金使用率与满意度。

3.创新贷款政策

延长贷款期限，可根据老龄职工退休年龄和预期寿命合理确定贷款最长期限。2024年9月13日，《全国人民代表大会常务委员会关于实施渐进式延迟法定退休年龄的决定》出台，多地住房公积金管理中心将贷款年限延长至男性68岁、女性63岁。探索对老年住宅建设项目提供专项贷款支持，优先审批、优惠利率，推动老年居住环境的改善。开展代际贷款等，如部分住房公积金管理中心探索了子女买房用父母的住房公积金贷款等举措。

通过这些政策调整与优化措施,既能够满足老龄化社会中老年人对住房公积金的多元化需求,又能够保障住房公积金制度的可持续性发展,确保住房公积金制度在不同人口结构时期都能够发挥其应有的作用。

(二)资金管理与风险防控:确保资金流动性与安全性

在资金管理方面,住房公积金管理中心应加强对资金流动性的管理,建立科学的资金预测模型。通过对人口结构变化、宏观经济形势、缴存和使用情况等多方面因素的综合分析,准确预测住房公积金资金池的资金流入和流出情况,提前规划资金调配方案。例如,可以根据不同地区、不同年龄段的缴存职工需求特点,合理安排资金的存储期限和投资组合,确保在满足日常资金使用需求的前提下,实现资金的保值增值。

1.建立住房公积金养老子账户,探索多元投资组合

参考新加坡中央公积金制度建立住房公积金养老子账户,用于养老相关投资。该账户存款利率高于普通账户,且部分资金可以在规定范围内自行投资。在保障住房公积金资金安全的前提下,加大对老龄产业的投资力度。除了传统的债券投资外,可适当参与老龄产业企业的股权投资、房地产投资信托基金(REITs)等多元化投资形式。同时,合理配置资产,将投资资金分散到不同老龄产业领域和不同地区,降低单一项目或地区投资失败带来的风险。拓宽投资渠道,提升资金管理效率。

2.探索住房公积金试点开展以房养老工作

围绕住房公积金的保障性和社会服务性特点,参考国内外诸多成熟做法,试点开展以房养老模式。即老人A付出一套房的房屋身后使用权,每月获得n元的养老补充资金,同时仍保留房屋的居住权;公益性机构B(住房公积金管理中心)每月支出n元,获得房屋身后使用权,因此就有公式$A+B=0$。具体操作办法就是老人A将自己的房子抵押给公益性机构B,由公益性机构B根据借款人预估寿命、房产价值确定一个每月最大借款额度,由老人A在这个最大借款额度内确定每月借款。待老人A过世后,将该房屋交由公益性机构B拍卖,公益性机构B在扣除付出本金及利息后,多余额度退还其继承人,少了则由保障型基金补充;如不愿交由公益性机构B拍卖,也可由其亲人还款以消除抵押。按照权责对等和前后一贯性原则,在确定了公益性机构B为住房公积金管理中心以后,可以在此基础上设计一整套以房养老的进入、运行和退出机制。

现行的住房公积金制度针对的是在职职工,也就是在参加工作后至退休前这部分群体,而随着人口老龄化及少子化进一步加剧,这部分群体的总量将逐年减少。开展住房公积金试点以房养老工作将进一步拓宽住房公积金制度惠及面，帮助解决职工不同时期的住房需求，进而提高缴存积极性，形成良性循环。

在风险防控方面，应强化住房公积金贷款风险管理。完善贷前审核机制，加强对借款人还款能力和信用状况的评估，尤其要关注借款人的年龄、收入来源、健康状况等因素，增加风险评估维度，提高贷款审批的准确性和科学性。建立风险评估与预警机制，建立贷后跟踪机制，定期对借款人的还款情况进行监测，及时发现和预警潜在的贷款风险。对于出现还款困难的借款人，可以采取灵活的还款方式，如延长贷款期限、降低还款额等，或者提供还款救助措施，降低贷款逾期风险，保障住房公积金资金的安全与稳定运行。

人口老龄化是当今社会发展面临的不可逆转的趋势，其对住房公积金制度的影响是全方位、多层次的。从缴存环节的规模受限到使用环节的需求结构变化，再到资金流动性与安全性的挑战，住房公积金制度在老龄化社会背景下需要进行深刻的变革与调整。实施政策调整与优化、加强资金管理与风险防控等一系列应对策略，可以在一定程度上缓解人口老龄化对住房公积金的负面影响，保障住房公积金制度的持续稳定发展，使其更好地服务于广大缴存职工的住房需求和养老需求，为构建和谐社会作出积极贡献。

然而，人口老龄化问题的复杂性和长期性决定了住房公积金制度的改革与完善将是一个持续不断的过程，需要政府、企业、住房公积金管理机构以及社会各界共同努力，密切配合，以应对人口老龄化带来的各种挑战，实现住房公积金制度在新时代的创新发展与可持续发展。

坚持租购并举　坚持服务疏解
全力推动雄安新区住房公积金事业高质量发展

雄安新区住房管理中心

2023年5月10日，习近平总书记在雄安新区考察并主持召开高标准高质量推进雄安新区建设座谈会。会议指出，要继续完善疏解激励约束政策体系。对有关疏解人员的子女教育、医疗、住房、薪酬、社保、医保、公积金等政策，要按照老人老办法、新人新办法的原则要求，进一步细化实化政策措施，确保疏解单位和人员享受到实实在在的好处。近年来，雄安新区住房管理中心坚决贯彻落实党中央、国务院和河北省委、省政府决策部署，牢牢把握党中央关于雄安新区的功能定位、使命任务、原则要求，紧紧扭住承接北京非首都功能疏解"牛鼻子"，把优化住房公积金政策服务作为满足疏解人员居住需求，提升疏解人员幸福感、获得感的重要抓手，逐步建立起"核心政策中心管、日常业务银行干、统分结合、高效闭环"的"大委托"管理模式，具有雄安新区特色、符合疏解实际的新型住房公积金运作模式基本形成。

一、背景

雄安新区住房公积金体系搭建有着特殊的背景。

一是服务对象特殊且服务标准要求高。根据《关于支持高标准高质量建设雄安新区若干政策措施的意见》中"三个不低于"（创业条件、居住条件、工资收入不低于在北京时的水平）原则要求，高效解决北京非首都功能疏解人员住房公积金需求，满足雄安新区缴存职工的殷切期盼，事关群众切身利益、事关雄安新区疏解大局。

二是机构设置特别且成立时间短。雄安新区住房管理中心作为雄安新区住房管理和公积金监管主管部门，主要负责雄安新区住房政策研究、住房公积金监管、疏解住房保障、房地产市场监管、房屋租赁市场管理、安置住房管理等工作，相当于一般地市的房管局+住房公积金管理中心。雄安新区住房公积金业务"一张白纸"起步，没有历史包袱，成立之初仅833家缴存单位4.58万名缴存职工，缴存余额30.24亿元。

三是住房集中上市且提贷需求多元。雄安新区不搞大规模商业房地产开发，而是根据疏解进度和市场化住房项目建设进程有计划地集中上市，雄安新区住房公积金主要满足北京非首都功能疏解和各类人才多样化、多元化住房公积金需求。

二、发展历程

雄安新区住房管理中心是2020年10月经省委编委会研究并报省委常委会同意设立的，为雄安新区党工委管委会直属正处级事业单位。2021年4月，雄安新区住房管理中心正式成立。6月，雄安新区住房公积金管理委员会成立。7月，雄安新区住房公积金业务完成从保定的全面交接。8月2日，雄安新区住房公积金首家分理处开业，开展住房公积金归集、提取和部分贷后业务，雄安新区住房公积金实现了从无到有的突破。2023年2月，雄安新区首批市场化项目住房保障工作正式启动，雄安新区住房公积金贷款业务同步启动。目前，雄安新区住房管理中心内设公积金组，正式人员3人，负责住房公积金政策研究、制度建设和受托银行管理等核心工作；5家归集银行（工商银行、建设银行、中国银行、农业银行、光大银行），17家贷款银行负责授权范围内的具体业务办理。截至2024年末，雄安新区实缴单位1730家，实缴职工7.05万人，缴存总额73.09亿元，缴存余额45.42亿元，提取总额27.67亿元，累计发放个人住房贷款0.62万笔20.50亿元。

三、重点工作开展情况

（一）建立健全"大委托"管理模式，提高疏解服务效能

1.搭建政策体系，夯实管理基础

一是出台《雄安新区住房公积金管理办法》《雄安新区住房公积金归集、提取、贷款实施细则》等指导性文件，为雄安新区住房公积金业务开展提供根本遵循和依据。二是出台《关于优化

住房公积金贷款中多子女家庭住房套数认定标准的通知》《关于调整雄安新区住房公积金贷款购房最低首付款比例的通知》等一揽子政策，充分发挥住房公积金保障作用。三是出台《雄安新区住房公积金操作手册》《贷款业务办理指南》等，降低业务人员学习门槛，全面规范业务流程。

2.健全制度建设，促进规范管理

一是出台《关于明确住房公积金分理处惩戒措施及整改要求的通知》，明确住房公积金分理处退出情形，加强住房公积金分理处管理，规范住房公积金分理处业务办理，提高业务服务质量。二是出台《雄安新区住房公积金归集、贷款银行考核办法》，按照"客观、公平、公正"的原则，采用"定量为主、定性为辅"的考核评分方式，将业务指标与质量指标相结合，充分发挥激励导向作用，调动受托银行积极性。三是出台《雄安新区住房公积金资金调拨规定（试行）》《雄安新区住房公积金贷款手续费分配制度》等，创新性地将各受托银行间资金分配与住房公积金业务指标、受托银行年度考核结果挂钩，用公平的机制激励良性竞争，提升服务质效，促进廉政建设。

3.加强机制建设，提高管理水平

一是将归集提取两大业务受理、审批等办事权限放至受托银行，建立业务人员持证上岗和资格管理制度，畅通业务人员"能进能出、动态调整"渠道，提高业务办理积极性，提升业务水平。二是建立"住房管理中心、受托银行、分理处"三级培训机制，聚焦住房公积金最新政策制度、重难点业务、常见疑难问题、系统操作等方面，分阶段、分层次、分业务定期开展培训，将培训效果纳入受托银行考评体系，全面提升业务水平。三是建立"受托银行互查及住房管理中心再稽查"机制，将各行全部归集、提取业务均分至其他银行进行稽查，雄安新区住房管理中心从各行稽查结果中随机抽取一定数量的业务进行再稽查，各行业务正确率、稽查准确率纳入考评体系，防控业务风险，提高办理质量。

4.强化队伍建设，凝聚发展合力

一是组建工作专班。组织业务骨干、受托银行业务负责人和业务能手成立工作专班，将重点工作或关注业务作为固定议题，将阶段性重点研究工作列入常规议题共同研究，每月定期调度，自开展以来，住房公积金归集提取业务平均正确率提升至99%以上。二是大力开展行业文化建设。开展雄安新区住房公积金"岗位技能大比武""服务标兵风采展示"等喜闻乐见的活动，检验工作人员综合素质，展现新时代住房公积金团队的精神风貌，充分发挥示范作用，增强住房公积金条线业务人员荣誉感、责任感和使命感。三是会同受托银行组建住房公积金系统联合党委。

充分发挥组织优势，有效整合政企党建资源，合力解决住房公积金业务各方面难题，落实住房公积金发展重要节点目标，落实雄安新区重大工作任务，高标准高质量推进住房公积金系统建设。

（二）改革创新住房公积金政策，全力支持租购并举

1.聚焦疏解需求，落地"京雄同城化"

2022年，雄安新区住房管理中心出台《关于调整2022年度住房公积金缴存基数的通知》，明确疏解单位和人员在雄安新区缴存住房公积金，缴存基数上限执行北京市标准，开创了雄安新区公共服务政策与北京同城化的先河。2023年，雄安新区住房管理中心深入贯彻习近平总书记在雄安新区考察时的重要讲话精神，全面落实支持高标准高质量建设雄安新区有关部署要求，全力保障北京非首都功能疏解，推动住房公积金"京雄同城化"在雄安新区公共服务领域率先落地，保障疏解单位和人员在雄安新区缴存、提取和贷款政策不低于北京，荣获"雄安新区全面深化改革创新"二等奖。

一是缴存同城化。北京非首都功能疏解单位和人员在雄安新区缴存住房公积金，缴存基数上限执行北京市标准（2022年31884元，2023年33891元，2024年35283元）。二是提取同城化。随单位从北京疏解到雄安新区的人员，在雄安新区或北京租购住房，提取政策不低于北京标准。三是贷款同城化。随单位从北京疏解到雄安新区的人员，在雄安新区购房时，按照北京住房公积金政策向北京住房公积金管理中心申请贷款。

2024年以来，雄安新区住房管理中心与北京住房公积金管理中心持续跑办对接，进一步深化住房公积金"京雄同城化"政策，研究健全京雄两地协作机制、简化京雄异地贷款资格审核流程、推进京雄住房公积金系统对接事宜。住建部住房公积金监管司、北京住房公积金管理中心先后专程带队赴雄安新区开展专题调研，全方位研究疏解人员住房公积金政策需求，更好发挥住房公积金住房保障和改善民生作用。

截至2025年6月15日，177家疏解单位10305名缴存职工住房公积金缴存基数上限按北京市标准执行，缴存金额11.20亿元；疏解人员在雄安新区按北京市标准办理1928笔租房提取业务，提取金额共2947.52万元；北京住房公积金管理中心向在雄安购房的疏解人员发放住房公积金贷款168笔1.47亿元。

2.创新提取模式，全力保障安居

一是在全国率先落地住房公积金"房租直付"，完善住房租赁场景生态建设。2023年，通过雄安新区住房公积金系统与租赁平台系统的对接，打通住房公积金与房屋租赁业务数据通道，共享缴存职工个人信息、租赁信息等，缴存职工每月可直接用住房公积金账户余额抵扣房租，实现零跑腿交房租便民功能。二是在河北省率先落地住房公积金"购房首付款直付"，创新职工购房"一站式服务"新模式。2024年，出台《关于支持提取住房公积金支付购房首付款的通知》，将住房公积金"先付后取"优化调整为"即取即付"。同时，将服务窗口前置至楼盘现场，实现摇号选房、购房提取、网签备案、贷款办理等业务一次性办结，持续提升缴存职工的办事体验感和幸福感。三是在河北省率先上线"约定提取"功能，提高提取频次。2025年，出台《关于开办住房公积金约定提取业务的通知》，支持符合条件的缴存职工，在按年提取的基础上，增加按"月、季、半年"的提取周期，签约后系统按照一定周期和额度自动将住房公积金账户内的金额提取到本人绑定的银行账户中，切实贴近民意民需。

(三) 打好服务"组合拳"，赋能高质量发展

1.加快推进信息建设，提高业务效能

一是研发上线智慧公积金业务管理系统，打通河北省政务平台、雄安新区房产交易和民政等数据通道，提高住房公积金信息安全性。搭建"政通雄安"APP、雄安新区政务服务网住房公积金线上办理渠道，全面推进住房公积金业务网上办、掌上办、自助办、一站办，实现常规业务网办率100%。二是聚焦企业跨省市迁移领域率先突破，2023年落地"1+N"行动助力疏解企业"一键迁移、无感换乘"项目，助力北京疏解企业高效落户雄安新区。2025年，联合雄安新区相关部门整合住房公积金贷款、不动产抵押登记、税费缴纳等多个跨部门事项申办材料，落地住房公积金个人住房贷款购房"一件事"，实现住房公积金贷款购房业务"一次办、高效办"。三是利用专线加密传输技术，率先在河北省实行银行电子回单自动核验，实现住房公积金账户自动对账功能，仅需几分钟即可完成以往数天的对账工作。全面铺开住房公积金网厅业务、"跨省通办"业务，将住房公积金网办业务模块嵌入银行智能终端，在雄安新区金融机构铺开，做到"哪里有银行网点、哪里就能办住房公积金业务"，让服务对象就近就便享受公积金服务。

2.优化便民利企举措，提升服务质量

一是建立"雄安公积金"微信公众号、人民网留言、12345热线、住房管理中心电话热线"四位一体"沟通体系，扎实推进问卷调查、电话回访等满意度评价机制，倒逼服务提升，切实做好群众工作，荣获"雄安新区群众工作典型案例"二等奖。二是建立住房政策宣讲团，目前已累计开展宣讲活动196次，覆盖1210家疏解单位4700余名疏解人员，荣获"河北省巾帼文明岗"。选拔"疏解服务专员"包联疏解单位，开展住房公积金"六进"活动，上门解读政策、现场指导业务办理。三是第一个在雄安新区政务服务中心设立"12345公积金专席",高效解答住房公积金疑难问题,打通住房公积金助企助民服务"最后一公里"。引入住房公积金AI智能客服体系,实现政策"随时问"、业务"随时讲"、服务"不打烊"。目前,AI智能客服累计服务9413人,AI命中匹配率99.33%,客户满意率96.97%。

住房不仅是一砖一瓦的构筑,更是千家万户的幸福寄托。面向未来,雄安新区住房公积金将继续深化改革、开拓创新,立足"两个并重""三个并举"阶段实际,牢牢牵住疏解北京非首都功能这个"牛鼻子",深度融入雄安新区打造高质量发展全国样板和现代化宜居新城的宏伟蓝图,持续赋能"住有所居"向"住有宜居""住有优居"迈进,为雄安新区打造"妙不可言、心向往之"的典范城市提供更坚实的住房保障支撑,为推进京津冀住房公积金更高质量、更高水平发展贡献力量,为探索中国式现代化城市住房保障新路径贡献雄安智慧!

非公企业住房公积金扩面梯度分类与精准推进

王学勇　盐城市住房公积金管理中心

近年来，盐城市主城区住房公积金扩面工作持续稳中向好，比对医保数据，住房公积金职工覆盖率超过70%，机关事业单位、国有企业基本全员建制，非公企业已成为提高住房公积金覆盖率的攻坚重点。对照《住房公积金管理条例》《盐城市住房公积金缴存细则》的刚性规定、广大非公企业职工对住房公积金制度的美好向往、高质量履行部门职能的内生要求，非公企业住房公积金扩面依然任重道远、困难不少。新形势下，如何破解非公企业扩面"瓶颈"难题，身处主城区扩面"主战场"的盐都、亭湖管理部，结合辖区内非公企业实际，坚持以习近平新时代中国特色社会主义思想为指导，以学习贯彻落实党的二十届三中全会精神为契机，先后深入100家企业（盐都、亭湖各50家）开展调研，召开座谈会10场（盐都、亭湖各5场），两个管理部协商共议调研事项10次，调查摸排盐都、亭湖辖区内的企业工商登记、医保缴存和住房公积金缴存情况，分类分析住房公积金扩面工作存在问题和难点，针对性提出进一步推进非公企业住房公积金扩面工作意见、建议和措施，力争推动主城区住房公积金扩面工作再上新台阶。

一、扩面现状

（一）制度知晓率高

近年来，盐都、亭湖管理部紧紧围绕"公积金就在您身边"宣传主题，按照"四进两送两问"工作要求，深入宣传《住房公积金管理条例》和我市住房公积金缴存、提取、贷款政策以及灵活就业人员住房公积金相关政策，广泛开展住房公积金服务满意度问卷调查，无论是市区企业、乡镇企业，还是规模企业、小微企业及其职工，对住房公积金制度的知晓率均有显著提升。2023年和2024年，盐都、亭湖管理部600份问卷调查中住房公积金知晓率高达98%。

（二）制度受益面广

主城区重点园区重点企业住房公积金建制普遍较好，重点乡镇重点企业住房公积金建制明显改善，外商投资企业建制好于内资企业。以盐都为例，截至2024年9月底，高新区医保50人以上企业142家全部建制缴存住房公积金，缴存人数26277人，占盐都全区缴存总人数71565人的36.72%，其中，超过1000人企业有盐城维信电子有限公司4300人、盐城东山精密制造有限公司1044人。重点乡镇中郭猛镇江苏中恒宠物用品股份有限公司建制892人、龙冈镇江苏远航锦锂新能源科技有限公司建制450人。缴存人数20人以下单位1743个，分布于盐都13个乡镇、街道，共建制5906人。以亭湖为例，经济开发区医保50人以上企业213家，其中207家单位建制缴存住房公积金，缴存人数45986人，占经济开发区缴存总人数51858人的80.68%，超过1000人的企业有江苏悦达起亚汽车有限公司3508人、通威太阳能（盐城）有限公司3044人、SK新能源（江苏）有限公司1849人、天合光能科技（盐城）有限公司1246人、江苏摩比斯汽车零部件有限公司1123人。重点乡镇中南洋镇天合光能（盐城亭湖）光电有限公司建制897人、天合光能（盐城亭湖）科技有限公司615人，重点园区环保科技园盐城和阳智能电梯部件有限公司1030人。缴存人数20人以下单位3582个，分布于亭湖和开发区的19个街道、乡镇和园区，共建制19682人。

（三）制度全覆盖难

与医保数据相比较，目前住房公积金未建制、未全员建制的企业，在盐都和亭湖普遍较多，非公企业扩面面广量大，小微非公企业未建制和未全员单位数、职工数较大。以盐都为例，截至2024年9月底，50人以上未建制单位8个共1558人，20人以上50人以下未建制单位148个共4323人，20人以下未建制单位3827个共14918人；50人以上未全员建制单位31个欠缴2371人，20人以上50人以下未全员建制单位84个欠缴2554人，20人以下未全员建制单位705个欠缴3080人。以亭湖为例，50人以上未建制单位17个共956人，20人以上50人以下未建制单位113个共2946人，

20人以下未建制单位6698个共21625人；50人以上未全员建制单位32个欠缴6597人，20人以上50人以下未全员建制单位141个欠缴4181人，20人以下未全员建制单位1692个欠缴6648人。

二、扩面困难

（一）部分企业经营困难

调研发现，受访企业普遍反映生产经营形势欠佳，无论是传统纺织服装行业，还是电子信息行业，企业"硬着陆"式裁员较多，亭湖的立铠、天合、通威，盐都的国际妇女时装、日升纺织、中恒宠物、东山、维信等单位封存人数较多，建筑、物业、保安、物流、汽车销售类企业裁员也较为明显。

（二）部分企业拖延建制

少数企业负责人态度比较恶劣，不配合签收缴存登记通知书、催建通知书，不配合完成询问笔录；部分企业负责人虽口头承诺办理缴存登记和账户设立手续，但实际效果欠佳；部分企业希望分批缴存，虽有分批计划，但首批人数偏少；少数单位已开账户，但没有及时增加职工个人账户；个别单位医保数据频繁转移，住房公积金缴存人数较医保数据相比有差额。

（三）部分职工意愿不强

部分乡镇企业特别是经营地点在农村的企业职工收入不高、年龄偏大，加之其在乡镇或农村已有自有住宅，且无新购商品房需求，导致建制需求不高，不愿意从工资中扣除住房公积金个人承担部分，企业想缴却因职工个人原因无法缴存。

三、扩面路径

通过"比、看、听、议"等形式，对辖区内未办理住房公积金缴存登记、未全员建制的企业进一步进行梳理，摸清企业的注册地址、经营地址、企业类型、所属行业、用工情况及医保缴存情况、实际生产经营状况、建制意向安排等基础信息，明确住房公积金扩面的方向、目标和措施，提高扩面工作的针对性、实效性，建议按照"优先推进建制、重点推进建制、关注推进建制、引导推进建制、积极推进建制、鼓励推进建制"步骤，分类持续扩大住房公积金制度受益面。

（一）优先推进建制

对新注册企业，从源头抓起，抓早抓小，依托企业开办"一件事"平台，加强与相关部门协同，努力实现"开办即开户"，真正实现住房公积金与社保、医保同步开户、同步缴存，减轻住房公积金催建催缴工作压力。

（二）重点推进建制

50人以上未建制、50人以上未全员建制单位中，生产经营形势较好且经营地点位于工业园区的，作为重点扩面对象，发挥规模企业的引领示范作用。

（三）关注推进建制

20人以上50人以下未建制、20人以上50人以下未全员建制单位中，生产经营形势较好且经营地点位于工业园区的，作为扩面关注对象。

（四）引导推进建制

10人以上20人以下未建制、10人以上20人以下未全员建制单位中，生产经营形势较好且经营地点位于工业园区的，作为扩面引导对象。

（五）积极推进建制

生产经营困难企业，凭所得税申报表和财务报表等材料，符合条件的，依申请审批降低住房公积金缴存比例；处于停产、半停产状态，停发工资的企业，可申请缓缴住房公积金。调研发现，无论是盐都还是亭湖，都确实存在部分实际不经营，依靠出租场地，仅为原先职工缴纳社保医保、不发工资的困难企业，这类企业不应列入年度扩面目标任务。

（六）鼓励推进建制

对10人以下企业或个体工商户，特别是经营地点位于农村的企业，广泛宣传，持续开展"公积金就在您身边"政策宣讲活动，积极动员缴存住房公积金。个体工商户可自行选择以单位开户缴存或以灵活就业人员开户缴存。

当前形势下，尽管非公企业住房公积金扩面越来越难，空间越来越小，速率越来越低，某个时间段还可能暂时出现阶段性"负增长"，但作为职能部门必须深入贯彻落实党的二十届三中全会精神，牢固树立以人民为中心的工作理念，坚决执行扩面工作部署要求，提振信心，担当作为，迎难而上，实事求是，因企制宜，精准施策，试行扩面对象梯度分类，一类企业一种措施，一家企业一种办法，既用坚定的法治思维，也用暖心的扩面服务，争取赢得更多企业的理解、支持和配合，做足"绣花功夫"，全力推进高质量扩面，让住房公积金政策红利惠及更多非公企业职工，持续增强群众获得感、幸福感、安全感，为中国式现代化盐城新实践贡献新力量。

第五部分
主任论坛

优化住房公积金使用政策
助力房地产市场止跌回稳

文小勇　云南省住房和城乡建设厅住房改革和公积金监管处

2024年，云南省住房和城乡建设厅认真贯彻落实房地产市场止跌回稳工作部署，指导各地持续深化改革创新，因城施策，不断优化调整住房公积金使用政策，既促进住房消费，又满足缴存人合理住房需求，有效发挥了住房公积金支持作用。

一、提高贷款额度，下调住房公积金贷款利率

为充分发挥住房公积金支持作用，2024年全省各地因城施策，进一步优化调整住房公积金贷款额度，曲靖、玉溪、大理等8个州市双职工贷款额度达100万元，楚雄、普洱、临沧、迪庆等11个州市单职工贷款额度达60万元以上。对生育二孩及以上多子女家庭给予10%—30%的贷款上浮，单职工最高贷款额度104万元、双职工最高贷款额度130万元，有力地促进了住房消费。按照国家下调个人住房公积金贷款利率的通知，及时督促各住房公积金管理中心（以下简称"各中心"）落实下调0.25个百分点的贷款利率，5年以下（含5年）和5年以上首套个人住房公积金贷款利率分别调整为2.35%和2.85%，5年以下（含5年）和5年以上第二套个人住房公积金贷款利率分别调整为不低于2.775%和3.325%。

二、放宽贷款条件，丰富贷款品种

按照住房公积金个人住房贷款购房"一件事"工作部署，全面梳理所涉及的申请表单、办理流程、办事指南，推动多部门集成联办和数据共享，重塑全省住房公积金贷款业务办理流程，简化办事手续，住房公积金贷款购房"一件事"减跑动、减环节、减时限、减材料压减率平均达83%以上，极大地提升了政务服务效能和企业群众满意度、获得感。持续推进组合贷、商转公、商转组等贷款业务，落实异地贷款政策，满足贷款需求，多措并举助力缴存人解决基本住房问题。2024年全省办理住房公积金贷款业务6.23万笔，发放贷款321.94亿元。

三、聚焦政策惠民，提升住房公积金使用效能

全省缴存人使用住房公积金个人住房贷款购买首套、二套房最低首付款比例为20%，使用住房公积金个人住房贷款购买保障性住房最低首付款比例为15%，支持缴存人既提又贷、高层次人才贷款和提取上浮额度、提取住房公积金用于住宅老旧小区改造加装电梯，落实异地贷款和异地购房提取，使住房公积金"取之于房、用之于房"。

四、简化提取手续，提升租房安居保障能力

通过优化服务便利性、优化租房提取额度、增加提取频次、简化提取材料等方式，广泛做好政策宣传，实现"随租随取"，确保提取金额覆盖实际支出，让符合条件的人租房提取更方便，减轻缴存人经济压力。定向支持灵活就业群体，各城市针对租住公共租赁住房、保障性租赁住房的缴存人，支持公积金直接划转至租赁机构支付房租，减少中间环节，保障租房安居。

五、推进灵活就业人员参加住房公积金制度，惠及更广泛群体

组建宣传队伍，深入企业普及宣传住房公积金政策，充分发挥住房公积金业务网点宣传优势，引导企业依法为职工缴存住房公积金。积极借鉴灵活就业试点经验做法，昆明市作为全国第二批灵活就业试点城市，深化专题研究，制定出台灵活就业人员参加住房公积金制度实施方案、管理办法及实施细则，推进灵活就业人员参加住房公积金制度试点工作初见成效。2024年，昆明市灵活就业人员缴存新增开户2.17万人，实缴人数1.61万人，实缴率74.19%，实缴金额6941万元。全省灵活就业人员新增开户3.82万人，实缴3.10万人，实缴率81.15%，实缴金额14549万元。

六、加强数据治理，数据赋能提服务质量

加快推进住房公积金数字化建设，迭代升级各地住房公积金综合业务系统，利用电子稽查工具，强化数据治理。邀请住房公积金行业专家，组织开展全省住房公积金数据质量提升工作培训，交流经验方法。开展住房公积金数字化发展现场服务指导，面对面交流如何治好数、用好数，每月紧盯数据质量评估、每月点评数据治理情况，推动各地持续提升数字化发展水平和服务能力。2024年，住房公积金个人住房贷款购房"一件事"和"高效办成一件事"涉及住房公积金7个配合事项，实现线下"只进一门"、线上"一网通办"，逐步从"能办"向"好办、易办"转变。

怎样当好一把手

李海成　河南省住房公积金研究会会长

领导班子是领导成员的集合体，是决策、指挥的中心，而一把手正处于这个中心的核心地位。可以说，一把手的工作直接关系着领导班子的团结、集体合力的形成和整体作用的发挥。那么，怎样才能当好一把手呢？笔者认为，必须做好以下4个方面的工作。

一、带好班子

作为"班长"，抓好班子带好队伍，是应尽的职责。要带好班子需要注意三点：一是要善于统揽全局。统揽全局就是要站在全局的高度，理思路、抓重点、抓方向、抓主要矛盾，对于事务性、一般性和个别性的工作要放手让副职去做，做到统揽不包揽。如果一把手事无巨细，大小权独揽，大小事亲断，事必躬亲，就会造成精力不济，甚至影响工作，特别是影响副职的情绪，挫伤副职的积极性，造成班子的不团结，影响班子整体作用的发挥。二是要善于决断。一把手要有主见，要善于调查研究，工作中要敢于拍板，敢于负责。但有主见不等于主观，更不能独断。因为任何人都不是全才，如果听不进正确意见，必然要犯主观主义错误。要发挥"班长"作风，防止"家长"作风，最好的办法是坚持党的民主集中制原则，在涉及人事、财务、工程、计划等重大工作和项目的问题上，必须班子集体讨论决定。三是要宽容，有容人容事之雅量。宽容主要是容才、爱才和用才，就是要容得下有才能的人。要有爱才之心，但要严格要求；要有用才之法，对能力强，有主见的副职，放手让其工作，大胆交任务压担子，使之得到锻炼提高，但不能放手不管，脱离一把手的视线。宽容还要能容人之短，但不是姑息，更不是纵容。要有博大胸怀，善于团结和帮助有缺点的副职一道工作，对明显有缺点和毛病的副职，要帮助克服改正，以利其健康成长。

二、注重决策

决策是一把手的基本职责之一，也是整个领导工作的核心。决策正确，事业就成功；决策失误，事业就会失败。所以，一把手要注重决策，善于决策，慎重决策。一是科学决策。即发现问题，确定目标，制定若干备选方案，科学论证，选择最佳方案，实施决策，以点带面，收集反馈信息，追踪决策。杜绝"灵机一动"、临时"计上心来"和脑子一热盲目决策的现象。二是及时决策。有句话叫做"机不可失，时不再来"。对于某个人或某些事情，机遇往往是稍纵即逝，一把手要学会把握时机，抢抓机遇。抓机遇要综合考虑"天时、地利、人和"，要吃透下情，掌握上情，在此基础上选择最佳时机，做出正确决策。如果不能准确把握时机，就不可能做出科学决策，如果盲目决策要么失败，要么半途而废。三是统筹兼顾。决策时既要考虑实际需要，又要考虑其可能性；既要考虑有利因素，又要考虑不利因素；既要考虑经济效益，又要考虑社会效益。要把各种因素综合起来，全面衡量，分析利弊，反复论证其合理性和可行性，决策中慎之又慎，把握准确，果断决策。

三、管好大事

所谓大事，就是事关全局和战略性的问题。一把手是领导集体的主帅，在领导班子中起着主导作用。一把手必须学会抓大事，抓住了大事就等于抓住了工作的"牛鼻子"。一要抓主不抓次。要分清事情主次轻重，分清大事小事，从事务性的圈子中解脱出来，集中时间和精力把握方向、注意政策、坚持原则、审定大事、驾驭全局，真正做到谋势不谋子，多考虑战略性问题，少考虑战术性问题。二要抓将不抓兵。领导活动是有层次的，一把手在部署工作时，一般只对下一层次的部署进行指挥，而不能越级指挥，否则，会使下属无所适从，给副职或分管领导之间造成误会。三要审定不审批。一把手要拍板的应该是原则事情、大的框架，落实是具体操作的问题，应该让副职去做。四要授权不干预。要善于授权，使下属的作用得到充分发挥，形成工作合力，发挥整体效能。否则，什么事都不放心，什么事都要过问，到头来，只能使自己成为一个看门守摊的平庸之辈。

四、善于用人

善于识人、育人和用人，是一把手调动一切积极因素和能力来实现既定目标的制胜法宝。一要慧眼识人。要对本单位人才的特长能力了如指掌，心中有数才能知人善任。识人不要求全责备，"人无完人""无疵不真"，大凡有能力、有见识，能够成就一番事业的人，往往都有与众不同的个性和特点，这就需要领导者慧眼识珠。识人还要会在困难和任务面前考验识别人才，俗话说"疾风识劲草、危难见真情"。二要善于用人。首先是量才使用，按工作需要选人，使人事相宜。大材小用，会使英雄无用武之地，浪费人才；小才大用，会强人所难，贻误事业。其次是用人所长。根据人才的特点，安排工作岗位，以发挥人才的最大作用。再次是用人不疑。要任人唯贤，唯才是用，唯才是举，特别是要善于和敢于使用能力超过自己的人。最后是发挥整体效能。任何一项事业都不是单个人所能完成的，一个部门有若干个下属单位，所以要注意人才合理搭配，优化结构，实现人才互补，并且明确责、权、利关系，这样才能充分发挥整体效能，单位才能取得明显业绩。三要学会育人。一个单位人员众多，素质千差万别，所以一把手不仅要善于识人用人，而且要学会育人，切实做到用养并重，最大限度挖掘人才潜力。要抓好教育，特别是思想教育、理论教育和业务培训，要不断组织有针对性的活动和培训班，鼓励下属进行学习。对有创新精神的同志，要注重实践锻炼，使其在实践中学习，在实践中提高，在实践中磨炼。要进行经常性的批评帮助。对下属身上存在的问题，要常提醒，敢批评，严制止。批评是一面镜子，是领导对下属关心的表现，是下属进步的动力，通过批评才能帮助下属克服缺点，不断提高，不断进步。

为灵活就业人员安居
实现共同富裕提供改革创新经验

周云东　常州市住房公积金管理中心党组书记、主任

2022年9月，在北京举行的"奋进新时代"主题成就展上，常州市住房公积金助力灵活就业人员安居的一张照片赫然出现在中央展区，这是常州市入展"奋进新时代"5张照片中的其中一张，也是体现常州市民生实事工程的唯一一张，是体现全国住房公积金行业改革创新突破的唯一一张。

在支持灵活就业人员安居实现共同富裕方面，常州市坚持以人民为中心的总体原则，充分发挥住房公积金作用，在全国率先实行改革突破，率先探索实施住房公积金制度覆盖群体及受益群体由单位人向社会人的转变，推动了全国灵活就业人员参加住房公积金制度试点工作的启动和开展。作为全国6个试点城市之一，为支持灵活就业人员安居实现共同富裕提供"常州模式"，并在此基础上继续深化调整住房公积金缴存使用政策，创新推出补充住房公积金，大幅提升政策性贷款普惠效率。

一、率先破局，启动改革探索

习近平总书记在中央财经委员会第十次会议上发表重要讲话时强调："共同富裕是社会主义的本质要求，是中国式现代化的重要特征，要坚持以人民为中心的发展思想，在高质量发展中促

进共同富裕。"党的二十大报告也指出，"中国式现代化是全体人民共同富裕的现代化。"全体人民实现共同富裕，其中最重要的一个群体就是灵活就业人员，目前全国灵活就业人员约2亿人。如何充分解决他们的就业和安居，一直是党中央、国务院高度关注的问题。

住房公积金作为解决职工安居问题的一项重要制度设计，长期以来覆盖的都是城镇在职职工，帮助城镇在职职工也就是单位人解决住房问题，灵活就业人员则被排除在外，他们没有办法缴存住房公积金，享受不到住房公积金带来的普惠性政策红利。根据2018年住建部统一安排下的常州市新市民住房问题调研得出的灵活就业人群画像，52%的灵活就业人员在城市无房，43.9%的人采取租房形式解决住房问题，68.7%的人希望缴存住房公积金实现购房梦想。

基于这一现状，按照以人民为中心的基本原则，常州市锐意进取，率先破局，早在2006年就出台了《常州市自由职业者、个体工商户及其雇佣人员等个人缴存住房公积金暂行办法》，允许灵活就业人员中的部分群体以个人身份自愿缴存住房公积金，享受住房公积金政策红利。试行十年，取得了较好的成效和一定经验后，于2015年正式出台了《常州市住房公积金个人缴存管理办法》，至2021年常州市正式成为灵活就业人员参加住房公积金制度全国试点的6个城市之一时，住房公积金个人缴存者已达8.02万人，占全国灵活就业人员缴存住房公积金人数的1/7，累计共有25218人享受住房公积金政策性低息贷款99.9亿元，个人缴存人数、贷款人数、贷款金额均居全国第一。

二、率先试点，打造常州模式

常州市努力探索、深入实践住房公积金个人缴存工作引起了住建部高度关注。住建部住房公积金监管司先后多次来常调研，同一时期，国务院常务会议也对住房公积金支持灵活就业人员试点工作提出了要求。经过严格筛选、申报并经住建部批复同意，常州和重庆、成都、广州、深圳以及苏州等6个城市成为灵活就业人员参加住房公积金制度试点的第一批城市，在全国率先实施。2021年12月，市政府颁布了《关于印发〈常州市灵活就业人员参加住房公积金制度试点实施方案〉的通知》（常政发〔2021〕78号）。从2006年第一次探索开始，经过十五年的实践积累，我市正式开启了在全国试点打造"常州模式"的新征程。"常州模式"与其他几个试点城市最大的不同就在于起步早且城市规模适中，是6个城市中规模最小的，可以作为其他更多城市的参考。在打造"常州模式"过程中，我市始终坚持以人民为中心，调动住房公积金资源全力支持灵活就业人员解决安居问题，助力实现共同富裕。

一是"宽进宽出"。放开政策允许范围内的几乎所有限制条件，最大程度的降低灵活就业人员进出住房公积金制度的门槛，16—65周岁没有正式单位的人员均可自愿缴存，没有住房公积金贷款的也可以随时终止缴存协议，自由退出住房公积金缴存体系。

二是"同责同权"。灵活就业人员与在职职工一样履行住房公积金缴存义务，同样享受住房公积金使用权益。以共享资金池解决灵活就业人员积累少而使用多的情况，确保与在职职工一样同等享受包括夫妻双方最高贷款90万元等权利。

三是"能转能通"。"常州模式"继承了原来个人缴存实践中有关协议缴存、资金统筹使用等做法，保证了个人缴存向试点工作的稳妥过渡，同时又在上述灵活性、公平性方面进行了政策优化，打通了灵活就业人员与单位在职职工住房公积金缴存方式的限制，个人缴存可以自由转化为单位缴存；灵活就业人员到其他城市工作时，也可以将其在本市缴存的住房公积金转移到其他城市，方便在其他城市购房安居。

截至2024年底，全市灵活就业人员累计18万人，缴存住房公积金60.45亿元，累计有4.3万人办理了住房公积金贷款201.11亿元，办理公积金贷款人数占缴存人数的24%，申请贷款金额是缴存金额的3.3倍。

三、率先突破，助力青春留常

继成为全国试点城市后，为了持续提升住房公积金制度支持灵活就业人员安居力度，促进解决常州市实施"532"发展战略在人才人力方面的需求，常州又在全国率先推出了住房公积金支持"青春留常"政策，以住房公积金政策补贴的形式，帮助高校毕业生就业创业，该项措施同样引起了住建部住房公积金监管司的高度重视，相关情况被住建部专报采用，并以专报形式呈送国务院办公厅。

截至2024年末，共发放住房公积金首次缴存补贴30847人925万元；发放留常缴存补贴16895人4223.75万元；发放贷款113笔6882万元，支持住房消费面积12718平方米，为高校毕业生节省利息支出约334万元。享受首次缴存补贴的毕业生中，留常就业创业的达70%，其中外地毕业生占69%。此项创新举措被住建部住房公积金监管司向全国推荐。

常州市在推进住房公积金支持"青春留常"政策时，以在常高校应届毕业生为突破口，采取了支持灵活就业人员安居与稳就业保民生相结合的总体思路，持续深化"常州模式"内涵。

一是稳预期，纳入民生目标。强化政策预期，年初即将住房公积金助力"常有安居"工程列入市政府为民办事十大项目之一,"住房公积金支持8000名在常高校毕业季大学生青春留常安居"纳入2022年全市民生建设重点项目(工作)清单。计划每年支持8000名以上毕业生以灵活就业人员身份缴存住房公积金,享受住房公积金补贴。该项计划初步安排从2022年持续至2025年共计四年,起到了良好的预期带动效应。

二是稳人才,出台补贴政策。积极推进落实灵活就业人员参加住房公积金制度试点工作,并以此为契机出台了《常州市住房公积金支持在常高校和职业院校毕业生"青春留常"实施办法》,以灵活就业人员身份设立住房公积金个人账户的毕业生,每人均可获得住房公积金首次缴存补贴300元,次年7月份前依法缴纳社会保险费累计达到6个月的,还可以获得留常缴存补贴2500元。五年内贷款购房的,增加20万元住房公积金贷款额外支持。预计每年补贴资金总数超过2200万元。

三是稳用工,支持技能人才。常州是光伏新能源、轨道交通、石墨烯等先进制造业比较发达的城市。制造业发达需要大量技能型人才和技术工人,结合这一现实需要,常州市在稳定就业市场时,特别注意培育用工市场,积极推动住房公积金支持高校毕业生向技能型人才和技术工人倾斜,政策扶持的重点从仅仅面向大学本科生及以上,拓展到面向高职和技工类院校毕业生,目前我市高职和技工类院校占到了院校总数的84%,每年向社会输送30000名以上的技能型人才和技术工人,占毕业生总数的约2/3。

四是稳机制,促进就业落实。为充分发挥好住房公积金支持高校毕业生"青春留常"就业效果,专门建立了面向高校毕业生的定向推广政策机制。采取与高校合作签约形式,聘请校园推广大使,发动学校招生办、辅导员或班主任等提前介入,在学生毕业前就能够以班级为纽带,使住房公积金支持"青春留常"政策精准推送落实到每个毕业生手上。建立从毕业前宣传介入、签订就业意向书,到毕业时首次缴存补贴、6个月后留常缴存补贴,再到五年内购房的住房公积金贷款额外支持等无缝衔接的一系列促进就业落实机制。

四、率先深化,实施补充机制

2025年两会期间,习近平总书记在参加江苏代表团审议时强调,"要先行先试、内外兼修,通过深化改革开放不断除障碍、增动能",鼓励江苏要"发挥示范带动作用";3月16日,中共中央办公厅、国务院办公厅印发《提振消费专项行动方案》,提出要"扩大住房公积金使用范围,支持缴存人在提取公积金支付购房首付款的同时申请住房公积金个人住房贷款,加大租房提取支持力度，推进灵活就业人员缴存试点工作"。

作为灵活就业人员首批试点城市，为深化试点改革，更好更快地满足群众刚性和改善性住房需求，常州市住房公积金再次扛起改革创新大旗，起草并报市政府出台了《调整优化住房公积金政策支持城乡居民租购住房实施方案》。《方案》聚焦扩大制度覆盖面、提升政策受益度、优化资金使用效能3个方向，通过制度创新与政策集成改革，解决现行住房公积金政策规定与住房困难群体需求不匹配的问题，支持新市民、青年人刚性需求"快贷""多贷"和职工改善性"多次贷"，从而精准支持城乡居民租购住房，激发市场活力。主要内容包括：

一是创新补充缴存机制。通过"双轨缴存，分账管理"模式，打破单位职工与灵活就业人员界限，在全国率先将自愿缴存范围从灵活就业人员拓展至全体职工，允许单位职工通过自愿补缴实现"早贷""多贷"。针对目前常州市仅5%职工按最高限额7848元缴存的情况，创新设置补充住房公积金，允许以自愿缴存形式预缴和按月补足差额部分，同时对历史差额部分允许自愿往前补缴。经测算，灵活就业人员和单位职工原需分别缴存45个月和31个月可达到80万元的贷款额度，新政实施后通过最高限额补缴，次月即可获得最高贷款额度，大幅提升政策性贷款普惠效率。

二是创新缴存补贴机制。对灵活就业人员及单位职工自愿缴存部分给予年度结息额50%的专项补贴（最高5000元/年），叠加住房公积金1.5%基础年利率后，综合年化收益达2.25%。通过"补息激励"将住房公积金制度优势转化为职工切实可见的经济收益，既鼓励缴存人通过多缴快缴实现多贷快贷，推动房地产市场止跌回稳、稳中向好；又以差异化收益率吸引社会资金向公积金体系转移，同步实现扩面增量和培育住房消费群体的双重目标。

三是创新代际共享机制。打通和构建家庭住房公积金资金池，打造三代直系亲属"3+2"互助贷款模型，提升家庭购房能力。即3代联动：借款人可合并父母、配偶及子女公积金账户余额，提升可贷额度；2类资金：可以合并计算单位缴存余额和自愿缴存余额，通过自愿补缴或补充方式，快速达到快贷多贷目的。

四是创新支持改善性住房贷款需求。打破以城市购房次数或享受住房公积金贷款次数为标准的首套房认贷体系，将首套房认贷标准调整为住房公积金贷款有没有还清，凡是已经还清了住房公积金贷款的，再次申请住房公积金贷款时，不受贷款次数限制。此项新政全面放开了二次甚至二次以上住房公积金贷款，将原来二套以上改善性住房需求纳入了住房公积金贷款的支持范围，有利于全面盘活城市房地产交易市场。

五是创新升级全链条住房保障体系。全面升级住房保障政策，允许提取住房公积金支付商品住房首付款，提取后申请公积金贷款时，提取与贷款总额合计不超过购房总价；提高多孩家庭住房公积金贷款额度，二孩、三孩家庭分别额外增加30万元、50万元；推行"职住挂钩"的住房公积金租房提取政策，职工在主城区、溧阳市、金坛区工作无自有住房且租赁住房的，可直接提取住房公积金支付房租，且申贷前12个月内租房提取金额纳入贷款额度计算，打通"租购衔接"通道，降低安居成本，形成"首付可提、贷款可增、租金可抵"的全链条保障闭环。

六是创新支持梯度化人才安居体系。聚焦刚性需求和改善性住房需求，针对特定群体提高贷款额度，以梯度化政策助力"住有优居"。在现有贷款单人80万元、家庭120万元基础上，享受"青春留常"首次缴存补贴且毕业后五年内在常购房的增加20万元，退役军人退役五年内在本市购买商品住房的增加20万元，购买改善型住宅的增加30万元；经市委人才办认定的人才礼遇服务对象、常州市引进的博士研究生可贷额度为180万元，引进的未满35周岁的硕士研究生可贷额度为150万元。

时代大潮浩浩荡荡，奔腾不息，常州市住房公积金从最初的涓涓细流成长到如今的激流澎湃，累计归集达到了1900亿元以上、提取和贷款达到了1300亿元以上，归集余额和个贷余额均超过600亿元，累计开户职工数达到了280万人。从1992年全国首批建立住房公积金制度，到2025年以自愿缴存形式面向全体城乡居民首个推出补充住房公积金，常州市始终走在制度改革创新的最前沿。三十年来常州为什么能始终走在前列？归根结底，是常州市住房公积金与时俱进、锐意进取，做到了把中央精神与本土情况紧密结合、地方措施与时代变化同频共振。对人民群众实际需求的体察，对政策执行的有力推进，坚持在城市化大潮中因地制宜地发展新政策、新方法，这些都成就了独具常州特色的住房公积金制度，也为每一代人的"安居梦"打上了常州公积金的烙印。

创新工作机制　开辟发展新路径

——"主任办公会暨每月一题"工作机制

袁玉璀　保定市住房公积金管理中心党组书记、主任

习近平总书记指出"守正创新是进一步全面深化改革必须牢牢把握、始终坚守的重大原则",强调"大力推进理论创新、实践创新、制度创新、文化创新以及其他各方面创新,为中国式现代化提供强大动力和制度保障"。保定市住房公积金管理中心(以下简称"中心")党组始终把创新摆在重要的位置,坚持以深化改革激发创新活力,不断建立健全工作体制机制。自2024年以来,积极探索住房公积金管理服务改革,创新性地推出了"主任办公会暨每月一题"工作机制,开辟了住房公积金管理服务发展新路径。

一、党建与业务深度融合的新模式

"主任办公会暨每月一题"工作机制在"奋进公积金"党建品牌引领下,在党建"四梁八柱"体系的高效推动下应运而生。中心主要领导党建、业务两手抓,聚焦住房公积金管理与服务中的关键问题,分管领导结合分管领域精准选定主题,各业务科室及相关管理部负责人参加,运用党建理论和思维方式分析研究问题,做出科学决策,为业务发展明方向、定基调,推动党建与业务深度融合、互融互促,以高质量党建引领业务高质量发展。截至2024年底,全市累计归集住房公积金801.4亿元,累计支取住房公积金452.98亿元,住房公积金归集余额348.42亿元,累计为

141114户职工发放个人住房公积金贷款467.42亿元，贷款余额271.63亿元。

二、核心业务精细化管理的新举措

"主任办公会暨每月一题"将精细化管理贯穿业务全流程，实现问题的有效解决和业务的持续优化。一是精准聚焦。"每月一题"的选定，紧密结合中心工作实际，从缴存职工自身需要和住房公积金事业高质量发展需求出发，找准制约发展的关键问题、薄弱环节，把握业务发展趋势，从纷繁复杂的工作内容中精准提炼出最亟待解决、关系民生的问题列为专题，确保每次议题都精准聚焦核心业务事项。比如，专题研究住房公积金归集扩面、数据质量提升、规范执法等方面的工作，共解决骗提骗贷、贷款逾期等8个问题。二是精准借鉴。通过"每月一题"工作机制开展学习借鉴外地经验情况专题汇报，分享学习体会和先进工作方式方法等，今年以来，学习了武汉、成都、常州等28个先进地市的经验做法，使干部职工进一步开阔了思路、拓宽了视野、更新了理念，提高了分析问题和解决问题的能力。三是精准决策。"主任办公会暨每月一题"工作会议由分管领导及主要业务部门负责人组成，分管领导深思熟虑选定主题，各科室及管理部负责人结合实际工作中的痛点、难点，从不同的角度对专题进行剖析，发表意见建议，为中心党组制定具有前瞻性的发展战略提供决策依据。比如，针对2024年9月26日，中央政治局会议提出的"要促进房地产市场止跌回稳"要求，中心积极落实国家和省市系列部署，经保定市住房公积金管理委员会第十六次会议审议通过了《保定市住房公积金资金流动性风险管理办法（试行）》《关于优化调整住房公积金贷款部分政策的决定》等8个政策文件。围绕《保定市住房公积金资金流动性风险管理办法（试行）》这个总开关，对住房公积金提取和贷款政策进行了优化调整。其中，提取政策涉及6个方面："一个增加"，即增加住房公积金直付首付款；"两个取消"，即取消偿还住房贷款提取"每次提取金额不得超过当期还款付息额"限制、取消职工申请住房公积金贷款后"不得再以其他住房消费类情形提取住房公积金"限制；"三个放宽"，即放宽职工全款购买自住住房提取额度，放宽建造、翻建自住住房提取额度，放宽老旧小区自住住房加装电梯提取人范围和提取额度。贷款政策涉及8个方面："一个取消"，即取消现房销售阶段性担保保证金；一个拓宽，即拓宽再交易住房交易方式；"两个放开"，即放开恢复"商转公"业务、放开异地贷款户籍限制；"两个提高"，即提高计算贷款余额倍数、提高职工偿还贷款最高年龄；"两个降低"，即降低住房公积金贷款利率、降低首付款比例。系列政策的优化调整，为房地产市场止跌回稳注入了新动能。

三、增强部门间协同共进的新思路

住房公积金的部门职能是与各相关部门相互依存、相互作用的有机整体，"主任办公会暨每月一题"工作机制为深化上下游、左右岸的沟通联系创造了条件。一方面，增强了同级部门间的协同联动能力。在日常业务中，需要住建、不动产、税务等相关部门的协同配合，"主任办公会暨每月一题"工作机制为部门间的有效沟通提供了平台。比如，为落实国家和省市关于促进房地产市场止跌回稳系列部署要求，中心通过"主任办公会暨每月一题"会议形式邀请市住建局房地产市场监管、房屋交易服务中心、不动产登记中心等相关部门负责人列席，对住房公积金相关业务政策的修订提出了意见建议，并承诺在下一步工作中将继续大力支持公积金相关工作，加强信息和数据的共享，共同为老百姓提供暖心服务。另一方面，解决了内部部门间的沟通不畅问题。"主任办公会暨每月一题"工作机制由中心党组主导，通过较高层级的会议形式召开，能够充分调动各层级工作的积极性，形成团结协作的强大合力。领导班子率先垂范，参与并推动相关业务研究，带动各层级重视业务，形成积极推动业务发展的良好氛围，同时也打破了各业务科室之间各自为战的壁垒，搭建起了一个高效沟通、协同作战的系统平台，极大提升有机融合、协同作战的能力。

2024年，中心累计召开"主任办公会暨每月一题"12次，为住房公积金管理与服务注入了强大动力。下一步，中心将持续秉持这一有效工作机制，不断开拓创新，为广大缴存职工提供更加优质、高效的服务，谱写住房公积金事业高质量发展新篇章。

"五色"服务　倾情为民

——淄博市住房公积金管理中心坚持以行动践初心以服务促发展的探索实践

王勇　淄博市住房公积金管理中心党组书记、主任

住房公积金"小窗口",服务民生"大舞台"。近年来,淄博市住房公积金管理中心(以下简称"中心")始终坚持以人民为中心的发展思想,认真落实住房城乡建设部和省住房城乡建设厅决策部署,坚守"积民之金、惠民之居、解民之忧"初心,将红、蓝、金、绿、橙"五色"服务贯穿主责主业始终,劲推管理提质、发展提速、服务提效,逐步实现住房公积金服务从"基本保障"到"优质高效"的升级迭代,切实把助力经济、金融赋能融入发展大局,把品质服务、安居圆梦惠及群众生活。截至2024年末,累计归集额955.34亿元,累计发放住房公积金贷款604.51亿元。2022年以来,累计上缴市财政增值收益20.35亿元。住房公积金住房贷款在全市住房贷款市场的占有率近四分之一。连续两年在全市高质量发展绩效考核评价中获评"优秀"等次。2024年被市委、市政府表彰为"提效争先"先进集体。

一、党建红：点燃红色引擎,在党建业务深融互促上提效争先

凝聚先锋力量夺关拔寨。坚持围绕业务抓党建、抓好党建促服务,制定《关于全面加强党的建设深入开展"百强战斗堡垒　百优攻坚先锋"争创行动的实施意见》,明确党组主体责任、党组书记"第一责任人"责任、党组成员"一岗双责"、机关党委和党支部具体责任等"五张清

单"，着力打造"积金为民 安居圆梦"党建品牌，获2024年全市"十佳机关党建品牌"。常态化开展"党员揭榜、走在前列"活动，每年组织全体党员干部认领急难险重任务，2024年共认领涵盖归集扩面、逾期催收、行政执法等急难险重任务132项，定期反馈完成情况，充分发挥先锋模范作用。

塑优干部队伍强筋壮骨。激发干事创业热情，引导党员干部涵养"想干事"的信念、锤炼"能干事"的本领，聚焦年轻干部、中层干部、骨干干部，优化干部队伍结构，建立健全精准结对、精细帮带、精确管理"一对一"导师帮带模式，科学选派干部参加省"四进"工作队等锻炼，把实践成长快、群众口碑好、工作成绩优的干部选拔出来。开展青年说、打擂比拼等活动，通过亮绩赛绩比出斗志、赛出干劲，形成比学赶超、争创一流的火热局面，引导干部开阔视野、增长见识、拓宽思路、提升能力。三年以来，累计新提拔中层正职8名、副职12名，开展5次轮岗交流26人次，聘任专业技术岗位38人次，选派23名干部参与实践锻炼。

淬炼干事作风提振精神。实行"一网三联三争创"党建新模式，以组织联建、活动联办、资源联享，推动机关党建与岗位职责、服务群众、作风建设高效融合，激发干事创业热情，实现党建和业务双赢共促。健全"支部夺红旗 党员争先锋"评价体系，将"党建工作标准化、规范化谁最好""归集扩面进度谁最快""贷款逾期率谁最低""对职工投诉办理结果的满意度谁最高"等列入指标，每季度量化评价打分，颁发流动红旗，引导党员干部分秒必争加油干、只争朝夕向前冲。2024年，中心1个党支部获"先进基层党组织"荣誉称号；多个分中心先后荣获"全国巾帼文明岗""全国青年文明号""山东省青年文明号"及市直机关"雷锋示范岗"等荣誉称号。

二、服务蓝：锚定蓝图目标，在服务大局助力发展上提效争先

灵活就业缴存，助力共同富裕。聚焦以人为核心的新型城镇化进程，抢抓政策机遇、大胆探索创新，为灵活就业人员量身定制缴存提取方案，获批灵活就业人员参加住房公积金制度和国家新型城镇化五年行动计划推动灵活就业人员参加住房公积金制度两项全国试点，并列入2025年度淄博市重大民生实事项目。通过降低门槛、增加补贴、简化流程、拓宽渠道、增值服务等，切实提高政策吸引力。深度融合产业振兴，将烧烤餐饮、陶瓷琉璃等特色产业和高青黑牛、博山猕猴桃等县域特色农业灵活就业人员纳入制度覆盖范围，努力让灵活就业者"就业有底气、安居有保障、奋斗有奔头"。自2025年1月试点开展以来，共有2.85万名灵活就业人员开户缴存住房公积金，缴存金额1070万元。

发挥"积金赋能",助力项目发展。聚焦"大局所需、我之所能",支持房地产"白名单"项目融资建设,在全省率先出台支持房地产"白名单"项目6条措施,从政策、资金、服务等方面,为开发企业、受托银行、住房公积金缴存人提供灵活适度、精准有效支持,累计撬动115亿余元"白名单"信贷资金投放。完善激励政策,引导受托银行为全市招商引资和重大项目建设提供信贷支持,并列入受托银行合作协议。对给火车站北广场改造、周村古商城5A级景区创建、高新区双创公园城等重大项目提供信贷支持的受托银行,给予存储激励40余亿元,撬动100余亿元信贷资金投放。

搭建"融资通道",助力扩大消费。围绕企业经营和群众消费等融资需求,充分发挥住房公积金缴存信用作用,搭建与承办银行数据资源共享交换平台,实现缴存数据信息互联互通、充分共享。建立惠企利民增信贷款服务体系,将企业住房公积金缴存资信转换为金融授信,设计条件宽、额度高、利率低、手续简的企业和个人专属信用贷款,助力解决企业发展和个人消费融资增信难题。截至日前,合作银行共推出住房公积金租房贷、信用贷、助金贷等23类金融产品,累计向优质住房公积金缴存客户发放专属信用贷78.2亿元。

三、金招牌:擦亮金色招牌,在政策创新惠企便民上提效争先

扩大制度惠及面。深入推进"依法缴存"工程,将住房公积金缴存条款分别纳入劳动合同参考文本及企业劳动用工规范指引,有力深化企业依法缴存意识。为企业算好人才"长远账"、讲清发展"责任账",引导企业合规建立住房公积金制度,规避劳动纠纷和法律风险,实现规范建制建缴,让更多职工享受制度红利,增强企业职工获得感和单位凝聚力。深入开展政策"五进"、专管员培训、政策宣讲、知识竞赛、政策直播等活动,制作政策解读宣传片,强化微信公众号、官方网站等线上平台宣传质效,提高新媒体宣传声量。编印政策解读、权益维护等宣传册15万份,努力让群众听得懂、用得上。2024年,全市新增住房公积金缴存人6.48万名,新增缴存额101.24亿元。

增强政策精准度。坚持跳出自身看自身、跳出政策看政策,推动惠民措施快节奏优化调整、高效率落地见效。扎实推进"租购并举",建立"多快好省"租房提取模式,取消租房提取次数限制,提高租房提取额度,加大新市民、青年人住房需求保障力度。实施优化房屋套数认定标准、"商转公"、提高最高贷款额度、上浮多子女家庭和高层次人才贷款额度、支持支付购房首付款提取、支持"既提又贷"、放宽还商贷提取条件等系列举措,切实做到"降门槛、扩群体、增

额度、减压力"。2024年,共为群众提取住房公积金75.07亿元,为6374个家庭发放住房公积金贷款28.13亿元。

创新机制解民忧。在推动"事要解决"上下功夫,不断完善接诉、办理、反馈、跟踪全流程工作机制。针对群众投诉事项,创建"承办人、承办单位负责人、分管领导三级办结制",确保"合规诉求100%解决到位,不合规诉求100%解释到位"。实行"收到一个投诉,解决一类问题,形成一套机制,实现一个转变"的"四个一"工作法,提前研判群众反映集中问题,靶向解决企业群众诉求。制定全面推行行政指导实施方案,引导企业和职工通过协商方式解决缴存问题。2024年市政府12345热线办理事项通报中,中心的办理事项问题响应率100%、问题解决率93.01%、服务过程满意率99.94%、办理结果满意率98.41%,均排名第一。

四、通道绿:搭建绿色场景,在"五极五优"高效集成上提效争先

创"五极"模式提质效。秉持"如我在办"理念,打造"极简、极优、极细、极速、极致"政务服务模式,班子成员常态化到窗口受理业务,全流程检验群众办事流程、提升办事体验,持续刷新事项办理"进度条"、跑出服务群众"加速度"。追求"极简",建设"数字五全"模式,按照"减材料、减环节、减时限"原则,共享42项政务、商业数据,办理要件简化超80%,39个服务事项中22个实现零材料即申即办。追求"极优",提供预约、上门、容缺受理等特色服务,创推"公积金业务银行办",绘制住房公积金政务服务地图,建成涵盖全市13家银行81个办理网点的"15分钟便民服务圈"。追求"极细",梳理政务服务事项,编制住房公积金服务标准手册,实现标准化、规范化。追求"极速",实现13项业务"跨省通办"、36项业务"全省通办",线上提取"秒到账"业务占比提升至90%以上,个人和单位业务网办率分别达90%、95%以上。追求"极致",提供点对点微信提醒、租房委托提取"无感办"等个性化服务,2024年以来,累计推送账户余额变动、贷款批扣提醒等便民信息794万余条。

塑"五优"环境树形象。坚持把精雕细琢、精耕细作作为工作标准、工作追求,开展服务窗口"标准化、规范化、精细化"提升行动,着力打造"形象优雅、环境优美、秩序优良、服务优质、管理优化"服务环境。创建服务礼仪"八部曲"并在全省住房公积金系统推广,提升一线人员文明素养和服务质量,打造住房公积金"优雅形象"。美化办事环境,升级分中心服务厅设施,设置便民服务驿站,科学分区、定位摆放、划线管理,实现政务服务"环境优美"。统一着装、规范用语,设置党员先锋岗、导服指引岗、文明讲解员等,营造"秩序优良"服务环境。完善帮

办代办，提供"周末无休""绿色通道"等服务，让"服务优质"可感可及。依托"背靠背""好差评"等评价体系，健全群众评价监督与服务提升联动机制，定期开展服务素质技能培训，为"管理优化"持续赋能。2024年，全市11个分中心住房公积金服务窗口全部荣获市及区县优秀服务窗口称号。"五极五优"服务场景在省、市作经验推广，并获得市委书记肯定批示。

五、安全橙：守好橙色防线，在隐患排查风险防控上提效争先

做实全流程管控。始终把资金安全贯穿住房公积金资金运营管理全领域、各环节，严把项目准入关，加强楼盘准入、事中稽核、事后防范等内控制度建设，完善楼盘准入退出机制，稳妥推进"保交楼、化风险"，有效防范和遏制期房抵押潜在风险，坚决做好贷款风险源头把控。深化"金银企"三方责任落实，加强贷款资金安全管理，建立逾期贷款调度和协同清收工作机制，健全中心与银行间风险联动机制。引入二手房线上评估系统，精准核实存量房实际价值，抵御房价虚高风险，严控资金安全。截至2024年底，贷款逾期率0.148‰。

防范流动性风险。坚持风险防控绝不能半点懈怠、过程管控绝不能丝毫疏漏，健全"横向联动、纵向贯通"全链条风险防控体系，确保监管有棱有角、防控严密严实。加强资金监控和管理，强化流动性指标分析和房地产市场走向预测，加强资金平衡分析和计划安排，防范流动性风险。加强对业务运行情况的研究和统计分析，根据个贷率、资金净流量、房地产市场发展等情况，综合研判资金压力，预防资金短缺和资金闲置，切实提高资金使用效益，保障住房公积金安全高效运行。截至目前，个贷率由2022年97.68%降至79.35%。

加强常态化监督。抓好资金、业务、操作、系统建设等关键节点，完善业务细则、操作规范，修订缴存、提取、贷款等业务规程，健全受委托银行考核办法和准入退出机制，夯实合规体系基础。深化内审模式，制定内部监督检查实施方案，丰富防控手段，搭建完善"事前+事中+事后"风险监控体系，推进稽核常态化和多维化，全面提升防范化解风险能力，我市在全国住房公积金监管服务平台反馈的风险数据问题整改率达100%。

功崇惟志，业广惟勤。淄博市住房公积金管理中心将继续立足职责，与群众需求共振、与城市发展同频，以一域之力尽全局之责、以一域之光为全局添彩，持续为经济社会高质量发展贡献更大力量，奋力谱写新时代住房公积金高质量发展新篇章！

实施争先创优"六项行动"
构筑住房公积金高质量发展衢州模式

余卫军　衢州市住房公积金中心党组书记、主任

近年来,衢州市住房公积金中心(以下简称"衢州中心")聚焦发挥住房公积金惠民利民职能,实施改革提级、精细服务、建缴扩面、干部聚能、强基赋能、风险防控等争先创优"六项行动",提质增效,不断推动事业持续高质量发展。截至2024年底,衢州中心累计归集余额174.16亿元,贷款余额160.81亿元,支持住房等消费额902.85亿元。近年来,衢州中心先后获全国"五一巾帼标兵岗"、全国住建系统"服务示范岗"、长三角一体化"鑫"先锋、浙江省住建系统"红旗窗口"等荣誉,连续八年被评为浙江省住房公积金考核优秀单位。

一、实施"改革提级"行动,多维创新助企惠民

衢州中心坚持以需求为导向,立足助企惠民,下好改革"先手棋",持续推动政策创新与科技创新。

(一)政策供给有力有效

聚焦引才留才,出台购买首套住房的高层次人才首付后剩余房款"全额贷"和全日制本科毕业生首付后享受当期"顶额贷"政策,向7582名人才发放贷款58.3亿元。对非公企业员工(含非衢籍企业员工)在衢购房给予一次性2万元和每年8000元补助,助力非公企业员工住房安居。同

时,针对二孩三孩家庭、退役军人、应急救护施救者等群体,给予政策优惠,并出台了支持"以旧换新"、加装电梯提取、物业费提取等政策。研究出台居民住房"以旧换新"住房公积金政策,通过支持房票使用、放宽提取条件、上浮贷款额度等举措,满足缴存人多样化改善性住房需求。联动住建部门,将缴存住房公积金作为配租型保障性住房承租人的申请条件并优先安排缴存住房公积金的新市民、青年人承租,从"资金支持"拓展至"住房支持"。

(二)数字化改革争先领先

主动对准衢州市数字社会和浙江省住建厅"浙惠公积金·惠你购房"数字化改革跑道,行业内率先开发建设住房公积金纾困"应急帮扶"应用场景;持续优化改进,迭代升级贷款"不见面"应用,制定住房公积金贷款"不见面"办理市级地方标准。目前已办理11726笔,占全市贷款量75%以上。围绕业务流程再造和无纸化办公开展档案电子化系统建设,实现了归集、提取、贷款业务档案电子化、规范化管理,逐步构建以网上办、掌上办为核心的智慧公积金服务模式。

(三)助企增信探索出新出彩

全省率先推进助企增信,推动合作银行推出以企业缴存住房公积金为授信基础的无担保住房公积金信用贷款,将授信额度与企业住房公积金月缴存额度、缴存期限、缴存人数挂钩,最高可达500万元。衢州市建设银行、衢州市宁波银行和常山县农商银行等6家合作银行已相继推出住房公积金助企增信产品,如建设银行推出"薪金云贷",以小微企业"代发工资"和"住房公积金缴存信息"为依据,通过互联网渠道办理全流程自助信用贷款,随借随还。各合作银行已累计为企业发放贷款54笔1.16亿元。助企增信创新举措获衢州市委主要领导批示肯定。

二、实施"精细服务"行动,标准管理群众满意

按照住建部《"惠民公积金、服务暖人心"全国住房公积金系统服务提升三年行动实施方案(2022—2024年)》的工作要求,不断加强住房公积金服务建设,提升最满意窗口的成色,持续擦亮"有礼公积金"品牌。

(一)建立"五个一"服务体系

深入推进规范化、标准化、精细化建设,建立每日一晨会、每周一评星、每月一坐班、每季一比拼和每乡一网点的"五个一"服务体系,提高服务质量,不断提升群众的满意度、获得感。常态化开展领导"每月一坐班"和"行长看窗口",面对面了解群众需求、听取意见建议,政银协同推动住房公积金窗口服务质量持续提升。聚焦防范化解风险,健全完善信访投诉、矛盾调解

机制，促进涉住房公积金矛盾纠纷化解，截至2024年底成功调解43起信访案件，保障企业员工的合法权益。

（二）推行窗口前置、远程帮办

开设协调处理岗，第一时间处理窗口遇到的特殊情况，为群众办事过程中遇到的疑难事项和复杂问题兜底，累计处理疑难问题32件。创建线上线下相融合的"云窗口"服务，开发专窗系统，实现屏幕共享、材料互传、服务评价等功能，进行远程一对一的专门指导，仅2024年已指导10多家企业为220多名职工办理住房公积金开户、封存等业务。同时，加强部门联动，形成跨部门线上线下一体化的服务新模式，先后对接完成涉及住房公积金业务的"企业信息变更一件事""住房公积金个人住房贷款购房"和"退休一件事"等7个事项的主题集成服务，所有事项涉及业务在部门间通过线上渠道自动流转，无需人工干预，2024年累计办理15578件。

（三）突出赛马比拼、实干争先

先后开展"1家分中心（管理部）+1家合作银行+1个典型案例"为主题的建缴扩面"互看互学互比"和"展风采 强技能，新突破 当先锋"为主题的全市住房公积金第二届技能大赛。通过以晒促学、以比促干，形成比学赶超浓厚氛围，已评选每周一星百余人次，开展十余期"互学互比互看"活动，持续提升住房公积金窗口的服务质效。市直管理部获"惠民公积金、服务暖人心"全国住房公积金系统服务提升三年行动表现突出星级服务岗，并与龙游分中心并获浙江省住建系统"红旗窗口"。

三、实施"建缴扩面"行动，精准助力共同富裕

衢州中心坚持市县一体、上下联动、持续发力，瞄准"应建尽建、应缴尽缴"的扩面目标，以灵活就业人员建制为抓手，常态化开展"集中宣传服务"活动，多措并举推进住房公积金建缴再扩面、再提升。

（一）推动灵活就业人员建制

大力支持自由职业者、城市个体工商户、农村基层干部等灵活就业人员建立住房公积金制度。强化与组织、市场监管、经信等部门工作联动、政策互动，推动网约车、快递、外卖等灵活就业人员群体建缴住房公积金，构建住房公积金"宣传+政策+服务"保障模式，聚势聚力推动扩面，累计促进48652名灵活就业人员建缴住房公积金。衢州中心成功获批灵活就业人员建制全国试点。

（二）开展非公企业"网格化"扩面

建立区块工作推进机制，通过与社保、工商登记、税务比对等方式，强化摸排，针对企业规模效益，排定详细计划目标，领导班子成员挂帅6支服务小队，精准对接智造新城、智慧新城和各县（市）、区开发区，创新住房公积金政策宣传形式，成立年轻党员政策宣讲团，深入企业、社区宣传讲解住房公积金政策，制作新媒体平台生动政策解读小视频，用群众喜闻乐见方式宣传住房公积金，让更多群众享受住房公积金政策红利。

（三）创新"公农贷"业务

积极谋划推进农民建立住房公积金建制的特色举措，推出"公农贷"业务，为农业转移人口制定优惠政策，吸引29000余名农业转移人口参与住房公积金缴存建制。积极开展村"两委"干部建制试点工作，将村"两委"干部纳入住房公积金建缴保障范围，按照自愿缴存、财政补贴的原则优化方案，发挥村干部在人口集聚中心的带头示范作用。

四、实施"干部聚能"行动，全力锻造实干队伍

加强系统化培训，建立完善多维考核体系，全面提升干部队伍素质，夯实发展根基，做强干部队伍。

（一）建立系统性培训机制

建立"鑫课堂"学习机制，由年轻党员干部当讲师，围绕政治建设、思想武装、产业发展、业务开展、党风廉政等主题以"今天我主讲"的形式交流发言，既深入学习政治理论，还扩展学习经济知识，又系统学习业务本领，全方位、全体系提高干部的学习能力和专业能力。已举办18期，15名干部当讲师授课。建立"导师帮带"制度，开展以老带新，市县中心明确一名班子成员、一名科室负责人联系帮带一名近三年入职的年轻公务员。同时，坚持"请进来、走出去"相结合，邀请相关部门的专家到中心上课，选派中心业务骨干到其他部门讲授住房公积金政策业务，统筹加强业务交流与合作。每年组织全体干部参加1次集中专题培训，增强团队的战斗力、凝聚力和向心力。

（二）构建实干型"四考体系"

出台综合业务考核办法，强化内部机构业务考评；制定银行业务考核，对银行配合住房公积金业务开展情况进行全面考评；推进公务员"四维考评"，纳入市委组织部首批联系点；修订编外用工考核办法，强化编外干部队伍监督管理。扎实开展"六治六提"作风建设行动，结合"四

考体系"，通过工作业绩、廉政表现、群众满意度等多维度精准衡量干部工作成效，全面激发住房公积金系统干部争先创优的精气神。

（三）推行专业化锻炼机制

按照"两勤两专"干部队伍建设要求，树立"一线锻炼干部、一线发现干部、一线重用干部"的鲜明导向，为青年干部搭建成长平台。针对35岁以下年轻公务员建立"四个一"培养机制，即每年参加机关主题学习交流不少于一次、每年参加的重点攻坚项目不少于一个、每月撰报信息不少于一篇、每年到窗口服务不少于一次。加强新进公务员业务锻炼，新入职的原则上到窗口服务不少于3个月。建立顶岗轮训制度，择优选派优秀年轻干部到市委办、市府办、组织部等综合部门锻炼。积极选派干部参与市委、市政府重点项目专班，接受实战训练，提高实战能力。

五、实施"强基赋能"行动，突出党建引领护航

衢州中心始终把政治建设放在首位，全面落实新时代党的建设总要求，以党建引领优服务，持续提升"有礼公积金"服务品牌高度，高质量推动机关党建水平和干部队伍建设水平再上新台阶。

（一）持续做强党建联盟

发挥住房公积金互助功能和银行金融支持优势，与合作银行、结对社区、结对村形成"鑫"字形党建联盟，合力打造服务群众，助力共富金字招牌。帮带结对企业建立党支部，共同慰问联系村、联系社区，帮扶柯城区华墅乡三官岭村推进村集体增收，合力助推乡村振兴。联合合作银行开展寻迹溯源主题党日活动，组织全市住房公积金系统党建+业务竞赛，激发党员干部学习业务的热情，展现合作共赢风采活力。与省际城市中心共同签署四省边际城市住房公积金党建联建协议书，资源整合，优势互补，以党建促业务，构建四省边际城市住房公积金中心党建工作互联互通新格局。

（二）深化推进数智赋廉

衢州中心以数字化发展为牵引，整合住房公积金基础数据，重塑业务办理流程，规范内部监督管控，层层压实责任，数智化赋能实现"四链闭环"。建立住房公积金业务线上+线下全方位流程管控，"智防+人防""事前+事中+事后"相结合，打造多位一体监管网络，有效降低廉政风险。搭建完备数据链，在业务办理、审批过程中实现自动抓取数据并自动精准识别，对业务办理流程进行拆解固化，实现业务受理、查验和审批互相关联、互相制约，有效杜绝人情招呼，降

低业务审批廉政风险。

(三) 厚植培育党建文化

强化党支部战斗堡垒作用，严格落实"三会一课"、谈心谈话、组织生活会、主题党日等组织生活制度，推动党员领导干部作表率带头过好双重组织生活，不断提升党员干部的党性修养。落实"四个一"工作机制，党员干部积极签订廉洁承诺书、寄送廉洁家书，分层分级开展廉洁谈话。组织开展警示教育，参加法院庭审旁听，开展警示案例学习，观看警示教育视频，以案为鉴，提升党员干部纪律自觉。

六、实施"风险防控"行动，链式保障业务安全

按照"建制度、优系统、全防控、强监管"的思路，着力提升风险防控能力，多点发力、形成链条筑牢住房公积金资金"安全堤"。

(一) 调高信息安全的标线

加强数据信息库维护与更新，切实做好日常巡检，定期开展网络安全自查整改，通过更新服务器补丁、升级病毒库、规范用户权限、护网攻防演练、容灾备份等手段，严防缴存职工信息泄露和网络攻击。高度重视纸质媒介信息安全，进一步加强和改进档案材料管理工作，严格按照档案登记、借阅、检查、销毁等工作流程进行管理，保证档案实体安全。加快建设住房公积金"全域通"多业务协同数智化融合项目，迭代升级业务档案电子化系统，强化业档一体，实现业务系统电子文件从形成办理到归档利用全流程安全可控。积极推进信息系统信创云迁移及国产化适配项目，增强网络支撑能力，提升系统运行稳定性和业务数据存储安全性。

(二) 拉紧取贷风险的防线

建立完善住房公积金提取和贷款审核、审批管理、责任追究和检查稽核制度，提高窗口管理人员和业务受理人员对印章、合同、票据、产权证等有关印证材料真伪的甄别能力。每年至少开展2次住房公积金骗提骗贷防范专项培训，严把提取、贷款资料审核关，核实职工提取、贷款行为的真实性，确保不再出现骗提骗贷行为。加强数智监管能力，重塑工作流程，运用大数据、云计算等科技手段，提升数字化内审稽核和风险管控水平，有效杜绝骗提、套提、骗贷发生，确保住房公积金资金和信息安全。加强联动执法，严厉打击违规违法行为。

(三) 筑牢内审稽核的底线

制定完善内控制度，出台《衢州市住房公积金中心驻点审计稽核工作实施方案》《衢州市住

房公积金中心内审稽核工作操作细则》等制度文件,规范内审稽核工作程序,提高内部审计的效率和质量。强化内部管理,全面梳理工作制度,定期开展内部审计,对中心的财务、业务、资产、日常办公等各方面进行全面"体检",强化内部管理,提高规范化水平;持续做好日常稽核,开发建设内部审计稽核系统,设置全量、增量、区域、全局等内审稽核模式,实现不同业务类型、不同区域、不同风险提供差异化定向筛选与预警。定期通过监管服务平台和电子化检查工作分析存在的风险隐患点,定期开展涵盖业务、财务、项目等全范围电子内审稽核,并及时整改落实到位。

助力优化营商环境 打造"公积金+金融"惠企便民服务新模式

陈军　芜湖市住房公积金管理中心党组书记、主任

党的二十届三中全会指出，要加快建立民营企业信用状况综合评价体系，健全民营中小企业增信制度。健全民营中小企业增信制度对破解民营中小企业"融资难、融资贵"难题，促进民营中小企业发展壮大具有重要作用。芜湖市住房公积金管理中心（以下简称"中心"）积极探索，充分发挥住房公积金信用信息的正向激励作用，建立中小企业住房公积金缴存情况等级评价机制，构建"公积金+金融"惠企便民服务新模式，增强住房公积金缴存职工的金融供给，助力降低中小微企业融资成本，服务实体经济高质量发展。2024年11月，中心选送的"打造'公积金+金融'信用融资新模式"案例被评为2024年度安徽省信用惠企便民应用场景"十大示范案例"。

一、强基赋能，构建住房公积金信用评价新体系

近年来，关注到中小微企业因缺乏信用记录，面临融资难、融资贵等问题，中心深度挖掘住房公积金缴存数据价值，积极探索芜湖市住房公积金信用评价体系建设和服务监管新模式。

一是深入调研，摸清中小微企业缴存现状和融资需求。

据统计，全市中小微缴存企业5006家，占全市缴存单位的41.72%，住房公积金缴存人数19.64万人，正常连续缴存住房公积金两年以上的有3161家，缴存人数达5人以上的有2382家，

人均月缴存额达670元（全省上一年度全口径城镇单位就业人员月平均工资乘以最低住房公积金缴存比例）以上的有2503家，缴存企业和职工数量逐年快速增加，住房公积金归集额大幅增长。中心通过中小企业座谈会，走访受托银行、市信用办等相关部门，了解到全市中小微企业均不同程度存在融资难、融资慢、融资贵等困难。

二是制定政策，实施科学合理的信用评价机制。在广泛调研分析的基础上，中心制定了《关于实施中小企业住房公积金缴存情况等级评价的通知》，明确信用评价对象及标准，包括住房公积金缴存人数、缴存覆盖范围、累计缴存时间、缴存比例、职工平均月缴存额等5项指标。评价等级分为A++、A+、A共3个信用等级，每年定期更新评价结果，建缴企业如有缴存变化可随时向中心或银行申请评定，为发展融资增信。中心已为全市5006家缴存企业进行了评定，评定为A级以上企业1829家。

二、凝聚合力，打造惠企便民服务新平台

针对中小微企业面临"融资难、融资贵"等难题，中心进一步解放思想，充分运用创新思维，立足于服务全市经济社会发展大局，从共同营造一流营商环境出发，深入挖掘住房公积金信用信息价值，搭建政银企合作新平台，进一步推动银企互信、拓宽融资渠道，为企业发展注入新活力。

一是加大信用信息归集共享力度。不断加强全市住房公积金缴存信息的共享应用，将住房公积金33个字段信息全量归集至芜湖市"公共信用平台"，较国家考核标准的6个字段提升了6倍，通过信息共享很好地破解了银企双方信息不对称难题。

二是开发"公积金信用贷"预授信模型。联合市信用办、合作金融机构建立以住房公积金缴存数据为核心的预授信模型。企业登录市融资信用服务平台申请授权后，由后台预授信模型通过接口查询住房公积金缴存等信息，自动生成额度，推送至有关银行进行放款操作，实现线上全流程放款。目前，参与试点银行已发放贷款35笔、金额5500万元。

三、正向激励，激活政银企融合发展新动能

"公积金+金融"政银企合作新模式推广以来，为全市中小微企业，拓展了新的融资渠道，为金融机构提供了新的授信模式，为住房公积金制度在中小微企业建制扩面起到了积极的引导作用，从而助推了营商环境优化升级，进一步保障更广大职工住有所居，推动住房公积金工作在服

务大局中发挥更大作用。

一是提升惠企便民新高度。搭建好"公积金+金融"惠企机制的"桥梁"作用，实现银企"双向奔赴"，引导合作银行为高信用企业提供融资增信服务，创新推出"金信贷""公积金易贷""信秒贷"等利企专属信贷产品，进一步降低企业融资成本。截至目前，17家受托银行提供配套激励措施133项，企业最高贷款额度可达2000万元，为职工提供无抵押、免担保、高额度、低利率的消费贷款服务，有力推动了消费扩容升级，提振市场信心。2024年，已为491家中小企业授信贷款57.69亿元，发放贷款41.09亿元，发放缴存职工个人消费贷23.17亿元。

二是凝聚归集扩面新合力。通过动态评价，每年定期更新评价结果，给予规范缴存企业和职工实惠的金融产品和服务，有效增强了住房公积金缴存企业和个人的获得感，提升了企业和个人缴存住房公积金的积极性，扩大了住房公积金制度的社会影响，提高了制度覆盖面。目前已有1275家城镇私营企业主动建立住房公积金制度，新增缴存职工5.4万人，月均新增缴存额1855万元。

三是拓展"金银"合作新领域。充分发挥"金银"联动优势，通过设立银行便民服务网点、携手制度扩面、优化"商转公"贷款模式以及"公积金+金融"信贷融资等，形成更多惠企便民新举措，推动住房公积金工作取得高质量发展。2024年1—12月，全市住房公积金归集额86.76亿元，同比增长7.12%，累计缴存总额已突破750亿元大关；全市新增住房公积金开户10.15万人，同比增长5.51%；发放住房公积金个人贷款32.18亿元；各项指标均处于全省前列。

下一步，中心将深入学习贯彻党的二十大和二十届二中、三中全会精神以及习近平总书记考察安徽重要讲话精神，进一步凝聚政银企合力，以"信"促"缴"、以"信"增"用"，努力实现市场增活力、政府优服务、银行拓客源多方共赢，推动普惠发展、共同富裕，让住房公积金惠民底色更浓、利企成色更足，为加快建设省域副中心城市贡献公积金力量。

深化改革创新　增强发展动力
促进房地产市场止跌回稳

刘国蓉　阿克苏地区住房公积金管理中心党组书记、副主任

习近平总书记指出："人民幸福安康是推动高质量发展的最终目的。"2024年中央经济工作会议要求，"持续用力推动房地产市场止跌回稳，加力实施城中村和危旧房改造，充分释放刚性和改善性住房需求潜力"。阿克苏地区住房公积金管理中心（以下简称"中心"）在地委、行署的坚强领导下，在自治区住建厅的正确指导下，围绕习近平总书记重要讲话精神，立足主责主业，紧紧围绕中心大局，持续推进改革创新，深挖住房公积金潜力，打出"93222"政策组合拳，满足更多缴存人刚性和多样化住房需求，为推动房地产市场止跌回稳和高质量发展发挥了积极作用。

一、业务指标运行情况

（一）归集扩面显著增长

2024年，全地区新增缴存单位287家，缴存人28195人，同比增长38.56%；归集住房公积金46.28亿元，同比增长11.04%。2025年1—4月，全地区新增缴存单位116家，缴存人4467人；归集住房公积金15.29亿元，同比增长6.25%。累计归集379.57亿元，现有余额115.16亿元。

（二）提取使用成效良好

2024年，全地区共有93067名缴存人提取住房公积金61.84万笔（次）36.39亿元，同比分别增长9.96%、4.75%，提取额占当年缴存额的78.63%，其中住房消费提取29.79亿元，占当年提取金额的81.86%。2025年1—4月，全地区共有68786名缴存人提取住房公积金21.19万笔（次）13.08亿元，提取额占缴存额的85.55%，同比分别增长6%、16.89%，其中住房消费类提取10.98亿元，占提取总额的83.94%，同比增长20.13%。累计提取264.41亿元。

（三）个人住房贷款稳步回升

2024年，全地区发放个人住房贷款7368笔25.14亿元，同比下降17.54%，其中：发放一次贷款5997笔20.35亿元，二次贷款1371笔4.79亿元。个贷率97.17%，资金使用率99.12%，贷款逾期率0.03‰。2025年1—4月，全地区发放个人住房贷款1958笔6.96亿元，同比增长24.24%、20.62%，贷款发放止跌回稳明显提升。截至4月底个贷率96.23%，资金使用率98.85%，贷款逾期率0.08‰。累计发放贷款9.45万笔204.27亿元，现有存量贷款110.81亿元。

（四）增值收益平稳提高

2024年，全地区实现增值收益1.56亿元，同比增长14.71%，向地区财政上缴增值收益2.05亿元。2025年1—4月，实现增值收益0.64亿元，同比增长1.59%，向地区财政上缴增值收益0.45亿元。全地区累计上缴增值收益11.16亿元。

二、深化改革创新，打出"93222"政策组合拳

中心坚持"法无授权不可为，法定职责必须为，法无禁止皆可为"原则，大胆创新，勇于突破，一手抓存量政策落实、一手抓增量政策出台，打出"9个新增、3个放宽、2个提高、2个降低、2个取消"政策组合拳，推动房地产市场止跌回稳和平稳健康发展。

（一）"9个新增"求突破

一是实行"亲情购房互助"政策，实现"一人购房全家帮忙"。缴存人在阿克苏地区购房时，允许其父母、子女提取住房公积金帮助其购房，互帮互用减轻购房资金压力。二是实行"县域首套房"优惠政策。已使用过一次住房公积金个人住房贷款且已结清的缴存人，在阿克苏地区七县二市再次申请住房公积金贷款购房的，只要在购房地无房即可执行首套房利率。三是实行"积极改善"住房公积金贷款政策。缴存人或配偶售出名下住房后，9个月内在地区范围内购买新建商品住房，申请住房公积金贷款的，在可贷额度基础上再上浮20%。四是推出"贴息贷、组合贷、

商转公、安居贷、宜居贷"等贷款业务产品。在住房公积金资金不足时启动贴息贷款，由商业银行放贷，借款人享受住房公积金低利率政策，利息差额由中心补贴，全力支持缴存人购房。开办"住房公积金+商业银行"模式的"组合贷款"业务，实现所购房屋共同抵押、多方贷款，满足缴存人购房资金需求。疆内外缴存人凡符合住房公积金贷款条件的，均可申请将地区范围内商业银行发放的商业住房贷款置换为住房公积金住房贷款（商转公），减轻缴存人还款压力。借款人根据年龄、家庭收入、人口等条件自主选择安居贷或宜居贷产品，最大限度支持缴存人贷款资金需求。五是对多子女（二孩及以上）家庭租房购房实施倾斜政策。租房提取住房公积金的在县域最高提取额度基础上再提高3000元，申请个人住房贷款的根据规定确定贷款额度后再上浮20%。六是对2023年以来非阿克苏户籍大学生（技术技能人员）来阿创业租房购房给予政策支持，实现"聚才阿克苏，圆梦白水城"。租房提取住房公积金按照实际支付租金提取，申请个人住房贷款与在职职工享受同等政策。七是对地区引进人才租房购房给予政策支持。租房提取住房公积金按实际支付租金提取，申请个人住房贷款的根据规定确定贷款额度后再上浮20%。八是开办住房公积金个人住房贷款缩期和展期业务。信用良好无逾期、有缩期意愿的借款人，允许其缩短还款期限，减少借款人利息支出。对因家庭或工作变故造成还款困难的借款人，允许延长还款期限，减轻借款人还款压力。九是打造住房公积金"15分钟便民服务圈"。依托数字赋能，将住房公积金业务服务延伸到地区237家房地产开发企业售楼部、7家受委托银行营业网点和经济（工业）园区，方便缴存人在选房购房时即可申请提取和贷款，让"数据多跑路，群众少跑腿"，实现少跑快办、多点可办、就近能办。

（二）"3个放宽"强效力

一是放宽住房公积金个人住房贷款条件。一方面，放宽住房公积金贷款征信审核条件。对征信逾期记录达到"连三累六"不符合贷款条件的，放宽为借款人及配偶因年费、手续费造成的逾期或单笔逾期金额小于200元（含）以及受疫情影响产生的逾期，均不纳入逾期记录。另一方面，延长住房公积金贷款借款人年龄上限，即男性借款人不超过68周岁、女性借款人不超过63周岁。二是放宽住房公积金提取使用范围。对2005年底前建成的老旧小区或纳入县（市）城镇老旧小区改造计划的自住住房或父母的住房，允许缴存人提取住房公积金用于加装电梯或进行"水电气暖""门窗"改造。三是放宽住房公积金租房提取的频次和条件。缴存人根据自身需求，从每年只能提取一次放宽为可按月、季、半年或年提取。缴存职工在缴存地和工作地无自住住房的，都可以提取住房公积金用于租房。

(三)"2个提高"增动力

一是提高住房公积金个人住房贷款额度和账户余额贷款倍数。缴存人购买地区范围内住房，申请住房公积金贷款最高额度由100万元提高至120万元。缴存人购买住房申请"宜居贷"的，贷款额度由借款人及配偶账户余额的15倍提高到20倍。二是提高住房公积金租房提取额度。根据地区七县二市房屋租金水平，因城施策，对阿克苏市、库车市租房提取住房公积金额度由每年12000元提高到15000元。多子女家庭租房提取，在现行额度基础上提高3000元，即每年可提取15000元或18000元。

(四)"2个降低"减压力

一是降低住房公积金个人住房贷款利率。自2024年5月18日起，将住房公积金贷款各档次利率分别下调0.25个百分点，同时在2025年1月1日将2024年5月18日前发放的存量贷款按照最新住房公积金贷款利率进行下调。二是降低二手房和二套房住房公积金贷款首付比例。缴存人购买二手房或第二次申请住房公积金贷款的，购房首付比例由30%下降至20%。压缩贷款审批、发放时限，将贷款审核、审批时限由7个工作日降低到5个工作日，具备放款条件的由1个工作日降低到即时发放。

(五)"2个取消"增活力

一是取消普通住宅和非普通住宅限制。取消建筑面积超出144平方米住房申请住房公积金贷款的限制，按借款人实际购房面积总房价确定贷款额度，最高贷款额度不超过120万元。不再对住宅项目容积率低于1%的非普通住宅办理住房公积金贷款进行限制。二是取消缴存职工连续足额足月缴存3个月才能提取、6个月才能贷款的限制。只要单位补缴后，职工即可申请提取和办理个人住房贷款。

2024年至2025年4月，全地区提取住房公积金和发放个人住房贷款投入到地区房地产市场资金达70.59亿元，占住房消费提取和发放贷款资金72.87亿元的96.87%。其中：1.37万名缴存人提取本人或父母、子女住房公积金11.83亿元购买住房，圆了"住房梦"；1.68万名青年人、多子女家庭职工、非阿克苏户籍大学生、灵活就业人员等无房群体租房提取1.49亿元，实现了"住有所居"，仅2024年阿克苏地区租房提取业务就占到全疆租房提取人数的17.65%、金额的12.69%；700余名城镇老旧小区居民通过提取住房公积金240.88万元提升、改善了居住条件；向9306多户子女家庭及非阿克苏户籍大学生（技术技能人员）、引进人才、机关企事业单位职工等各类缴存群体发放住房贷款32亿元，解决了刚性和改善性购房资金需求；为4.4万户借款家庭降低贷款利率、缩短还款期限，累计节省利息支出近4.5亿元。截至2025年4月底，阿克苏地区住房公积金个贷率为96.23%，资金使用率达98.85%，继续位列全疆第一，住房公积金支持地区广大缴存人住有安居、好居、优居的"压舱石""稳定器"作用发挥明显，地区房地产市场止跌回稳态势持续向好。

三、几点体会

（一）地委、行署高位推动，为推进归集扩面提供了组织保障

阿克苏地委连续两年将推进住房公积金归集扩面工作纳入地区深化改革工作，同其他重点民生改革事项同安排、同部署、同推进、同落实、同考核。两年来，全地区共新增开户机关事业单位聘用人员、企业职工和灵活就业人员42140人，其中已有9255人提取住房公积金用于租房、购房、偿还住房贷款6018.47万元，有1629人申请住房公积金贷款购房4.9亿元。住房公积金制度覆盖面的不断提高，有力保障和提升了这部分新增开户人员解决住房问题的能力，促进了住房消费，同时也扩大了住房消费的潜在群体，为地区房地产市场平稳持续健康发展奠定了良好基础。中心在2024年度地区综合目标绩效考核中也再次被评为"好"。

（二）多项创新政策的制定和落地，离不开自治区住建厅的支持和采纳推广

中心将研究拟订的每项政策及时向自治区住建厅进行请示、报备，住建厅及时给予帮助、指导。特别是2024年来，中心多项政策和做法得到住建厅肯定和认可，在2024年全区住房和房地产工作会议上作为14个地（州、市）中心的唯一代表进行了交流发言。"亲情购房互助"政策、提高贷款额度倍数、多子女家庭支持政策、非阿户籍大学生（技术技能人员）支持政策、地区引进人才支持政策、组合贷款等多项政策被纳入《关于促进自治区房地产市场平稳健康发展的若干措施（试行）》，相关经验做法被自治区住建厅印发到全疆各地住房公积金中心学习借鉴。

（三）住房公积金管委会精心指导，各县（市）委、政府、各单位大力支持

每季度按时召开管委会会议，听取工作情况汇报，结合形势研究政策，充分发挥住房公积金保障改善民生作用，加快建立租购并举的住房制度，促进房地产市场平稳健康发展。2024年至今，已召开6次管委会会议，研究出台20余项政策措施，改革成效在2024年地委（扩大）会议工作报告中被肯定。地区各县（市）委、政府和职能部门积极作为，建立推进住房公积金改革工作联动机制。各单位积极宣传推广住房公积金惠民利民政策，财政部门安排专项资金保障足月足额缴存，纪检、审计和工会部门监督机关事业单位和国有企业为聘用人员依规缴存住房公积金，形成全社会参与、人人关心的工作格局。

（四）领导班子团结一心，凝聚力量狠抓落实

中心党组始终高度重视住房公积金助力住房消费，扩大内需，促进房地产高质量发展工作，定期召开党组会议专题研究、听取各项政策措施落实和进展情况。同时超前谋划研究住房公积金支持政策，召开会议研讨并反复论证，针对当前市场形势和组织期待、群众需求，持续推出增量政策，将每一项政策措施细化分解到领导班子成员和各科室、管理部，形成了党组书记亲自抓、分管领导具体抓、科室管理部具体落实、中心上下统一推进的工作格局。每周对新出台政策推进落实情况进行通报，每月进行分析总结，每季度进行考核评价，确保各项举措工作在地区全面落实取得实效。

（五）全方位、广角度、多措并举加大政策宣传力度

中心坚持宣传先行的理念，不断加大政策宣传力度。一是延伸基层宣传触角。印制宣传册，开展"七进"上门宣传。二是丰富载体创新方式。制作公积金宣传片21部，在地区及各县（市）电视台、电台、户外电子阅报栏、大屏、政务服务中心等持续播放。三是深化合作汇聚合力。通过参加政府新闻发布会，及地区各县（市）住博会、商品展销会、旅游节等大型活动，宣传政策。四是召开"政银企"座谈会。就住房公积金出台的系列改革新政向银行和企业进行解读和宣传，将政策进一步落地落细。今年以来，全地区共开展"七进"上门宣传近130余次，发放宣传资料10万余份，点对点向缴存人发送政策宣传短信62万余条，召开新闻发布会5场次，向160余家房企培训、解读政策，参加抖音云直播、各类展会活动40余场次，在广播、电视台宣传政策320次，促进房地产平稳健康发展经验做法在行业领域权威杂志《住房公积金研究》刊登。

下一步，阿克苏地区住房公积金管理中心将认真学习贯彻党的二十大、党的二十届三中全会、中央经济工作会议和自治区住房城乡建设工作会议精神，紧紧围绕地委、行署决策部署，坚持稳中求进工作总基调，完整准确全面贯彻新发展理念，聚焦构建房地产发展新模式，有效落实存量政策，持续研究推出增量政策，持续发挥住房公积金作用，在探索创新住房公积金改革上持续用力、在解决购房人资金需求上精准发力、在提升服务效能上升级加力，充分发挥住房公积金在民生保障方面的重要作用，助力更多缴存人"住有所居，安居梦圆"，推动房地产市场止跌回稳，促进房地产业高质量发展。

精耕细作　实干争先
全力推动住房公积金事业高质量发展

吴凤芳　吴忠市住房公积金管理中心党组书记、主任

2024年，吴忠市住房公积金管理中心坚持以习近平新时代中国特色社会主义思想为指导，深入学习贯彻党的二十大和二十届三中全会精神以及习近平总书记考察宁夏重要讲话精神，在市委、市政府的正确领导下，在自治区住建厅和市住房公积金管委会的指导监督下，紧扣市委、市政府的决策部署，以铸牢中华民族共同体意识为主线，聚焦主责主业，精耕细作、实干争先，全力推动住房公积金事业高质量发展。

一、乘势而上，接续奋斗，2024年工作取得明显成效

这一年，业务指标稳中有进。2024年，全市缴存单位1650个，缴存职工80734人，全市当年归集住房公积金18.60亿元，累计归集住房公积金174.86亿元，归集余额58.97亿元。全市当年发放个人住房贷款7.16亿元，累计发放住房贷款突破101.02亿元，贷款余额28亿元。贷款逾期率下降至0.13‰，低于全国、全区平均水平。全市当年提取使用住房公积金14.24亿元，提取率76.56%，累计提取使用住房公积金115.89亿元。当年为缴存职工派息7836.66万元，同比增长7.49%。当年向财政上缴非税收入5757.66万元，用于全市公共租赁住房建设；累计向财政上缴非税收入4.8亿元，为促进全市经济社会发展作出应有贡献。

这一年，政策红利持续释放。一是优化措施惠民生。出台《关于进一步优化住房公积金使用政策的若干措施》等惠民政策，提高贷款额度和租房提取额度，推行组合贷款、"一人购房全家帮"、"商转公"直转、提取支付首付款等惠民政策，释放政策"红利"，满足群众住房多样化消费新需求，实现"安居宜居"目标，提升群众幸福指数。新政策出台以来，全市共办理"一人购房全家帮"业务512笔，金额6793.04万元；70万元以上贷款业务725笔，金额45519.40万元；组合贷款249笔，金额10586万元；"商转公"直转业务208笔，金额8307.30万元，节省购房利息支出1172.36万元；多子女家庭贷款业务13笔，金额860.60万元；租房提取业务10544笔，金额10861.80万元。二是担当作为促发展。注重完善"保障+市场"供应体系，充分发挥住房公积金作用，与全市34家房地产企业签订按揭贷款合作协议，支持购房面积84.82万平方米，支持购房资金34.23亿元，助力房地产市场平稳健康发展。2024年与全市各金融机构相比，住房公积金住房贷款明显高于金融机构，住房贡献率为90.11%。三是扩面增量提质效。加大政策宣传力度，采取"线上推送+线下推介"融合宣传形式，增强宣传实效。重点深入全市具有一定规模的非公有制企业攻坚破冰，精准施策，变"被动缴"为"主动缴"。2024年，全市新增缴存单位277个，新增缴存职工11466人，新增缴存单位和人数均创历史新高。

这一年，资金安全稳定可控。一是着力加强内部防控。严格授权管理，全面落实"四个统一"，充分运用全国住房公积金监管平台各项功能，有效运用好电子化稽查工具，加强内部稽核审计，积极开展体检评估，加强对各委托银行考核，切实筑牢资金+数据+人员的风险"防火墙"。二是着力加强资金管理。精准研判资金运行、银行账户管理、大额资金调拨、会计核算等工作，精打细算，稳步提高增值收益率，确保住房公积金合规使用、安全运营、保值增值。三是着力加强信息公开披露。完善信息公开披露制度，利用多种形式依法依规向社会公开年度报告、发放个人"电子对账单"，增加公开度和透明度，主动接受社会监督。四是着力加强专项清理。全面开展长期封存账户清理工作，共对7311个"睡眠"账户进行集中清理，唤醒沉睡的住房公积金4.58亿元。

这一年，数字化发展扎实推进。一是线上发力"提速办"。打造"数字公积金"建设，持续拓宽"网上办""掌上办"服务功能，将"不见面、马上办"引向深入。目前，31项业务实现线上服务，网办率达到75.6%。二是协同发力"高效办"。全面推进"高效办成一件事""一件事一次办""亮码可办"服务，13项业务实现"跨省通办"，11项业务实现区内通办，32项业务实现"全市通办"，9项业务纳入政务服务统一平台。人民银行征信信息数据共享全面上线运行。三是统筹发力"提标办"。加快推进数据质量提升试点、数据治理、场景应用等工作，构建服务"大格局"，让高频服务事项更加好办易办快办，网办合格率上升到94.55%。电子档案管理信息系统全面上线，78万多笔存量档案实现电子化管理。率先在全区开通提取住房公积金按月偿还商业银行住房贷款试点。在"护网2024"网络与数据安全实战攻防对抗演习中取得全区排名第31名，全市第1名的成绩。

这一年，窗口服务持续提升。坚持以人民为中心的发展思想，"让权力在阳光下运行，让事项在满意中办结"，实行"六公开一监督"政务服务体系。优化"线上+线下"联动机制，实现"一门、一窗、一网、一号"的"一站式"服务。认真落实好41项"四级四同"服务项目，持续推进"三减一优"工作，精减要件13项。全面推行"周末不打烊""好差评"等服务，落实5项服务标准，规范窗口服务行为。积极评选"文明窗口""石榴籽"服务之星，营造创先争优氛围。

这一年，党建业务同频共振。全面落实新时代党的建设总要求，坚决扛起主体责任，严格落实"三会一课"等制度，全面实行"清单制+责任制"，着力打造"四强"党支部和"五型"模范机关，深化"住房公积金·圆您安居梦"党建+铸牢中华民族共同体意识"双品牌"创建。主动接受市委巡察，扎实推进党纪学习教育和"惠民公积金、服务暖人心"品牌打造年行动。全面推动党建工作与队伍建设、窗口服务、业务发展深度融合，同向同行。2024年党支部继续被评定为"五星级"基层党组织，被提名为自治区第十三批"民族团结进步示范单位"。

在肯定成绩的同时，我们也清醒地认识到全市住房公积金制度覆盖面还有待扩大；数字化转型发展还需持续用力，高频服务事项更加好办易办快办仍需精准发力；风险防控还需加大力度；窗口服务水平还需优化提升等。对此，我们将直面问题、认真对待，采取有力措施，切实加以解决。

二、实干担当，与时俱进，致力服务高质量发展大局

2024年底召开的中央经济工作会议明确提出，要持续用力推动房地产市场止跌回稳，让住房公积金政策"扩容升级"最大化用活用好用足住房公积金政策，在推进构建房地产发展新模式中发挥重要作用、展现更大作为。

（一）准确识变，在服务大局中持续加力

全面落实党中央、国务院关于促进房地产市场平稳健康发展的部署，立足民生定位，围绕支持刚性和改善性住房需求重点，将自由职业者、个体工商户纳入住房公积金制度保障范围，让住

房公积金政策红利应释尽释，惠及更多的群体，为房地产市场释放更多的托底效应。

（二）科学应变，在保障新业态群体中持续加力

在数字经济蓬勃发展的当下，以快递员、外卖配送员、网约车司机等为代表的新业态群体如雨后春笋般崛起，想方设法将其纳入住房公积金制度保障范围，积极拓展"朋友圈"，让更多职业"入了群"，享受到住房公积金政策红利，扩大更多群体购房愿景，保障住房消费刚需，拉动住房消费需求，促进房地产市场平稳健康发展。

（三）主动求变，在推动数字化转型发展中持续加力

全面落实党中央、国务院、自治区、吴忠市关于加强数字政府建设的重大决策部署，主动顺应数字化发展趋势，实现现有政务信息化系统和新建应用系统向信创云有序迁移、适配运行。全面实施吴忠市住房公积金业务系统升级改造项目，打造全系统业务协同、全方位数据赋能、全业务线上服务、全链条智能监管的住房公积金数字化治理新模式，确保系统安全稳定可靠。

三、精耕细作，实干先行，推进各项工作取得新突破

2025年是"十四五"规划的收官之年，也是进一步全面深化改革、为实现"十五五"良好开局打牢基础的关键一年，做好住房公积金工作意义重大。总的工作要求是：坚持以习近平新时代中国特色社会主义思想为指导，全面贯彻落实党的二十大和二十届三中全会精神，深入贯彻落实习近平总书记考察宁夏重要讲话精神，认真围绕市委、市政府决策部署，坚持稳中求进工作总基调，完整准确全面贯彻新发展理念，以铸牢中华民族共同体意识为主线，以打好打赢稳增长促发展"六场硬仗"为目标，精耕细作，精准发力，持之以恒增进民生福祉，加快构建房地产发展新模式，着力推进全市住房公积金事业高质量发展，坚决扛起建设绿色发展先行市、能源综合示范市两大使命任务，为建设现代化美丽新吴忠贡献力量。

（一）发挥一个"引"字，以党建引领为核心

坚持把学习贯彻习近平新时代中国特色社会主义思想作为首要政治任务，严格落实"第一议题"制度，拧紧思想政治建设"总开关"，铸牢思想之魂，把稳政治方向。认真落实党建工作主体责任，着力打造"四强"党支部，擦亮党建品牌。加强党员教育管理，扎实推进党纪学习教育常态化长效化。加强干部队伍建设，认真落实"青蓝工程"，大力培养选拔优秀青年干部，打造一支忠诚干净担当的高素质专业化队伍。

(二) 把握一个 "准" 字, 以归集扩面为重点

坚持高质量推进归集扩面常抓不懈,注重在"开源蓄水"上做文章、下功夫、求突破,做大做强归集总量"蛋糕"。立足民生保障制度的"普惠性",聚焦"四个精准"发力,加大政策宣传力度。积极鼓励个体工商户、灵活就业人员、新市民、青年群体等自愿缴存使用住房公积金,扩大受益群体和覆盖范围。加强部门联动协作,修订完善《吴忠市住房公积金行政执法办法》,强化执法程序,实行动态催收长效机制,鼓励有能力、有优势、有规模的企业为职工建制缴存,实现"应缴尽缴"。预计2025年实现归集住房公积金17.9亿元。

(三) 聚焦一个 "用" 字, 以实干落实为支撑

认真贯彻落实党中央、国务院、自治区、吴忠市决策部署,适应房地产市场供求关系新变化,促进房地产市场平稳健康发展,助力扩内需促消费,打好政策使用"组合拳",全面落实好稳增长促发展政策,用好政策工具箱,满足群众住房消费新需求,享受政策"红利",答好"住有所居、安居宜居"民生答卷。预计2025年发放住房公积金贷款5.5亿元。

(四) 深化一个 "优" 字, 以提升服务为重点

持续深化"放管服"改革,优化营商服务环境,培育打造行业品牌,巩固"惠民公积金、服务暖人心"服务提升三年行动成果。持续优化"线上+线下"一体化服务机制,全面落实好41项"四级四同"政务服务,持续推进"三减一优""高效办成一件事""周末不打烊"等政务服务,扩大按月提取住房公积金偿还商业银行住房贷款范围,实现7×24线上服务,推动服务提档升级。

(五) 坚持一个 "安" 字, 以安全管理作为基础

树立安全发展理念,织密资金风险防控"安全网"。加强内部管理,认真梳理风险易发多发的关键点和薄弱环节,有效运用好电子化稽查工具、全国监管服务平台、内部稽核审计监管、加大信用体系建设、体验评估等长效机制,筑牢"人防+技防"风险防控体系,确保住房公积金合规使用、安全运营、保值增值。

(六) 突出一个 "转" 字, 以转型发展作为保障

全面打造升级版"数字公积金"转型发展,将数字技术广泛应用于住房公积金管理服务,持续拓宽"网上办""掌上办"服务功能,将"不见面、马上办"引向深入。有效运用好人民银行征信信息共享、电子档案管理系统。加快推进数据质量提升、拓展数据治理等数字化发展场景,推进业务流程优化、模式创新和履职能力提升,让更多高频服务事项更加好办、易办、快办。

图书在版编目（CIP）数据

住房公积金研究. 第九辑：上、下卷 / 《住房公积金研究》编写组编. -- 太原：山西经济出版社，2025.6. -- ISBN 978-7-5577-1523-6

Ⅰ. F299.233.1

中国国家版本馆CIP数据核字第2025KY0667号

住房公积金研究 第九辑：上、下卷
ZHUFANG GONGJIJIN YANJIU

编　　者：	《住房公积金研究》编写组
责任编辑：	侯轶民
装帧设计：	姜　涛
书名题字：	范润华
出 版 者：	山西出版传媒集团·山西经济出版社
地　　址：	太原市建设南路21号
邮　　编：	030012
电　　话：	0351-4922133（市场部）
	0351-4922142（总编室）
E - mail：	scb@sxjjcb.com（市场部）
	zbs@sxjjcb.com（总编室）
经 销 者：	山西出版传媒集团·山西经济出版社
承 印 者：	天津午阳印刷股份有限公司
开　　本：	889mm×1194mm　1/16
印　　张：	24
字　　数：	459千字
版　　次：	2025年6月　第1版
印　　次：	2025年6月　第1次印刷
书　　号：	ISBN 978-7-5577-1523-6
定　　价：	108.00元（全二卷）